21世纪师范院校计算机实用技术规划教材

U0668169

Flash

多媒体课件制作实用教程

（第三版）

缪亮·主编

清华大学出版社
北　京

内 容 简 介

本书是畅销教材《Flash 多媒体课件制作实用教程（第二版）》的修订升级版，在保留原来图书优秀风格的基础上总结了近几年在各级教学、培训中的使用反馈，对部分课件范例进行了调整，更加注重 Flash 课件制作技术的实用性。

本书采用 Flash CS6 简体中文版本，结合其他常用的多媒体制作软件，精心设计了大量的中小学课程中典型的 Flash 课件范例，课件分类详尽、科学、实用。本书每一个章节都采用典型课件案例分析的讲解方式，将软件的使用方法和课件的制作思路、方法、技巧等紧密地结合起来。为了便于教学，本书的每一章都设计了"本章习题"和"上机练习"两个模块，这样可以使读者能及时检验学习效果以及举一反三地制作出更多精彩的课件。

为了让读者更轻松地掌握 Flash 课件制作技术，作者为本书制作了配套的视频多媒体教学光盘，视频教程包括本书的全部内容、全程语音讲解、真实操作演示，让读者一学就会！

在本书的配套光盘中提供了本书用到的课件范例源文件及各种素材，所有课件范例的制作集专业性、艺术性、实用性于一身，非常适合中小学各科教师使用，可以将这些课件直接应用到教学中，或者以这些课件范例为模板制作出更多、更实用的课件。

本书适合作为师范院校的多媒体课件制作教材、各级教师的培训教材，也适合中小学各科教师、多媒体课件制作人员及 Flash 动画制作爱好者自学使用。

本书封面贴有清华大学出版社防伪标签，无标签者不得销售。

版权所有，侵权必究。侵权举报电话：010-62782989　13701121933

图书在版编目（CIP）数据

Flash 多媒体课件制作实用教程 / 缪亮主编. —3 版. —北京：清华大学出版社，2016
21 世纪师范院校计算机实用技术规划教材
ISBN 978-7-302-43976-9

Ⅰ. ①F⋯　Ⅱ. ①缪⋯　Ⅲ. ①多媒体课件 – 动画制作软件 – 中小学 – 教材　Ⅳ. ①G434

中国版本图书馆 CIP 数据核字（2016）第 117580 号

责任编辑：魏江江　王冰飞
封面设计：杨　兮
责任校对：胡伟民
责任印制：沈　露

出版发行：清华大学出版社
　　　　　网　　址：http://www.tup.com.cn，http://www.wqbook.com
　　　　　地　　址：北京清华大学学研大厦 A 座　　　　**邮　　编：**100084
　　　　　社 总 机：010-62770175　　　　　　　　　　　**邮　　购：**010-62786544
　　　　　投稿与读者服务：010-62776969，c-service@tup.tsinghua.edu.cn
　　　　　质 量 反 馈：010-62772015，zhiliang@tup.tsinghua.edu.cn
印 刷 者：北京富博印刷有限公司
装 订 者：北京市密云县京文制本装订厂
经　　销：全国新华书店
开　　本：185mm×260mm　　　　**印　张：**26.75　　　**字　数：**655 千字
　　　　　（附光盘 1 张）
版　　次：2007 年 8 月第 1 版　　2016 年 10 月第 3 版　　**印　次：**2016 年 10 月第 1 次印刷
印　　数：64001～66000
定　　价：49.50 元

产品编号：070182-01

序 言

社会提倡终生教育，一线的教育工作者有着强烈的接受继续教育的要求，许多学校也为教师的长远发展制定了继续教育的计划，"以人为本，活到老学到老"的思想更加深入人心。

随着知识经济和信息社会的到来，对教师进行计算机培训已被提到国家的议事日程上来，让每位教师具有应用信息技术的能力已是刻不容缓的一件大事，将影响到国家的发展和人才的培养。目前，很多人已经意识到：有还是没有信息技术能力将影响到一个人在信息社会的生存能力，成为人们常说的新"功能性文盲"。作为教师如果是"功能性文盲"，有可能出现以下的尴尬局面：面对计算机手足无措，不会使用计算机备课、上课，不会使用多媒体手段进行教学，不会编制和应用课件，不会上网获取信息、更新知识、与同行交流，无法与掌握现代技术的学生很好地交流，无法开展网络教学等。作为培养人才的教师，如果是一个现代的"功能性文盲"，如何适应现代化的要求？如何能培养出有现代意识和能力的下一代？

一本好书就是一所学校，对于我们教师更是如此。信息技术已经成为现代人必备的基本素质之一，好的教材可以帮助教师们迅速而又熟练地掌握信息技术，从最初的 Windows 操作系统到 Office 办公系统软件还有各种课件制作软件的教材在我们的日常教学中发挥着巨大的作用。

作为师范院校计算机实用技术教材，本套丛书主要的读者对象是师范院校的在校师生、教育工作者以及中小学教师，同时本书也是初、中级读者的首选，涉及的软件主要有课件制作软件（Flash、Authorware、PowerPoint、几何画板等）、办公系列软件、多媒体技术、网络技术、计算机应用基础和图形图像处理技术等。考虑到一线教师的实际情况，我们尽可能地使用软件最新的中文版本，以便于读者上手。

本丛书的作者大多是一线的优秀教师，经验丰富、有一定的知识积累。他们在平时对于各种软件的使用中都有自己的心得体会，能够结合教学实际整理出一线老师最想掌握的知识。本丛书的编写绝不是教条式的"用户手册"，而是与教学实践紧紧相扣，根据计算机教材时效性强的特点，以"实例+知识点"的结构建构内容，采用"任务驱动教学法"让读者边做边学，并配以相应的光盘，生动直观，能够让读者在短时间内迅速掌握所学知识。本丛书除了正文用简洁明快、图文并茂的形式讲解图书内容以外，还使用"说明、提示、技巧、试一试"等特殊段落为读者指点迷津，通过浅显易懂的文字、深入浅出的道理、好学实用的知识、图文并茂的编排来引导教师们自己动手，在学习中获得乐趣、获得知识、获得成就感。

在学习本套丛书时，我们强调动手实践，手脑并重，光看书不动手是绝对学不会的，化难为易的金钥匙就是上机实践。好书还要有好的学习方法，二者缺一不可。我们相信读者学完本套丛书以后在日常生活和教学工作中会有如虎添翼的感觉，在计算机的帮助下学习和工作效率会有极大的提高，这也是我们所期待的。祝你成功！

吴文虎

前 言

目前，多媒体课件制作软件种类繁多，对于广大的教师和教育工作者来说，在制作多媒体课件时挑选一款合适的多媒体课件制作软件是十分重要的。在众多的多媒体课件制作软件中，Flash 无疑是最耀眼的，具有其他课件制作软件无法比拟的综合设计性能。

多媒体、交互性、网络化是多媒体课件最基本的 3 个特性，从这 3 个特性的基本实现能力以及综合设计能力而言，Flash 是最完善的一款多媒体课件制作软件。

在多媒体方面，Flash 具备完善的媒体支持功能，它能导入图形图像、声音、视频、三维动画等各种媒体。另外，Flash 本身又是功能强大的动画制作软件，这是其他课件制作软件无法比拟的。

在交互性方面，Flash 的动作脚本（ActionScript）提供了功能强大的交互程序设计能力，本书采用的 Flash CS6 版本是一个真正面向对象的程序设计软件，读者只需掌握一些简单的动作脚本就可以实现多媒体课件需要的各种类型的交互功能，例如按钮交互、文本交互、热区交互、热对象交互、按键交互、时间限制交互、菜单交互、拖曳交互等。

在网络化方面，Flash 本身就是用于网络应用程序开发的软件，并且它采用矢量图形技术，制作的动画文件非常小，因此用 Flash 制作的多媒体课件非常适合在网络上播放。另外，Flash 动画目前是 Internet 上的动画标准，具有强大的兼容性和广阔的发展空间。

关于改版

本书是《Flash 多媒体课件制作实用教程（第二版）》的修订升级版。《Flash 多媒体课件制作实用教程》于 2007 年出版，于 2011 年升级为第二版，前后共重印 17 次，累计发行 10 万多册，荣获河南省信息技术优秀科研成果一等奖。由于本书内容新颖、实用，深受广大中小学教师、师范院校师生的欢迎，目前全国已有几十所师范院校选择该书作为正式的 CAI 教材，许多地区的中小学教师的继续教育培训也使用了该书作为 CAI 培训教材。随着 Flash 软件新版本的发布以及教材使用经验、读者反馈信息的不断积累，对该教材的修订迫在眉睫。

本书主要在以下几个方面进行了改进：

（1）采用 Flash CS6 简体中文版本对图书内容重新进行了创作，注重新技术的应用。

（2）对部分课件范例进行了调整，更加注重 Flash 课件制作技术的实用性。

（3）在动作脚本语言方面，本书以 ActionScript 2.0 为主，适当增加了 ActionScript 3.0 的内容，以满足不同层次读者的要求。

（4）所有涉及 ActionScript 编程的课件范例都由 ActionScript 2.0 升级为 ActionScript 3.0，

源文件提供在配套光盘中，供读者参考。

（5）开发了更加专业的视频多媒体教程（SWF 格式），涵盖图书全部内容，语音同步讲解，超大容量。

本书特点

1．课件分类详尽、科学

本书以多媒体课件分类为线索进行精心设计。作者以学科为基础，紧扣学科特点，围绕教学规律，将多媒体课件分为静态图形图像演示课件、动态演示课件、单场景交互课件、多场景导航课件、动作脚本类课件、标准测验题课件、智力游戏课件、模板类课件八大类，共包括 20 多个小类别，课件分类详尽、科学、实用。通过本书的学习，读者能掌握各种类型多媒体课件的制作方法和技巧。

2．以课件范例为中心组织内容

本书突破了同类图书约束于软件技术的局限，不是按照软件本身的技术知识结构来创作图书，而是从课件范例出发，围绕课程的需要，重新对软件技术知识点进行了设计和架构。这样，图书内容更具针对性，可以使读者在课件范例的制作过程中轻松地掌握制作课件的技术知识和方法。

本书精心设计了中小学课程中一些典型的课件范例，每一个章节都采用典型课件范例分析的讲解方式，课件范例的选择难易结合，知识架构循序渐进，将软件的使用方法和课件的制作思路、方法、技巧等紧密地结合起来。

3．注重对课件综合制作能力的训练

多媒体课件的制作是一个系统工程，使用单一的软件工具一般很难完成课件的设计任务。本书以 Flash CS6 为环境进行课件制作方法的研究，并辅以多种常用软件工具的使用方法和技巧，其中涉及的软件工具有图像处理软件 Photoshop、声音处理软件 GoldWave、Flash 解析软件"闪客精灵"、三维造型软件 Swift 3D 等，不仅可以使读者重点掌握用 Flash 制作多媒体课件的方法，而且可以使读者掌握图像、声音、视频、三维动画等各种素材的采集和制作方法。

4．光盘资源丰富，实用性强

在本书的配套光盘中提供了本书用到的课件范例源文件、上机练习范例源文件及相应的素材，所有课件范例的制作集专业性、艺术性、实用性于一身，非常适合中小学各科教师使用，可以将这些课件直接应用到教学中，或者以这些课件范例为模板稍作修改，举一反三，制作出更多、更实用的课件。

为了让读者更轻松地掌握 Flash 课件制作技术，作者为本书精心制作了配套的视频多媒体教学光盘，视频教程涵盖了本书的全部内容，约 10 个小时的超大容量的教学内容，全程语音讲解，真实操作演示，让读者一学就会！

本书作者

参加本书编写的作者是多年从事教学工作的资深教师和从事多媒体课件开发的专业技术人员，具有丰富的教学经验和课件制作经验，他们的课件作品曾多次荣获国家级、省级奖励。

本书主编为缪亮（负责编写第 1 章～第 4 章），副主编为孙利娟（负责编写第 5 章～第 6 章），本书编委有张桂香（负责编写第 7 章～第 8 章）、张双进（负责编写第 9 章～第 10 章）。

郭刚、张爱文、纪宏伟、陈凯、胡伟华、李敏、张海、丁文珂、董亚卓、何红玉、姜彬彬等参与了本书的创作和编写工作，在此表示感谢，另外感谢开封文化艺术职业学院、郑州铁路职业技术学院、开封市第八中学对本书创作给予的支持和帮助。

相关资源

立体出版计划，为读者建构全方位的学习环境！

最先进的建构主义学习理论告诉我们，建构一个真正意义上的学习环境是学习成功的关键所在。学习环境中有真情实境、有协商和对话、有共享资源的支持，才能高效率地学习，并且学有所成，为了帮助读者建构真正意义上的学习环境，特以图书为基础为读者专设了一个图书服务网站——课件吧。

网站提供相关图书资讯以及相关资料下载和读者俱乐部，在这里读者可以得到更多、更新的共享资源，还可以交到志同道合的朋友，相互交流、共同进步。

资源网站网址：http://www.cai8.net。

微信公众号：itstudy。

配套光盘使用说明

  配套光盘主要提供两部分内容，一部分是图书范例及上机练习的源文件及其素材，另一部分是配套视频多媒体教程。

1. 光盘结构

```
          光盘根目录
              │
              ├──── readme.doc
              │
              ├──── set
              │
              ├──── swf
              │
              ├──── main.exe
              │
              ├──── autorun.inf
              │
              ├──── 素材
              │
              ├──── 源文件
              │
              ├──── 播放文件
              │
              └──── 上机练习
```

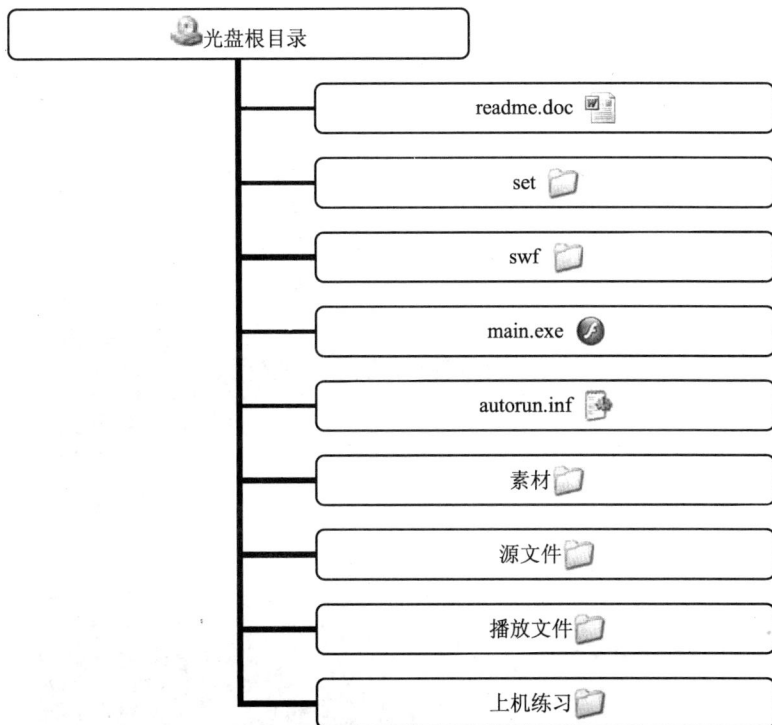

- ✓ readme.doc：这是配套光盘的使用说明，文件为 Word 文档。
- ✓ set：这个文件夹包含视频教程中程序的配置文件。
- ✓ swf：这个文件夹包含视频教程的播放文件，全部是 SWF 格式。
- ✓ main.exe：这是播放视频教程的主程序文件。
- ✓ autorun.inf：这是设置光盘自动运行的配置文件。
- ✓ 素材：这个文件夹下面包含若干子文件夹（按照章节次序命名），里面包含本书的全部素材文件。
- ✓ 源文件：这个文件夹下面包含若干子文件夹（按照章节次序命名），里面包含本书全部范例的源文件（FLA 格式）。

- ✓ 播放文件📁：这个文件夹下面包含若干子文件夹（按照章节次序命名），里面包含本书全部范例的播放文件（SWF 格式）。
- ✓ 上机练习📁：这个文件夹下面包含若干子文件夹（按照章节次序命名），里面包含本书全部上机练习的源文件（FLA 格式）、播放文件（SWF 格式）以及相应的素材文件。

2．运行环境

✓ **硬件环境**

计算机主频在 200MHz 以上，内存在 128MB 以上，主机应配置声卡、音箱。

✓ **软件环境**

配套光盘的运行操作系统环境为 Windows XP/2003/Vista/7/8/10，计算机的显示分辨率必须调整到 1028×788 像素或以上。

如果将光盘中的文件复制到硬盘上，用户将会获得更加流畅的观看效果。

3．使用教学软件

将光盘放入光驱后会自动运行视频教学软件，并进入软件主界面，如图 1 所示。如果教学软件没有自动运行，请依次双击"我的电脑"、"光盘"，然后双击"main.exe"执行文件。

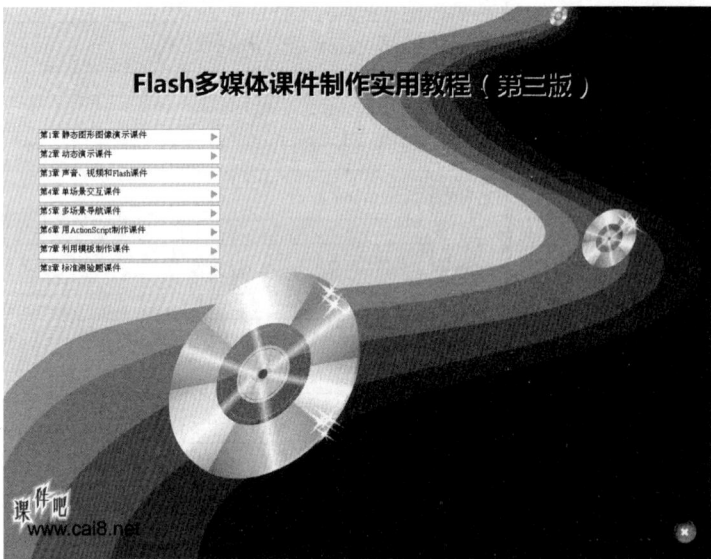

图 1 视频教程的主画面

在主界面左边有 8 个导航菜单，将鼠标指针指向某个菜单展开它，得到二级菜单，如图 2 所示。

单击二级菜单中的某个菜单项，可以打开相应视频教学内容并自动播放，如图 3 所示。播放界面下面是一个播放控制栏，包括进度条、音量控制以及"播放"、"暂停"、"停止"、"返回"和"退出"按钮。

图 2　二级菜单

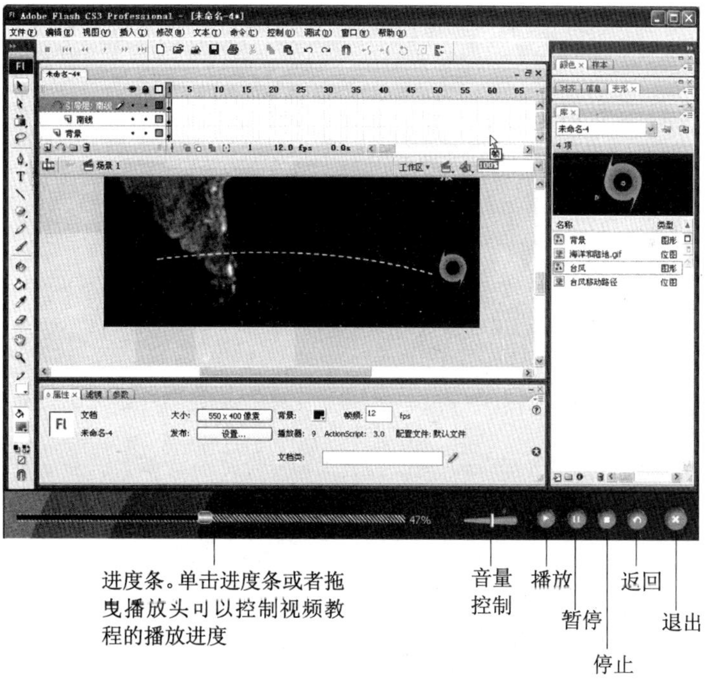

图 3　播放视频界面

4．版权声明

光盘内容仅供读者学习使用，未经授权不能用作其他商业用途或在网络上随意发布，否则责任自负。

读者如果想获取更多关于图书的信息和补充材料，可以登录"http://www.cai8.net"。

目　　录

静态图形图像演示课件

本章知识

◆ Flash绘图工具详解
◆ Flash位图处理技术
◆ 图形元件
◆ 图层技术
◆ Flash课件文档的建立和属性设置
◆ Flash课件的保存、测试和导出

通过静态图形图像展现教学内容是教学活动中的一种重要的教学手段。在中小学课程中，化学分子结构、化学实验装置、几何图形、数学函数图形、物理电路元件符号、物理实验设备、语文教学情景、英语教学图示等教学内容都需要通过图形图像来形象、直观地表现。实践证明，通过图形图像的视觉刺激进行教学能取得非常好的教学效果。因此，能制作出简单的图形图像课件是对教师最基本的要求。

Flash 的主要功能是制作动画，利用 Flash 动画可以设计出丰富多彩的动态课件。但是 Flash 动画的基础是图形，没有图形也就不可能产生动画。因此，用户要想制作出更加生动逼真的 Flash 动画课件就必须先掌握一些简单图形的绘制方法。

Flash 具有强大的绘制矢量图形的功能，并且具有一定的位图图像处理功能。在用 Flash 制作简单图形课件时，矢量图形和位图图像都是经常要处理的图像格式，它们各具特点。矢量图形具有体积小巧、任意缩放不失真等特点，而位图图像具有色彩丰富、表现力强等特点。

本章将通过制作一些典型的图形图像课件范例使大家熟练掌握用 Flash 制作简单图形图像课件的方法和技巧。

1.1 Flash 课件制作流程——特效文字课件封面

课件封面是多媒体课件的一个组成部分，它是整个课件给人的第一印象，因此学会课件封面的制作是有必要的。课件封面可以用文字特效来表现，本节利用 Flash 的滤镜功能制作一个简单的特效文字课件封面。

📖 课件简介

这是一个简单的特效文字课件封面，主要通过 Flash 的文字滤镜特效制作，范例效果如图 1-1-1 所示。

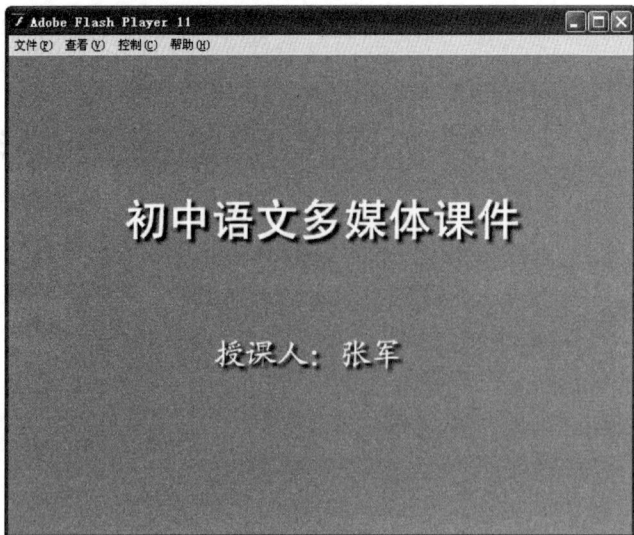

图 1-1-1　范例效果

知识要点

◆ Flash CS6 的工作环境
◆ Flash 课件的基本操作和制作流程
◆ "文本工具"的使用
◆ 文字滤镜的设置方法

制作步骤

1.1.1　Flash CS6 工作环境

Flash 以便捷、完美、舒适的动画编辑环境深受广大多媒体课件制作爱好者的喜爱，在制作课件之前首先对工作环境进行介绍，包括一些基本的操作方法和工作环境的组织和安排。

1．开始页

运行 Flash CS6，首先映入用户眼帘的是"开始页"，如图 1-1-2 所示。"开始页"将常用的任务集中地放在一个页面中，用户可以在其中选择从哪个项目开始工作，能够很容易地实现从模板创建文档、新建文档和打开文档的操作。同时通过选择"学习"栏中的选项，用户能够方便地打开相应的帮助文档，进入具体内容的学习。

专家点拨：如果要隐藏"开始页"，可以选中"不再显示"复选框，然后在弹出的对话框中单击"确定"按钮，这样下次启动 Flash CS6 时就不会显示"开始页"。如果要再次显示开始页，可以通过选择"编辑" | "首选参数"命令打开"首选参数"对话框，然后在"常规"类别中设置"启动时"选项为"欢迎屏幕"。

图 1-1-2　开始页

2. Flash CS6 工作窗口

在"开始页"中选择"新建"下的"ActionScript 3.0"选项，这样就启动了 Flash CS6 的工作窗口并新建了一个影片文档。Flash CS6 的"传统"工作区界面窗口构成，如图 1-1-3 所示。

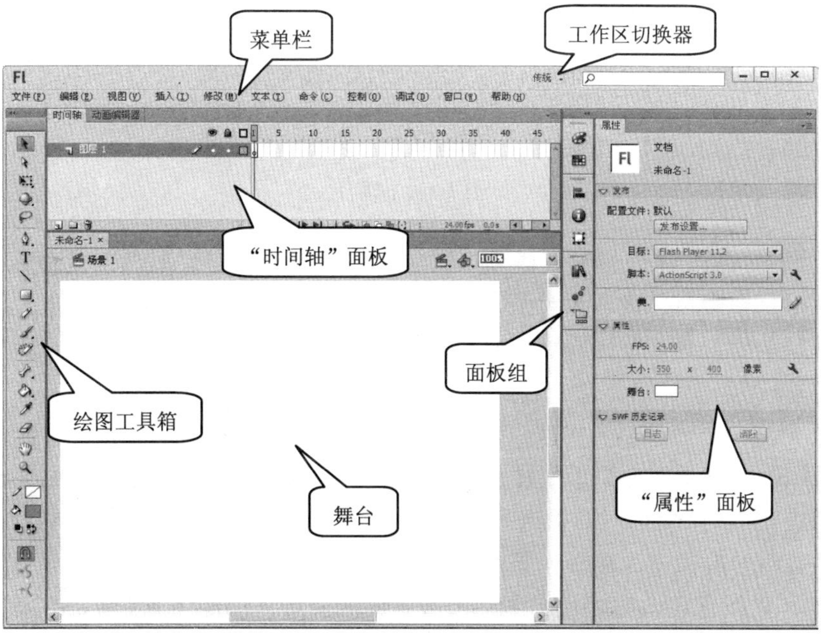

图 1-1-3　Flash CS6 的工作窗口

Flash CS6 的工作窗口主要包括应用程序栏、菜单栏、绘图工具箱、舞台、面板和面板组等，对于这些组成 Flash 工作窗口的对象会在以后的课件范例中逐步讲解。

3．舞台

窗口最上方的是"应用程序栏"，用于显示软件图标，设置工作区的布局，同时还包括了传统的 Windows 应用程序窗口的最大化、关闭和最小化按钮。

"应用程序栏"下方是"菜单栏"，在其下拉菜单中提供了几乎所有的 Flash CS6 命令项。

"菜单栏"下方是"时间轴"面板，这是一个显示图层和帧的面板，用于控制和组织文档内容在一定时间内播放的帧数，同时可以控制影片的播放和停止。

"时间轴"面板下方是"舞台"，舞台是放置动画内容的矩形区域（默认是白色背景），这些内容可以是矢量图形、文本、按钮、导入的位图或视频等，如图 1-1-4 所示。

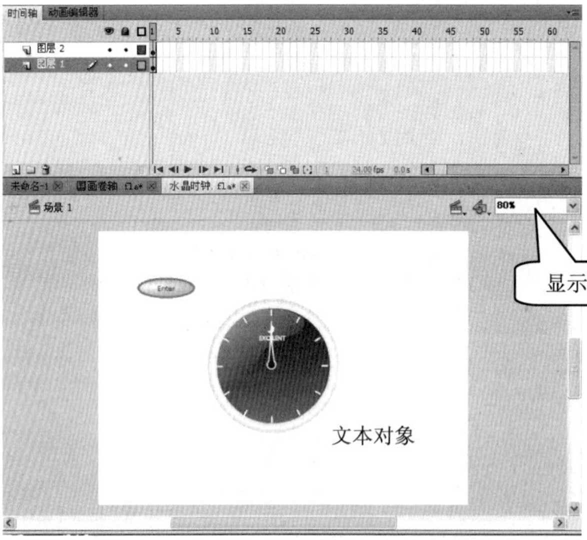

图 1-1-4　舞台

专家点拨：窗口中的矩形区域为"舞台"，在默认情况下它的背景是白色。将来导出的动画只显示矩形舞台区域内的对象，舞台外灰色区域内的对象不会显示出来。也就是说，动画"演员"必须在舞台上演出才能被观众看到。

4．面板和面板组

Flash CS6 加强了对面板的管理，常用的面板可以嵌入面板组中。使用面板组可以对面板的布局进行排列，包括对面板进行折叠、移动和任意组合等操作。在默认情况下，Flash CS6 的面板以组的形式停放在操作界面的右侧。

在面板组中单击图标或■■按钮能够展开对应的面板，如图 1-1-5 所示。从面板组中将一个图标拖出，该图标可以放置在屏幕上的任何位置，如图 1-1-6 所示。

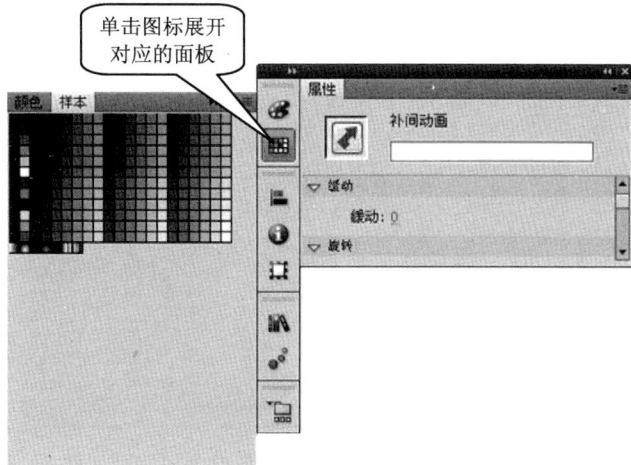

图 1-1-5　展开面板

图 1-1-6　放置面板

专家点拨：将面板标签拖曳到面板组的标题栏中，标题栏将由灰色变成蓝色，松开鼠标即可将该面板放置到组中。在展开的面板中，如果需要重新排列面板，只需要将面板标签移动到组的新位置即可。

1.1.2　新建 Flash 文档和设置文档属性

（1）启动 Flash CS6，出现"开始页"，选择"新建"下的"ActionScript 3.0"选项，这样就启动了 Flash CS6 的工作窗口并新建了一个影片文档。

专家点拨：在 Flash CS6 中，新建空白影片文档有两种类型，一种是"ActionScript 3.0"，另外一种是"ActionScript 2.0"。这两种类型的影片文档的不同之处在于前一个的动作脚本语言的版本是 ActionScript 3.0，后一个的动作脚本语言的版本是 ActionScript 2.0。

（2）展开"属性"面板，在"属性"栏下单击"大小"右边的"编辑"按钮，弹出"文档设置"对话框，设置"尺寸"为 640×480 像素，设置"背景颜色"为浅蓝色，其他保持默认，如图 1-1-7 所示。

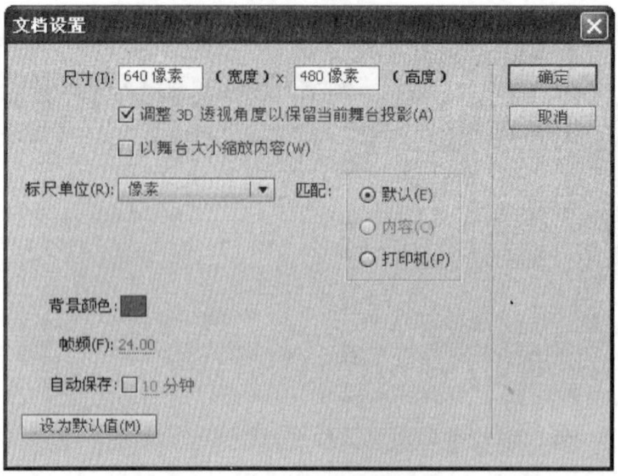

图 1-1-7 "文档设置"对话框

专家点拨："文档设置"对话框中参数的含义如下。

◆ "尺寸"：舞台的尺寸最小可设定成宽 1 像素、高 1 像素，最大可设定成宽 2880 像素、高 2880 像素。另外，系统默认的尺寸单位是像素，用户可以自行输入"厘米"、"毫米"、"点"和"英寸"等单位的数值，也可以在"标尺单位"中选择。

◆ "调整 3D 透视角度以保留当前舞台投影"：若要调整舞台上 3D 对象的位置和方向，以保持其相对于舞台边缘的外观，请选中这个复选框，仅当更改舞台大小时此复选框才可用。

◆ "标尺单位"：标尺是显示在场景周围的辅助工具，以标尺为参照可以使用户绘制的图形更精确。在这里可以设置标尺的单位。

◆ "匹配"|"默认"：使用默认值。

◆ "匹配"|"内容"：文档大小将恰好容纳当前影片的内容。

◆ "匹配"|"打印机"：文档大小将设置为最大可用打印区域。

◆ "背景颜色"：设置舞台的背景颜色。单击颜色块，在弹出的调色板中选择合适的颜色即可。

◆ "帧频"：默认的是 24fps。用户可以根据需要更改这个数值，数值越大动画的播放速度越快，动画的运行更为平滑，但是相应的文档体积会较大。对于大多数计算机显示的动画而言，特别是网站中播放的动画，8fps 到 15fps 就足够了。

◆ "设为默认值"：将所有设定存成默认值，下次开启新的影片文档时，影片的舞台大小和背景颜色会自动调整成这次设定的值。

（3）单击"确定"按钮，完成文档属性的设置，此时舞台变成浅蓝色，尺寸为 640× 480 像素。

专家点拨：在制作 Flash 课件时，第一步通常是在 Flash 中新建一个文档，并设置文档的舞台尺寸、背景颜色、动画播放速度等属性，为制作课件做好准备。

1.1.3 创建文字

文字是 Flash 课件中的重要对象，Flash CS6 在文字处理方面具有强大的功能。使用"文本工具"可以直接输入文字，并且可以改变文字的字体、大小、颜色等属性，十分方便，如图 1-1-8 所示。

在制作 Flash 课件时，经常需要创建各种文本。除非特别需要，大部分情况只用到简单的文本操作，在 Flash CS6 中这样的文本被称为传统文本。

（1）在绘图工具箱中选择"文本工具" **T**，在"属性"面板中从"文本引擎"下拉列表框中选择"传统文本"，然后在"字符"栏下设置"系列"为黑体、"大小"为 45 点、"颜色"为白色，其他属性保持默认，如图 1-1-9 所示。

图 1-1-8　选择"文本工具"　　　　图 1-1-9　设置文本属性

（2）将鼠标指针指向场景，用户会发现鼠标指针呈 ╬ 状，这表明此时正处于插入文本状态。

（3）在场景中适当的位置拖动十字形光标会出现文本框。该文本框的高度与设定的文字大小一致，长度由制作者决定，这时光标开始闪烁，表示可以输入文字了。这里输入"初中语文多媒体课件"，如图 1-1-10 所示。

（4）在舞台上单击，在"属性"面板中重新设置文本属性，这里设置"系列"为楷体、"大小"为 32，其他属性保持不变。

（5）在舞台上单击后会出现一个右上角有圆形手柄的输入框，这就是一个扩展的静态文本框，它按照输入文本的长短自动延伸，如图 1-1-11 所示。

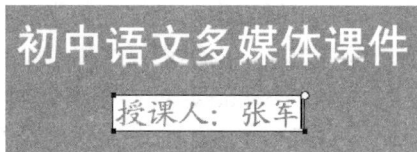

图 1-1-10　输入文本　　　　　　图 1-1-11　控制点为圆形的扩展静态文本框

专家点拨： Flash 在文本框的一角显示一个手柄，用于标识该文本框的类型。对于可扩展宽度的静态文本，会在该文本框的右上角出现一个圆形手柄。对于具有固定宽度的静态文本，会在该文本框的右上角出现一个方形手柄。拖动固定宽度的静态文本的方形手柄，它会变为扩展的静态文本，双击扩展的静态文本的圆形手柄，它会变为固定宽度的静态文本。

当文字的字节长度超过固定宽度文本框的长度时，它会自动换行。将鼠标指针放在文本框右上角的白色方块手柄上，当鼠标指针变成双向黑色箭头时拖动鼠标可以改变文本框的长度。

（6）在绘图工具箱中选择"选择工具" ，拖动文字到舞台的中央位置，效果如图 1-1-12 所示。

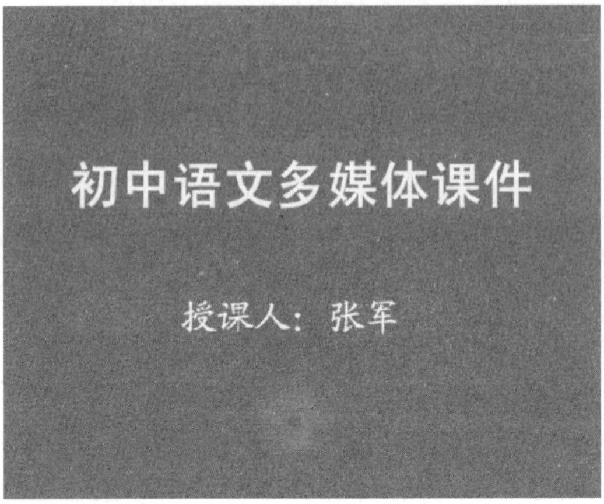

图 1-1-12　创建文本对象

1.1.4　保存、测试和导出课件

（1）选择"文件"|"保存"命令（快捷键为 Ctrl+S），弹出"另存为"对话框，指定保存影片的文件夹，输入文件名，然后单击"保存"按钮，这样就将影片保存起来了，文件的扩展名是.fla。

专家点拨：为了安全，大家在动画制作过程中要经常保存文件，按 Ctrl+S 键可以快速保存文件。

（2）选择"控制"|"测试影片"|"测试"命令（快捷键为 Ctrl+Enter），弹出测试窗口，在该窗口中可以观察到影片的效果，还可以对影片进行调试。关闭测试窗口可以返回到影片编辑窗口对影片继续进行编辑。

（3）打开 Windows 的"资源管理器"窗口，定位在保存影片的文件夹，可以观察到两个文件，如图 1-1-13 所示。左边的是影片源文件（扩展名是.fla），也就是步骤（1）保存的文件。右边的是影片播放文件（扩展名是.swf），也就是步骤（2）测试影片时自动产生的文件。直接双击影片播放文件可以在 Flash 播放器（对应的软件名称是 Flash Player）中播放动画。

图 1-1-13　文档类型

专家点拨：Flash 文件类型一般包括影片源文件和影片播放文件两种。在制作完成一个动画作品后需要及时将相应的影片文件保存，这个保存的文件就是影片源文件，扩展名是.fla，它是一个可以随时在 Flash 窗口中编辑的文件。影片播放文件就是观看动画效果的最终目标文件，它的扩展名是.swf，这个文件需要用 Flash 播放器进行播放，它不能在 Flash 窗口中编辑。

1.1.5　打开文档和设置文字滤镜效果

（1）单击影片文档窗口右上角的关闭按钮关闭影片文档，如图 1-1-14 所示。

图 1-1-14　关闭影片文档

（2）在"开始页"，单击"打开最近的项目"下的"打开"按钮，弹出"打开"对话框，在"查找范围"中定位到要打开影片文件所在的文件夹，选择要打开的影片文件（扩展名为.fla），单击"打开"按钮，这样就把影片文件打开了。

（3）选中舞台上的文本对象（按住 Shift 键连续单击可以选中多个对象），接着展开"属性"面板，在"滤镜"栏中单击"添加滤镜"按钮，在弹出的菜单中选择"投影"滤镜。此时，舞台上的文本对象产生了滤镜效果，如图 1-1-15 所示。

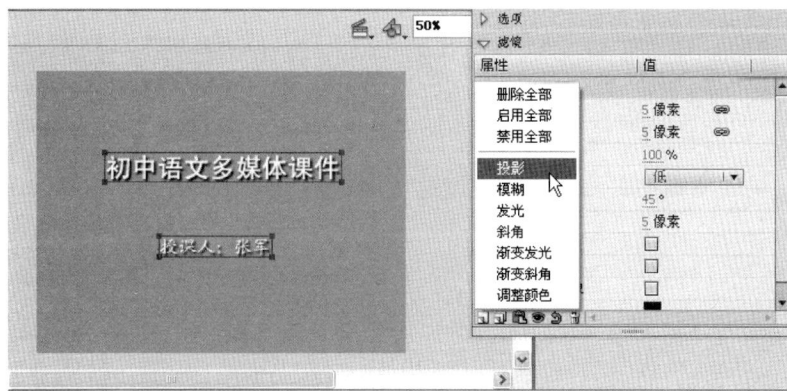

图 1-1-15　设置文字滤镜效果

专家点拨： 在"属性"面板的"滤镜"栏中可以对文字设置多种特效。在"滤镜"栏中单击"添加滤镜"按钮，弹出列表框，其中包括投影、模糊、发光、斜角、渐变发光、渐变斜角、调整颜色等滤镜，利用这些滤镜可以制作出各种各样的文字特效。一些文字滤镜效果如图 1-1-16 所示。

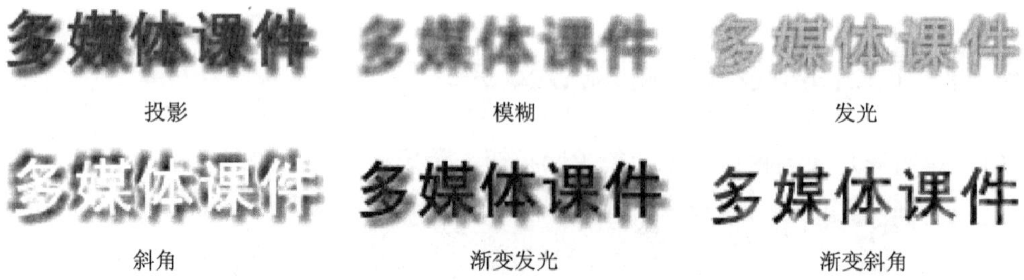

图 1-1-16 各种文字滤镜效果

（4）按 Ctrl+S 键保存文件。按 Ctrl+Enter 键测试影片效果，得到一个具有阴影文字效果的课件封面。

1.1.6 导出影片

当对影片文档中的内容进行了修改，按 Ctrl+Enter 键测试影片效果时，系统自动生成的 SWF 文件会覆盖原来的同名文件。如果用户不想覆盖原来的 SWF 文件，那么可以使用导出影片的功能。

选择"文件" | "导出" | "导出影片"命令，弹出"导出影片"对话框，指定导出影片的文件夹，输入导出影片的文件名，单击"保存"按钮，即可得到需要的影片。导出的影片是播放文件，文件扩展名为.swf。

1.2 绘图基础——凸透镜与凹透镜

Flash 提供了很多实用的矢量绘图工具，这些工具使用简单却功能强大，对于普通教师来说，不需要太多的专业绘图技能就能运用这些工具制作出既美观又实用的静态图形课件。本节通过绘制物理课程中的凸透镜与凹透镜使大家初步掌握使用 Flash 绘图工具绘制矢量图课件的步骤及方法。

课件简介

这个课件绘制的是物理课程中的凸透镜与凹透镜，主要使用了"线条工具"、"矩形工具"和"颜料桶工具"等，范例效果如图 1-2-1 所示。

图 1-2-1　凸透镜与凹透镜课件效果

知识要点

- ◆　显示和编辑网格
- ◆　"矩形工具"和"线条工具"的使用
- ◆　"选择工具"的使用
- ◆　"颜料桶工具"的使用
- ◆　笔触样式在绘图中的应用

制作步骤

1.2.1　认识绘图工具箱

　　绘图工具箱是 Flash 课件制作中使用最频繁的一个面板，用户在使用它之前有必要认识它的全貌，以便更好地使用。

　　绘图工具箱位于舞台左侧，它是 Flash 中最常用到的一个面板，其中包含了用于图形绘制和编辑的各种工具，利用这些工具可以绘制图形、创建文字、选择对象、填充颜色、创建 3D 动画等。单击绘图工具箱上的 按钮，可以将面板折叠为图标。图 1-2-2 所示的是绘图工具箱显示为双列的状态。

图 1-2-2　绘图工具箱

　　专家点拨：用户可以自定义绘图工具箱中的绘图工具的排列顺序，选择"编辑"|"自定义工具面板"命令，打开"自定义工具栏"对话框，可以根据需要和个人喜好重新安排和组织工具的位置。

1.2.2　显示和设置网格

　　Flash 提供了 3 种辅助工具用于测量、对齐和安排对象，即网格、辅助线和标尺。其中，标尺可以精确地测量对象的长和宽；网格便于对象的对齐；辅助线便于拖动对象时的操作。在制作 Flash 课件时，恰当地使用这些辅助工具可以确保 Flash 课件的科学和严谨。

1. 新建 Flash 影片文档并设置文档属性

（1）启动 Flash CS6，在菜单栏上选择"文件"|"新建"命令（快捷键为 Ctrl+N），打开"新建文档"对话框，在其中的"常规"选项卡下选择"ActionScript 3.0"，新建一个影片文档。

专家点拨：在新建 Flash 文档时，用户可以看到在"新建文档"对话框中有两个选项卡，"常规"选项卡用于新建各种 Flash 文档或应用程序，通过"模板"选项卡能很方便地使用 Flash 的模板功能新建相关文档。

（2）展开"属性"面板，设置"背景颜色"为深蓝色（#003366），其他保持默认。

2. 显示和编辑网格

（1）选择"视图"|"网格"|"显示网格"命令（快捷键为 Ctrl+`），在场景中显示出网格，如图 1-2-3 所示。

专家点拨：执行"显示网格"命令后，在所有场景中都将显示出网格。网格只是绘图的一种辅助工具，在测试影片和发布文档时都不会显示。如果需要隐藏网格，可以再次选择"视图"|"网格"|"显示网格"命令。

（2）选择"视图"|"网格"|"编辑网格"命令，打开"网格"对话框，选中"显示网格"和"贴紧至网格"复选框，在水平网格间隔和垂直网格间隔后的文本框中均输入 25 像素，如图 1-2-4 所示，然后单击"确定"按钮。

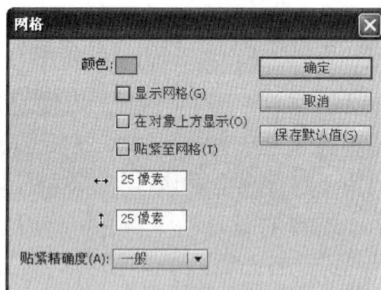

图 1-2-3　显示网格　　　　　　　　　　图 1-2-4　"网格"对话框

专家点拨：在使用网格时可以根据需要修改它的大小和颜色，以便有效地提高制作效率。"网格"对话框中各参数的含义如下。

◆ "颜色"：从调色板中选择网格线的颜色，默认的网格线的颜色是灰色。

◆ "显示网格"：选中或取消选中可以显示或隐藏网格。

◆ "贴紧至网格"：选中或取消选中用于设置是否让绘制的图形对齐网格。选中后画直线时，直线的起点和终点都吸附在网格的交叉点上，便于绘制规则图形。

◆ "网格间隔"：如果要设置网格间隔，可以在水平和垂直箭头右侧的文本框中输入值。

◆ "贴紧精确度"：可以从该下拉列表框的选项中选择对齐的精确程度。

◆ "保存默认值"：如果想将当前设置保存为默认值，可以单击"保存默认值"按钮。

1.2.3　使用"线条工具"绘制凸透镜

（1）选择绘图工具箱中的"线条工具" \，鼠标指针变为"+"形状，在场景中拖动绘制出一条垂直直线，如图 1-2-5 所示。

专家点拨：按住 Shift 键拖动鼠标将以 45°角的倍数（45°、水平、垂直等）画直线。按住 Alt 键拖动鼠标会以某点为中心画直线。

（2）选择"选择工具" ，将鼠标指针移动到线条上，当变为 形状时向左拖动线条将它改为曲线，如图 1-2-6 所示。

图 1-2-5　绘制直线 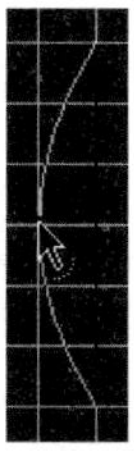　　　　　　　图 1-2-6　把直线调整为曲线

专家点拨：新建 Flash 文档后，绘图工具箱中默认选中的是"选择工具" 。它是一个功能强大的工具，既可以选择和移动对象，又可以改变图形的形状，因此绘图时使用完其他工具后务必要返回"选择工具"状态。

在使用"选择工具"时，鼠标指针在不同状态下呈现出不同的形状，用户在使用中可以依据鼠标指针的形状进行不同的操作。

◆ 形状：普通状态，按住鼠标键拖出矩形框可选中框内对象，单击也能选中对象。

◆ 形状：移动鼠标指针至对象上时的状态，按住鼠标键可移动对象，按住 Ctrl 键拖动能快速复制该对象。

◆ 形状：鼠标指针靠近线条或线条轮廓时的状态，拖动能改变线条形状，按住 Cul 键拖动能把线条变为转角。

◆ 形状：鼠标指针靠近线条或线条轮廓时的另一状态，如果定位点是线条终点，则可以延长或缩短该线条；如果定位点是转角，则组成转角的线段在它们变长或缩短时仍保持伸直。

（3）选择"线条工具"，绘制一条直线将曲线的两端连接起来，然后使用"选择工具"将线条向右拖动绘制出凸透镜，绘制过程如图 1-2-7 所示。

（4）使用"选择工具"从凸透镜左上方向右下角拖动出一个虚线框，框选绘制的形状。

专家点拨：用"选择工具"选取对象有 3 种方法，第 1 种方法是单击要选取的对象；

第 2 种方法是在对象上双击，当双击的是轮廓线内部的填充区域时，该区域及其轮廓线均会被选中，而当双击的是轮廓线时，则只有轮廓线被选中，但当轮廓线与其他同色的线条相连时，这些线条也会被同时选中；第 3 种方法是用鼠标拖出一个矩形，它所套住的区域为被选择区域。

在选择多个对象时，除了可以用"选择工具"拖出一个虚线框框住要选择的对象以外，还可以先单击选中一个对象，然后按住 Shift 键单击所要选取的其他对象，从而同时选中多个对象。

（5）展开"属性"面板，在"填充和笔触"栏中单击"笔触颜色"按钮 ▇，打开调色板，鼠标指针变为"滴管工具"样式 ✐，设置笔触颜色为浅蓝色（#0099CC），如图 1-2-8 所示。

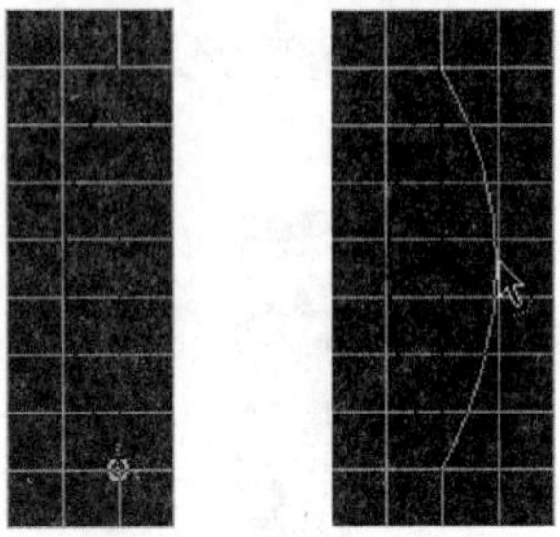

图 1-2-7　凸透镜的绘制过程 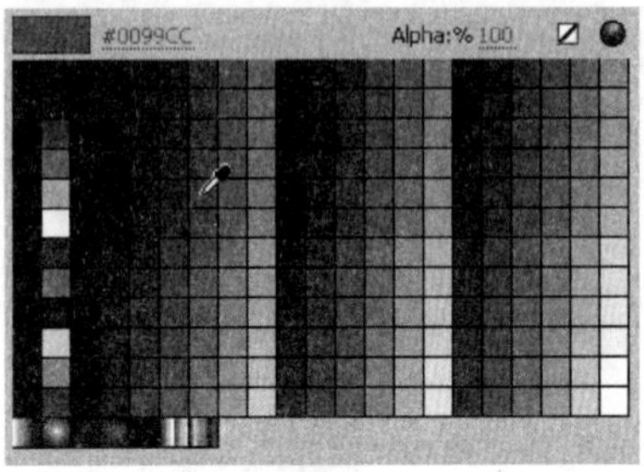　　　　　　图 1-2-8　打开调色板

专家点拨：笔触颜色定义的是绘制图形外框的颜色，填充颜色定义的是所绘制图形内部的填充色。在图 1-2-8 中，相关参数的含义如下。

◆ "颜色值" ▇▇ #000000：表示当前选取的颜色，后面以 # 开头的文本框数字表示该颜色的十六进制代码，用户也可以在这个文本框中直接输入颜色的十六进制代码设置颜色。

◆ "透明度" Alpha:% 100：表示当前所选颜色的透明度，用户可以拖动滑块改变，范围是 0%~100%。

◆ "无颜色" 按钮 ☑：单击该按钮可以删除当前颜色。

◆ "调色板" 按钮 ◉：单击该按钮后弹出调色板，可以设置任意颜色。

1.2.4　使用"矩形工具"绘制凹透镜

（1）选择绘图工具箱中的"矩形工具" ▣，然后单击"填充颜色"按钮 ◈□，设置填充色为"无颜色" ☑。

专家点拨："矩形工具" ▣ 右下角的小黑三角表示这是一个具有复合功能的绘图工具，按住鼠标键不放会弹出下拉列表，在其中可以选择需要的绘图工具，如图 1-2-9 所示。

（2）将鼠标指针指向场景会变为"+"形状，从网格的交点处拖动鼠标到另一网格的交点处，松开鼠标键，绘制出矩形，如图 1-2-10 所示。接着使用"选择工具"拖动线条改变为凹透镜形状，如图 1-2-11 所示。

图 1-2-9　工具的切换　　　图 1-2-10　绘制矩形　　　图 1-2-11　将矩形调整为凹透镜

专家点拨： 在使用"矩形工具"绘图时，按住 Shift 键拖动鼠标可以绘制出正方形，按住 Alt 键拖动鼠标会以某点为中心画矩形。

（3）选择"选择工具"，拖动鼠标框选凹透镜形状，设置笔触颜色为浅蓝色（#3FA9DC）。

1.2.5　使用"颜料桶工具"填充颜色

（1）选择"颜料桶工具" ，设置填充色为浅蓝色（#4B99BD）。然后单击"空隙大小"按钮 ，弹出如图 1-2-12 所示的下拉列表框，选择"封闭小空隙"选项。

专家点拨： "颜料桶工具" 能对某一区域进行纯色、渐变色或位图填充。选择"颜料桶工具"，然后在绘图工具箱的"选项"区域中单击"空隙大小"按钮，会弹出一个包含 4 个选项的下拉列表框。

◆ "不封闭空隙" ：表示要填充的区域必须在完全封闭的状态下才能进行填充。
◆ "封闭小空隙" ：表示要填充的区域在小缺口的状态下可以进行填充。
◆ "封闭中等空隙" ：表示要填充的区域在中等大小缺口的状态下可以进行填充。
◆ "封闭大空隙" ：表示要填充的区域在较大缺口的状态下也能填充。但在 Flash 中，即使是中大缺口，值也是很小的，所以如果用户要对大的不封闭区域填充颜色，一般用刷子工具或手动封闭它们。

（2）把鼠标指针移至场景中，鼠标指针变为 形状。单击凸透镜和凹透镜区域填充颜色，效果如图 1-2-13 所示。

（3）选择"线条工具"，在两个透镜中分别绘制一条垂直线条，再选择"选择工具"，将线条拖动为曲线。

（4）展开"属性"面板，设置线条颜色为白色，设置线条的笔触高度为 3 像素，效果如图 1-2-14 所示。

图 1-2-12　空隙大小的设置　　　图 1-2-13　完成填充的透镜　　　图 1-2-14　线条效果

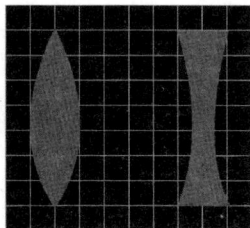

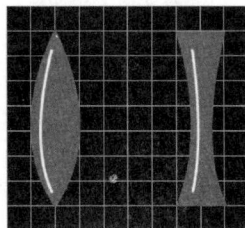

专家点拨： 对于初学者来说，多试着改变线条的各项参数，对绘图能力的提高会有很大帮助。在"属性"面板的"填充和笔触"栏中单击"编辑笔触样式"按钮 ✐ 打开"笔触样式"对话框，如图 1-2-15 所示。

在该对话框中可以对笔触的类型、粗细、间隔、微动、旋转、曲线和长度进行详细设置，如图 1-2-16 所示，就是设置绘制的线条效果。

図 1-2-15　"笔触样式"对话框　　　　　图 1-2-16　各种样式的线条

1.2.6　使用"文本工具"创建竖排的课件标题

（1）在绘图工具箱中选择"文本工具"，在"属性"面板中设置"文本引擎"为"传统文本"，然后设置字体、字号和颜色，单击"文本方向"按钮，改变方向为"垂直，从左向右"，其他属性保持默认，如图 1-2-17 所示。

（2）在场景右侧输入课件标题"凸透镜与凹透镜"，接着打开"属性"面板，在"滤镜"栏中单击"添加滤镜"按钮，在弹出的列表框中选择"发光"滤镜，然后设置 X 轴和 Y 轴的模糊值为 10 像素、强度为 290%、颜色为白色，选中"挖空"复选框，如图 1-2-18 所示。

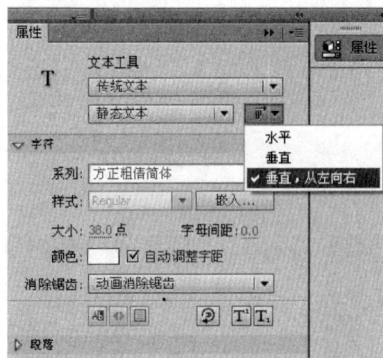

图 1-2-17　设置文本参数　　　　　图 1-2-18　设置"发光"滤镜效果

此时，舞台上的文本对象产生了滤镜效果，完成后的场景效果如图 1-2-19 所示。

图 1-2-19 完成的场景效果

（3）按 Ctrl+S 键保存文件，按 Ctrl+Enter 键测试影片效果，对效果满意后选择"文件"|"导出"|"导出影片"命令（快捷键为 Ctrl+Alt+Shift+S），在打开的"导出影片"对话框中单击"确定"按钮即可。

1.3 绘图基础——石墨分子晶体结构俯视图

本课件是化学课程中的石墨分子晶体结构的俯视图，在课堂教学中运用这个课件可以生动、形象地将石墨分子晶体的结构展示给学生，使学生能够通过直观图形更准确地掌握相关的化学知识，达到事半功倍的效果。

📖 课件简介

本节将通过化学课程中的石墨分子晶体结构的俯视图的绘制过程进一步介绍使用"多角星形工具"、"椭圆工具"及"变形工具"等绘制矢量图课件的方法与技巧，范例效果如图 1-3-1 所示。

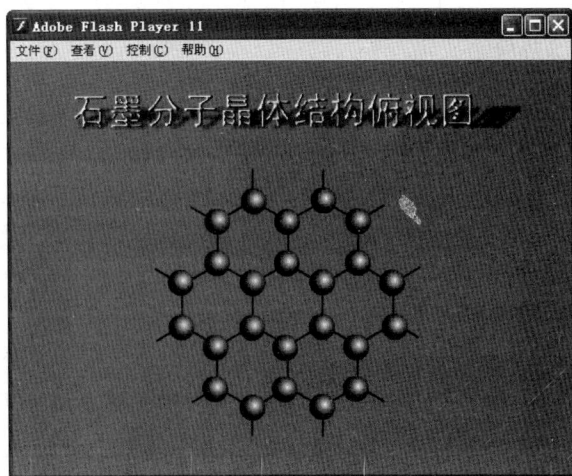

图 1-3-1 石墨分子晶体结构俯视图

知识要点

◆ 利用辅助线和标尺辅助绘图
◆ "多角星形工具"的使用
◆ "椭圆工具"的使用
◆ "变形"面板的使用
◆ "任意变形工具"的使用
◆ "渐变变形工具"的使用
◆ "颜色"面板的使用
◆ 立体投影文字效果的制作

制作步骤

1.3.1 利用绘图辅助工具——辅助线和标尺绘图

Flash CS6 有 3 个主要的辅助绘图工具，除 1.2 节介绍的网格工具外，辅助线和标尺也给绘图带来了很多便利。

1. 新建文档并使用标尺

（1）选择"文件"|"新建"命令，新建一个 Flash 文件，将"背景色"设置为暗绿色（#339999），其他参数保持默认。

（2）选择"视图"|"标尺"命令，标尺显示在文档的左侧和上方，如图 1-3-2 所示。

专家点拨：标尺默认的量度单位是"像素"，选择"修改"|"文档"命令，从弹出的对话框中选择标尺单位为除"像素"以外的选项可以更改标尺默认的量度单位，在显示标尺的情况下移动舞台上的对象时将在标尺上显示刻度指示线指示出该对象的位置。

2. 编辑和显示"辅助线"

（1）选择"视图"|"辅助线"|"编辑辅助线"命令，在弹出的"辅助线"对话框中选中"显示辅助线"和"贴紧至辅助线"复选框，如图 1-3-3 所示。

图 1-3-2　显示标尺

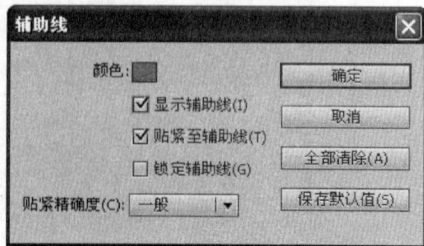

图 1-3-3　"辅助线"对话框

（2）在显示标尺时，单击标尺可拖动水平辅助线到舞台上。接着选择"视图"|"辅助线"|"锁定辅助线"命令，防止绘图时辅助线被误移动。此时场景如图 1-3-4 所示。

专家点拨：在辅助线不被锁定的情况下，使用"选择工具"单击辅助线可以任意移动，拖动辅助线至标尺处可删除辅助线。

图 1-3-4　显示辅助线

1.3.2　使用"多角星形工具"绘制正六边形

1. 绘制单个正六边形

（1）在绘图工具箱中的"矩形工具"上按住鼠标左键不放，弹出工具列表，选择"多角星形工具" ◎ ，如图 1-3-5 所示。

（2）展开"属性"面板，在"填充和笔触"栏中设置笔触颜色为黑色、填充颜色为无，然后在"工具设置"栏中单击"选项"按钮，弹出"工具设置"对话框，设置"样式"为"多边形"、"边线"为 6，其他保持默认，如图 1-3-6 所示。

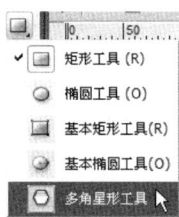

图 1-3-5　切换到"多角星形工具"

图 1-3-6　"工具设置"对话框

专家点拨：在"工具设置"对话框中选择"样式"为"星形"还可以绘制出星状图形。

（3）在场景中拖动鼠标，当大小合适时松开鼠标键，绘制出正六边形，如图 1-3-7 所示。

专家点拨：在绘制多边形时按住 Shift 键可以绘制出边线与辅助线平行或垂直的图形。

（4）选择"选择工具"，在场景中拖动鼠标，框选正六边形。

（5）选择"窗口"|"变形"命令，打开"变形"面板，单击"约束"按钮使之成为 ，然后在高宽比例中输入百分比为 75%，调整正六边形的大小，如图 1-3-8 所示。

图 1-3-7　绘制正六边形

图 1-3-8　"变形"面板

专家点拨：使用"变形"面板可以准确地使对象发生变形，例如放大、缩小、旋转、倾斜等。

◆ "缩放"：可以在相应的文本框中输入"垂直"和"水平"缩放的百分比值，"约束"按钮处于 🔗 状态，可以使对象按原来的宽高比例进行缩放；"约束"按钮处于 🔓 状态，对象可以不按照原来的宽高比例进行缩放。

◆ "旋转"：在相应的文本框中输入旋转角度可以使对象旋转。

◆ "倾斜"：在相应的文本框中输入"水平"和"垂直"角度可以倾斜对象。

◆ "重置选区和变形"按钮 🔁 ：可以复制出新对象并且执行变形操作。

◆ "取消变形"按钮 🔃 ：用来恢复上一步的变形操作。

◆ 在"变形"面板中还包括"3D 旋转"和"3D 中心点"两个选项栏，当选中应用了 3D 的对象时，利用这两个选项栏可以改变 3D 旋转的角度和 3D 平移的中心点。

（6）选择"修改"|"组合"命令（快捷键为 Ctrl+G），将正六边形组合为一个群组对象。

专家点拨：当用群组对象绘制一些复杂图形时，可先分别绘制出其各个部分，然后组合在一起，以利于整体操作。如果要取消组合，可选择"修改"|"取消组合"命令（快捷键为 Shift+Ctrl+G）。

2. 复制并组合多个正六边形

（1）使用"选择工具"选取正六边形，然后选择"编辑"|"复制"命令（快捷键为 Ctrl+C），再选择"编辑"|"粘贴到中心位置"命令（快捷键为 Ctrl+V），复制出新的正六边形。

（2）继续进行复制和粘贴操作，将舞台上的 15 个正六边形排列整齐，效果如图 1-3-9 所示。

（3）使用"选择工具"框选所有图形，接着选择"修改"|"取消组合"命令，取消所有图形的组合。然后选中多余的线条，按 Delete 键将其删除，完成后的效果如图 1-3-10 所示。

（4）选中所有的图形，按 Ctrl+G 键将它们重新组合成一个群组对象，并用"选择工具"拖动对象到场景中的适当位置。

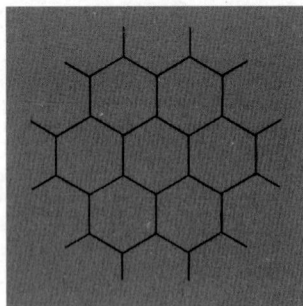

图 1-3-9 复制并排列正六边形　　　　图 1-3-10 完成后的图形

1.3.3 认识"颜色"面板

使用"颜色"面板可以方便地对线条和形状的填充颜色进行编辑。在默认情况下，"颜

色”面板停在面板区，双击面板的标题栏能折叠或打开该面板。如果面板区中没有“颜色”面板，可以选择“窗口”|“颜色”命令或按 Shift+F9 键将其打开，如图 1-3-11 所示。

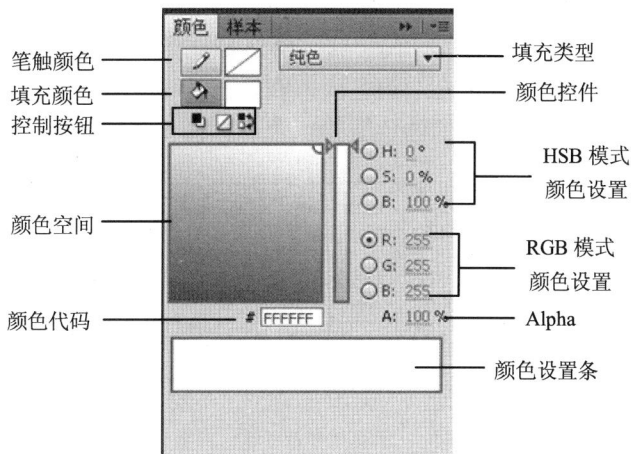

图 1-3-11　“颜色”面板

◆ “笔触颜色”按钮：单击 ✎ 按钮切换到笔触颜色，单击后面的色块按钮弹出调色板，在其中可以设置图形的笔触颜色。

◆ “填充颜色”按钮：单击 🖌 按钮切换到填充颜色，单击后面的色块按钮弹出调色板，在其中可以设置图形的填充颜色。

◆ 控制按钮：共包括“黑白”按钮、“没有颜色”按钮和“交换颜色”按钮 3 个按钮。单击“黑白”按钮，可以设置“笔触颜色”为黑色、“填充颜色”为白色；单击“没有颜色”按钮，可以设置“笔触颜色”为无色或者“填充颜色”为无色；单击“交换颜色”按钮，可以让“笔触颜色”和“填充颜色”中设置的颜色互相交换。

◆ “填充类型”列表框：在这个列表框中可以选择填充类型，其中包括纯色、线性渐变、径向渐变和位图填充 4 种填充类型。

◆ “HSB 模式”颜色设置：可以分别设置颜色的色相、饱和度和亮度。

◆ “RGB 模式”颜色设置：可以用 RGB 模式分别设置红、绿和蓝的颜色值，在相应的文本框中可以直接输入颜色值进行颜色设置。

◆ “颜色空间”：单击鼠标可以选择颜色。

◆ “颜色控件”：在 HSB 模式或者 RGB 模式中选中某个单选按钮后，这个颜色控件会随之发生变化，用鼠标可以操作这个颜色控件从而改变颜色设置。

◆ “Alpha”文本框：设置颜色的透明度，范围为 0%~100%，其中 0%为完全透明、100%为完全不透明。

◆ “颜色代码”文本框：这个文本框中显示以“#”开头的十六进制模式的颜色代码，用户可以直接在这个文本框中输入颜色值。

◆ “颜色设置条”：当用户选择填充类型为纯色时，在这里显示所设置的纯色；当用户选择填充类型为渐变色时，在这里可以显示和编辑渐变色。

1.3.4 使用"椭圆工具"绘制球体

（1）在绘图工具箱中选择"椭圆工具" ，然后打开"颜色"面板，设置"填充类型"为径向渐变，接着双击颜色设置条左边的色块，在弹出的调色板中选择颜色为土黄色（#FFFFCC），并用同样的方法设置右侧的色块为黑色，如图 1-3-12 所示。

专家点拨： 渐变填充有线性渐变和径向渐变两种，它们都可以在"颜色"面板中进行设置。"线性渐变"用来创建从起点到终点沿直线变化的颜色渐变；"径向渐变"可以创建一个从中心焦点出发沿环形轨道混合的渐变。

（2）将鼠标指针移动到场景中，按住 Shift 键拖动鼠标绘制一个圆，如图 1-3-13 所示。

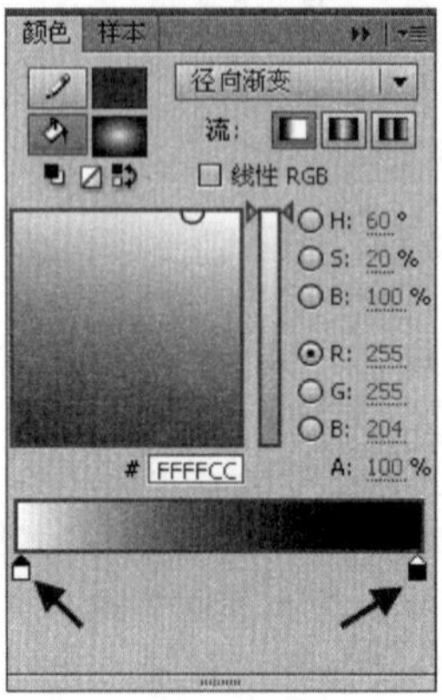

图 1-3-12 "颜色"面板    图 1-3-13 绘制出的石墨分子晶体

专家点拨： 在径向渐变的颜色设置条上默认有两个渐变色块，左边的色块表示渐变中心的颜色，右边的色块表示渐变的边沿色。

1.3.5 使用"任意变形工具"改变球体大小

（1）在绘图工具箱中选择"任意变形工具" ，然后单击石墨分子晶体，在石墨分子晶体四周出现了 8 个控制点，如图 1-3-14 所示。

专家点拨： 使用"任意变形工具"可以对图形的形状进行任意调整。在它的 8 个控制点中有 4 个角手柄和 4 个边手柄，中间有一个变形中心点，使用它们改变对象形状的一般方法如下。

◆ 将鼠标指针放在角手柄上，鼠标指针变为 或 形状，在拖动手柄的同时可以让对象沿对角线方向改变大小。

◆ 将鼠标指针放在边手柄上，鼠标指针变为↔或↕形状，在拖动手柄的同时可以让对象沿横向或纵向改变大小。

◆ 将鼠标指针放在变形手柄的连接线上，鼠标指针变为 或 形状，在拖动手柄的同时可以让对象沿横向或纵向倾斜。

◆ 将鼠标指针放在角手柄的外侧，鼠标指针变为⤴形状，在拖动手柄的同时可以让对象旋转。

◆ 将鼠标指针放在对象中间的变形中心点上，移动它的位置，对象总以它为中心进行旋转缩放。

因为这些操作对于初学者来说有些复杂，所以 Flash 在"任意变形工具"的选项中提供了 4 个按钮，即"旋转与缩放" ⟲、"缩放" ▣、"扭曲" ◰ 和"封套" ⬭，按下这些按钮后仅能进行单一的操作。

（2）将鼠标指针放在角手柄上，按住 Shift 键拖动鼠标调整对象到合适的大小，如图 1-3-15 所示。

图 1-3-14 变形控制框 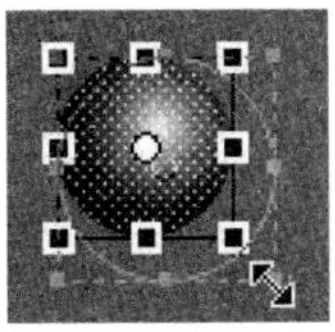　　　　　图 1-3-15 调整对象大小

专家点拨：在使用"任意变形工具"旋转对象时，按住 Shift 键拖动对象将以 45°为增量进行旋转；按住 Alt 键拖动可以围绕对角旋转。

在使用"任意变形工具"调整对象大小时，按住 Alt 键能够使对象以中心点为基准缩小或放大；按住 Shift 键能够使对象按照原来的长宽比缩小或放大；按住 Ctrl 键拖动角手柄或边手柄可以扭曲形状；按住 Alt+Shift 键可以使对象按照原来的长宽比以中心点为基准缩小或放大；按住 Shift 键和 Ctrl 键拖动角手柄可以锥化对象，即将选定的角及其相邻角从它们的原始位置起移动相同的距离。

1.3.6 使用"渐变变形工具"改变球体填充

（1）按住绘图工具箱中的"任意变形工具"不放，在打开的工具列表中选择"渐变变形工具" ▣。

（2）移动鼠标指针到舞台上，然后单击石墨分子晶体，此时出现了 5 个填充变形控制点，如图 1 3-16 所示。

专家点拨：使用"渐变变形工具"可以对所填颜色的范围、方向和角度等进行调节，从而获得特殊的效果。在图 1-3-16 中，分子中间的倒三角是填充变形的焦点，圆环是中心点，边线从上至下分别是宽度、大小和旋转调节手柄。

◆ 选择和移动中心点手柄可以更改渐变的中心点，中心点手柄的变换图标是一个四向箭头。

◆ 通过焦点手柄可以改变放射状渐变的焦点，仅当选择放射状渐变时才显示焦点手柄，焦点手柄的变换图标是一个倒三角形。

◆ 大小手柄可以调整渐变的大小，大小手柄的变换图标是内部有一个箭头的圆。
◆ 旋转手柄可以调整渐变的旋转，旋转手柄的变换图标是 4 个圆形箭头。
◆ 宽度手柄可以调整渐变的宽度，宽度手柄的变换图标是一个双头箭头。

（3）用鼠标拖动石墨分子晶体上的中心点手柄，将中心点（即高光区）拖放到石墨分子晶体的右上方，如图 1-3-17 所示，完成后的效果如图 1-3-18 所示。

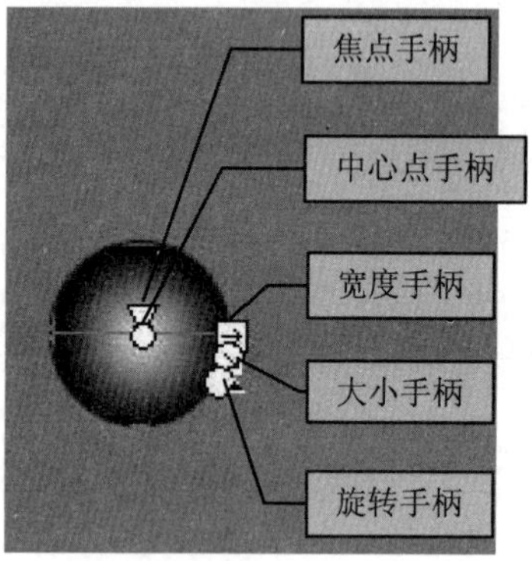

图 1-3-16 用"渐变变形工具"选中石墨分子晶体

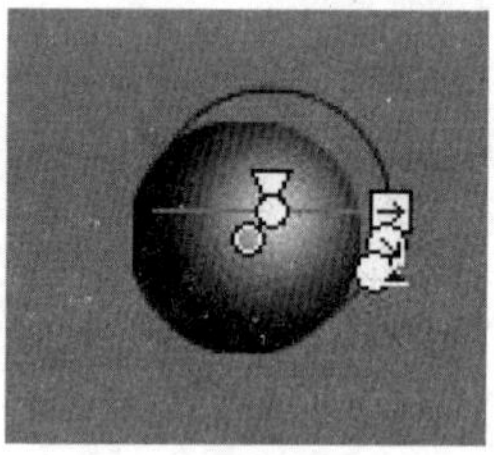

图 1-3-17 调整填充色

（4）在按住 Ctrl 键的同时用鼠标拖动石墨分子晶体，复制出若干石墨分子晶体，然后用"选择工具" 依据辅助线将石墨分子晶体移动到所需位置，调整后的效果如图 1-3-19 所示。

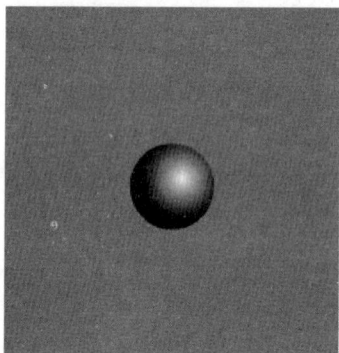

图 1-3-18 完成后的效果

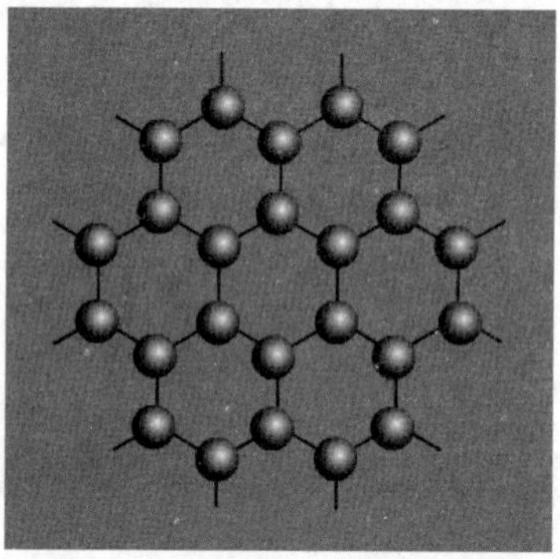

图 1-3-19 完成后的石墨分子晶体结构图

专家点拨： 除了可以用"选择工具"拖动场景中的对象来改变对象的位置以外，还可以选中对象，然后按方向键来调整对象的位置。按住 Shift 键再按方向键，可以每次以 10 个像素移动对象。利用这种方法可以更精确地调整对象的位置。

在对齐球体时，可以首先拖动辅助线到基准位置，然后以此作为参考能快捷地实现操作。

1.3.7 创建立体投影效果的课件标题

（1）选择"文本工具"，设置颜色为黑色、字体大小为 36，在场景中的适当位置输入标题"石墨分子晶体结构俯视图"。

（2）打开"属性"面板，在"滤镜"栏中单击"添加滤镜"按钮，在弹出的下拉列表框中选择"渐变斜角"滤镜，并调整合适的渐变色，如图 1-3-20 所示，此时舞台上的文本对象产生了滤镜效果。

（3）使用"选择工具"选中文字，然后按住 Ctrl 键拖动快速地复制一个文本，如图 1-3-21 所示。

图 1-3-20　设置滤镜效果　　　　　　　　　　图 1-3-21　复制文字

（4）使用"任意变形工具"将副本文字进行变形，使它倾斜，如图 1-3-22 所示。

图 1-3-22　使副本文字倾斜

（5）打开"属性"面板，在"滤镜"栏中单击"删除滤镜"按钮，删除"渐变斜角"滤镜效果。然后单击"添加滤镜"按钮，在弹出的下拉菜单中选择"投影"，设置强度为120%、颜色为黑色，并选中"隐藏对象"复选框，如图 1-3-23 所示。

（6）在副本文字上右击，在弹出的快捷菜单中选择"排列"|"下一层"命令，将副本文字移到下层，并调整文字的位置，立体投影标题文字效果如图 1-3-24 所示。

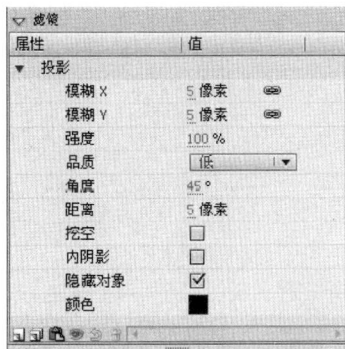

图 1-3-23　设置"投影"滤镜　　　　　　　　图 1-3-24　立体投影文字效果

专家点拨： 在一个图层内，Flash 会根据对象的创建顺序层叠对象，将最新创建的对象放在最上面。用户可以根据需要使用"排列"命令改变对象的层叠顺序。一般来说，画出的线条和形状总是在组和元件的下面。

至此，本课件制作完成。按 Ctrl+Enter 键测试课件效果，然后将课件保存并导出。

1.4 绘图基础——几何形状

课件的技术性和艺术性是用户制作课件时必须要考虑的两个方面，本节将使用两个基本工具并运用一些绘图技巧来制作既美观又实用的静态图形课件。

📖 **课件简介**

这个课件绘制的是数学课程中的几何图形，主要学习基本矩形工具和基本椭圆工具的使用，进而掌握合并绘制模式、对象绘制模式等绘图技巧，范例效果如图 1-4-1 所示。

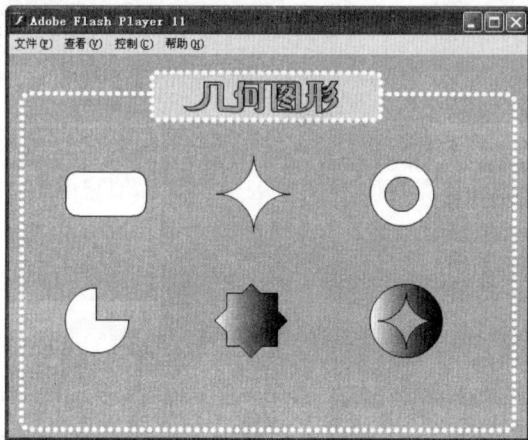

图 1-4-1 几何图形课件效果

✏️ **知识要点**

◆ "基本矩形工具"和"基本椭圆工具"的使用
◆ 合并绘制模式和对象绘制模式
◆ 认识图元对象
◆ 对象的合并
◆ "对齐"面板的使用
◆ 连体字课件标题的制作方法
◆ 课件背景框架的制作方法

🖱️ **制作步骤**

1.4.1 使用"基本矩形工具"绘制圆角矩形和十字花形

（1）新建一个 Flash 文件，设置舞台背景色为浅蓝色（#99CCFF），其他参数保持默认。

（2）在"矩形工具"上按住鼠标左键不放，弹出工具列表，选择"基本矩形工具" 🔲。然后设置填充色为黑色、笔触色为白色，将鼠标指针移动到场景中，拖动鼠标绘制一个矩形，如图 1-4-2 所示。

专家点拨："基本矩形工具"和"矩形工具"类似，使用它绘制出来的矩形是图元形状，在 4 个边角上有圆形控制点，拖动控制点可以改变矩形的形状。

（3）切换到"选择工具"，向右拖动左上角的控制点，调整矩形为圆角矩形，如图 1-4-3 所示。

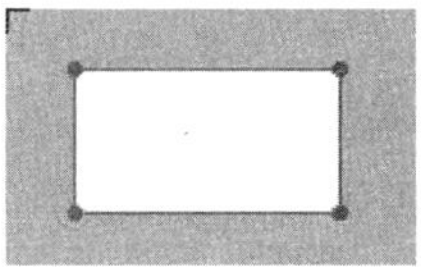

図 1-4-2　绘制矩形 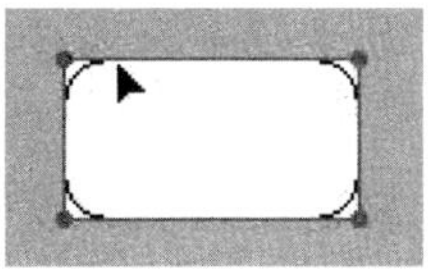　　　　　图 1-4-3　调整为圆角矩形

专家点拨：在"基本矩形工具"的"属性"面板的"矩形选项"栏中通过拖动滑块（或者直接在 4 个"边角半径控件"文本框中输入数值）可以更加精确地改变圆角矩形的形状，如图 1-4-4 所示。单击"将边角半径控件锁定为一个控件"按钮可以锁定或者解除锁定 4 个边角半径控件，从而绘制更加丰富的图形。

（4）选择"基本矩形工具"，在"属性"面板中拖动滑块到最右端，即设置数值为–100，然后在舞台中拖动鼠标绘制出十字花形，如图 1-4-5 所示。

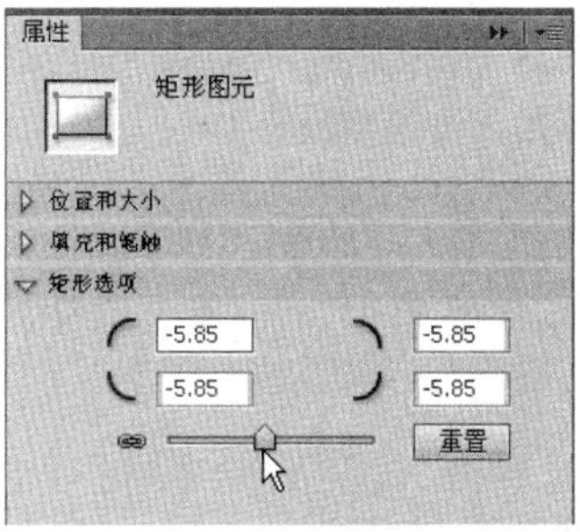

図 1-4-4　拖动控制点 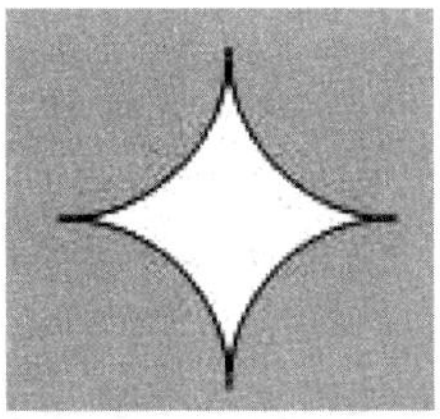　　　　图 1-4-5　绘制十字花形

1.4.2　使用"基本椭圆工具"绘制圆环和扇形

（1）在绘图工具箱的"矩形工具"上按住鼠标数秒，弹出工具列表，在其中选择"基本椭圆工具" 🔵，然后按住 Shift 键拖动鼠标在舞台上绘制一个圆形，如图 1-4-6 所示。

专家点拨："基本椭圆工具"和"椭圆工具"类似，使用它绘制出来的椭圆的中心和弧上有两个圆形控制点，使用"选择工具"可以自由地改变椭圆的形状。

（2）切换到"选择工具"，拖动圆心处的控制点，从圆心处扩展出新的圆，如图 1-4-7 所示。

（3）松开鼠标键，圆环绘制完成，如图1-4-8所示。

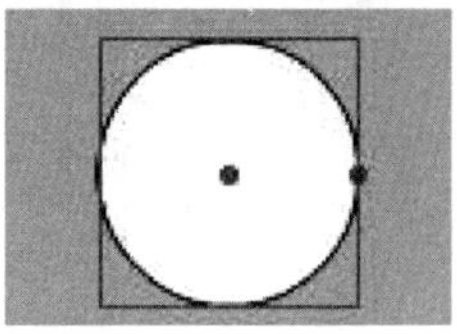

图1-4-6　绘制圆 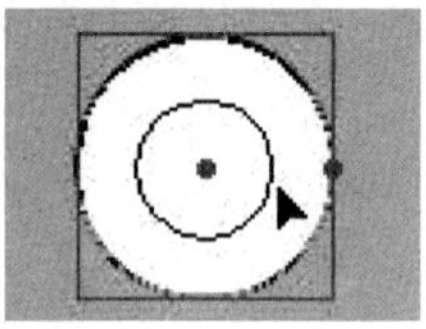　　　　　　　　　图1-4-7　拖动控制点 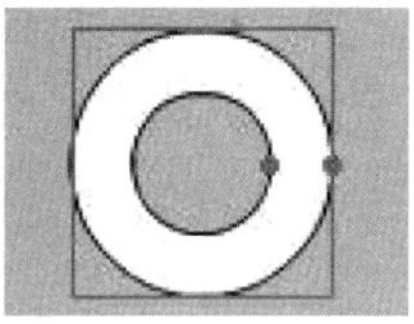　　　　　　　　图1-4-8　绘制完成的圆环

专家点拨：其实绘制圆环有更简单的方法，即选择"基本椭圆工具"后在"属性"面板的"椭圆选项"栏中设置"内径"值，然后拖动鼠标快速地绘制出圆环，设置的参数如图1-4-9所示。

（4）选择"基本椭圆工具"，在"属性"面板中设置"开始角度"为10、"结束角度"为271、"内径"为0，选中"闭合路径"复选框，如图1-4-10所示。

（5）拖动鼠标绘制出扇形，如图1-4-11所示。

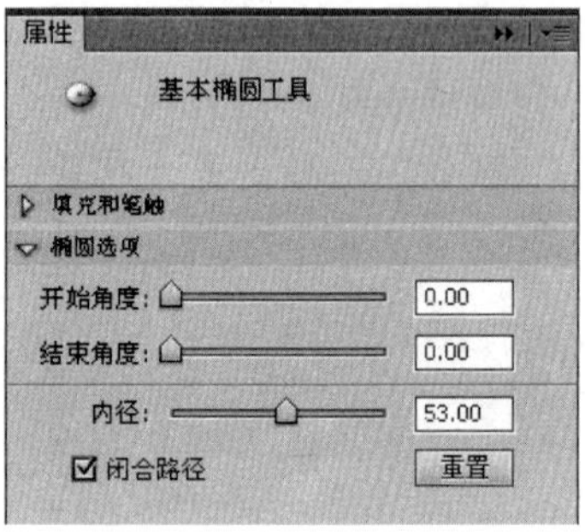

图1-4-9　设置内径 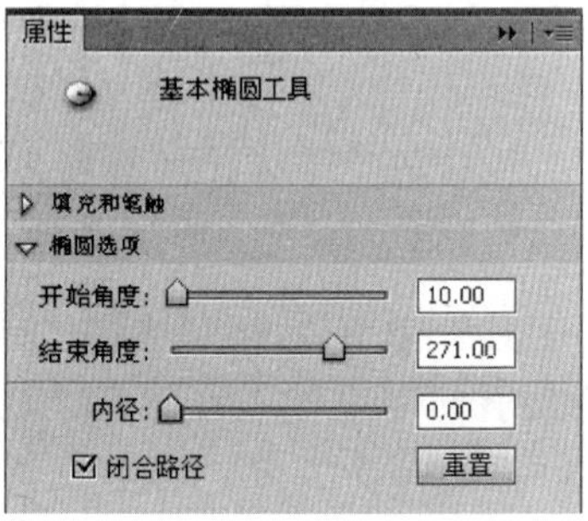　　　　　　　　　图1-4-10　设置参数 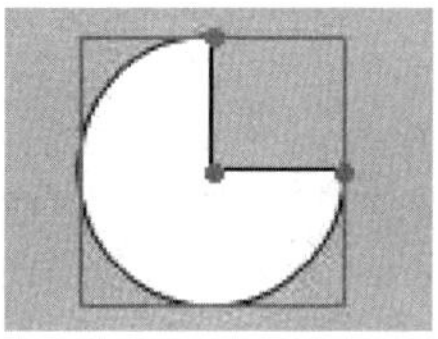　　　　　　　　图1-4-11　绘制扇形

专家点拨：内径值可以在0～100更改，数值越大，绘制出的圆环越细。通过设置"开始角度"和"结束角度"可以自由地绘制不同形状的扇形，如果再配合"内径"以及"闭合路径"复选框，就能绘制出更加丰富的图形。

1.4.3　运用合并绘制模式绘制不规则多边形

（1）选择"矩形工具"，确认绘图工具箱下方的"对象绘制模式"按钮处于弹起状态，此时处于默认的"合并绘制模式"。

专家点拨：Flash有两种常用的绘制模式，即合并绘制模式和对象绘制模式。在默认的合并绘制模式下，使用绘画工具绘制出的都是形状，如果形状颜色相同，重叠部分会自动进行合并，否则顶层的形状会截去下层与它重叠的部分。

（2）在场景中按住Shift键绘制一个正方形，然后框选这个正方形，按住Ctrl键拖动，快速地复制出一个正方形副本。

（3）选择"任意变形工具"将正方形副本旋转45°，将它拖放到第一个正方形上，如图1-4-12所示。然后使用"选择工具"选中多余的线条，按键盘上的Delete键删除，效果如图 1-4-13 所示。

图 1-4-12　重叠正方形　　　　　　　　　　图 1-4-13　删除多余线条

（4）展开"颜色"面板，设置"填充类型"为线性渐变，然后双击颜色设置条左边的色块，在弹出的调色板中选择渐变起始色为白色，并用同样的方法设置渐变终止色为黑色，如图 1-4-14 所示。接着选择"颜料桶工具"为多边形填充颜色，填充后的效果如图 1-4-15 所示。

图 1-4-14　设置线性渐变　　　　　　　　　图 1-4-15　绘制好的多边形

1.4.4　运用对象绘制模式绘制牵牛花形

（1）选择"椭圆工具"，单击绘图工具箱下方的"对象绘制模式"按钮，此时处于"对象绘制模式"，按住 Shift 键在场景中绘制一个圆形。

专家点拨： 在合并绘制模式下绘制出的是形状，在对象绘制模式下绘制出的是对象，使用"选择工具"选中对象后它们的状态不同，如图 1-4-16 所示。

（2）将前面绘制的十字花形复制一份，放置到圆形中，如图 1-4-17 所示。

（3）框选两个对象，选择"修改"|"合并对象"|"打孔"命令，对象发生了切割效果，然后选择"颜料桶工具"为对象填充从白到黑的线性渐变色，效果如图 1-4-18 所示。

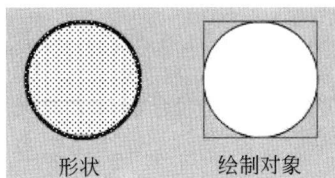

形状　　　绘制对象

图 1-4-16　形状和绘制对象　　　　　图 1-4-17　选择对象　　　　　图 1-4-18　对象效果

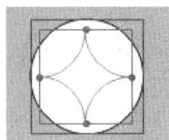

专家点拨：在对象绘制模式下，同一图层绘制出的形状和线条自动成组，在移动时不会互相切割、互相影响。在这种模式下，完成对象的组合和切割可以选择"修改"|"合并对象"下的一组菜单命令，即"联合"、"交集"、"打孔"和"裁切"，它们的含义如下。

◆ 联合：可以将两个或多个形状合成一个形状。

◆ 交集：可以创建两个或多个对象的交集形成的对象。

◆ 打孔：可以删除所选对象的重叠部分。

◆ 裁切：可以使用上面对象的形状裁切下层对象。

1.4.5 绘制课件背景

（1）选择"矩形工具"，在"属性"面板中设置笔触颜色为白色、笔触高度为6、线型为点状线、填充颜色为无、矩形边角半径为3，如图 1-4-19 所示。

（2）在场景中绘制一大一小两个矩形，并删除多余的线条，然后为小矩形填充淡蓝色（颜色值为#CCE6FF），效果如图 1-4-20 所示。

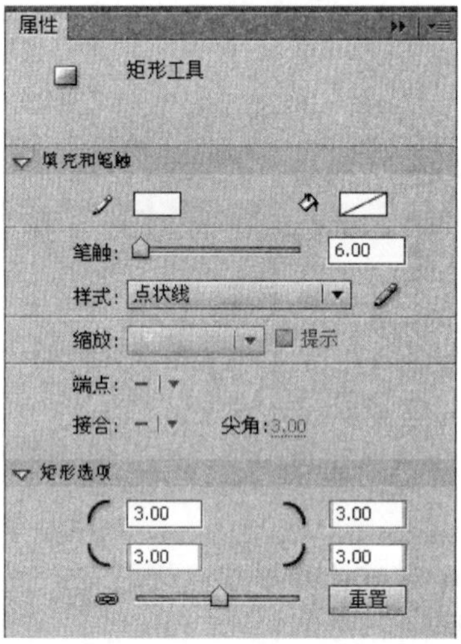

图 1-4-19　设置"矩形工具"的属性 　　　　图 1-4-20　背景框架效果

1.4.6 使用"文本工具"创建连体字标题效果

（1）选择"文本工具"，然后在"属性"面板中设置文本属性，如图 1-4-21 所示。

（2）在场景中输入"几何图形"4 个文字，然后用"选择工具"选中文本，选择两次"修改"|"分离"命令（快捷键为 Ctrl+B），此时文字被分离，变成了形状，如图 1-4-22 所示。

专家点拨：在 Flash 中文本是一种具有整体性的特殊形状，它的显示和设置与系统安装的字体密切相关。如果对于这台计算机上输入的特殊字体文本在其他计算机上没有安装相应的字体，那么这些文本在其他计算机上是不能正常显示的。解决这个问题的最佳办法就是分离文本为形状，如上面所述。这里值得注意的是，执行"分离"命令后，如果是单字文本，将直接变成形状，如果是多字文本，则会变成单个字状态，这时需要再次执行"分离"命令才能变为形状。

图 1-4-21　设置文本属性 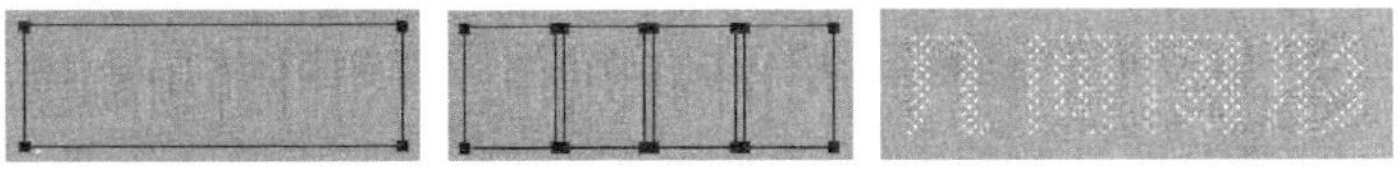　　　　　　　　图 1-4-22　分离文字的过程

（3）使用"选择工具"拖动文字的笔画，改变其形状，使文字连接起来，如图 1-4-23 所示。

（4）选择"墨水瓶工具" ，将"笔触颜色"设置成黑色，然后单击给文字添加边框，如图 1-4-24 所示。

图 1-4-23　连接文字 　　　　　　　　　图 1-4-24　给文字添加边框

专家点拨："墨水瓶工具" 一般用来给矢量线段填充颜色，或者给填充色块添加边框，它不能给矢量色块填充颜色。将"墨水瓶工具"的尖端对准线条或形状单击，可以为它们更改颜色。使用"墨水瓶工具"还可以为笔触色添加填充色效果。

（5）框选所有文字，按 Ctrl+G 键组合对象，然后将文字拖放到背景中，效果如图 1-4-25 所示。

图 1-4-25　标题效果

1.4.7　使用"对齐"面板布局对象

（1）选择"窗口"|"对齐"命令（快捷键为 Ctrl+K），打开"对齐"面板，如图 1-4-26 所示。

专家点拨：使用"对齐"面板能够沿水平或垂直轴对齐所选对象，若要相对于舞台尺寸应用对齐方式，可以选中"与舞台对齐"复选框。

（2）框选第 1 行的 3 个对象，依次单击"对齐"面板中的"垂直中齐"按钮 和"水平居中分布"按钮 ，然后用同样的方法排列第 2 行对象，效果如图 1-4-27 所示。

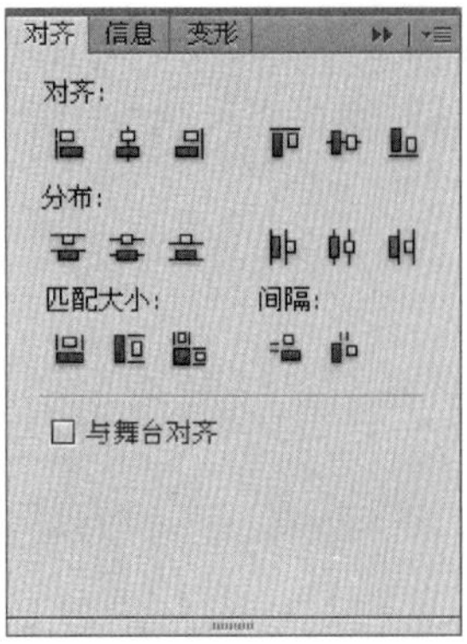

图 1-4-26 "对齐"面板

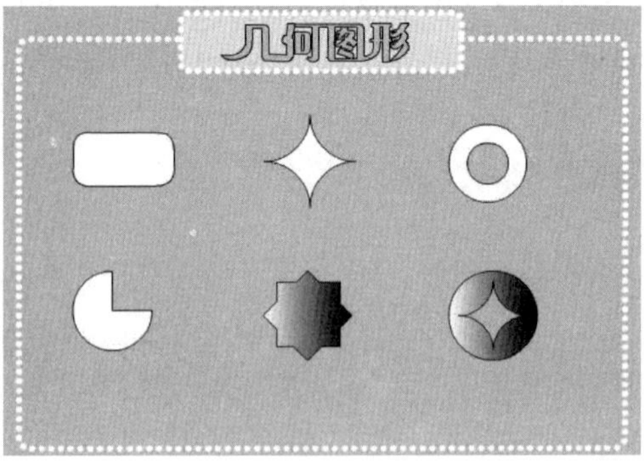

图 1-4-27 课件效果

至此，本课件制作完成。按 Ctrl+Enter 键测试课件效果，然后将课件保存并导出。

1.5 图形元件和多图层绘图——草原散章

"钢笔工具"增强了 Flash 的绘图功能，本节主要学习使用"钢笔工具"和"铅笔工具"并运用图形元件和多图层技术绘制复杂图形的方法和技巧。

课件简介

本课件展示的是中学语文情境课件《草原散章》，它以形象营造意境，进而产生极强的感染力，范例效果如图 1-5-1 所示。

图 1-5-1 课件运行效果

知识要点

◆ 创建图形元件
◆ 图层在绘图时的应用

◆　"库"面板的使用方法

◆　"钢笔工具"和"铅笔工具"的使用方法

◆　渐变填充字的制作方法

◆　"滴管工具"的使用方法

◆　"墨水瓶工具"的使用方法

◆　"橡皮擦工具"的使用方法

◆　"放大镜工具"的使用方法

制作步骤

1.5.1　新建文档和创建"背景"图形元件

（1）新建一个 Flash 文件，设置舞台背景色为黑色，其他参数保持默认。

（2）选择"矩形工具"，展开"颜色"面板，设置笔触颜色为无，设置填充色为从深绿（#277600）到浅绿（#50C102）的线性渐变色，如图 1-5-2 所示。

（3）在舞台下方绘制矩形，接着用"选择工具"调整矩形上面的边为曲线，然后选择"渐变变形工具"通过调整填充手柄调整渐变色，效果如图 1-5-3 所示。

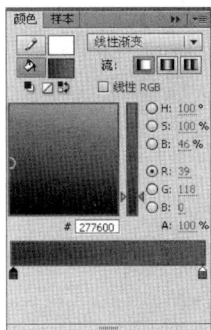

图 1-5-2　设置填充色　　　　　　图 1-5-3　调整渐变色

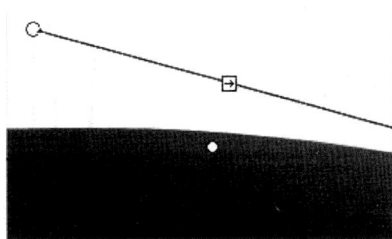

（4）在舞台上方再绘制一个矩形，设置为从蓝色到白色的线性渐变色。然后调整矩形下部为曲线，恰好与绿色矩形上部相吻合，效果如图 1-5-4 所示。

（5）框选所有图形，选择"修改"|"转换为元件"命令（快捷键为 F8），弹出"转换为元件"对话框，输入元件的"名称"为"背景"，选择类型为"图形"，如图 1-5-5 所示。

专家点拨：元件是 Flash 动画中的基本构成要素之一，它是可以反复使用的各种符号，包括图形、动画和声音等，多次使用不会明显增加动画文件体积的大小。按功能和类型不同，元件可分为图形元件、按钮元件和影片剪辑元件 3 种。

图形元件是 Flash 最基本的一种元件类型。在制作 Flash 课件时，通常是将一些重复使用的静态图形图像制作成图形元件。与影片剪辑元件和按钮元件不同，图形元件不能设置实例名称，也不能在 ActionScript 中使用。

图 1-5-4　背景效果　　　　　　　　　　图 1-5-5　"转换为元件"对话框

1.5.2　使用"钢笔工具"创建"白云"和"小草"图形元件

（1）选择"插入"|"新建元件"命令（快捷键为 Ctrl+F8），在弹出的"创建新元件"对话框中输入元件的"名称"为"白云"，选择"类型"为"图形"，如图 1-5-6 所示。

（2）单击"确定"按钮，在"场景 1"名称的右边出现了"白云"图形元件名称，动画的制作环境由"场景 1"转换到"白云"图形元件编辑场景状态，如图 1-5-7 所示。

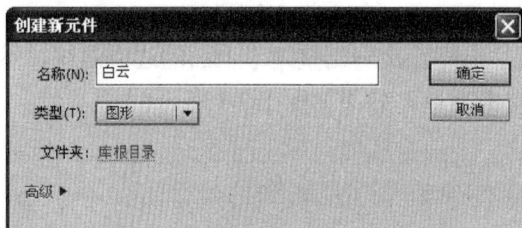

图 1-5-6　"创建新元件"对话框　　　　　图 1-5-7　元件编辑场景状态

（3）选择绘图工具箱中的"钢笔工具" 🖋，在"属性"面板中设置笔触色为白色。

专家点拨：在 Flash CS6 中把"钢笔工具"分成一组工具，包括"钢笔工具" 🖋、"添加锚点工具" 🖋、"删除锚点工具" 🖋和"转换锚点工具" ▶ 4 种，使用更为方便，功能极大增强。在"钢笔工具"上按下鼠标左键不放，弹出下拉工具列表，可以选择所要使用的工具，如图 1-5-8 所示。

（4）在舞台上单击，出现一个小圆圈状的锚点，接着移动鼠标指针到另一位置再次单击，两锚点之间出现一条直线，如图 1-5-9 所示。然后移动鼠标指针到另一锚点按下鼠标左键不放，向左拖动后两点之间出现了一条曲线，如图 1-5-10 所示。

图 1-5-8　"钢笔工具"组　　　　图 1-5-9　绘制直线　　　　图 1-5-10　绘制曲线

（5）依次单击，运用"钢笔工具"绘制出白云的大致轮廓。

专家点拨： 在画连续的直线时用"钢笔工具"比用"线条工具"更方便，在舞台上不断地单击就可以绘制出相应的路径，如果想结束一条开放路径的绘制，双击最后一个点即可。如果要闭合路径，将"钢笔工具"放置到第一个锚点上，如果定位准确，就会在靠近钢笔尖的地方出现一个小圆圈，单击或拖动可以闭合路径。

（6）选择"部分选取工具" ![图标]，在轮廓的锚点上拖动鼠标修改白云的形状。修改时如果需要添加锚点可选择"添加锚点工具" ![图标]，鼠标指针变成带十字的钢笔尖，在轮廓线上单击即可增加。用同样的方法可以选择"删除锚点工具" ![图标]减少轮廓线的锚点。用户还可选择"改变锚点工具" ![图标]改变曲线的形状。绘制完成的效果如图 1-5-11 所示。

（7）展开"颜色"面板，选择"填充类型"为线性渐变，设置填充色为从白到蓝的渐变色，如图 1-5-12 所示。然后选择"颜料桶工具"为白云填充颜色。

（8）选择"渐变变形工具"，接着拖动圆形旋转手柄改变填充色的方向，拖动方形大小手柄改变填充的大小，如图 1-5-13 所示。然后选中轮廓线，按键盘上的 Delete 键删除轮廓线。

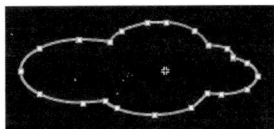

图 1-5-11　绘制白云轮廓　　　　图 1-5-12　设置填充色　　　　图 1-5-13　调整填充色

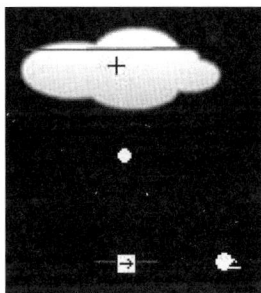

（9）选中白云，选择"修改"|"形状"|"柔化填充边缘"命令，在弹出的对话框中设置"距离"为"10 像素"、"步长数"为 10、"方向"为"扩展"，如图 1-5-14 所示。单击"确定"按钮，白云周围出现了柔化效果，如图 1-5-15 所示。

图 1-5-14　"柔化填充边缘"对话框　　　　图 1-5-15　白云效果

（10）创建一个名称为"小草"的图形元件，按上面的方法使用"钢笔工具"绘制小草，然后填充绿色，效果如图 1-5-16 所示。

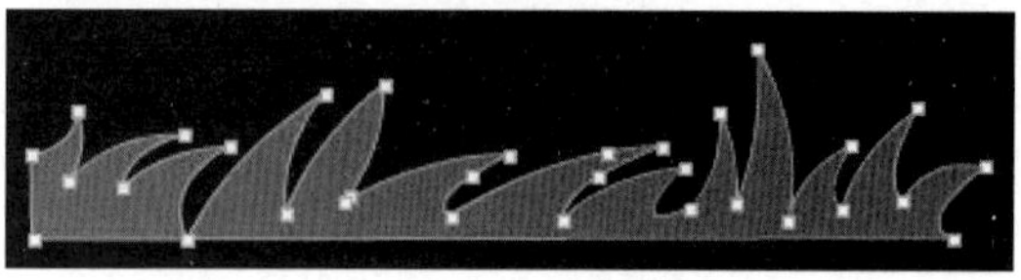

图 1-5-16　小草图形元件

1.5.3　使用"刷子工具"创建"小河"图形元件

（1）创建一个名称为"小河"的图形元件，然后选择绘图工具箱中的"刷子工具" 。

专家点拨： "刷子工具"用来绘制任意不规则色块，使用时如同使用毛笔上彩一样，该工具常用于绘制对象或为对象填充颜色。使用"刷子工具"绘制的图形属于面，而非线，因此绘制的图形没有外轮廓线。选择"刷子工具"后，在绘图工具箱下方的选项中可以设置刷子的大小和样式，如图 1-5-17 所示，左图为刷子大小，右图为刷子的样式。

单击"刷子模式"按钮 ，弹出刷子的填充模式下拉菜单，如图 1-5-18 所示，对其中几个选项的具体用法介绍如下。

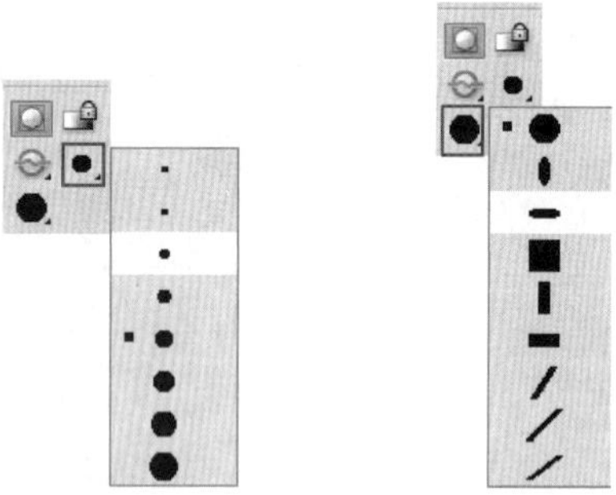

图 1-5-17　刷子工具的大小和样式

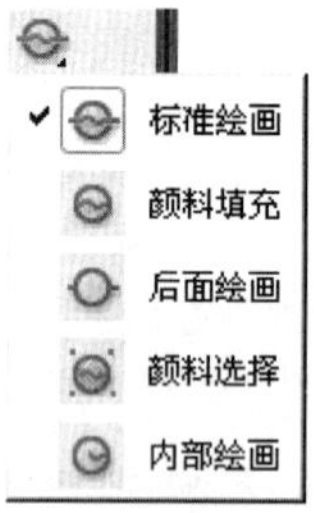

图 1-5-18　刷子填充模式

◆　标准绘画：不管是线条还是填充色块，只要是画笔经过的地方都被重新涂色。

◆　颜料填充：只对图形的填充色块进行填充覆盖，而对线条没有影响。

◆　后面绘画：绘制在图形后方，不会影响前景图形。

◆　颜料选择：只在选定的区域内涂色。如果没有选择区域，则画笔无效。

◆　内部绘画：画笔的起点在图形的轮廓线以内时可以对图形重新涂色，而且画笔的范围也只作用在轮廓线以内。如果画笔的起点在舞台的空白处，则即使画笔经过图形也不会对图形重新涂色，这时只在图形外边涂色。

（2）在绘图工具箱的选项栏中设置刷子为大号圆形，设置填充色为暗灰色（#B5ACA6），在元件的场景中绘制出小河的大致形状，如图 1-5-19 所示。

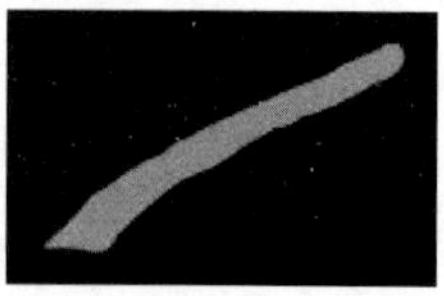

图 1-5-19　小河形状

专家点拨： 除了"刷子工具"，Flash CS6 还提供了"喷涂刷工具" ，它类似于一个粒子喷射器，使用它可以将图案喷涂在舞台上。

1.5.4 使用"铅笔工具"创建"飞鸟"图形元件

（1）创建一个名称为"飞鸟"的图形元件，然后在绘图工具箱中选择"缩放工具" 🔍，选中选项栏中的"放大"按钮 🔍，在场景中单击将场景放大至 200%。

（2）选择绘图工具箱中的"铅笔工具" ✏️，在绘图工具箱的选项栏中设置绘制模式为"平滑"。

专家点拨："铅笔工具"用于自由地绘制各种线条，使用它如同使用铅笔一样，它的颜色、粗细和样式定义与"线条工具"一样，不同的是它的选项里有 3 种模式，如图 1-5-20 所示。

◆ 在"伸直"模式下把线条自动转成接近形状的直线。

◆ 在"平滑"模式下把线条转换为接近形状的平滑曲线。

◆ 在"墨水"模式下不加修饰，完全保持鼠标轨迹的形状。

（3）设置笔触颜色为暗灰色（#B5ACA6）、笔触高度为 5、笔触样式为"锯齿线"，在元件的场景中绘制出飞鸟，如图 1-5-21 所示。

图 1-5-20 "铅笔工具"选项　　　　　　　　图 1-5-21 飞鸟形状

1.5.5 运用多图层技术布局场景

（1）单击舞台上方的 场景1 按钮，从元件编辑场景转换到"场景 1"，可以看到新建的 Flash 影片只有一个默认图层，名称是"图层 1"。

（2）单击时间轴左下方的"新建图层"按钮 或选择"插入"|"时间轴"|"图层"命令插入 4 个新图层，插入新图层的操作如图 1-5-22 所示。

专家点拨：图层就像透明的玻璃纸一样，在舞台上一层层地向上叠加。图层可以用来组织文档中的各种对象，在特定的图层上绘制和编辑对象绝不会影响其他图层上的对象。如果在一个图层上没有内容，那么还可以透过它看到下面的图层。

由于本课件绘制的图形元件比较多，并且这些图形元件大多要重叠放置，这样就有图形元件相互遮挡的问题，把它们分别放在不同的图层，通过改变图层顺序就可以很容易地调整图形元件的前后次序。所以说将不同的元件放在不同的图层上是一个良好的习惯，这样便于对元件进行管理和编辑。

（3）双击图层名称，为图层重命名，图层效果如图 1-5-23 所示。

专家点拨：图层系统默认的图层名称为"图层 1"、"图层 2"等，为了方便编辑和管理图层，用户可以根据图层上对象的功能给图层重新命名。

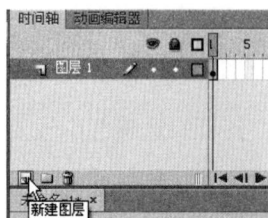

图 1-5-22　插入新图层

图 1-5-23　重命名图层名称

（4）选择"窗口"|"库"命令（快捷键为 Ctrl+L），打开"库"面板，如图 1-5-24 所示，可以看到前面制作的图形元件都显示在"库"面板中，用户可以随时将它们拖放到场景中使用。

专家点拨：前面步骤中创建的图形元件都被保存在"库"面板中，"库"相当于后台的"演员休息室"，"演员休息室"中的演员随时可以进入"舞台"演出，无论该演员出场多少次甚至在"舞台"中扮演不同的角色，发布动画时，播放文件仅占用"一名演员"的空间，节省了大量资源。

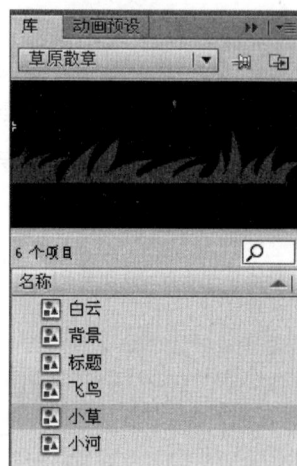

　　每一个 Flash 文档都有自己的"库"。用户在创建 Flash 文档时最好将所有的对象都制作为元件的形式，这样不仅能够使对象重复使用而且不占用空间，减少资源的消耗。

图 1-5-24　"库"面板

（5）选择"白云"图层，图层名称后出现可编辑标记，将库中的"白云"图形元件拖放两个到该图层上，然后选择其中一个，展开"属性"面板，在"色彩效果"栏中打开"样式"后面的下拉列表，选择 Alpha 选项，设置为 50%，如图 1-5-25 所示。

（6）选择另外一个白云实例，使用"任意变形工具"调整它的大小和位置，效果如图 1-5-26 所示。

图 1-5-25　更改实例的 Alpha 值

图 1-5-26　白云实例

专家点拨：将需要的元件从"库"面板中拖放到场景上，场景中的对象称为该元件的一个实例。如果库中的元件发生改变（例如对元件重新编辑），则元件的实例也会随之变化。同时，实例可以具备自己的个性，它的更改不会影响库中的元件本身。

另外，在放置图形元件前应先单击相应图层将其激活，然后再拖放图形元件，这样图形元件就不会放错。

（7）按同样的方法根据时间轴上的图层名称依次拖放"小河"、"小草"、"飞鸟"元件到相应的图层，并调整元件的大小和位置，此时场景效果如图 1-5-27 所示。

1.5.6 在主场景中编辑完善"小河"图形元件

（1）双击"小河"图形元件，进入到"小河"图形元件的编辑场景中，这时场景中的其他图形元件并没有消失，而是以灰色调显示，表示它们不能被编辑，如图 1-5-28 所示。

图 1-5-27 场景效果 　　　　　　　　　图 1-5-28 转换到"小河"图形元件编辑场景

专家点拨：在很多情况下，为了使图形之间能更好地吻合，可以先布局场景，然后通过在主场景中双击元件来进行编辑绘制，这样可以使要编辑的元件有其他图形参照，绘制出来的图形会具备整体效果。

（2）选择"橡皮擦工具" ，按照透视关系更改小河的形状，完成后的效果如图 1-5-29 所示。

专家点拨：使用"橡皮擦工具" 可以像使用橡皮一样擦去不需要的图形。双击"橡皮擦工具"，可以删除舞台上的所有内容。选择"橡皮擦工具"后单击选项中的"擦除模式"按钮 ，在弹出的菜单中有 5 个选项，如图 1-5-30 所示，对这几个选项的具体用法介绍如下。

图 1-5-29 编辑好的"小河"图形元件 　　　　　　图 1-5-30 擦除模式

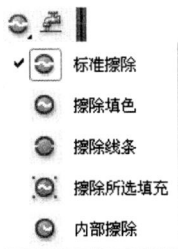

◆　标准擦除：移动鼠标擦除同一层上的笔触色和填充色。

◆　擦除填色：只擦除填充色，不影响笔触色。

◆　擦除线条：只擦除笔触色，不影响填充色。

◆　擦除所选填充：只擦除当前选定的填充色，不影响笔触色，而不管此时笔触色是否被选中。在使用此模式之前需要先选择要擦除的填充色。

◆　内部擦除：只擦除橡皮擦笔触开始处的填充色。如果从空白点开始擦除，则不会擦除任何内容。以这种模式使用橡皮擦并不影响笔触色。

在"橡皮擦工具"的选项中选择"水龙头" 📥 模式，单击需要擦除的填充区域或笔触段，可以快速地将其删除。

1.5.7　使用"墨水瓶工具"创建填充字课件标题

（1）新建名称为"标题"的图形元件，然后选择"文本工具"，在"属性"面板中设置文本属性，如图 1-5-31 所示。

（2）在场景中输入"草原散章"4 个文字，然后用"选择工具"选中文本，选择两次"修改"|"分离"命令（快捷键为 Ctrl+B），此时文字被分离，变成了形状，如图 1-5-32 所示。

（3）在绘图工具箱中设置"填充色"为彩虹渐变色，然后使用"颜料桶工具"在文字上拖动为文字填充颜色，效果如图 1-5-33 所示。

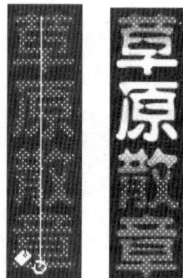

图 1-5-31　设置文本属性　　　　　　图 1-5-32　分离文字　　　　图 1-5-33　填充效果

（4）选择"墨水瓶工具" 🔩，将"笔触颜色"设置成白色，将线型粗细设置成 2，然后单击给文字添加边框，如图 1-5-34 所示。

（5）从元件编辑场景返回到"场景 1"，新建一个图层并重命名为"标题"。然后单击"标题"图层，将"库"面板中的"标题"图形元件拖放到场景左边的合适位置，如图 1-5-35 所示。

至此，本节课件制作完成，请注意测试和保存课件。

图 1-5-34　给文字添加边框

图 1-5-35　放置标题

1.6　位图处理技术的应用——荷塘月色

前 5 节制作的课件范例都是矢量图形，可以看出，Flash 在矢量图绘制方面具有强大的功能，可以说中小学课程中的典型图形绝大多数都可以用 Flash 的绘图工具绘制。

本节讨论 Flash 如何利用位图来制作图形图像课件。位图资源极其丰富，而且表现力非常强，一些复杂的图形图像课件必须使用位图才能实现效果。即使是没有绘图基础的教师，也可以利用一些现成的位图快速制作课件。因此，掌握在 Flash 中利用位图制作图形图像课件是一种很重要的技能。

课件简介

本范例是表现中学语文课文《荷塘月色》的一个图形图像课件，这个课件的制作充分利用了 Flash 的位图和矢量图处理能力，通过图形图像将《荷塘月色》的优美意境表现了出来。利用这个课件辅助教学不仅使学生直观地感受到作者在课文中描写的情景，而且给学生带来美的享受。图 1-6-1 所示为课件运行的效果。

图 1-6-1　课件运行效果

✎ **知识要点**

◆ 在 Flash 中导入位图的方法
◆ "任意变形工具"的封套功能的使用
◆ 创建影片剪辑元件
◆ "套索工具"的使用
◆ "橡皮擦工具"的使用
◆ 柔化填充边缘

🖑 **制作步骤**

1.6.1 新建文档和导入位图

（1）选择"文件"|"新建"命令（快捷键为 Ctrl+N），新建一个 Flash 文件，设置舞台尺寸为 660×480 像素、背景为黑色，其他参数保持默认。

（2）选择"文件"|"导入"|"导入到舞台"命令，弹出"导入"对话框，在对话框中选择所需要的图片文件，单击"打开"按钮，导入课件所需的图像文件（文件路径：配套光盘\素材\part1\荷花 1.jpg、荷花 2.jpg、蜻蜓.gif），如图 1-6-2 所示。

专家点拨：在"导入"对话框中按住 Ctrl 键依次单击图像文件，可同时选中要导入的多个图像文件。

（3）导入到文档中的图像会自动分布在场景的舞台上，按 Delete 键将场景中的图像文件全部删除，此时图像文件已经保存在"库"面板中。打开"库"面板可以看到导入的位图，如图 1-6-3 所示。

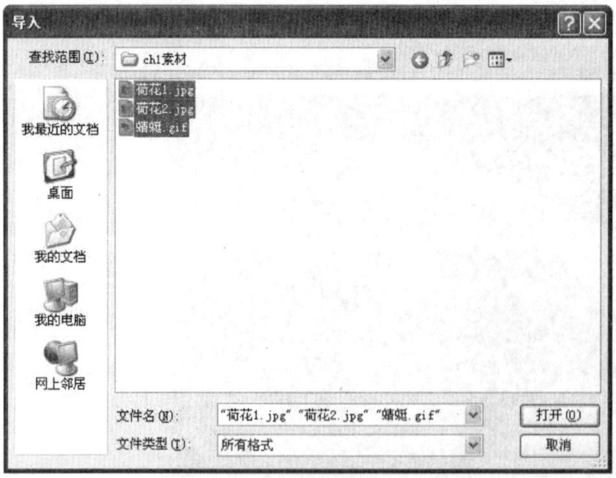

图 1-6-2 导入位图

图 1-6-3 "库"面板中的位图

专家点拨：Flash 可以导入的位图类型有很多种，详细的文件类型可以在图 1-6-2 所示的"文件类型"下拉列表框中看到。

导入的位图在"库"面板中的名称就是图像的文件名，它们的"类型"为"位图"，注意观察它们的图标▓是非常独特的，和其他类型对象的图标都不一样。"库"面板中的这些位图对象也像图形元件一样，可以随时将它们拖放到场景中使用。

另外，用户还可以选择"文件"|"导入"|"导入到库"命令，弹出"导入到库"对话框，后续其他步骤和"导入到舞台"完全相同，不同之处在于"导入到库"命令导入的位图不在舞台上显示，仅保留在"库"面板中。

（4）按住 Ctrl 键依次单击导入的 3 个图像文件，接着单击"库"面板右上角的按钮，在弹出的菜单中选择"移至"命令，在弹出的"移至文件夹"对话框中选中"新建文件夹"单选按钮，在其后的文本框中输入新文件夹名称为"位图"，如图 1-6-4 所示。

单击"选择"按钮，可以看到图像文件全部被保存在"位图"文件夹中，如图 1-6-5 所示。

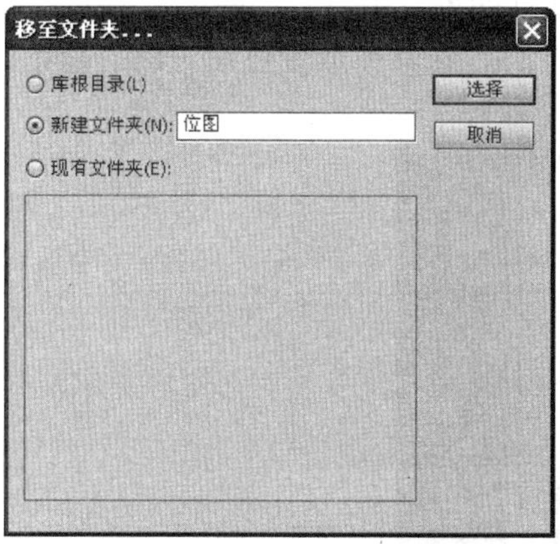

图 1-6-4　新建"位图"文件夹

图 1-6-5　完成整理的"库"面板

专家点拨：单击"库"面板左下角的快捷按钮也可以新建库文件夹、新建元件、删除元件等。经过整理后的库文件结构明晰，便于管理和制作，是一种提高制作效率的好习惯。

1.6.2　创建"荷花 1"和"荷花 2"影片剪辑元件

（1）选择"插入"|"新建元件"命令，弹出"创建新元件"对话框，在该对话框中输入元件的"名称"为"荷花 1"，选择"类型"为"影片剪辑"，如图 1-6-6 所示。

图 1-6-6　"创建新元件"对话框

专家点拨：创建元件要根据课件制作的需要选择元件的类型。图形元件一般用于创建静态图像，它和主时间轴同步运行，交互式操作和声音在图形元件中不起作用。按钮元件可以创建响应鼠标单击、滑过或其他动作的交互式按钮。影片剪辑元件可以创建动画片段，它拥有自己独立于主时间轴的多帧时间轴，可以包含交互式操作、声音甚至其他影片剪辑实例。

在制作课件时，将复杂的动画分解制作成一个个小的影片剪辑元件，然后在主动画场景中组合它们，这样可以提高课件的制作效率，还可以大大简化课件的结构，使课件结构清晰。

为了增强本课件的表现效果，这里把导入的位图制作成影片剪辑元件，并充分利用Flash CS6 的影片剪辑滤镜效果，比较容易地实现了美轮美奂的艺术效果。

（2）单击"确定"按钮进入到元件的编辑场景，在"库"面板中单击"荷花1"图像名称选中"荷花1.jpg"，将图像拖到"荷花1"元件的场景中央，如图1-6-7所示。

（3）用同样的方法创建"荷花2"影片剪辑元件，在其中放置位图对象"荷花"。

图 1-6-7　拖放"库"面板中的位图对象到场景中

1.6.3　使用"套索工具"清除位图的背景

导入到 Flash 中的位图往往有背景，不利于课件整体风格的设计，极大地影响了课件效果，下面介绍在 Flash 中清除图像背景的方法。

（1）双击"库"面板中的"荷花1"影片剪辑元件，进入元件的编辑场景。此时还无法对图像进行修改，因为 Flash 将导入的图像作为单个的对象处理，如果要进行编辑修改，必须将位图分离。

（2）选中"荷花1"图像，选择"修改"|"分离"命令（快捷键为 Ctrl+B），将位图图像分离，如图1-6-8所示。

专家点拨：分离位图会将图像中的像素分散到离散的区域中，可以分别选中这些区域并进行修改。

（3）选择"套索工具" ，在绘图工具箱下方的"选项"栏中单击"魔术棒设置"按钮 ，弹出"魔术棒设置"对话框，在"阈值"中输入20，在"平滑"下拉列表框中选择

"平滑"选项，如图1-6-9所示。

图1-6-8　分离位图 　　　　　　　　　图1-6-9　"魔术棒设置"对话框

　　专家点拨："套索工具" ☌ 用来选择任意图形，它有魔术棒模式、多边形模式和任意选择3种模式。其中魔术棒模式最常用，选择这种模式后可以对"阈值"和"平滑"参数进行设置。"阈值"是用来定义选取范围内相邻像素色值的接近程度的参数，数值越高，选取的范围越宽。如果输入数值为 0，那么只有与所单击处像素色值完全一致的像素才会被选中，在有些软件（例如 Photoshop）中用容差来表示。

　　（4）按 Esc 键，或者在场景区域外单击，取消对图形的选择。在绘图工具箱的"选项"栏中选择"魔术棒"按钮 ✎，单击荷花图像背景，然后按 Delete 键删除选中的背景，如图1-6-10所示。

　　专家点拨：对于大片的相同或者相近色，用"魔术棒"能比较方便地去除背景。如果要去掉的背景比较复杂，可直接用"套索工具" ☌ 或者"选项"栏中的"多边形模式" ☌。

　　（5）适当放大场景的显示比例，选择绘图工具箱中的"橡皮擦工具" ✐，在"橡皮擦形状"下拉列表中选择一个较小的圆形橡皮擦，将不干净的边缘小心地擦除，完成后的效果如图1-6-11所示。

　　（6）用同样的方法处理"荷花 2"元件中的位图，处理完成后的效果如图1-6-12所示。

图1-6-10　用"魔术棒"擦除背景

图1-6-11　去掉背景的荷花 　　　　　　图1-6-12　处理完成后的"荷花 2"影片剪辑元件

1.6.4　综合运用各种绘图工具创建其他图形元件

1. 创建"弧形"图形元件

（1）选择"插入"|"新建元件"命令，弹出"创建新元件"对话框，在该对话框中输入元件的"名称"为"弧形"，选择"类型"为"图形"，单击"确定"按钮进入到元件的编辑场景。

（2）选择"多角星形工具"绘制三角形，并用"选择工具"调整出弧形。然后选择"窗口"|"颜色"命令，在打开的"颜色"面板中设置填充色为由白色到黄色的线性渐变色，用其填充弧形。接着使用"渐变变形工具"调整渐变色，完成后的效果如图 1-6-13 所示。

（3）插入一个新图层，然后将两个图层分别命名为"弧形"和"阴影"，图层结构如图 1-6-14 所示。

图 1-6-13　绘制弧形

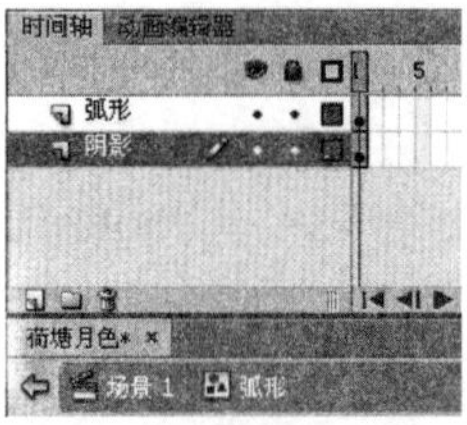

图 1-6-14　图层结构

（4）将弧形复制、粘贴到"阴影"图层，并将填充色修改为绿色，调整"阴影"图层中弧形的位置，完成后的效果如图 1-6-15 所示。

专家点拨： 如果把"弧形"做成影片剪辑元件，通过添加"阴影"滤镜可以快速地实现这种效果。

（5）选中"阴影"图层中的弧形，选择"修改"|"形状"|"柔化填充边缘"命令，在弹出的"柔化填充边缘"对话框中设置相关参数，如图 1-6-16 所示，单击"确定"按钮。

图 1-6-15　完成后的"弧形"图形元件

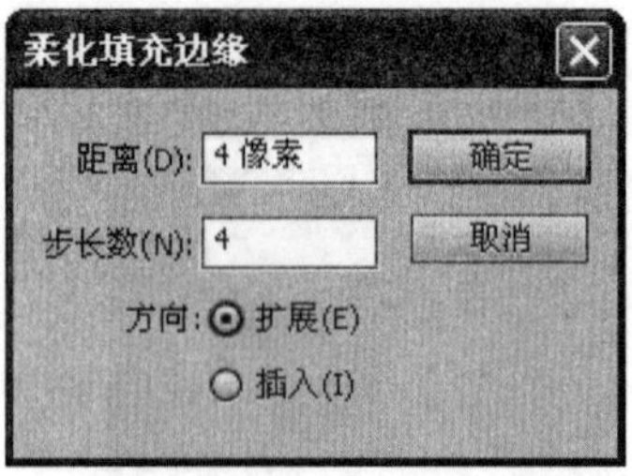

图 1-6-16　"柔化填充边缘"对话框

2. 创建"诗词"图形元件

（1）新建"诗词"图形元件，然后选择"文本工具"，在"属性"面板中设置文本属性，如图 1-6-17 所示。

（2）在编辑场景中输入文本，在"滤镜"面板中为文本添加"斜角"滤镜，如图 1-6-18 所示。

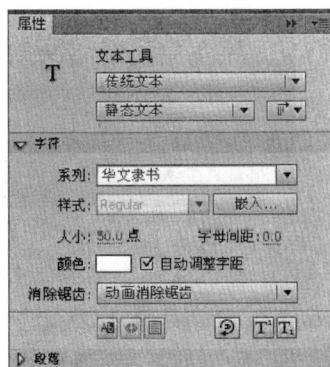

图 1-6-17　设置文本属性　　　　　　图 1-6-18　添加"斜角"滤镜

制作完成的"诗词"图形元件如图 1-6-19 所示。

3．创建"标题"图形元件

（1）新建"标题"图形元件，然后选择"文本工具"，在"属性"面板中设置文本属性，如图 1-6-20 所示。

图 1-6-19　制作完成的"诗词"图形元件　　　　图 1-6-20　设置文本属性

（2）在"标题"图形元件的编辑场景中输入文字"荷塘月色"，按 Ctrl+B 键两次将文字打散。然后选中所有文字图形，选择"任意变形工具"，单击"选项"下的"封套"按钮，文字周围出现若干控制点，将鼠标指针放在控制点上，拖动控制点调整文字形状，如图 1-6-21 所示。

（3）选择"颜料桶工具"，在"颜色"面板中将填充色设置为由淡蓝色到深蓝色的线性渐变色，填充文字。单击绘图工具箱中的"墨水瓶工具"，将"笔触颜色"设置为黄色，为文字描边，完成后的效果如图 1-6-22 所示。

图 1-6-21　用"封套工具"调整文字形状　　　　图 1-6-22　完成后的标题

4．创建"蜻蜓"图形元件

新建"蜻蜓"图形元件，然后在"库"面板中单击图像"蜻蜓.gif"，将其拖到"蜻蜓"场景中央。如果图片有背景，可采用处理"荷花 1"元件的方法去除背景，完成后的效果如图 1-6-23 所示。

5．创建"青烟"影片剪辑元件

新建"青烟"影片剪辑元件，然后选择"钢笔工具"，在"颜色"面板中将"笔触颜色"和"填充色"设置为绿色，绘制如图 1-6-24 所示的不规则图形。

图 1-6-23　"蜻蜓"图形元件　　　　图 1-6-24　"青烟"影片剪辑元件

1.6.5　布局场景

（1）从元件编辑场景返回到"场景 1"，单击"新建图层"按钮，再插入 5 个图层，然后将所有图层分别命名为"青烟"、"标题"、"荷花"、"弧形"、"蜻蜓"和"诗词"，图层结构如图 1-6-25 所示。

（2）从"库"面板中将创建好的元件分别拖放到相应的图层，并调整好位置和大小。完成布局后的画面如图 1-6-26 所示。

图 1-6-25　新建图层

图 1-6-26　完成布局后的画面

1.6.6　为影片剪辑元件添加滤镜效果

（1）选中"荷花 1"实例，在"属性"面板的"滤镜"栏中选择"模糊"效果，设置模糊值为 5。在"属性"面板的"色彩效果"栏中选择"样式"下拉列表框中的 Alpha，设置透明度为 85%，如图 1-6-27所示。

专家点拨：为影片剪辑元件添加滤镜效果的方法和为文本添加滤镜效果的方法是一样的。"属性"面板的"色彩效果"栏中的"样式"下拉列表框能修改元件实例的亮度、色调、Alpha（透明度）和高级颜色设置等实例属性，且不会影响其他实例或对应的元件。

（2）按同样的方法为"荷花 2"实例添加"模糊"滤镜效果，将模糊值设为 7。

图 1-6-27　设置"荷花 1"影片剪辑元件的透明度

（3）为"青烟"实例添加两个"渐变发光"滤镜效果，将它们的"距离"分别设置为32 和-32，如图 1-6-28 和图 1-6-29 所示。接着在"属性"面板中设置其 Alpha 值为 60%，设置"弧形"元件的 Alpha 值为 75%。完成布局和设置后的画面如图 1-6-30 所示。

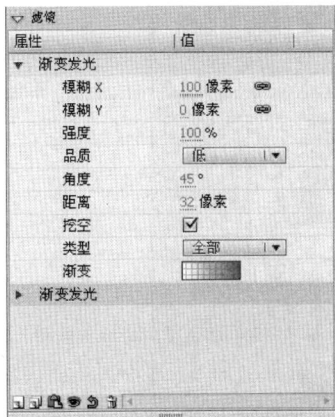

图 1-6-28　为"青烟"实例添加滤镜效果 1

图 1-6-29　为"青烟"实例添加滤镜效果 2

图 1-6-30 完成布局和设置后的画面

至此，本节课件制作完成，请测试和保存课件。

1.7 描图技术的应用——英语口型演示课件

通过 1.6 节大家已经体会到如何利用位图制作课件的效果，位图作为资源丰富的一种图像类型，在制作课件时可以发挥极大的作用。

本节继续研究在 Flash 中利用位图制作课件的方法和技巧，重点介绍把导入的位图经过描图变成风格神似的矢量图的过程，把位图的运用推向了一个新的高度，同时介绍用位图填充制作课件标题文字特效的方法。

📖 课件简介

本范例是英语课程中"音标发音和口型对照"的示意图课件，课件运行效果如图 1-7-1 所示。

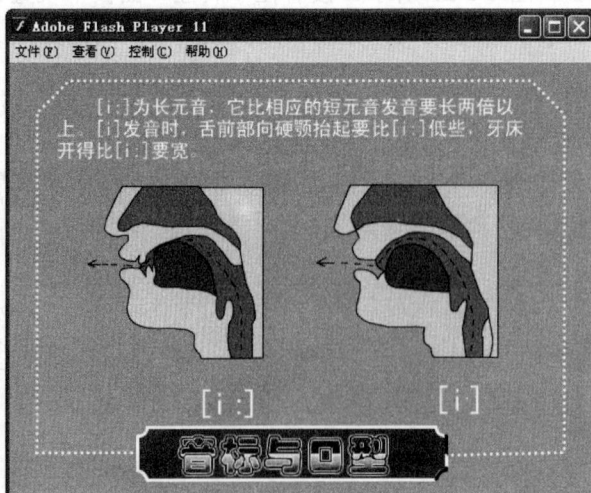

图 1-7-1 课件运行效果

知识要点

◆　利用导入的位图进行描图的方法
◆　"钢笔工具"的使用方法
◆　位图填充字的制作方法

制作步骤

1.7.1　新建文档并导入位图

（1）新建一个 Flash 文件，将背景色设置为米黄色（#EAAF54），其他参数保持默认。

（2）选择"文件"|"导入"|"导入到库"命令，弹出"导入到库"对话框，在该对话框中选择所需要的图片文件（文件路径：配套光盘\素材\part1\i.jpg、i(i).jpg、图片.jpg），单击"打开"按钮，导入课件所需的图像文件。

1.7.2　使用"钢笔工具"描图

（1）新建一个名为"i 口型"的图形元件，将图像素材文件 i.jpg 从"库"面板中拖放到场景中央。

专家点拨：处理位图背景的第 1 种方法是先将图像分离成形状，然后用"套索工具"和"橡皮擦工具"将图像中不需要的背景和其他部分去掉，留下需要的图像。但是本节导入的位图背景过于复杂，擦除比较困难，这时候可以尝试第 2 种方法，那就是描图，即利用导入的位图，将需要的部分图像的轮廓描下来，然后填色，最后变成独立的矢量图形。使用这种方法取得的效果非常好，只是需要制作者有足够的耐心和细心。这种方法对于没有太多美术基础的教师来说是值得推荐和尝试的。

（2）在"时间轴"面板中单击"新建图层"按钮插入新图层，然后分别将两个图层命名为"i 口型"和"图片"，并将图像素材文件所在的"图片"图层锁定，如图 1-7-2 所示。

专家点拨：在描图过程中，被描的图片始终位于下面的图层之上，并且图层处于被锁定状态。

（3）单击"i 口型"图层激活该图层，选择绘图工具箱中的"钢笔工具" ，将"填充色"设置为无，放大显示比例，为口型图像勾勒轮廓，如图 1-7-3 所示。完成后单击"图片"图层上的"隐藏/显示所有图层"图标，将图片隐藏，观察勾勒效果，如图 1-7-4 所示。

图 1-7-2　锁定"图片"图层

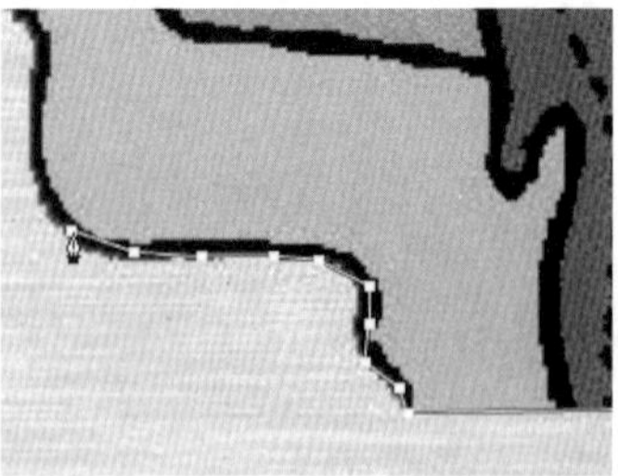

图 1-7-3 用"钢笔工具"勾勒轮廓

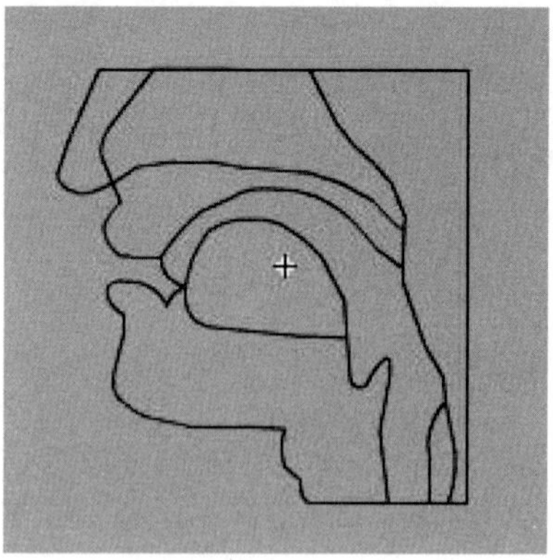

图 1-7-4 用"钢笔工具"勾勒完成的轮廓

（4）用"选择工具"调整线条，然后选择"颜料桶工具"，分别将"填充色"设置为黄色、褐色等不同的颜色，填充图形，如图 1-7-5 所示。

（5）选择"钢笔工具"，将"笔触样式"设置为虚线，在图中勾勒出发音的气流方向，并用"选择工具"适当进行调整，如图 1-7-6 所示。

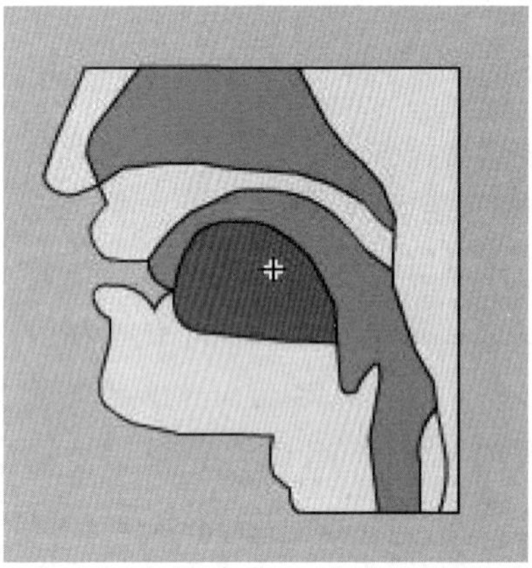

图 1-7-5 填充颜色

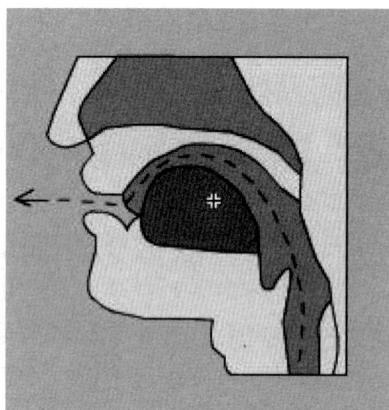

图 1-7-6 绘制完成的图形元件

（6）右击"图片"图层，在弹出的快捷菜单中选择"删除图层"命令，将"图片"图层删除。

（7）用同样的方法创建"i:口型"图形元件。

1.7.3 制作位图填充字课件标题

（1）新建"标题"图形元件，然后选择"文本工具"，在"属性"面板中设置文本属性，如图 1-7-7 所示。

（2）在场景中输入"音标与口型"5 个文字，然后选中文字，将文字分离。选择"墨水瓶工具"，将"笔触颜色"设置为白色，给文字添加边框，如图 1-7-8 所示。

图 1-7-7　设置文本属性

图 1-7-8　给文字添加边框

（3）删除文字中的色块，制作成中空字。然后打开"颜色"面板，在"颜色类型"下拉列表框中选择"位图填充"选项，如图 1-7-9 所示。

（4）在"颜色"面板的列表框中显示了"库"面板中保存的所有位图文件，将鼠标指针移动到图片缩略图上，鼠标指针变成了"滴管"形状，如图 1-7-10 所示。

图 1-7-9　设置"类型"

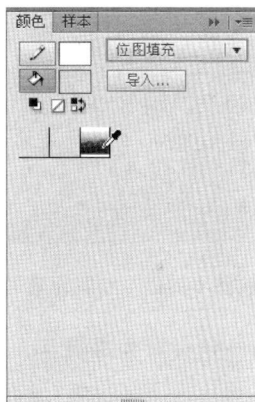

图 1-7-10　选择填充图片

（5）单击缩略图，绘图工具箱上的"填充色"变成了位图的颜色。选择"颜料桶工具"，将鼠标指针移到场景中，鼠标指针变成了"颜料桶"形状，用"颜料桶工具"为文字填色，如图 1-7-11 所示。

图 1-7-11　填充位图颜色

专家点拨：位图填充完成后，如果用户对颜色不满意，还可以选择"库"面板中其他的位图来填充，或者单击"颜色"面板中的"导入"按钮导入其他图像进行填充，直到满意为止。

1.7.4 创建其他图形元件和布局场景

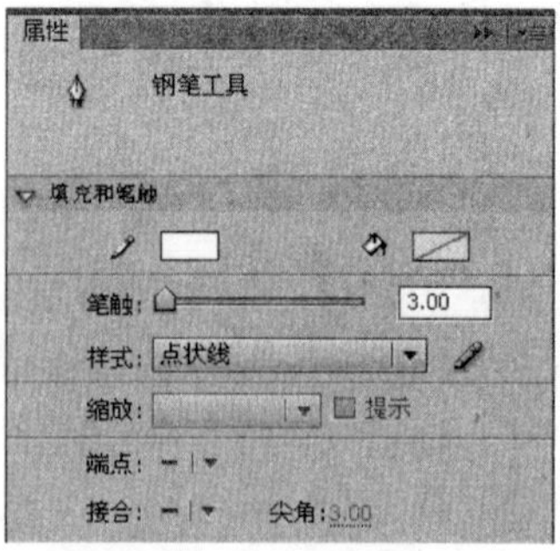

（1）新建名称为"背景"的图形元件，在这个元件的编辑场景中选择"钢笔工具"，在"属性"面板中设置"笔触颜色"为白色、"笔触高度"为3、"笔触样式"为"点状线"、"填充色"为无，如图 1-7-12 所示，在场景中勾勒出如图 1-7-13 所示的图形。

（2）将"笔触样式"设置为实线，勾勒出如图 1-7-14 所示的标题栏。

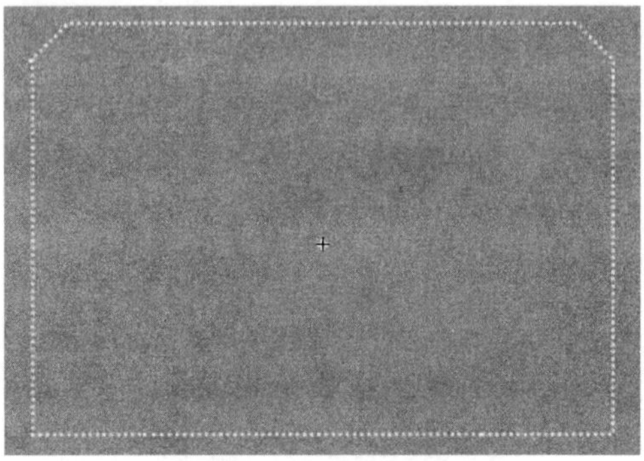

图 1-7-12　设置线条属性

图 1-7-13　绘制背景

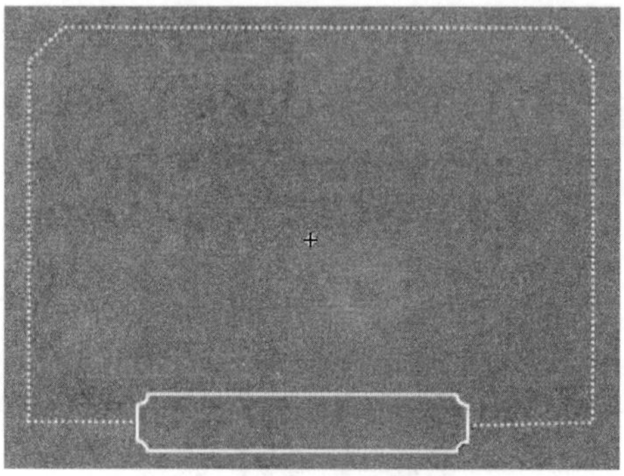

图 1-7-14　绘制标题栏

（3）将填充色设置为暗黄色，将 Alpha 设置为 40%，填充标题栏，完成后的效果如图 1-7-15 所示。

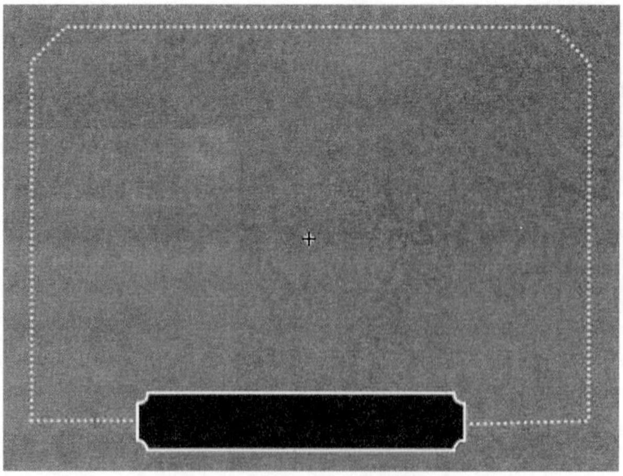

图 1-7-15　绘制完成的背景

（4）新建名称为"发音规则"的图形元件，在这个元件的编辑场景中选择"文本工具".

设置文本属性，如图 1-7-16 所示，然后在场景中输入发音规则的文本。

（5）从元件编辑场景返回到"场景 1"，从"库"面板中将所创建的图形元件拖放到场景中，并调整好位置与大小。至此，课件制作完成，按 **Ctrl+Enter** 键测试课件效果，将课件保存并导出，完成后的效果如图 1-7-17 所示。

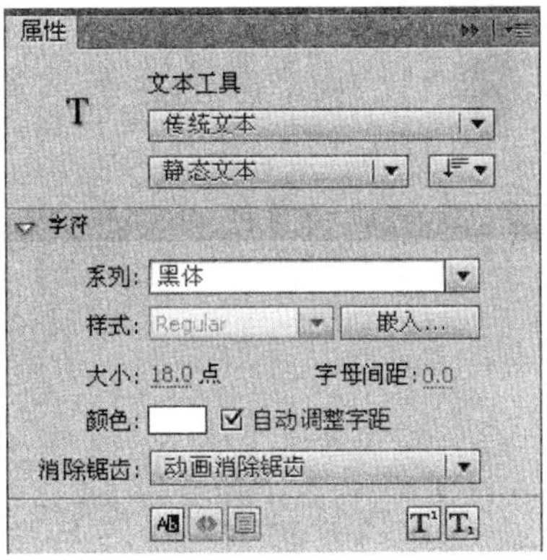

图 1-7-16　设置文本属性

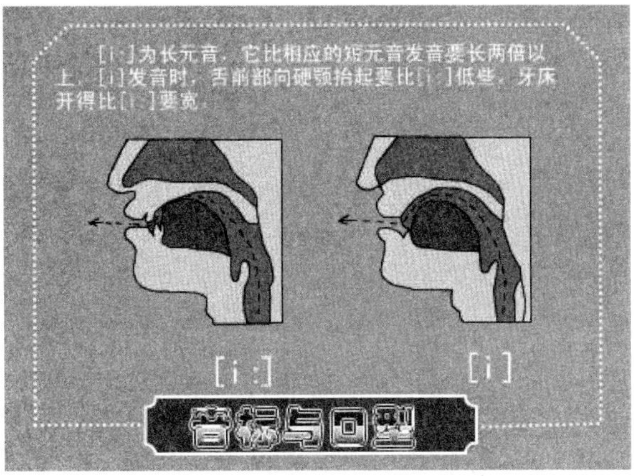

图 1-7-17　完成后的课件效果图

1.8　本章习题

一、填空题

1．运行 Flash CS6，首先映入用户眼帘的是_____，它将常用的任务集中地放在一个页面中，用户可以在其中选择从哪个项目开始工作，能够很容易地实现从模板创建文档、新建文档和打开文档的操作。

2．Flash CS6 把"钢笔工具"分成一组工具，包括_____ 🖊、_____ 🖊⁺、_____ 🖊 和_____ ▶4 种，使用更为方便，功能极大增强。

3．使用 Flash 的辅助绘图工具在绘制时可以有效地提高工作效率，它们是_____、_____ 和_____。

4．在使用"线条工具"、"椭圆工具"、"矩形工具"等工具时，若想使绘制的图形成为一个独立的图形，不和其他图形发生融合，可以使用_____功能。

5．改变对象的大小一般有两种方法，一种是利用_____面板，另一种是使用"_____工具"。

6．利用"颜色"面板对线条或图形进行填充有 4 种填充效果，它们分别是_____、_____、_____ 和_____。

7．在制作好 Flash 文档以后，可保存为 Flash 源文件，其扩展名为_____，Flash 的最终产品要导出或发布为_____格式的文件。

8．对于导入到 Flash 文档中的位图，如果需要进一步应用，经常采用两种方法，一是分离成_____进行编辑，二是将位图所在的图层_____，然后在其上面的图层描图。

二、选择题

1. 在 Flash 课件的制作中，（   ）是课件制作的基础，动画是课件制作的灵魂。
   A．AS 语言　　　　　B．工具的使用　　　　　C．绘图　　　　　D．动画
2. 选择"文件"|"新建"命令或按（   ）键也能新建一个 Flash 文档。
   A．Ctrl+N　　　　　B．Alt+N　　　　　C．Shift+M　　　　　D．Alt+M
3. 在下面所列的工具中，不能绘制直线的是（   ）。
   A．钢笔工具　　　　　B．铅笔工具　　　　　C．线条工具　　　　　D．选择工具
4. 能够移动对象、改变对象形状、使用最频繁的工具是（   ），一般情况下使用完其他工具应返回这个工具。
   　　A．部分选取工具　　　B．选择工具　　　　C．放大镜工具　　　D．文本工具
5. 使用"渐变变形工具"可以对所填颜色的范围、方向和角度等进行调节，从而获得特殊的效果。其中，如果要改变填充高光区应该使用（   ）。
   A．大小手柄　　　　　B．旋转手柄　　　　　C．焦点手柄　　　D．中心点手柄
6. 下列不能够运用滤镜效果的是（   ）。
   A．文本　　　　　　　　　　　　　　B．图形元件
   C．影片剪辑元件　　　　　　　　　　D．按钮

1.9　上机练习

练习1　五线谱

绘制音乐课件——五线谱，如图 1-9-1 所示。

图 1-9-1　五线谱

主要制作步骤提示：

（1）使用"椭圆工具"和"钢笔工具"绘制音符。

（2）使用"矩形工具"绘制谱线。

（3）使用"刷子工具"绘制高音谱号。

（4）使用"墨水瓶工具"为课题勾边。

练习 2　几何图形

制作若干立体几何图形，如图 1-9-2 所示。

图 1-9-2　几何图形

主要制作步骤提示：

（1）使用"多角星形工具"绘制圆锥，使用"基本椭圆工具"绘制空心圆柱，使用"基本矩形工具"绘制变形柱体，使用"钢笔工具"绘制棱体。

（2）使用"颜料桶工具"填充颜色，使用"渐变变形工具"调整高光区，使其符合光学原理。

（3）为课件标题添加滤镜效果。

练习 3　简单的电路图

使用元件和多图层技术制作课件——简单的电路图，如图 1-9-3 所示。

主要制作步骤提示：

（1）把开关、电池、灯泡、电线等均用绘图工具制作成图形元件。

（2）在多个图层中布局元件。

练习 4　惊弓之鸟

位图制作技术的综合运用——惊弓之鸟，如图 1-9-4 所示。

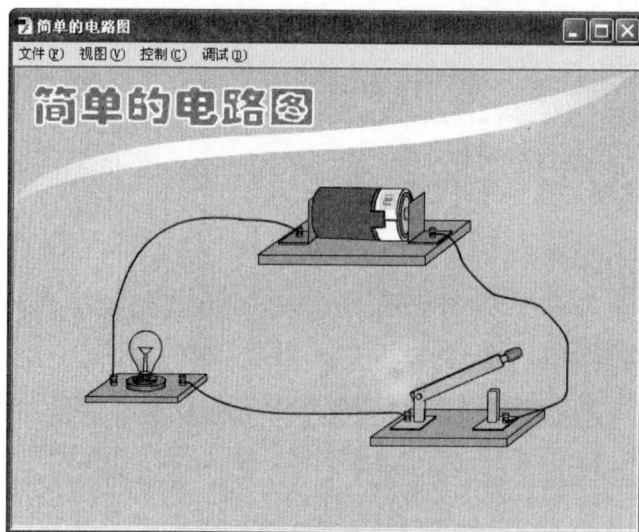

图 1-9-3　简单的电路图

图 1-9-4　惊弓之鸟

主要制作步骤提示：

（1）导入位图。

（2）使用"套索工具"或描图法制作元件。

（3）为元件添加滤镜效果。

第2章

动态演示课件

本章知识

◆ 逐帧动画
◆ 传统补间动画
◆ 形状补间动画
◆ 对象补间动画
◆ 遮罩动画
◆ 路径动画
◆ 影片剪辑元件
◆ 简单动作脚本

兴趣是最好的老师，是推动人们去寻求知识、探索真理的一种精神力量。在课堂教学中有效地激发学生的学习兴趣，使他们由厌学、苦学变为喜学、乐学，是教学设计的重要目标。

利用多媒体课件进行教学，使情境不受时空的限制，并集图像、动画等多种媒体于一体，动态演示与静态画面相结合，能有效地调动学生的多种感官参与学习活动，提高学生的学习兴趣，激活和加速学生的认知活动。

动画模拟演示课件是最常见的课件类型，它以建立学习情境为主要目的。在教学活动中，动画模拟演示课件能为学习者建立一个真实的环境，能形象、直观地表现事物发展、变化的过程，有效地揭示知识深刻的内涵。

在制作动画模拟演示课件方面，Flash 具有较大的优势。通过第 1 章的学习，大家已经感受到 Flash 强大的绘图和图像处理功能，其实 Flash 更强大的是它的动画设计功能，多媒体课件中的动画效果利用 Flash 制作再合适不过了。

本章通过 8 个课件范例来讲解利用 Flash 制作动画模拟演示课件的方法，这 8 个范例经过精心设计，由简到繁、循序渐进。读者通过学习可以掌握利用 Flash 制作动画模拟演示课件的技巧和方法，其中涉及的 Flash 技术如下。

（1）强大的动画功能：Flash 主要包括逐帧动画、传统补间动画、形状补间动画、对象补间动画、路径动画、遮罩动画等动画类型，利用这些动画类型可以制作出丰富多彩的多媒体课件。

（2）灵活的影片剪辑：影片剪辑（MC）是 Flash 的 3 种基本元件之一。影片剪辑的使用十分灵活，用户在制作课件的时候可以将整个课件的动画效果分解成多个小的动画片段，将这些小动画片段制作成影片剪辑元件，然后再把它们组合为一个整体动画，这样制作的 Flash 课件功能强大、结构清晰。

2.1 利用逐帧动画制作课件——蜡烛

本节先制作一个简单的动画模拟演示课件，这个课件范例的制作应用了 Flash 基本的动画类型——逐帧动画。通过学习，读者可以掌握用 Flash 逐帧动画制作动画模拟演示课件的一般方法，从而走进 Flash 动画模拟演示课件的大门。

📖 **课件简介**

本范例是小学科学"蜡烛"动画模拟演示课件，它通过逐帧动画演示了蜡烛燃烧的过程，充分展示了使用 Flash 动画模拟演示课件再现科学实验和生活场景的无穷魅力，课件运行效果如图 2-1-1 所示。

📎 **知识要点**

◆ 利用逐帧动画制作课件的方法
◆ 认识"时间轴"面板
◆ 绘图纸功能详解
◆ "帧"的基本概念和操作
◆ 元件的嵌套使用
◆ 元件和实例的区别

🗂 **制作步骤**

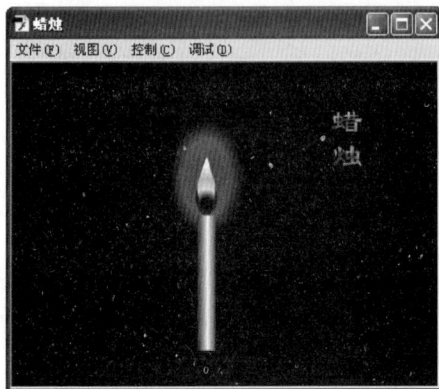

图 2-1-1 课件运行效果

2.1.1 创建"蜡烛杆"图形元件

（1）新建一个 Flash 文件，设置舞台尺寸为 400×300 像素、背景色为黑色，其他参数保持默认。

（2）新建一个名字为"蜡烛杆"的图形元件，在此元件的编辑场景中打开"颜色"面板，设置笔触色为无、填充色为"红色-白色-红色"的线性渐变，如图 2-1-2 所示。

（3）用"矩形工具"画出一个尺寸合适的矩形，用"渐变变形工具"调整填充色，绘制出的蜡烛杆形状如图 2-1-3 所示。

图 2-1-2 设置颜色

图 2-1-3 绘制蜡烛杆

专家点拨：从本章开始，除较难的绘图技巧以外，其余的绘制方法全部简述，对于相关的知识点，大家可以参考第 1 章。

2.1.2　创建"光晕"图形元件并柔化填充边缘

（1）新建一个名字为"光晕"的图形元件，在此元件的编辑场景中打开"颜色"面板，设置笔触色为无、填充色为径向渐变（从左向右颜色值为#EBB349、#FBF0DB，Alpha 值均为 50%），如图 2-1-4 所示。

（2）用"椭圆工具"画出一个椭圆形状（尺寸为 30×40 像素），然后选择"修改"|"形状"|"柔化填充边缘"命令，在弹出的对话框中设置"距离"为 20 像素、"步长数"为 15、"方向"为"扩展"，如图 2-1-5 所示，单击"确定"按钮。

图 2-1-4　设置"光晕"颜色　　　　　　图 2-1-5　设置柔化填充边缘参数

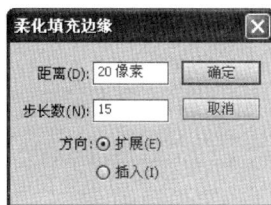

专家点拨：在图 2-1-5 中，"距离"表示柔化边的宽度（用像素表示）；"步长数"用于设置柔边效果的曲线数，使用的步长数越多，效果越平滑；"扩展"或"插入"控制柔化边缘时形状是放大还是缩小。值得用户注意的是，在绘图时增加太多的步长数会使文件变大并降低绘画速度。

绘制出的"光晕"效果如图 2-1-6 所示。

2.1.3　利用逐帧动画创建"火焰"影片剪辑元件

1．认识"时间轴"面板

"时间轴"面板是 Flash 实现动画功能时不可或缺的重要面板之一，它是实现强大动画效果的保障，所以大家有必要在制作动画之前认识它，以便于后面的制作。

图 2-1-6　绘制光晕

在默认情况下，"时间轴"面板出现在舞台上面，如果没有打开，可以选择"窗口"|"时间轴"命令打开它。图 2-1-7 所示的是"时间轴"面板的概貌。

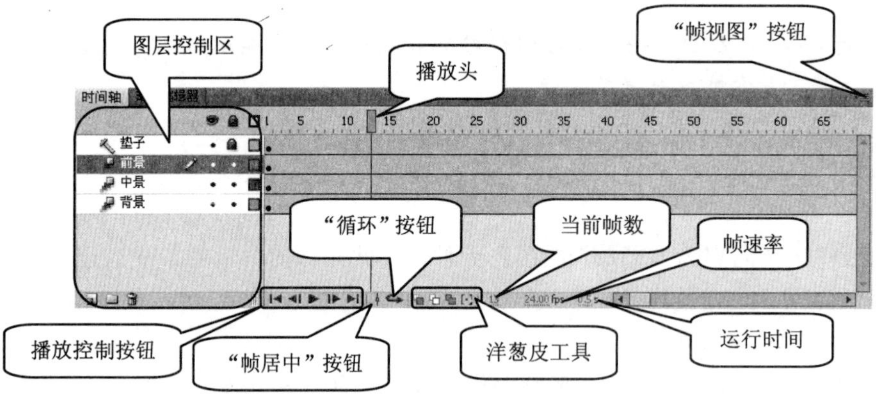

图 2-1-7 "时间轴"面板

时间轴用于组织和控制文档内容在一定时间内播放的图层数和帧数，它的主要部件是图层、帧和播放头。与电影胶片相类似，Flash 文档也把时间分为帧。

时间轴左侧是图层，图层就像堆叠在一起的多张幻灯胶片一样，在舞台上一层一层地向上叠加。如果上面一个图层上没有内容，那么就可以透过它看到下面的图层。在每一个图层上包括一些小方格，它们是 Flash 的"帧"，是制作 Flash 动画的一个关键元素。

2．认识"帧"

Flash 影片将播放时间分解为帧，用来设置动画运动的方式、播放的顺序及时间等。动画的播放速度默认是每秒 24 帧，可以在文档属性中更改。

在"时间轴"面板上，"帧"表现为一个一个小方格，每 5 帧有一个"帧序号"标志（呈灰色显示，其他的呈白色显示）。根据性质的不同，可以把"帧"分为"关键帧"和"普通帧"。关键帧定义了动画的变化环节，有内容的关键帧表示为黑色小圆圈，无内容的关键帧（即空白关键帧）用白色小圆圈表示。普通帧显示为一个一个的单元格。无内容的帧是空白的单元格，有内容的帧显示出一定的颜色。

播放头指示当前显示在舞台中的帧，将播放头沿着时间轴移动，可以容易地定位当前帧。播放头用红色矩形表示，红色矩形下面的红色细线所经过的帧表示该帧目前正处于"播放帧"。

3．创建"火焰"影片剪辑元件

（1）新建一个名称为"火焰"的影片剪辑元件，在此元件的编辑场景中打开"颜色"面板，设置笔触色为无、填充色为径向渐变（从左向右颜色值为#000000、#FFFF00、#FFCC00、#FFFF00、#FFFFFF），如图 2-1-8 所示。

（2）使用"钢笔工具"或"铅笔工具"绘制出"火焰"形状，接着使用"渐变变形工具"调整填充色使其逼真，如图 2-1-9 所示。

在默认情况下，新建的 Flash 文件的"时间轴"面板中只有一个图层，图层中只有一帧。"火焰"图形被绘制在"图层 1"的第 1 帧中，如图 2-1-10 所示。

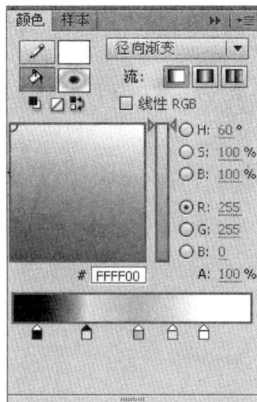

图 2-1-8　设置填充色　　　　　图 2-1-9　绘制火焰

图 2-1-10　绘制火焰前后的"时间轴"面板

专家点拨：从图 2-1-10 中可以看出，绘制前默认图层的第 1 帧表示为白色圆圈，即空白关键帧，绘制后变为黑色圆圈，即有内容的关键帧。

（3）单击"图层 1"的第 2 帧，第 2 帧显示为蓝色背景，表示此帧被选中，那么下面的操作就是针对第 2 帧了，如图 2-1-11 所示。

专家点拨：单击起点帧，按住 Shift 键单击需要选取的连续帧的最后一帧，可以同时选取连续的多个帧。按住 Ctrl 键单击时间轴上的帧，可以选取多个不连续的帧。

（4）在选中第 2 帧的情况下选择"插入"|"时间轴"|"关键帧"命令，在第 2 帧插入关键帧，可以看到第 2 帧变成了关键帧，如图 2-1-12 所示。

图 2-1-11　选择帧　　　　　　　图 2-1-12　插入关键帧

（5）按照上面的方法为"图层1"的第3～8帧插入关键帧，如图2-1-13所示。

从图2-1-13中可以看出，"图层1"的前8帧都是关键帧，也就意味着每个帧都可以放置不同的图形。这种在不同的时间段（帧）放置变化的图形所构成的动画就是逐帧动画。不过，因为这时没有修改各帧中的图形，所以只有逐帧动画的形式，还没有内容的变化，下面介绍如何调整各关键帧上的形状，真正实现逐帧动画的效果。

图 2-1-13　插入多个关键帧

4．运用"绘图纸"功能修改各关键帧上的形状

（1）选中第2帧，单击"绘图纸外观"按钮 打开"绘图纸外观"，此时帧和场景区域都发生了变化，如图2-1-14所示。

专家点拨：通常情况下，Flash在舞台中一次显示动画序列的一个帧的内容。为了便于定位和编辑逐帧动画，可以使用"绘图纸外观"功能在舞台中一次查看两个或多个帧。打开"绘图纸外观"后，可以看到播放头下面的帧以全彩色显示，但其余的帧是暗淡的，看起来就好像每个帧是画在一张半透明的绘图纸上，而且这些绘图纸相互层叠在一起。注意，无法编辑暗淡的帧，这些暗淡的帧只起到辅助编辑当前帧的功能。

选择"绘图纸外观"功能后，在时间轴标题中出现了一对带有圆形的花括号，那是"起始绘图纸外观"和"结束绘图纸外观"标记，拖动它可以改变包含"绘图纸外观"的范围。

（2）选中第2帧，拖动"起始绘图纸外观"和"结束绘图纸外观"标记的指针至第1到2帧之间，如图2-1-15所示。这时舞台上显示出重叠的两帧形状，其中第2帧图形显示在前，第1帧图形以暗色调显示在后。由于这里第1帧和第2帧上是两个完全一样并重叠的图形，所以只能看到第2帧上的图形。

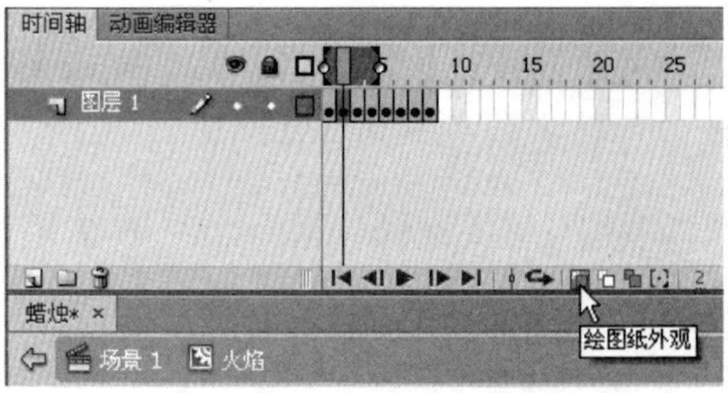

图 2-1-14　打开绘图纸外观功能

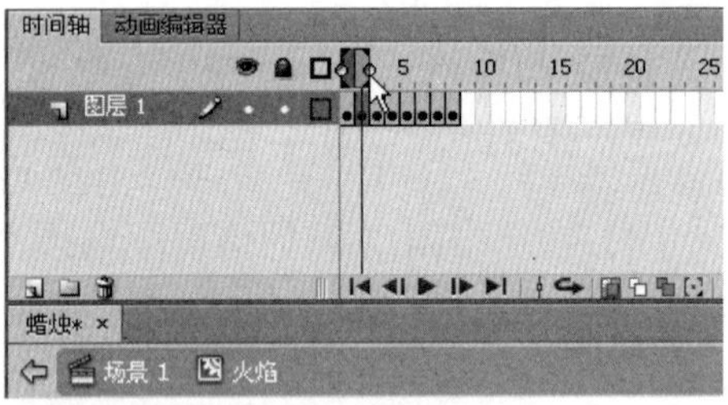

图 2-1-15　拖动"绘图纸外观"标记

专家点拨：单击"绘图纸外观轮廓"按钮 可以将"绘图纸外观"中的帧显示为轮廓，在修改图形的过程中可以通过更改任意一个"绘图纸外观"标记的位置将它的指针拖到一个新的位置。如果需要编辑"绘图纸外观"标记之间的所有帧，可以单击"编辑多个帧"按钮 ，而"绘图纸外观"通常只允许编辑当前帧。

单击"修改标记"按钮 ，然后从其下拉列表框中选择一个项目进行修改，在使用中用户可以根据需要灵活运用。

◆ "始终显示标记"选项：会在时间轴标题中显示"绘图纸外观"标记，而不管"绘图纸外观"是否打开。

◆ "锚定标记"选项：会将"绘图纸外观"标记锁定于它们在时间轴标题中的当前位置。

◆ "标记范围 2"选项：用于在当前帧的两边显示两个帧。

◆ "标记范围 5"选项：用于在当前帧的两边显示 5 个帧。

◆ "标记整个范围"选项：用于在当前帧的两边显示所有帧。

（3）选中第 2 帧图形，选择"任意变形工具"后单击"封套"按钮，通过调整节点修改火焰的形状，然后用"渐变变形工具"修改填充色的中心和大小，如图 2-1-16 所示。

专家点拨： 从图 2-1-16 对火焰的修改中可以看出，因为有了第 1 帧图形作为参考，所以修改非常方便。

（4）按同样的方法编辑第 3～8 帧上的形状，图 2-1-17 所示的是这 6 帧修改后的形状。

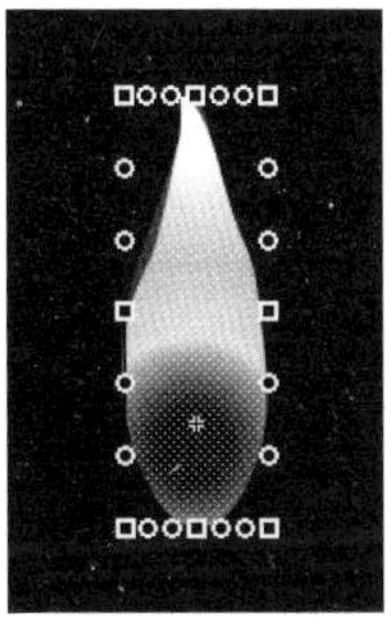

图 2-1-16　使用"任意变形工具"的"封套"功能编辑形状

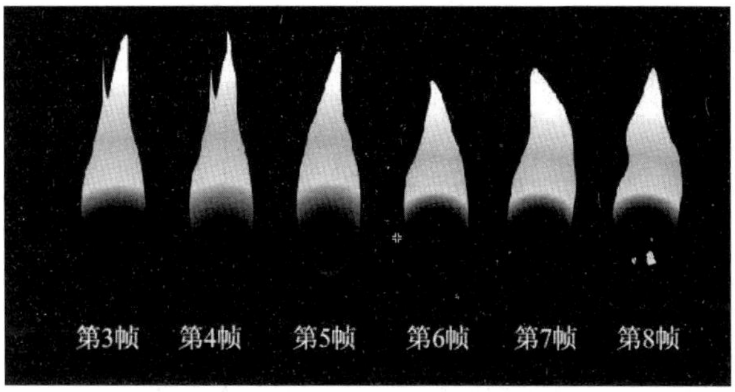

第3帧　第4帧　第5帧　第6帧　第7帧　第8帧

图 2-1-17　修改各帧上火焰的形状

拖动"播放头"或者按 Enter 键可以观察逐帧动画的效果，如果用户对某一帧不满意，还可以参考以上方法进行修改。

专家点拨： 通过修改火焰在各帧上的形状已经实现了逐帧动画，可见逐帧动画的原理就在于人眼在正常情况下有一个视觉残留，逐帧动画正是利用这一点来完成自己的动画效果，就像把一本书的每一页都画上形状，快速地翻动书页，就会出现连续的动画一样。因为 Flash 记录了每一个关键帧的信息，大量使用逐帧动画会很快地增大文件大小，所以在制作中要慎用。

（5）选择"插入"|"时间轴"|"图层"命令插入新图层，在新图层的第 1 帧绘制火焰的外焰的形状（填充色是从白色到蓝色的径向渐变色），接着按照上面的方法添加逐帧动画效果，图 2-1-18 所示的是各帧上的形状，读者可作为参考。

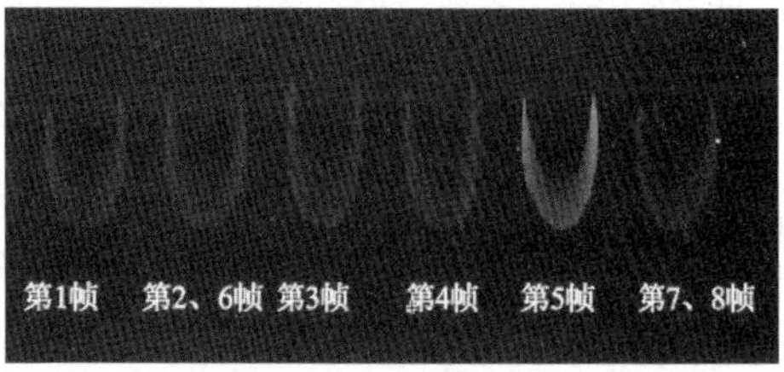

我们通过观察图 2-1-18 发现，第 2 帧和第 6 帧、第 7 帧和第 8 帧上的形状是完全一样的，有没

第1帧　第2、6帧　第3帧　第4帧　第5帧　第7、8帧

图 2-1-18　火焰的外形

有简便的实现方法呢？答案是肯定的。绘制修改好第 2 帧的形状后，右击第 2 帧，在弹出的快捷菜单中选择"复制帧"命令，被复制的帧已经被放到了剪贴板上。然后右击第 6 帧，在弹出的快捷菜单中选择"粘贴帧"命令，就可以将所选择的帧复制到指定位置。第 7 帧和第 8 帧的实现方法也是如此。

专家点拨：在制作动画的过程中，如果需要移动某一帧，有时还可能是多个帧甚至是一层上的所有帧整体移动，可以使用"选择工具"先将这些要移动的帧选中，被选中的帧显示为黑色背景，然后按住鼠标左键拖动到需要移动到的新位置，释放鼠标左键，帧的位置就变化了。

如果要删除帧，可以将要删除的帧选中，然后右击，并在弹出的快捷菜单中选择"删除帧"命令。

（6）通过测试动画发现，火焰的变化速度太快，不符合生活中的实际情况，因此需要通过添加普通帧来模拟真实的场景。右击"图层 1"的第 1 帧，在弹出的快捷菜单中选择"插入帧"命令，然后重复操作，将第 2 帧的位置调整到第 5 帧。接着用同样的方法在其他关键帧和"图层 2"的关键帧后面添加帧，完成的图层效果如图 2-1-19 所示。

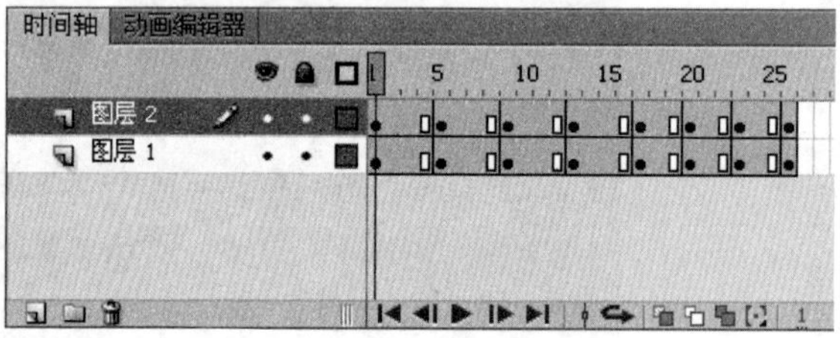

图 2-1-19　添加普通帧

专家点拨：在制作逐帧动画的时候对关键帧位置的安排要灵活，一般可以采取在两个关键帧之间插入普通帧来模拟对象变化的真实情况。

2.1.4　利用元件嵌套功能创建"蜡烛火焰"影片剪辑元件

（1）新建一个名称为"蜡烛火焰"的影片剪辑元件，在此元件的编辑场景中插入一个新图层，并将两个图层重命名为"火焰"和"光晕"。

（2）打开"库"面板，从"库"面板中拖动"火焰"元件到"火焰"图层，拖动"光晕"元件到"光晕"图层，并调整它们的位置和大小，完成的效果如图 2-1-20 所示。

专家点拨："蜡烛火焰"是一个影片剪辑元件，在创建时又把"光晕"图形元件，尤其是把"火焰"影片剪辑元件嵌套于内，这就实现了元件和时间轴的嵌套。这是绘制元件时很重要的技巧，元件和时间轴嵌套为创建 Flash 文档与组织文档提供了极大的灵活性。用户可以利用时间轴能够嵌套的特性把小的动画片

图 2-1-20　创建"蜡烛火焰"
影片剪辑元件

段嵌套进大的动画片段内，以此创建出效果复杂的影片剪辑元件，把这个影片剪辑元件放入主场景，又可以使主场景结构简单、清晰。

2.1.5　布局主场景

（1）单击"场景 1"按钮，从元件编辑环境返回到主场景。然后新建 3 个图层，重命名图层，如图 2-1-21 所示。

（2）从"库"面板中拖动"蜡烛杆"元件至"蜡烛"图层、拖动"蜡烛火焰"元件至"火焰"图层，然后在"标题"图层输入课件标题，并添加"斜角"滤镜效果。

将"蜡烛火焰"元件从"库"面板中拖放到场景上，场景上就多了一个相应的元件对象，这个对象称为相应元件的实例。它是指位于舞台上或嵌套在另一个元件内的元件副本。如果"库"面板中的元件发生改变（例如对元件重新编辑），那

图 2-1-21　新建和重命名图层

么元件的实例也会随之变化。但是，实例可以具备自己的个性（例如设置实例的色调、Alpha 和亮度等属性），它的更改不会影响"库"面板中的元件本身。

专家点拨： 现在按 Enter 键播放动画并不能看到蜡烛燃烧的动画效果，也就是说不能看到"蜡烛火焰"这个影片剪辑实例的动画效果，如果用户想看到整个的动画效果，必须选择"控制"|"测试影片"|"在 Flash Professional 中"命令或按 Ctrl+Enter 键测试整个影片。

至此，课件制作完毕，最后测试和保存课件。

2.2　利用传统补间动画制作课件——化合反应的微观现象

本节通过制作一个简单的动画模拟演示课件学习 Flash 基本的动画类型——传统补间动画，通过学习，读者可以掌握用 Flash 传统补间动画制作动画模拟演示课件的一般方法。

📖　课件简介

本范例是中学化学"化合反应的微观现象"动画模拟演示课件，它从微观角度通过动画演示了硫和氧化合反应的过程。学生对化合反应的理解需要一定的想象能力，化学教师利用这个课件可以生动、形象地将化合反应的微观过程展示给学生，使学生能更准确地掌握相关的化学知识。图 2-2-1 和图 2-2-2 所示的是本课件运行时的两个画面。

📚　知识要点

◆　用 Flash 制作动画模拟演示课件的方法

◆　传统补间动画的制作方法

◆ 课件背景框架图形的创建方法
◆ 定义简单帧动作

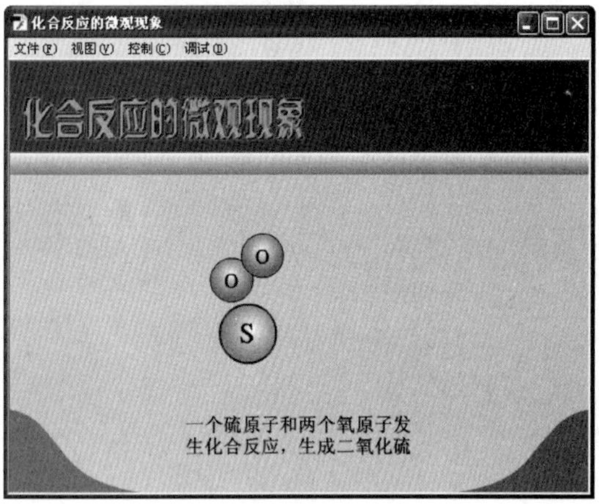

图 2-2-1　课件运行效果 1

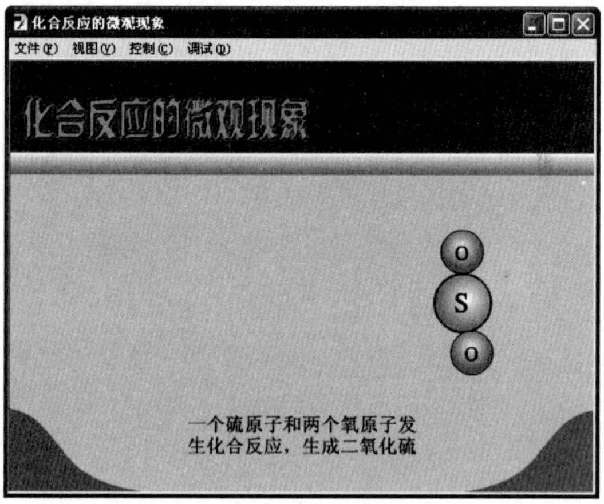

图 2-2-2　课件运行效果 2

制作步骤

2.2.1　创建文档和课件所需的元件

（1）新建一个 Flash 文件（ActionScript 2.0），影片文档属性参数保持默认。

（2）新建一个名称为"背景"的图形元件，在这个元件的编辑场景中用绘图工具绘制 3 个矩形和两个三角形（所有图形都没有边框），并调整它们的形状和位置，如图 2-2-3 所示。

（3）新建一个名称为"标题"的图形元件，在这个元件的编辑场景中输入文字，并为文字添加"渐变斜角"滤镜效果，如图 2-2-4 所示。

图 2-2-3　绘制背景图形

图 2-2-4　创建课件标题

（4）新建一个名称为"硫原子"的图形元件，使用"椭圆工具"绘制一个圆形，填充色用放射性渐变色，然后用"文本工具"输入字符 S，并将文字和图形组合在一起，如图 2-2-5 所示。接着用同样的方法创建"氧原子"图形元件，如图 2-2-6 所示。

图 2-2-5 绘制硫原子

图 2-2-6 绘制氧原子

2.2.2 规划图层并布局课件背景和标题

1. 规划图层

第 1 章中介绍了图层的初步运用，利用图层可以把一些非常复杂的对象按照一定的类别放置在不同的图层，由于层与层之间互不干扰，在某个图层上进行绘制和编辑对象的操作不会影响到其他图层上的对象，因此利用图层可以方便修改和制作，从而大大提高了工作效率。

在一般情况下，一个动画效果通常是由若干个对象的动画组合而成的，因此在制作动画时需要将每一个对象放置在单独的图层上，然后在单独的图层上实现相应对象的动画效果。例如本节演示的化合反应微观过程的动画就是由 3 个对象（一个硫原子、两个氧原子）的动画组合而成的，因此需要将这 3 个对象分别放在 3 个图层上，定义它们的动画效果，最终组合成一个完整的动画。

（1）本范例一共需要 5 个图层，首先要创建图层，单击"编辑场景"按钮 转换到"场景 1"编辑场景，在"时间轴"面板上单击"新建图层"按钮 新增 4 个图层。

专家点拨： 本节用到的图层都是普通图层，除此以外，还有引导图层、遮罩图层等类型，这些概念将在以后的章节中逐步介绍。

（2）双击每个图层的名称，给 5 个图层重新命名，如图 2-2-7 所示。

2. 布局课件背景和标题

（1）选择"背景"图层，将"库"面板中的"背景"图形元件拖放到场景中，并调整好大小和位置，使它正好覆盖场景。选中"背景"图层的第 60 帧，选择"插入"|"时间轴"|"帧"命令或按 F5 键，在第 60 帧插入一个帧，这样可以使"背景"图层第 1 帧中的内容一直持续到第 60 帧。

（2）选择"标题"图层，将"库"面板中的"标题"图形元件拖放到场景中，然后用"文本工具"在舞台上输入一些课件内容说明文字，再将"标题"图层第 1 帧的内容持续到第 60 帧，这时的图层结构如图 2-2-8 所示。

图 2-2-7 重命名图层

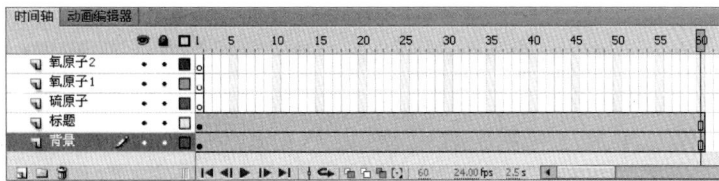

图 2-2-8 延续帧以后的图层结构

布局好背景和标题以后的场景效果如图 2-2-9 所示。

图 2-2-9　课件的背景和标题

2.2.3　创建化合反应传统补间动画

1. 制作第一个传统补间动画

（1）选择"硫原子"图层，从"库"面板中将"硫原子"图形元件拖放到舞台的左边，如图 2-2-10 所示。

（2）选中"硫原子"图层的第 20 帧，按 F6 键插入一个关键帧，把第 20 帧上的"硫原子"移动到如图 2-2-11 所示的位置。

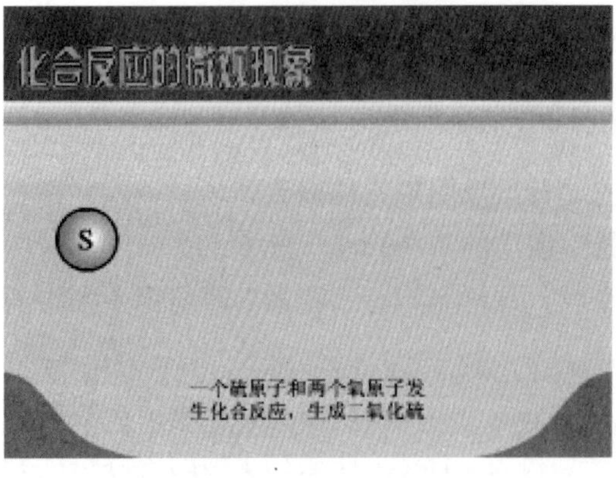

图 2-2-10　第 1 帧上的"硫原子"的位置

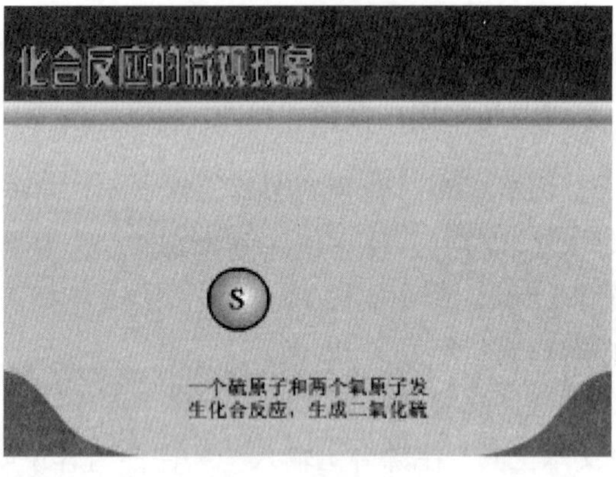

图 2-2-11　第 20 帧上的"硫原子"的位置

（3）选择"硫原子"图层的第 1 帧，然后右击，在弹出的快捷菜单中选择"创建传统补间"命令，如图 2-2-12 所示。

（4）"硫原子"图层的第 1～20 帧出现了一条带箭头的实线，并且第 1～20 帧的帧格变成淡紫色，如图 2-2-13 所示。

图 2-2-12　定义传统补间动画　　　　图 2-2-13　传统补间动画的"时间轴"面板

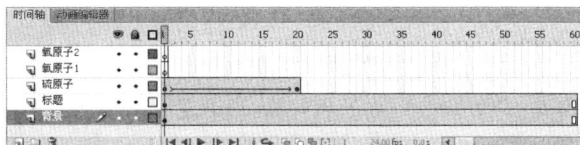

（5）这样就完成了一个传统补间动画的制作，按 Enter 键可以看到"硫原子"从舞台左侧向右侧移动的动画效果。

专家点拨：传统补间动画的基本制作方法是在一个关键帧上创建一个对象，然后在另一个关键帧上改变这个对象的大小、位置、颜色、透明度、旋转、倾斜、滤镜等属性。在定义好传统补间动画后，Flash 自动补上中间的动画过程。构成传统补间动画的对象可以是元件（影片剪辑元件、图形元件、按钮元件）、文字、位图、组、绘制对象等，但不能是形状，只有把形状组合成"组"或者转换成"元件"才可以作为传统补间动画中的"演员"。

2．制作完整的动画效果

（1）选中"硫原子"图层的第 40 帧和第 60 帧，分别插入一个关键帧。

（2）在"氧原子 1"图层和"氧原子 2"图层上分别将"库"面板中的"氧原子"图形元件拖放到舞台的左边，然后用同样的方法在这两个图层上插入关键帧，完成后的图层结构如图 2-2-14 所示。

图 2-2-14　插入关键帧后的图层结构

（3）第 1 帧上的对象的位置如图 2-2-15 所示，这也是动画对象的初始位置。根据动画效果的需要，修改各关键帧上的对象的位置，经过调整后，第 20、40、60 帧上的动画对象的位置分别如图 2-2-16、图 2-2-17 和图 2-2-18 所示。第 60 帧是动画对象的终止位置，最终形成一个二氧化硫的分子结构。

图 2-2-15 动画对象的初始位置

图 2-2-16 第 20 帧上的对象的位置

图 2-2-17 第 40 帧上的对象的位置

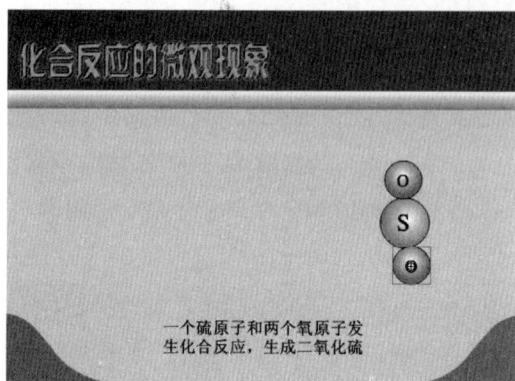

图 2-2-18 第 60 帧上的对象的位置

专家点拨：在定义 Flash 传统补间动画时，通常一个动画过程需要两个关键帧，前一个关键帧设置对象的起始位置，后一个关键帧设置对象的终止位置。

（4）选择"硫原子"图层的第 20 帧，然后右击，在弹出的快捷菜单中选择"创建传统补间"命令，这样就完成了"硫原子"图层的第 20～40 帧的传统补间动画的制作。选择"硫原子"图层的第 40 帧，按照同样的方法定义第 40～60 帧的传统补间动画。时间轴结构如图 2-2-19 所示。

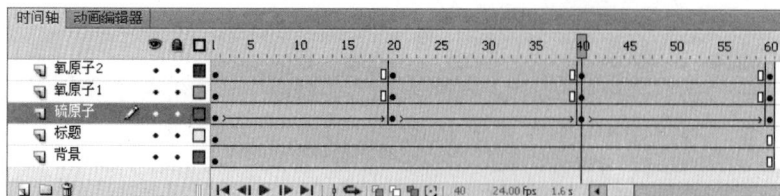

图 2-2-19 定义"硫原子"图层的传统补间动画

专家点拨：当需要取消创建的传统补间动画时，可以任选一帧右击，在弹出的快捷菜单中选择"删除补间"命令。

（5）选中第 1 帧，让播放头回到第 1 帧上，然后按 Enter 键，播放头自动播放，此时可以看到硫原子实例的动画效果。

（6）用同样的方法分别定义"氧原子 1"图层和"氧原子 2"图层的传统补间动画。

2.2.4　定义简单的帧动作

为了避免课件循环播放，一般在整个动画的最后一帧加上"停止"动作脚本。对于复杂的课件，动作脚本一般使用单独的图层进行定义，因为本范例只有一个简单帧动作，所以将此动作定义在"背景"图层。

（1）选中"背景"图层的第 60 帧，按 F6 键插入关键帧。然后选择"窗口"|"动作"命令或按 F9 键打开"动作"面板。

（2）在左侧展开"全局函数"|"时间轴控制"，双击 stop 选项，定义该帧动作为"stop();"，如图 2-2-20 所示。

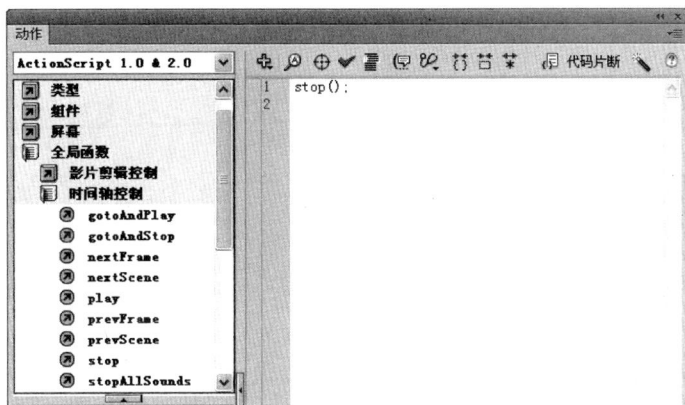

图 2-2-20　定义帧动作

专家点拨：从本节开始，一些课件范例的制作将使用"动作"面板定义简单的动作脚本，有关使用"动作"面板定义动作脚本的方法请参看 6.1 节的相关内容。

（3）在"背景"图层的最后一帧出现一个 a 标志，表示该帧已经定义了动作脚本，如图 2-2-21 所示。

至此，课件制作完毕，整个图层结构如图 2-2-22 所示。

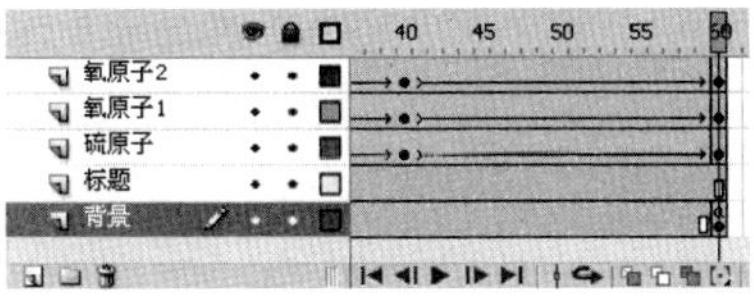

图 2-2-21　定义了"停止"动作的关键帧

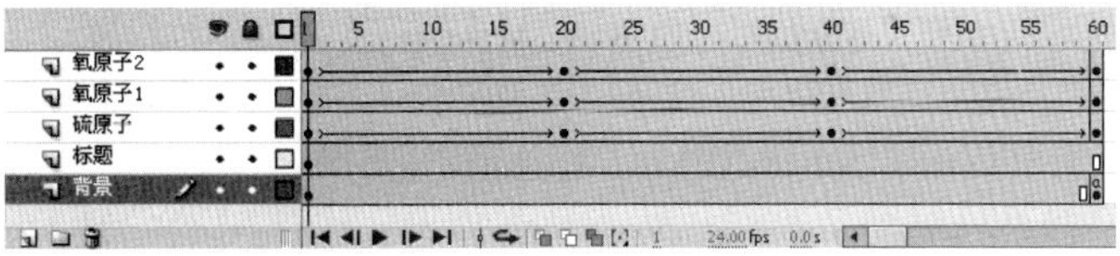

图 2-2-22　整个课件的图层结构

2.3 利用形状补间动画制作课件——内吞

2.2 节介绍了利用传统补间动画制作动画模拟演示课件的方法，本节介绍 Flash 另一种基本动画类型——形状补间动画。通过学习，读者可以掌握用 Flash 形状补间动画制作动画模拟演示课件的方法和技巧。

📖 课件简介

本范例是中学生物"内吞"动画模拟演示课件，它通过形状补间动画演示了液体吞入细胞的过程，充分展示了 Flash 课件在展示生物微观现象时的优势，学生通过观看形象的内吞动画演示过程掌握科学、规范的概念。图 2-3-1 和图 2-3-2 所示的是本课件运行时的两个画面。

图 2-3-1 课件运行效果 1

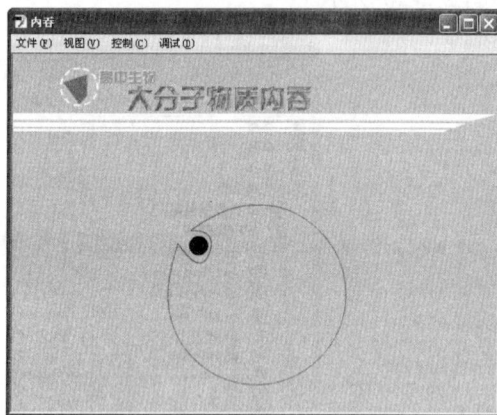

图 2-3-2 课件运行效果 2

✏️ 知识要点

◆ 形状补间动画的制作方法
◆ 添加形状提示
◆ 影片剪辑元件的应用

🖱️ 制作步骤

2.3.1 创建"物质"图形元件

（1）新建一个 Flash 文件，设置背景色为淡绿色（#B0E0B6），其他参数保持默认。

（2）新建一个名称为"物质"的图形元件，在此元件的编辑场景中用绘图工具绘制一个填充色为黑色的圆形，如图 2-3-3 所示。

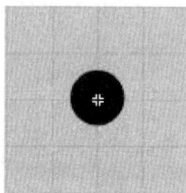

图 2-3-3 "物质"图形元件

2.3.2　利用形状补间动画创建"图标"影片剪辑元件

1．创建"图标"影片剪辑元件

（1）新建一个名称为"图标"的影片剪辑元件，在这个元件的编辑场景中将"图层 1"重命名为"圆形"，然后用绘图工具绘制一个圆形（虚线边框没有填充），如图 2-3-4 所示。

（2）新建一个图层，重命名为"变形"，并在此图层中绘制一个矩形，调整方向如图 2-3-5 所示。

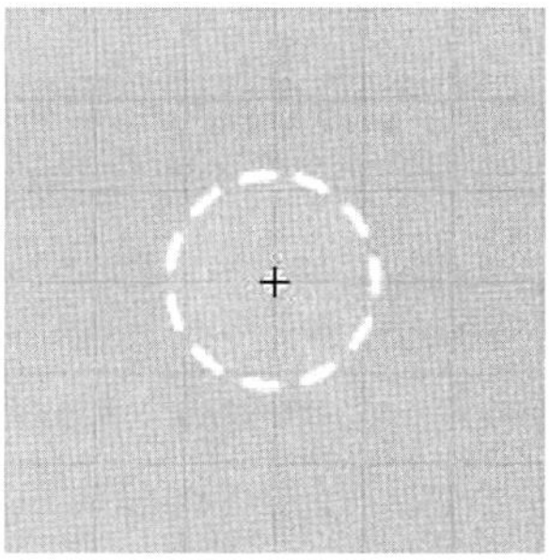

图 2-3-4　在"圆形"图层中绘制的圆形　　　图 2-3-5　在"变形"图层中绘制的矩形

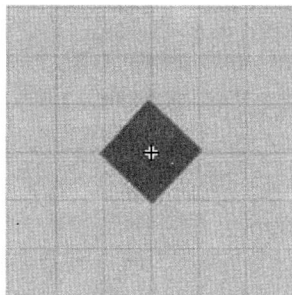

此时，"图标"影片剪辑元件的图层结构和场景效果如图 2-3-6 所示。

图 2-3-6　"图标"影片剪辑元件的图层结构和场景效果

2．为"图标"影片剪辑元件添加动画帧

（1）同时选中两个图层的第 30 帧，如图 2-3-7 所示。

（2）按 F5 键，在第 30 帧插入帧，此时的图层结构如图 2-3-8 所示。

（3）锁定"圆形"图层，选中"变形"图层的第 25 帧，按 F6 键插入关键帧。接着选中"变形"图层的第 10 帧，按 F7 键插入空白关键帧，如图 2-3-9 所示。

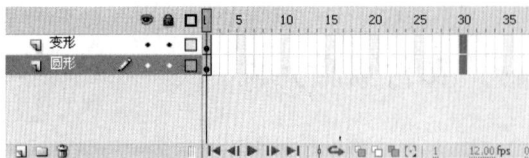

图 2-3-7　选中第 30 帧　　　　　　图 2-3-8　在第 30 帧插入帧

专家点拨： 在插入关键帧时单元格中会出现黑色的小圆圈，在插入空白关键帧时单元格中会出现白色的小圆圈，只要在空白关键帧中添加内容，这个单元格中就会出现黑色的小圆圈，说明空白关键帧已经变成了关键帧。

（4）在"变形"图层的第 10 帧绘制一个三角形。然后右击第 15 帧，在弹出的快捷菜单中选择"插入关键帧"命令插入关键帧，此时的图层结构如图 2-3-10 所示。

图 2-3-9　在第 10 帧插入空白关键帧　　　　图 2-3-10　在第 15 帧插入关键帧

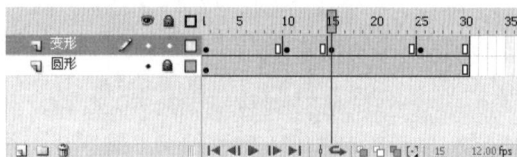

3．定义形状补间动画

（1）选中"变形"图层的第 1 帧，然后右击，在弹出的快捷菜单中选择"创建补间形状"命令，如图 2-3-11 所示。

（2）"变形"图层的第 1～10 帧出现了一条带箭头的实线，并且帧格变为绿色，说明已经实现了"变形"图层的第 1～10 帧的形状补间动画。使用同样的方法在第 15～25 帧创建形状补间动画，此时图层结构如图 2-3-12 所示，拖动播放头或按 Enter 键就能看到形状补间动画的效果了。

图 2-3-11　创建形状补间动画　　　　图 2-3-12　定义形状补间动画

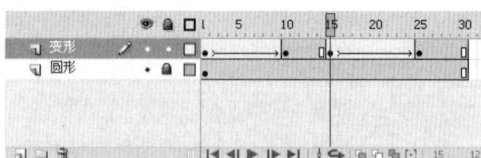

专家点拨： 在 Flash 的"时间轴"面板上，在一个关键帧绘制一个形状，然后在另一个关键帧更改该形状或绘制另一个形状，Flash 根据二者之间帧的值或形状创建的动画被称为形状补间动画。形状补间动画可以实现两个图形之间颜色、形状、大小、位置的相互变化，其变形的灵活性介于逐帧动画和传统补间动画之间，使用的元素多为用鼠标或压感笔绘制出的形状，如果使用图形元件、按钮、文字，则必须先"打散"再变形。

4．添加形状提示

为了使 Flash 在计算变形过渡时依一定的规则进行，从而有效地控制变形过程，下面介绍如何添加形状提示，使用这个功能能极大地改善变形的规范性。

（1）选中"变形"图层的第 1 帧，选择"修改"|"形状"|"添加形状提示"命令，在该帧的矩形上增加了一个带字母的红色圆圈，相应地，在第 10 帧形状中出现了一个"提示圆圈"，如图 2-3-13 和图 2-3-14 所示。

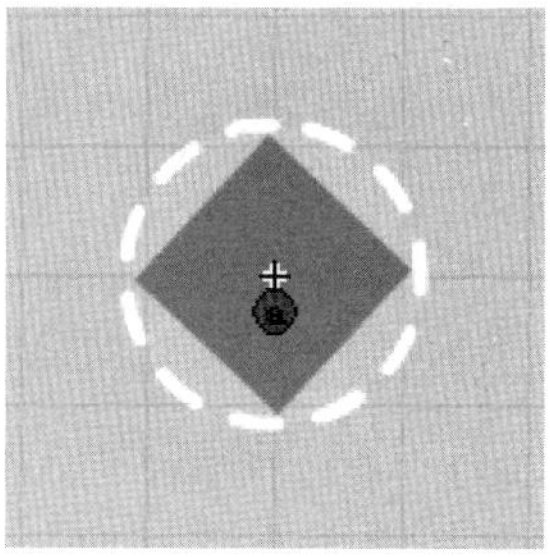

图 2-3-13　第 1 帧上的形状提示 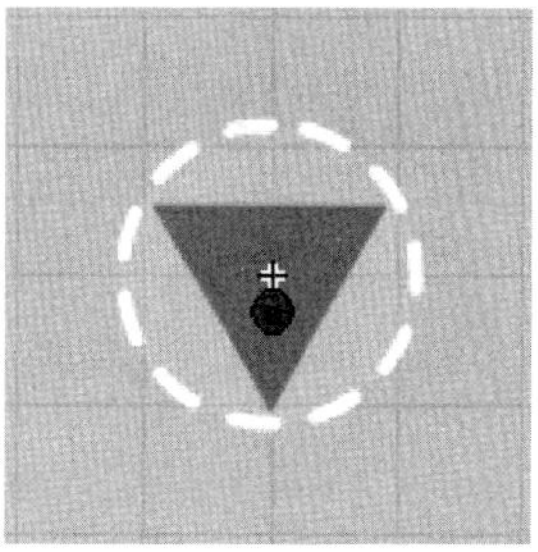　　　　图 2-3-14　第 10 帧上的形状提示

专家点拨：形状提示会标识起始形状和结束形状中相对应的点，它为 Flash 的形状渐变效果指示了变化的趋势，有利于形状补间按照制作者的意图变化。形状提示可以连续添加，最多能添加 26 个，分别用字母 a～z 表示，按逆时针顺序从形状的左上角开始放置形状提示时效果最好。

（2）拖动开始帧和结束帧上的形状提示圆圈，在形状边缘的适当位置放置，可以看到开始帧上的"提示圆圈"变为黄色，结束帧上的"提示圆圈"变为绿色，如图 2-3-15 和图 2-3-16 所示。

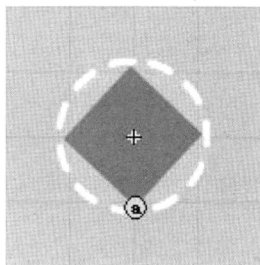

图 2-3-15　第 1 帧调整后的形状提示 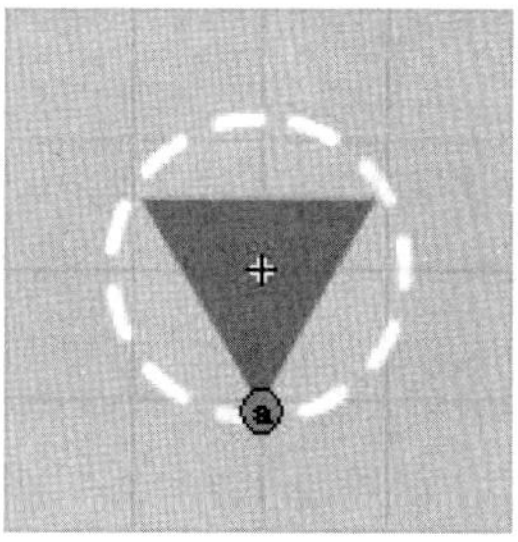　　　　图 2-3-16　第 10 帧调整后的形状提示

专家点拨：形状提示要在形状的边缘才能起作用，如果调整后相对应的形状提示不在一条曲线上，"提示圆圈"的颜色不变，不能起到调整形状的作用。

在调整形状提示位置之前，单击绘图工具箱中的"贴紧至对象"按钮 🖼，能自动把形状提示吸附到边缘上，如果形状提示仍然无效，则可以用"放大镜工具"放大到 2000 倍，以确保形状提示位于图形边缘上。

另外，如果要删除所有的形状提示，可以选择"修改"|"形状"|"删除所有提示"命

令。如果要删除单个形状提示，可以在此形状提示上右击，在快捷菜单中选择"删除提示"命令。

（3）依次为第 1～10 帧的形状补间添加 4 个形状提示，并调整它们的位置，如图 2-3-17和图 2-3-18 所示。

图 2-3-17　第 1 帧完成后的形状提示　　　　图 2-3-18　第 10 帧完成后的形状提示

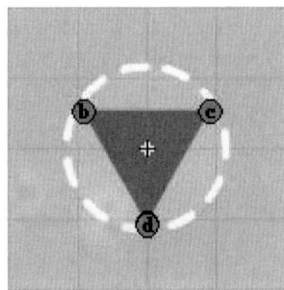

专家点拨：在图 2-3-18 中，形状提示 a 和 d 都在下面的角上。

（4）用同样的方法为第 15～25 帧添加形状提示，添加形状提示后形状补间动画效果更自然。

2.3.3　布局背景和标题

（1）从元件编辑场景返回到主场景，插入 3 个图层，并重命名图层，如图 2-3-19 所示。

（2）选择"背景"图层，在舞台上输入课件标题，并添加滤镜效果，接着使用绘图工具绘制细长形装饰条，如图 2-3-20 所示。

图 2-3-19　插入和重命名图层　　　　图 2-3-20　绘制"背景"图层中的对象

专家点拨：在图 2-3-20 中，"高中生物"文本使用了"投影"滤镜效果，课件标题文本使用了"渐变斜角"和"投影"滤镜效果。

（3）将"库"面板中的"图标"影片剪辑元件拖放到场景中，并调整好大小和位置，如图 2-3-21 所示。

图 2-3-21　"背景"图层效果

2.3.4　创建内吞过程补间动画

1．布局内吞过程动画帧

（1）锁定"背景"图层，选中"细胞膜"图层，绘制一个无填充的圆形。在圆形的左上方用"选择工具"拖动选择一段圆弧，选择"编辑"|"剪切"命令，然后选中"运动"图层，选择"编辑"|"粘贴到当前位置"命令，把这段圆弧移动到"运动"图层。从"库"面板中把"物质"图形元件拖放到场景的"物质"图层，如图 2-3-22 所示。

（2）同时选中 4 个图层的第 55 帧，按 F5 键在第 55 帧插入帧，然后在"细胞膜"图层的第 20、35 和 36 帧分别插入关键帧，在"运动"图层的第 20、35、36 和 55 帧分别插入关键帧，在"物质"图层的第 20、36 和 55 帧分别插入关键帧，此时的图层结构如图 2-3-23 所示。

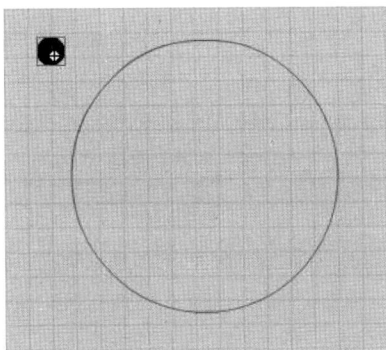

图 2-3-22　布局主场景的第 1 帧　　　　　图 2-3-23　添加动画帧后的图层结构

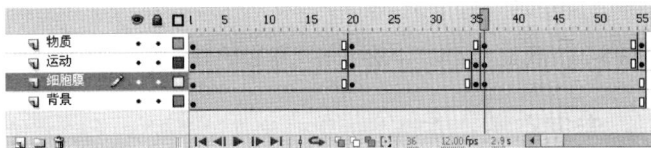

专家点拨： 当由几个图层共同构成补间动画时，关键帧的添加一定要同步进行，以使它们彼此之间能协同变化，得到一致的效果。

2．创建补间动画

（1）按照 2.3.2 节的方法在"细胞膜"图层的第 20～35 帧以及"运动"图层的第 1～20 帧、第 20～35 帧、第 36～55 帧添加形状补间动画。按照 2.2 节介绍的方法在"物质"图层的第 1～20 帧、第 20～36 帧、第 36～55 帧添加传统补间动画，如图 2-3-24 所示。

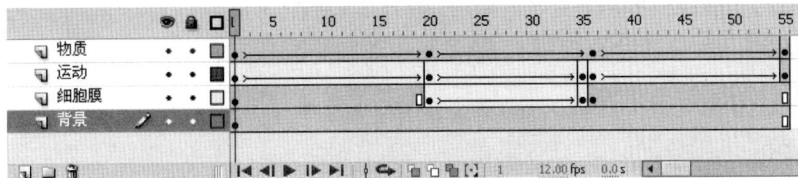

图 2-3-24　创建形状和传统补间动画

（2）使用"选择工具"调整"细胞膜"图层的第 20、35 帧上的形状，如图 2-3-25 和图 2-3-26 所示。

图 2-3-25　第 20 帧的形状　　　　　　图 2-3-26　第 35 帧的形状

（3）编辑修改"运动"图层的第 1、20、35、36 帧上的形状，如图 2-3-27 所示。

（4）调整移动"物质"图层的第 20、35、36、55 帧上的"物质"元件的位置，如图 2-3-28 所示。

图 2-3-27　调整"运动"图层上各关键帧的形状　　图 2-3-28　第 20、35、36、55 帧的对象位置

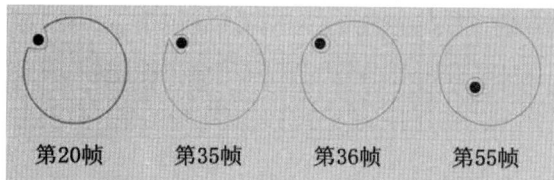

专家点拨： 在调整对象形状或位置时要兼顾才能使动画逼真。另外，多使用锁定和隐藏图层进行调整能方便制作。

至此，课件制作完毕，最后测试和保存课件。

2.4　利用路径动画制作课件——台风

在本章前面几节制作的动画模拟演示课件中，对象都是按照直线运动的，这对于动态课件显然是不够的，因为很多课件内容需要对象按照事先指定的路径（例如曲线）进行运动。Flash 提供了一种路径动画类型，利用这种动画类型可以让课件中的对象沿着任意指定的路径进行运动。本节通过地理课件范例"台风"的制作过程讲解 Flash 路径动画在课件制作中的实现方法。

课件简介

本课件是地理课程中有关"台风"知识的一个模拟演示动画。课件运行时，3 路台风按照不同的路径从海面向大陆移动，观看课堂演示，学生可以通过观察直观、生动的画面理解台风移动的特点和路径。图 2-4-1 所示的是课件运行时的一个画面。

图 2-4-1　课件运行时的一个画面

知识要点

- ◆ 传统路径动画的制作方法
- ◆ 自定义缓入/缓出动画
- ◆ 影片剪辑元件的应用
- ◆ 交换元件的方法

制作步骤

2.4.1　创建课件界面

（1）新建一个 Flash 影片文档，设置舞台背景颜色为深蓝色，其他参数保持默认。

（2）将"图层 1"重命名为"背景"，把事先准备好的外部图像文件"海洋和陆地.gif"导入到舞台上，然后选择"修改"|"分离"命令将位图打散为形状。

（3）用"套索工具"和"橡皮擦工具"将图像的背景去掉，然后将其转换为名字为"背景"的图形元件，适当放大图像的尺寸，并将其放置到舞台的左侧。

（4）用"文本工具"在舞台右侧输入动画的标题，如图 2-4-2 所示。

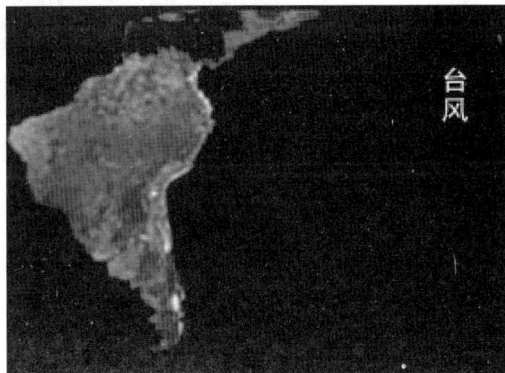

图 2-4-2　动画背景

2.4.2 创建"台风"图形元件

（1）新建一个名字为"台风"的图形元件，进入这个元件的编辑场景。

（2）在"颜色"面板中设置"笔触颜色"为无，设置"填充颜色"为红色到浅红色的径向渐变色，然后选择"基本椭圆工具"，在场景中绘制一个圆。

（3）用"渐变变形工具"对圆的填充色进行适当调整。

（4）在"属性"面板中将圆的"内径"设置为 50，这样得到一个圆环。

（5）选择"修改"|"分离"命令将圆环转变为形状。

（6）将显示比例放大到 400%，然后按住 Alt 键，用鼠标在圆环的合适位置向外拉出两个尖角，并进行适当调整，这样就得到一个台风的图形。制作过程如图 2-4-3 所示。

图 2-4-3 "台风"图形元件

2.4.3 创建台风沿路径移动的动画

（1）返回到"场景 1"，在"背景"图层上新插入一个图层，并改名为"南线"，然后从"库"面板中将"台风"图形元件拖放到舞台的右下方。

（2）选择"南线"图层右击，在弹出的快捷菜单中选择"添加传统运动引导层"命令，这样"南线"图层上面就出现了一个引导层，并且"南线"图层自动缩进，如图 2-4-4 所示。

（3）选中"引导层：南线"图层，用"线条工具"绘制一条白色的虚线，然后用"选择工具"将这条虚线调整成弧状，如图 2-4-5 所示。

图 2-4-4 添加引导层

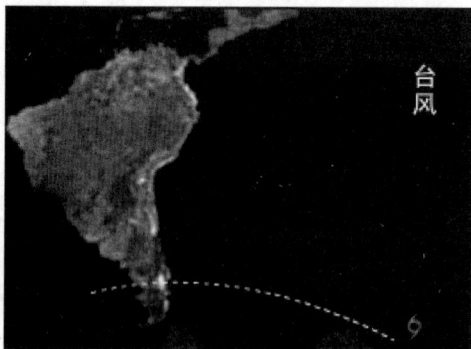

图 2-4-5 绘制路径

（4）在"背景"图层和"引导层：南线"图层的第 60 帧插入普通帧，在"南线"图层的第 60 帧插入关键帧。

（5）选择"南线"图层的第 1 帧右击，在弹出的快捷菜单中选择"创建传统补间"命令，这样定义了从第 1 帧到第 60 帧的传统补间动画。

（6）确认"贴紧至对象"按钮 ⬛ 处于被按下状态，选择第 1 帧上的台风，拖动它使其吸附到弧线的右端点，然后选择第 60 帧上的台风，拖动它使其吸附到弧线的左端点。

专家点拨： 在制作路径动画时必须将运动对象拖放到路径的端点上，因为"贴紧至对象"按钮处于被按下状态，所以在拖动过程中当运动对象快接近端点时会自动吸附到上面。

（7）至此，南线台风沿路径的动画制作完成，按 Enter 键预览动画效果，可以看到台风沿弧线路径移动的效果。

（8）按照以上步骤制作中线和北线台风沿路径移动的动画，中线和北线的路径效果如图 2-4-6 所示。

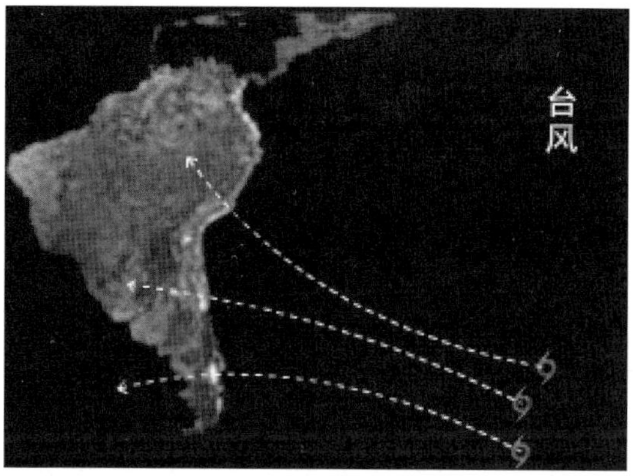

图 2-4-6　3 条路径

专家点拨： 运动引导层是用来控制传统补间动画中对象移动路径的特殊图层，在运动引导层下面以缩进形式显示的就是被引导层。在制作路径动画时，通常在"运动引导层"上绘制一条曲线作为动画路径，被引导层上的动画实体、组合体或文本块都能沿引导层中所绘制的曲线运动。如果要实现多个图层按一个相同的路径运动的效果，可以将需要被引导的图层拖放到引导层下面。

2.4.4　将路径在动画中显示出来

（1）按 Ctrl+Enter 键测试影片，可以看到 3 路台风移动的效果，但是路径本身并不显示出来。这是因为路径在引导层，而引导层上的对象都不在最终发布的播放影片中显示。如果想让路径显示出来，必须将它们复制到普通图层上。

（2）在"背景"图层新插入一个图层，并改名为"路径"。选择"引导层：南线"图层上的弧线，然后选择"编辑"|"复制"命令，再选择"路径"图层，选择"编辑"|"粘贴到当前位置"命令。

（3）按照同样的方法将"引导层：中线"图层上的弧线和"引导层：北线"图层上的弧线都复制到"路径"图层上。

（4）在"路径"图层上用"线条工具"在 3 条弧线的左端分别绘制一个箭头。

2.4.5 增强动画效果

（1）新建一个名称为"旋转台风"的影片剪辑元件，进入这个元件的编辑场景。

（2）将"库"面板中的"台风"图形元件拖放到场景中心，并在第 10 帧插入一个关键帧。

（3）选择第 1 帧右击，在弹出的快捷菜单中选择"创建传统补间"命令。然后在"属性"面板的"补间"栏的"旋转"下拉列表框中选择"顺时针"选项，如图 2-4-7 所示，这样就定义了一个台风旋转一圈的动画效果。

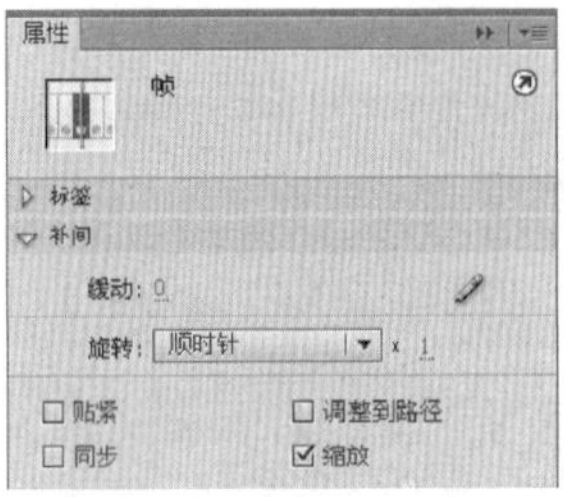

图 2-4-7 "属性"面板

专家点拨：在定义了传统补间动画以后，可以在如图 2-4-7 所示的"属性"面板的"补间"栏中进一步设置相应的参数，以使动画效果更加丰富。

◆ "缓动"选项：鼠标指针指向缓动值直接拖动或者在缓动值上单击输入，可以设置缓动值。设置完后，传统补间会以下面的设置做出相应的变化。在–1～–100 的负值范围内，动画运动的速度从慢到快，朝运动结束的方向加速补间；在 1～100 的正值范围内，动画运动的速度从快到慢，朝运动结束的方向减速补间。在默认情况下，"缓动"文本框中的值为 0，此时补间帧之间的变化速率是匀速的。在"缓动"文本框右边有一个"编辑"按钮，单击"编辑"按钮可以弹出"自定义缓入/缓出"对话框，利用这个功能可以制作出更加丰富的动画效果。

◆ "旋转"下拉列表框："旋转"下拉列表框中包括 4 个选项。选择"无"（默认设置）选项，可禁止元件旋转；选择"自动"选项，可使元件在需要最小动作的方向上旋转对象一次；选择"顺时针"或"逆时针"选项，并在后面输入数字，可使元件在运动时顺时针或逆时针旋转相应的圈数。

◆ "贴紧"复选框：选中此复选框，可以根据注册点将补间对象附加到运动路径，此项功能主要用于引导路径动画。

◆ "调整到路径"复选框：选中此复选框，可以将对象的运动基线调整到运动路径，此项功能主要用于引导路径动画。在定义引导路径动画时选中这个复选框，可以使对象根据路径调整，使动画更逼真。

◆ "同步"复选框：选中此复选框，可以使图形元件的动画和主时间轴同步。

◆ "缩放"复选框：在制作传统补间动画时，如果在终止关键帧上更改了动画对象的大小，那么这个"缩放"复选框是否选中会直接影响动画的效果。如果选中了这个复选框，那么可以将大小变化的动画效果呈现出来。也就是说，用户可以看到对象从大逐渐变小（或者是从小逐渐变大）的动画效果。如果没有选中这个复选框，那么大小变化的动画效果就呈现不出来。在默认情况下，"缩放"复选框处于选中状态。

（4）返回"场景 1"，选择"南线"图层的第 1 帧上的"台风"图形实例，在"属性"面板中单击"交换"按钮，弹出"交换元件"对话框，在其中的列表框中选择"旋转台风"影片剪辑元件，如图 2-4-8 所示。

图 2-4-8　"交换元件"对话框

（5）单击"确定"按钮返回"属性"面板，在"实例行为"下拉列表框中选择"影片剪辑"选项，这样舞台上的"台风"图形实例就变成了"旋转台风"影片剪辑实例。

（6）按照以上步骤将"南线"图层的第 60 帧、"中线"图层的第 1 帧和第 60 帧、"北线"图层的第 1 帧和第 60 帧上的"台风"图形实例交换成"旋转台风"影片剪辑实例。

（7）按 Ctrl+Enter 键测试影片，可以看到一个旋转的台风图形在沿着 3 条路径移动。

2.4.6　利用"自定义缓入/缓出"调整台风的速度

因为台风的运动一般是由快到慢的变化过程，所以为了真实地模拟台风运动的路径，必须调整台风的运动速度。下面利用"自定义缓入/缓出"功能实现这个目的。

（1）选择"南线"图层的第 1 帧，在"属性"面板的"补间"栏中单击"缓动"选项右边的"编辑"按钮，弹出"自定义缓入/缓出"对话框，在第 30 帧处调整补间直线到 80%处，直线变成了一条曲线，如图 2-4-9 所示。

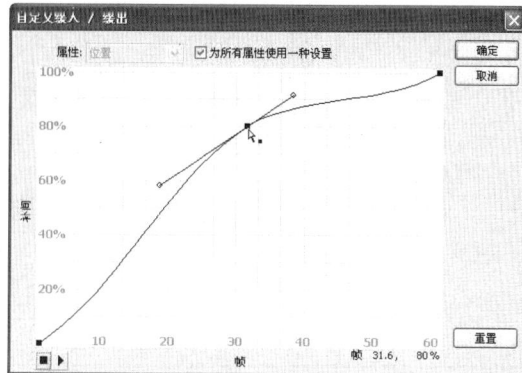

图 2-4-9　设置"自定义缓入/缓出"参数

专家点拨： 在"自定义缓入/缓出"对话框中，对象的变化速率用曲线图的曲线斜率表示。曲线水平时（无斜率），变化速率为零（即匀速运动）；曲线垂直时，变化速率最大，在一瞬间完成变化。在"属性"下拉列表框中可以选择位置、旋转、缩放、颜色等。单击"播放"按钮可以预览自定义的动画效果。

（2）用上述方法为"中线"图层和"北线"图层上的动画添加"自定义缓入/缓出"效果，整个图层结构如图 2-4-10 所示。

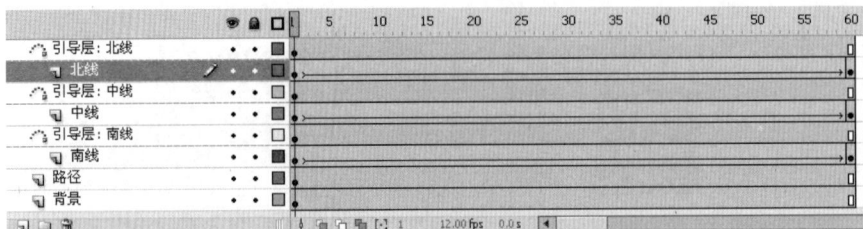

图 2-4-10   完整的图层结构

2.5   利用对象补间动画制作课件——对周长的认识

前面学习了传统补间动画，这是 Flash 最基础的一种补间动画类型，它将补间应用于关键帧。从 Flash CS4 开始引入了一种基于对象的补间动画类型，这种动画可以对舞台上对象的某些动画属性实现全面控制，由于它将补间直接应用于对象而不是关键帧，所以也被称为对象补间。本节学习对象补间动画的制作方法和技巧。

📖 **课件简介**

本课件是周长教学中的情境引入部分，设计为一只蚂蚁绕着一片树叶爬行一周，如图 2-5-1 所示，蚂蚁所爬行的路程就是树叶的周长，以此让学生对周长有一个初步的直观认识，导入新课。

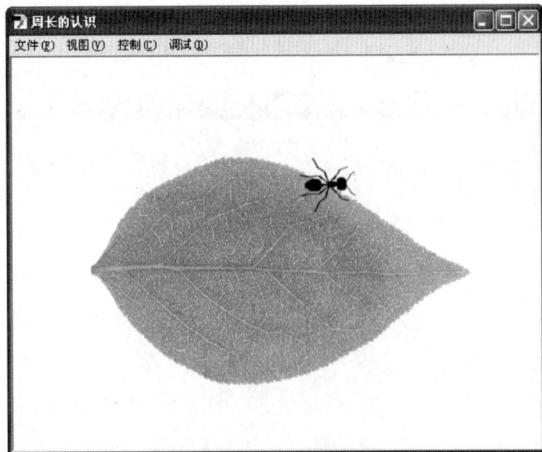

图 2-5-1   课件效果图

知识要点

◆ 对象补间动画的制作方法
◆ 基于对象补间的路径动画的制作方法
◆ 位图的处理

制作步骤

2.5.1 制作"树叶"和"蚂蚁"影片剪辑元件

（1）新建 Flash 文件，保持文档的默认属性不变，保存课件。

（2）把"图层 1"重命名为"树叶"，然后选择"文件"｜"导入"｜"导入到舞台"命令，导入树叶图片。选中树叶图片，在"变形"面板中把树叶旋转 90°，在"属性"面板中调整好大小。选择"修改"｜"分离"命令，分离树叶图片，并用"选择工具"和"魔棒工具"把树叶的背景和叶柄删除。接着把处理好的树叶图片选中，将其转换成影片剪辑元件，元件名为"树叶"。

（3）锁定"树叶"图层，插入新图层，命名为"蚂蚁"。选中"蚂蚁"图层的第 1 帧，把蚂蚁图片导入到舞台上，选中并分离蚂蚁图片，然后删除背景，调整好大小和位置，让蚂蚁位于树叶下面的叶柄处，如图 2-5-2 所示。

（4）选中蚂蚁图形，选择绘图工具箱中的"颜料桶工具"，把填充颜色设置为黑色，原来是位图的蚂蚁图形变成了矢量图。

专家点拨：用这种方法把位图转换成矢量图只适合于单一颜色的图形。

（5）选中蚂蚁图形，将其转换成影片剪辑元件，元件名为"蚂蚁"。

如果这时打开"库"面板，可以看到其中有两个位图、两个影片剪辑元件，如图 2-5-3 所示。其中蚂蚁位图是可以删除的，因为"蚂蚁"元件中的图形已是矢量图，而树叶位图是不能删除的，因为"树叶"元件中的图形还是位图，把树叶位图删除后，"树叶"元件中的位图就会消失，成为空的元件。

图 2-5-2 调整蚂蚁的位置

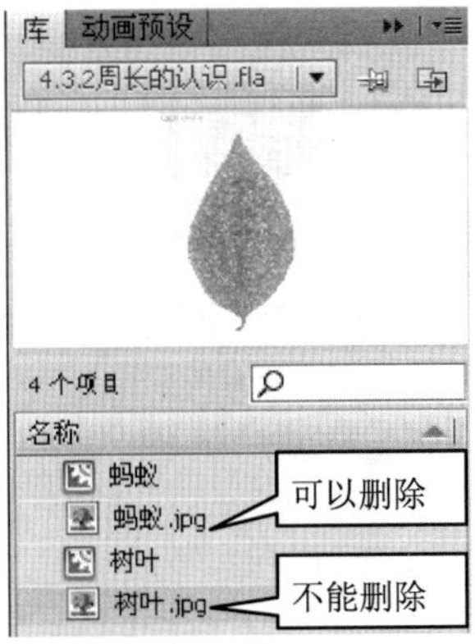

图 2-5-3 "库"面板中的元件

2.5.2　创建蚂蚁运行的对象补间动画

（1）在"树叶"图层的第 80 帧插入普通帧。

（2）右击"蚂蚁"图层的第 1 帧，在弹出的快捷菜单中选择"创建补间动画"命令，"蚂蚁"图层被延长到第 24 帧，再拖动第 24 帧至第 80 帧，这样"蚂蚁"图层的补间范围延长至第 80 帧。

（3）把播放头移到第 10 帧，把蚂蚁拖至周长的大约 1/8 处。注意，不需要改变蚂蚁的角度，只需要移动位置即可，如图 2-5-4 所示。在"蚂蚁"图层的第 10 帧添加了一个属性关键帧，如图 2-5-5 所示。

图 2-5-4　在舞台上移动蚂蚁

图 2-5-5　第 10 帧添加了一个属性关键帧

专家点拨：第 10 帧这个关键帧不是普通的关键帧，而是被称为属性关键帧。注意属性关键帧和普通关键帧不同，属性关键帧在补间范围内显示为小菱形。对象补间的第 1 帧始终是属性关键帧，它仍显示为圆点。

（4）把播放头移到第 20 帧，把蚂蚁拖至周长的大约 1/4 处，如图 2-5-6 所示，"蚂蚁"图层的第 20 帧又添加了一个属性关键帧。

（5）用相同的方法分别在第 30 帧、40 帧、50 帧、60 帧、70 帧和 80 帧处移动蚂蚁的位置，也就在这些帧添加了属性关键帧，每次大约移动周长的 1/8，这样至第 80 帧刚好回到起点处，此时 8 条直路径刚好把树叶围了一圈，如图 2-5-7 所示，时间轴如图 2-5-8 所示。

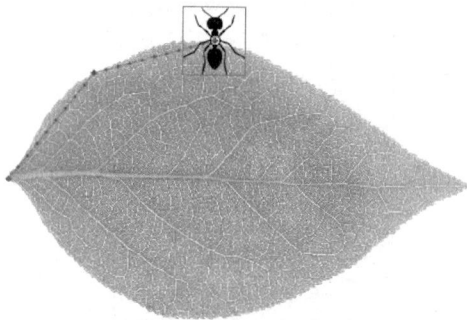

图 2-5-6　在舞台上移动蚂蚁

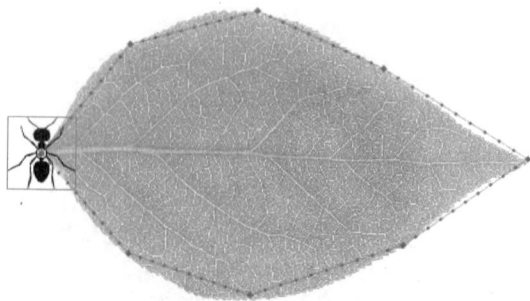

图 2-5-7　路径把树叶围了一圈

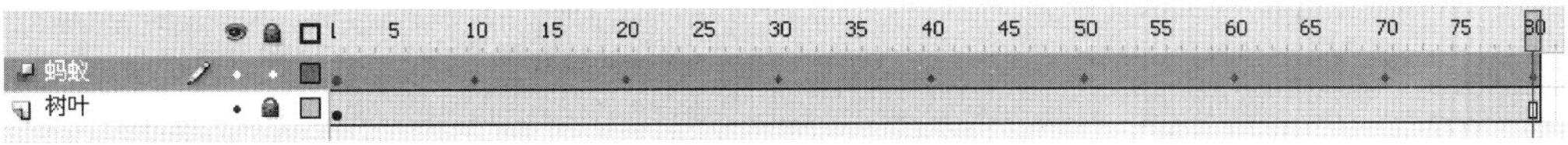

图 2-5-8 时间轴设置

专家点拨：属性关键帧上的菱形只是一个符号，它表示在该关键帧上对象的属性有了变化。这里在第 10 帧上改变了蚂蚁的 X 和 Y 两个位置属性，因此在该帧中为 X 和 Y 添加了属性关键帧。

2.5.3 完善动画设置

（1）用"选择工具"一段一段地拉动路径，让路径的形状与树叶边缘相吻合，如图 2-5-9所示。

专家点拨：除了可以用"选择工具"对路径线条进行调整外，还可以使用"部分选取工具"像使用贝塞尔手柄那样调整路径线条。另外，可以将路径线条复制到普通图层上，也可以将普通图层上的曲线复制到补间图层以替换原来的路径线条。

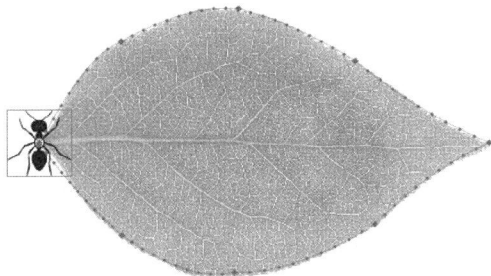

图 2-5-9 让路径与树叶边缘相吻合

（2）按 Enter 键测试影片，可以发现蚂蚁虽然能绕着树叶周长运行，但蚂蚁的角度始终向上，是"横着走"的，而实际上蚂蚁的角度应该与路径的方向相同，因此需要对蚂蚁的角度做出调整。

（3）选中"蚂蚁"图层，在"属性"面板的"旋转"栏中选中"调整到路径"复选框，如图 2-5-10 所示，再测试影片，可以看到蚂蚁的角度已经与路径保持一致，如图 2-5-11所示。

图 2-5-10 选中"调整到路径"复选框

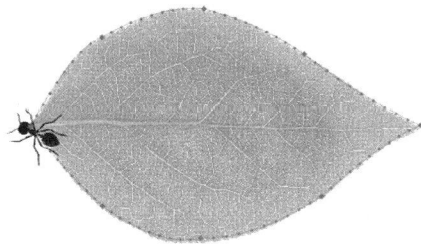

图 2-5-11 蚂蚁角度与路径保持一致

再观察时间轴，发现"蚂蚁"图层的每一帧都已经自动地变成了属性关键帧，如图 2-5-12所示。

（4）保存并输出课件。

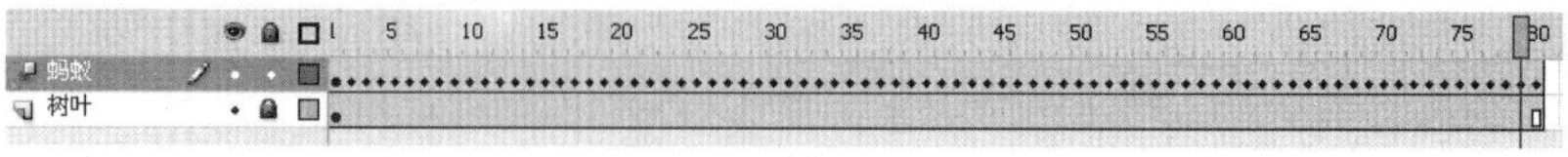

图 2-5-12 "蚂蚁"图层的每一帧都成了属性关键帧

2.6 利用遮罩动画制作课件——波的衍射

前面 5 节主要利用 Flash 的逐帧动画、传统补间动画、形状补间动画、路径动画和对象补间动画制作动画模拟演示课件，本节介绍新的动画类型——遮罩动画。另外，通过制作本节课件范例，读者还会接触到通过使用"公共库"的按钮元件实现简单交互控制的方法，让读者真正体会到利用 Flash 动画模拟演示课件的无穷魅力。

课件简介

本范例是高中物理"波的衍射"的动画模拟演示课件。波是无形的，这个课件通过 Flash 动画将无形的知识直观地展示在学生面前，使学生的学习过程变得轻松，使学习的内容变得形象、直观。

在课件运行时，画面左边出现了两个控制按钮，分别单击这两个按钮可以控制不同演示动画的播放。单击上面的按钮可以演示障碍物或孔的尺寸大于波长时波的衍射现象不明显的动画效果，如图 2-6-1 所示；单击下面的按钮可以演示障碍物或孔的尺寸小于波长时衍射现象比较明显的动画效果，如图 2-6-2 所示。

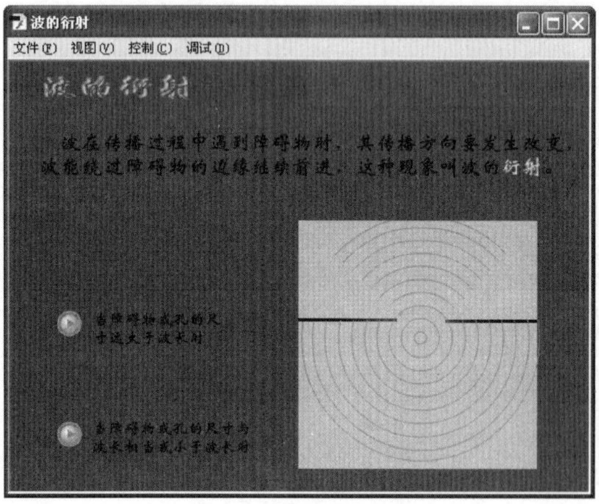

图 2-6-1 衍射现象不明显的动画效果

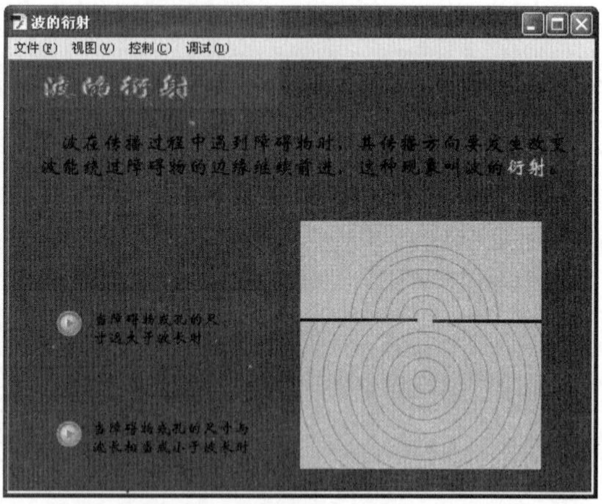

图 2-6-2 衍射现象明显的动画效果

知识要点

◆ 遮罩图层和遮罩动画的应用
◆ 形状补间动画的应用

◆　利用多图层技术实现动画效果
◆　公共库按钮的使用方法
◆　简单交互控制的实现方法

制作步骤

2.6.1　创建课件界面

（1）新建一个 Flash 文件（ActionScript 2.0），设置舞台背景为暗绿色（#335E63），其他参数保持默认。

（2）新建一个图层，并将两个图层分别重命名为"背景"和"标题"，然后在"背景"图层上绘制一个没有边框的填充色为橙黄的矩形。

（3）在"标题"图层用"文本工具"输入课件标题，然后添加"投影"滤镜效果。选中标题文本后右击，在弹出的快捷菜单中选择"转换为元件"命令，创建名称为"标题"的图形元件。按同样的方法输入关于波的衍射概念的文字，按 Ctrl+B 键两次将文本打散，并创建名称为"文本"的图形元件。效果如图 2-6-3 所示。

专家点拨：在舞台上创建一个黄色矩形区域是为了将来把演示波的衍射的动画创建在上面，使动画效果更明显。另外，如果标题文字使用了特殊字体，请将它们打散成形状。

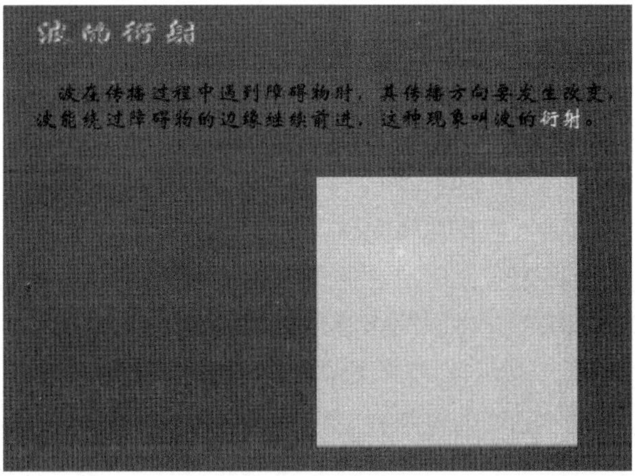

图 2-6-3　课件背景和标题

2.6.2　利用形状补间动画创建"圆"影片剪辑元件

（1）新建一个名称为"圆"的影片剪辑元件，在这个元件的编辑场景中先将显示比例放大到 800%，然后选择"椭圆工具"，将"填充色"设置为无，将"笔触颜色"设置为黄色，在场景中绘制一个圆（11×11 像素），如图 2-6-4 所示。注意，要让圆的中心点对齐场景中心的十字。

专家点拨： 在场景中央十字处同时按住 Shift 键和 Alt 键拖动鼠标，所绘制出的圆的中心点和场景中心十字是完全重合的。在用圆形线条向外扩散的动画效果来模拟波的衍射现象时，第 1 帧上的圆应尽量小一些，以利于动画的制作。

（2）在"图层 1"的第 60 帧按 F6 键插入一个关键帧，然后将显示比例修改为 100%，单击"任意变形工具"对应的"缩放"按钮，将第 60 帧上的圆放大到 300×300 像素。右击第 1 帧，在弹出的快捷菜单中选择"创建补间形状"命令。

（3）这时可以看到在两个关键帧中间出现了一条带箭头的实线，帧的背景色变为了绿色，这样就实现了"图层 1"上第 1～60 帧的形状补间动画，按 Enter 键可以预览圆由小变大的动画效果，如图 2-6-5 所示。

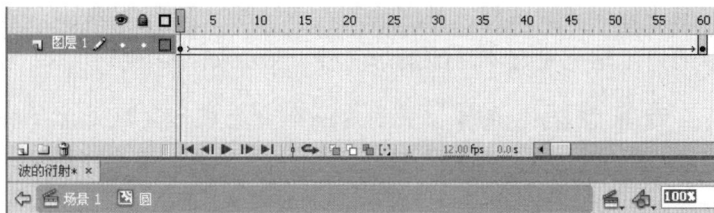

图 2-6-4　绘制圆　　　　　　　图 2-6-5　定义了形状补间的图层结构

2.6.3　利用多图层创建"波"影片剪辑元件

在上一节中制作了"圆"影片剪辑元件，这个元件通过形状补间动画实现了圆从小变大的动画效果，用这个动画效果来模拟波的现象还显得不形象。下面利用"圆"影片剪辑元件制作一个"波"影片剪辑元件，使"波"影片剪辑元件的动画效果表现为圆从小到大一层一层扩散展开的效果。

（1）新建一个名称为"波"的影片剪辑元件，进入这个元件的编辑场景。

（2）从"库"面板中将"圆"影片剪辑元件拖放到"波"影片剪辑元件的场景中，使实例的中心与场景的中心十字对齐。然后选中"图层 1"的第 60 帧，按 F5 键插入帧，将第 1 帧的内容延伸到第 60 帧。

专家点拨： 因为"圆"影片剪辑元件一共有 60 帧，在"波"影片剪辑中要将"圆"影片剪辑这段动画完全播放，必须要有相同的帧数。

（3）单击"新建图层"按钮新建"图层 2"，在"图层 2"的第 5 帧插入一个空白关键帧，将"圆"影片剪辑元件拖放到这个帧对应的场景中，使元件实例的中心与场景的中心十字对齐。

专家点拨：在"图层 2"中因为是从第 5 帧开始的，所以只能将"圆"影片剪辑这段动画播放到第 55 帧。

（4）用同样的方法建立其他图层，每隔 5 帧放置一个"圆"影片剪辑元件，完成的图层结构如图 2-6-6 所示。

专家点拨：在实现具有相同特点的动画场景（如下雨、下雪和落叶等）时，可以采用上面所讲的多图层动画技术，合理地安排图层结构和关键帧的位置，以实现丰富的效果。

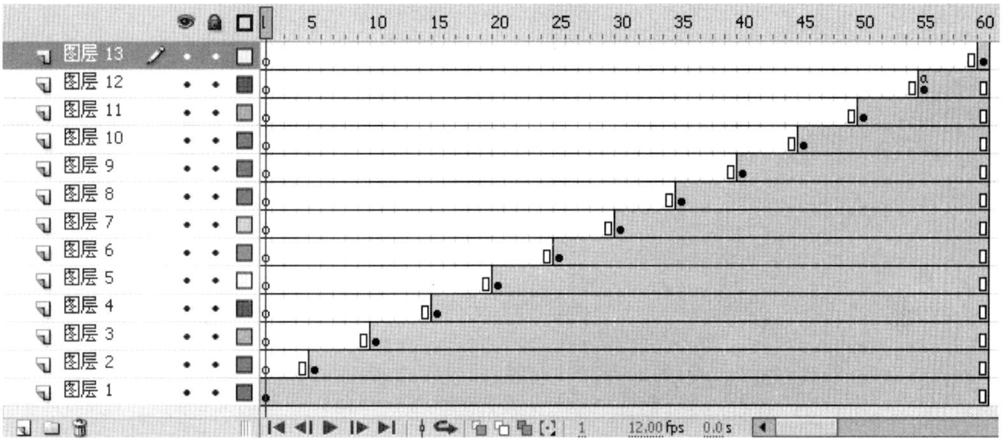

图 2-6-6　"波"影片剪辑元件的图层结构

（5）选中"图层 12"的第 55 帧，打开"动作"面板，在左侧展开"全局函数"|"时间轴控制"，然后双击 stop 选项，定义这个关键帧的动作为"stop();"。

专家点拨：在未定义这个关键帧动作之前，将"波"影片剪辑元件放到场景中，按 Ctrl+Enter 键测试影片，发现波的扩散是不连续的。

2.6.4　利用遮罩动画实现衍射动画效果

1．利用遮罩动画实现衍射现象不明显的效果

（1）从元件编辑场景返回到"场景 1"，在"标题"图层上新建一个图层，并重命名为"孔"。保持选中这个图层，在场景中绘制一个宽度与黄色矩形相等的细长矩形（填充色为红色到黑色的线性渐变色）。再画一个黑色矩形将细长矩形切割得到两个细长矩形，完成后的效果如图 2-6-7 所示。

（2）插入新图层并重命名为"波 1"，然后选中该图层的第 2 帧，插入一个关键帧，并从"库"面板中将"波"影片剪辑元件拖放到场景中，如图 2-6-8 所示。

（3）分别选中所有图层的第 62 帧，按 F5 键插入帧，并将所有图层锁定。

（4）插入新图层并命名为"遮罩 1"，然后选中该图层的第 2 帧，按 F7 键插入一个空白关键帧，在这个帧对应的舞台上用"矩形工具"绘制两个黑色矩形，并用"选择工具"将图形调整为波扩散的形状，如图 2-6-9 所示，再按 Ctrl+G 键将它们组合。

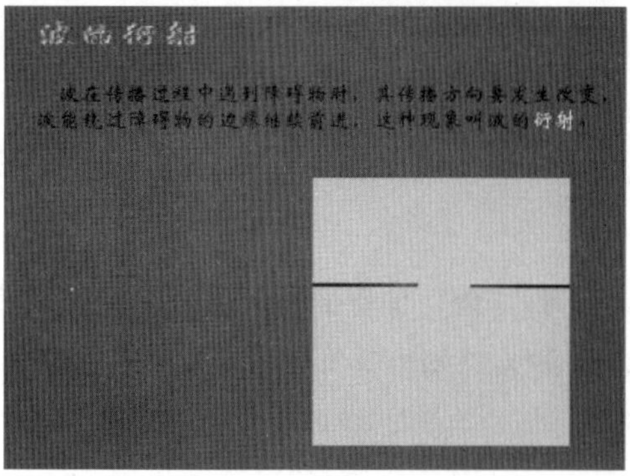

图 2-6-7　衍射孔挡板

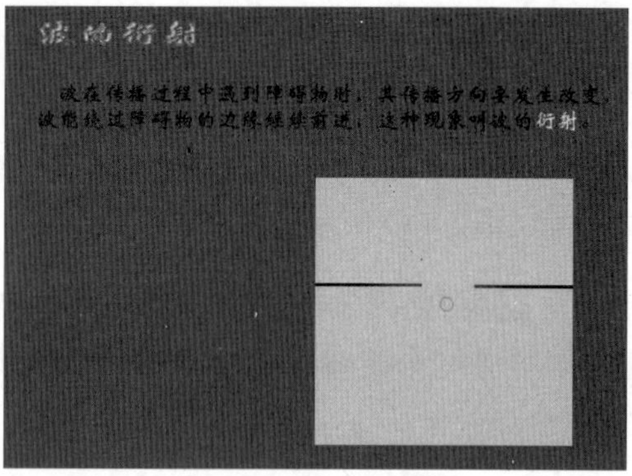

图 2-6-8　将"波 2"影片剪辑元件置于场景中

（5）选中"遮罩 1"图层的第 62 帧，按 F5 键插入帧，图层结构如图 2-6-10 所示。

图 2-6-9　绘制遮罩图形

图 2-6-10　图层结构

（6）右击"遮罩 1"图层，在弹出的快捷菜单中选择"遮罩层"命令，如图 2-6-11 所示。这时"遮罩 1"图层和"波 1"图层的图标□分别变成了█和█，同时两个图层被锁定，图层结构如图 2-6-12 所示。

图 2-6-11　定义遮罩层

图 2-6-12　定义遮罩后的图层结构

　　专家点拨：遮罩动画是 Flash 中的一个很重要的动画类型，很多效果丰富的动画都是通过遮罩动画来完成的。在 Flash 图层中有一个遮罩图层类型，为了得到特殊的显示效果，可以在遮罩层上创建一个任意形状的"视窗"，遮罩层下方的对象可以通过该"视窗"显示出来，而"视窗"之外的对象将不会显示。

"遮罩 1"图层上的图形是遮罩"视窗"，它的颜色可以是任意的，更改它的颜色不会影响遮罩动画的效果，遮罩图形最终都显示为透明的"视窗"。另外，在将普通图层转变为遮罩图层的时候，遮罩层和被遮罩层会自动锁定，并且遮罩"视窗"之外的图像不显示，如果要对遮罩层和被遮罩层进行编辑，把它们开锁即可。

（7）在定义了遮罩动画以后，按 Ctrl+Enter 键进行测试，可以观察到波通过孔扩散的动画效果。这个动画效果实际上就是透过"遮罩 1"图层上的遮罩图形"视窗"看到被遮罩层"波 1"上的动画效果。

2．利用遮罩动画实现衍射现象明显的效果

（1）插入新图层并重命名为"波 2"，然后选中该图层的第 63 帧，按 F7 键插入一个空白关键帧，并从"库"面板中将"波"影片剪辑元件拖放到场景中。选中"孔"图层的第 63 帧，按 F6 键插入一个关键帧，用"任意变形工具"调整孔板的宽度，使孔变小，如图 2-6-13 所示。

（2）插入新图层并重命名为"遮罩 2"，然后选中该图层的第 63 帧，按 F7 键插入一个空白关键帧，并在挡板的下面绘制一个矩形，按 Ctrl+G 键将其组合，如图 2-6-14 所示。

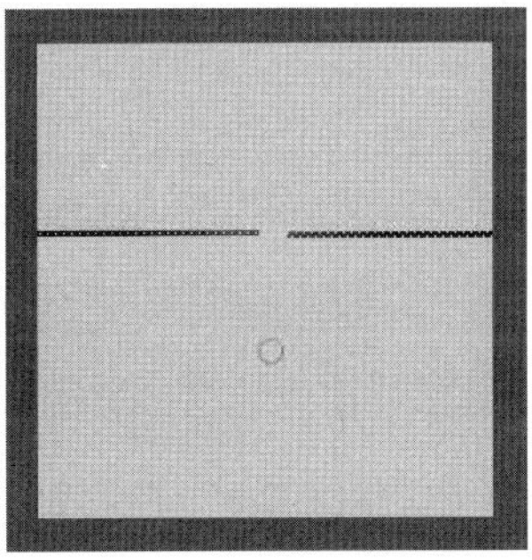

图 2-6-13　调整挡板的宽度　　　　图 2-6-14　"遮罩 2"图层上的遮罩图形

（3）插入新图层并重命名为"波 3"，然后选中该图层的第 83 帧，按 F7 键插入一个空白关键帧，并从"库"面板中将"波"影片剪辑元件拖放到小孔处，如图 2-6-15 所示。

（4）插入新图层并重命名为"遮罩 3"，然后选中该图层的第 83 帧，按 F7 键插入一个空白关键帧，并用"矩形工具"在挡板上方绘制一个矩形，按 Ctrl+G 键将其组合，如图 2-6-16 所示。

专家点拨：因为要实现波慢慢扩散后经过小孔再衍射的效果，所以发生衍射的那个波比原来的波在场景中出现的迟，为了让两段波刚好能及时衔接，在制作过程中要不断地测试影片并观察，直到找到第 2 个波在场景中出现的最佳时间，即放置第 2 个波的帧后再布局。

（5）除"遮罩 1"图层和"波 1"图层以外，将其他图层的帧延伸到第 143 帧。

图 2-6-15 "波 3"图层上"波 2"影片剪辑元件的位置　图 2-6-16　绘制"遮罩 3"图层上的遮罩图形

（6）右击"遮罩 2"图层，在弹出的快捷菜单中选择"遮罩层"命令，实现"波 2"的遮罩动画效果，然后用同样的方法实现"波 3"的遮罩动画效果，图层结构如图 2-6-17 所示。

专家点拨：遮罩效果只对当前的被遮罩层起作用，如果需要遮罩多个层，可以用鼠标拖动该图层至遮罩层之下。

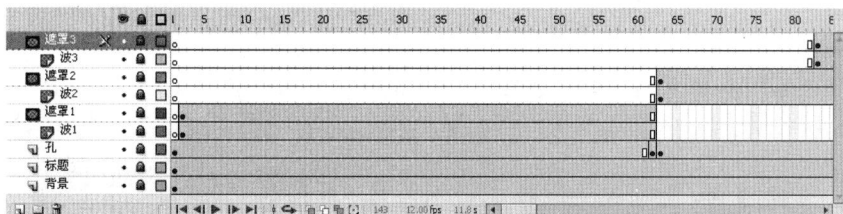

图 2-6-17　实现了遮罩的图层结构

2.6.5　定义动作实现简单交互

（1）课件播放时首先显示的是一个静止画面，所以需要在"时间轴"的第 1 帧定义一个停止动作"stop();"。另外，为了避免课件循环播放，在"时间轴"的最后一帧也同样定义一个停止动作。

由于波的衍射分两种情况，因此在"波 1"图层上的动画播放完以后的那个帧（即第 62 帧）上也定义一个停止动作，让课件播放到这里后不再继续播放下去。

新建一个 action 图层，用于实现上面的 3 个帧动作的定义。对于具体定义方法读者可以参考 6.1 节的相关内容，另外还可以参看配套光盘上的课件源文件。

专家点拨：将影片中的帧动作的定义专门放在一个图层上完成是一个良好的设计习惯，这样做可以使图层结构更清晰、更便于管理。一般情况下，本书的课件范例中都是将帧动作专门放在 action 图层上。

按 Ctrl+Enter 键预览影片，整个课件停留在第一个画面不再继续播放，如果要使画面继续播放起来，只能借助按钮了，通过定义按钮的动作来控制课件的播放。

（2）插入一个新图层，并重命名为"按钮"。然后选择"窗口"|"公用库"|buttons 命令，打开"外部库"面板，如图 2-6-18 所示。

　　双击"外部库"面板中的文件夹可以展开文件夹，将某一类别的按钮元件显示出来，在其中选择合适的按钮元件，如图 2-6-19 所示。

图 2-6-18　"外部库"面板

图 2-6-19　选择按钮元件

　　（3）从公用库中拖入的按钮的形状是默认的，在使用时经常需要做局部修改。双击按钮元件，进入按钮的编辑场景，如图 2-6-20 所示。将 text 图层解锁，修改按钮上的文字为三角形，如图 2-6-21 所示。

图 2-6-20　修改按钮的形状

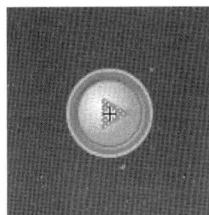

图 2-6-21　修改按钮

　　专家点拨：从图 2-6-20 中可以看出，按钮元件有自己独特的帧结构，在后面的章节中将详细讲解。

　　（4）保持"按钮"图层处在选中状态，拖动两个按钮元件到舞台上，然后用"文本工具"在按钮的后面输入相关的说明性文字，如图 2-6-22 所示。

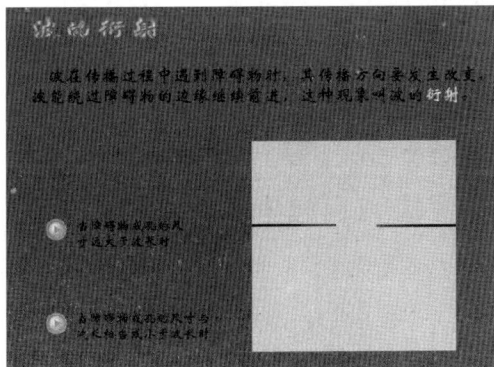

图 2-6-22　布局按钮

如图 2-6-22 所示，画面左边出现了两个控制按钮，它们将被设计成具有以下功能：单击上面的按钮时，可以演示障碍物或孔的尺寸大于波长时波的衍射现象不明显的动画效果；单击下面的按钮时，可以演示障碍物或孔的尺寸小于波长时波的衍射现象比较明显的动画效果。下面来实现这两个按钮的功能。

（5）选中上面的按钮，选择"窗口"|"动作"命令，打开"动作"面板，单击"通过'动作'工具箱选择项目来编写脚本"按钮 ，将显示"脚本助手"窗格。在左边的动作工具箱中双击"全局函数"|"影片剪辑控制"类别下的 on 选项，在右边的"脚本助手"窗格中选择"事件"为"释放"，如图 2-6-23 所示。

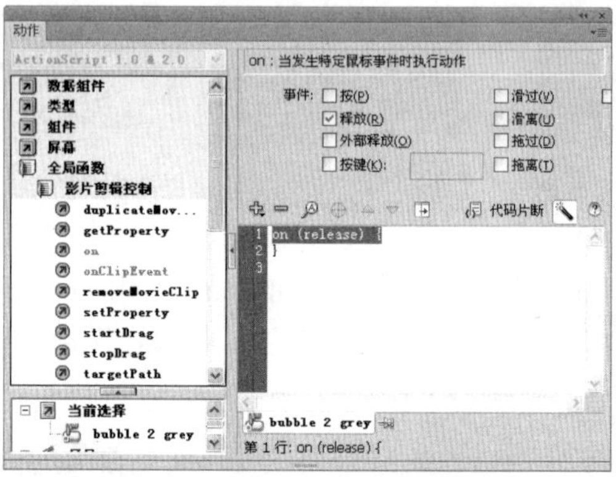

图 2-6-23　双击 on 选项

专家点拨："脚本助手"是 Flash 为方便编写脚本增加的一项新功能，用户可以从动作工具箱中选择项目来编写脚本，并且在"脚本助手"窗格的上方提供了可选参数，以方便初学者编写脚本。

再双击"全局函数"|"时间轴控制"类别下的 goto 选项，将鼠标指针移动到右边的"脚本助手"窗格中，将光标定位在"帧"文本框中，修改参数为 2，如图 2-6-24 所示。

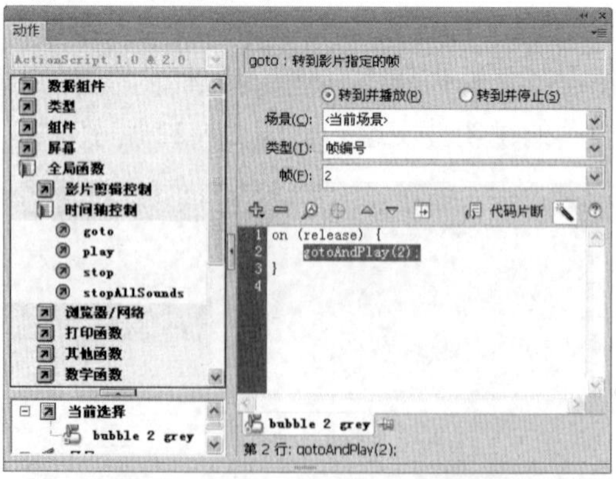

图 2-6-24　定义上面按钮的动作脚本

这样就定义了开始按钮的动作脚本如下：

```
on(release) {
```

```
    gotoAndPlay(2);
}
```

上面这个动作脚本的功能是当单击上面这个按钮时影片转到第 2 帧并开始播放，也就是开始播放波的衍射现象不明显的动画效果。注意，因为"时间轴"的第 62 帧有一个停止动作，所以播放到第 62 帧时停止播放。

用同样的方法选中下面的按钮，在"动作"面板中定义它的动作脚本如下：

```
on(release) {
    gotoAndPlay(63);
}
```

这段动作脚本的功能是当单击下面的按钮时影片转到第 63 帧并播放，也就是开始播放波的衍射现象比较明显的动画效果。这次播放直到"时间轴"面板的最后一帧。

至此，整个课件制作完毕。

2.7 多图层复杂演示课件——勾股定理

本节利用 Flash 的动画功能制作一个数学课件——勾股定理。这个课件范例的制作有两个特点：一是图层比较多，连续的动画分布在不同的图层上；二是动画效果中采用了大量的移动动画、旋转动画和淡入/淡出动画，使课件具有很强的表现力。

📖 课件简介

"勾股定理"是几何学中几个重要的定理之一，它指出了直角三角形的 3 条边之间的数量关系。本课件通过形象、直观的动画效果将证明勾股定理的全过程展现在学生面前，使学生能很快地掌握割补拼接的面积证明方法，熟练掌握勾股定理，从而培养学生的观察能力、抽象概括能力和思考能力。

本课件运行时先显示一个文字引言页面，这个页面用文字简单描述了勾股定理的内容，如图 2-7-1 所示。

在这个起始页面的右下角有一个"开始"按钮，单击这个按钮，课件将跳转到动画演示页面开始证明勾股定理的动画演示，如图 2-7-2 所示。

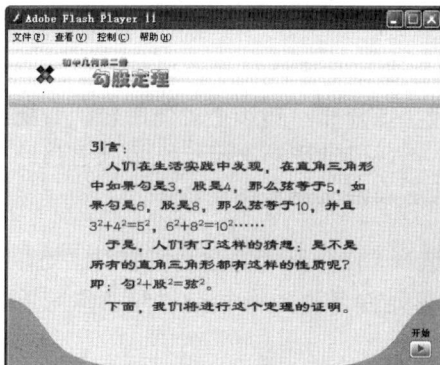

图 2-7-1 课件的起始页面

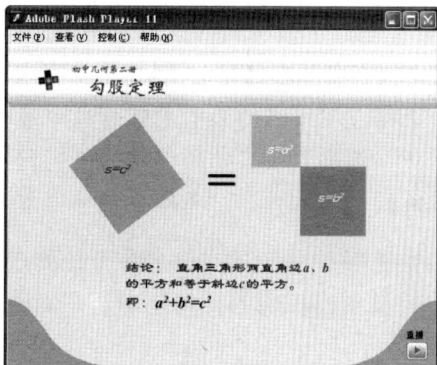

图 2-7-2 动画演示页面

整个动画播放结束以后，在这个动画演示页面的右下角将出现一个"重播"按钮，单击这个按钮，课件将重新播放动画进行演示。

知识要点

◆ 利用传统补间动画实现移动、旋转、渐显等动画效果的方法
◆ 以库的方式打开影片的方法
◆ 共享库元件的方法
◆ 多图层复杂动画的制作
◆ 简单的控制课件播放的方法

制作步骤

2.7.1　新建文档并创建课件界面

（1）新建一个 Flash 文件（ActionScript 2.0），文档属性保持默认。

（2）将"图层 1"重命名为"背景"，选择"文件"|"打开"命令，弹出"打开"对话框，在"查找范围"中找到要打开文件所在的文件夹，这里选择 2.2 节的"化合反应的微观现象.fla"文件，如图 2-7-3 所示。单击"打开"按钮，"化合反应的微观现象.fla"影片文件在 Flash 软件窗口中打开，如图 2-7-4 所示。

图 2-7-3　"打开"对话框　　　　　　　　　图 2-7-4　文档选项卡

专家点拨：在 Flash 中打开多个文档时，"文档"窗口顶部的选项卡会显示所打开的各个文档，单击它的选项卡就可激活某个文档，这样可以在几个文件间轻松切换。在默认情况下，选项卡按文档的创建顺序排列，用户无法通过拖动选项卡来更改它们的顺序。值得注意的是，只有在"文档"窗口中最大化各文档后才会显示选项卡。

（3）在"库"面板的文件名称下拉列表框中选择"化合反应的微观现象.fla"选项，"库"面板中就显示出相应的元件，单击"背景"图形元件名称，将其拖放到当前场景中，如图 2-7-5 所示。

专家点拨：Flash 的"库"面板显示库中所有项目名称的滚动列表，这样在制作 Flash

课件时可以打开任意 Flash 文档的库，将该文档的库项目用于当前文档。运用这个功能可以制作各学科的元件库，以实现重复使用元件的需求。

在场景中调整"背景"实例的大小和位置，使它和舞台尺寸正好相符，这样课件的背景就创建好了。

专家点拨：除以上调用其他文档元件的方法外，还可以选择"文件"|"导入"|"打开外部库"命令，在弹出的"作为库打开"对话框中打开需要的文档。可以看到此文档在主界面上并没有出现，而仅仅出现在"库"面板中，这样也可以很方便地调用现成的元件。

（4）在"背景"图层上新建一个图层，并重命名为"标题"，然后在这个图层上用"文本工具"创建一个课件标题，如图 2-7-6 所示。

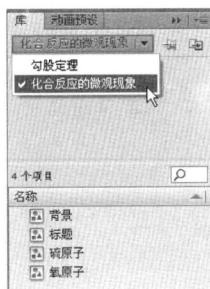

图 2-7-5 "库"文件项目列表

图 2-7-6 课件的背景和标题

2.7.2 创建图形元件

（1）新建一个名称为"三角形"的图形元件，在这个元件的编辑场景中用绘图工具绘制一个黑色边框、黑色填充的三角形，如图 2-7-7 所示。

（2）新建一个名称为"正方形 1"的图形元件，单击"编辑元件"按钮 ，在弹出的下拉列表框中打开"三角形"图形元件，用"选择工具"选中三角形较短的一条直角边，然后右击，弹出快捷菜单，选择"复制"命令，如图 2-7-8 所示。

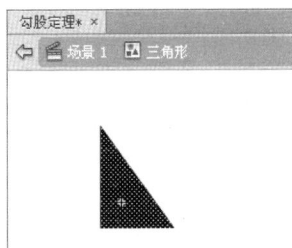

图 2-7-7 "三角形"图形元件

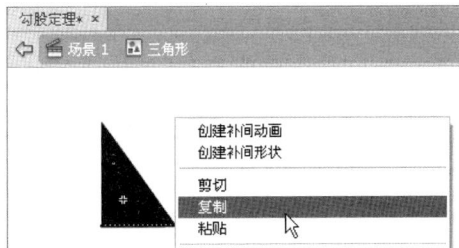

图 2-7-8 复制直角边

专家点拨：这里复制"三角形"图形元件的直角边是为了让将要绘制的正方形的边

长和这个直角边的边长相等，这样方便以后动画设计中的图形拼接。

（3）单击"编辑元件"按钮 ，在弹出的下拉列表框中选择"正方形 1"，回到"正方形 1"图形元件的编辑场景中。

在场景中右击，在弹出的快捷菜单中选择"粘贴"命令，将直角边粘贴到舞台上，并以这个直角边为正方形的一边绘制出一个粉色的正方形，如图 2-7-9 所示。

（4）按照上述方法分别以三角形的另外一条直角边和斜边作为正方形的边制作"正方形 2"和"正方形 3"两个图形元件，注意将它们填充为不同的颜色。

专家点拨：这里要注意的是，在绘制正方形的过程中 3 个正方形的边必须与三角形的 3 条边相等。

（5）新建一个名称为"结论"的图形元件，在这个元件的编辑场景中选择"文本工具"，设置字体为隶书、字号为 18、颜色为蓝色，在文本框中输入"结论：直角三角形两直角边 a、b 的平方和等于斜边 c 的平方。即：$a^2+b^2=c^2$"等文字。

图 2-7-9 "正方形 1"图形元件

专家点拨：在设置上标时，拖动鼠标分别选中文字中的"2"，在"属性"面板的"字符"栏中选择"切换上标"按钮，如图 2-7-10 所示。

再拖动鼠标选中 $a^2+b^2=c^2$，将字体颜色改为黑色，最后将这些文字全部打散为形状，这样它们就可以在所有的计算机上正确显示了，完成后的效果如图 2-7-11 所示。

图 2-7-10 设置字符位置

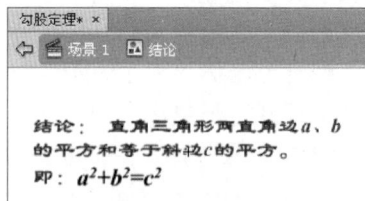

图 2-7-11 "结论"图形元件

2.7.3 利用传统补间动画创建三角形移动、旋转动画效果

模拟演示勾股定理的动画比较复杂，所有动画效果都在同一个时间轴上完成，图层多、对象多。下面以第一段动画效果为例讲解多图层连续动画的制作方法。

在学习过程中，请读者注重理解图层的结构和动画关键帧的位置，另外还要注意掌握利用传统补间动画实现移动、旋转、淡入/淡出等动画效果的方法。

1．布局元件

（1）从元件编辑场景返回到"场景 1"，在"标题"图层上新建一个图层，将这个图层重命名为"三角形 1"。选中"三角形 1"图层，从"库"面板中将"三角形"图形元件拖放到场景中，利用"任意变形工具"旋转它并将其放置在场景左上角位置，如图 2-7-12 所示。

专家点拨：这里为避免无意更改背景和标题的情况发生，应该先把"背景"和"标题"图层锁定，这是一个非常好的制作习惯。

（2）在"三角形 1"图层上插入一个新图层，重命名为"三角形 2"。右击"三角形 1"图层的第 1 帧，在弹出的快捷菜单中选择"复制帧"命令，如图 2-7-13 所示。

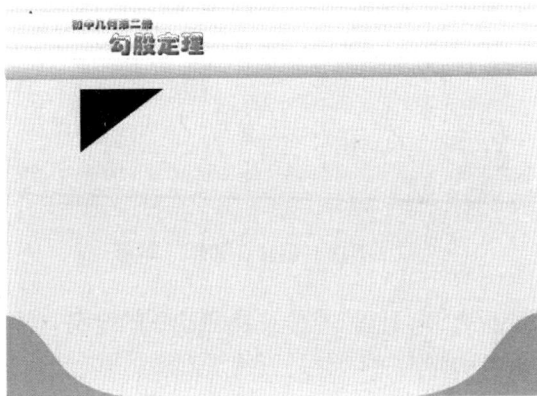

图 2-7-12 放置"三角形"图形元件

图 2-7-13 复制帧

（3）右击"三角形 2"图层的第 1 帧，在弹出的快捷菜单中选择"粘贴帧"命令，这样"三角形 1"图层上的三角形图形被原位粘贴到"三角形 2"图层上，因为两个三角形重叠在场景中，所以只看到一个三角形图形。

（4）选中"三角形 2"图层的第 15 帧，按 F6 键插入一个关键帧，同时将"三角形 1"、"背景"和"标题"图层的普通帧延伸到第 15 帧，并锁定"三角形 1"图层，图层结构如图 2-7-14 所示。

2．利用传统补间动画定义旋转和移动动画

（1）下面定义"三角形 2"图层上第 1～15 帧的传统补间动画，通过这个动画实现三角形旋转、移动的动画效果。

图 2-7-14 图层结构

选择"三角形 2"图层的第 1 帧，用"任意变形工具"将变形控制中心点（白色小圆点）拖动到三角形的左上角顶点，同样将第 15 帧上对象的变形控制中心点拖放到相应的位置，如图 2-7-15 所示。

（2）选中"三角形 2"图层的第 15 帧上的三角形，选择"修改"|"变形"|"顺时针

旋转 90 度"命令，使三角形以变形控制中心点为旋转中心按照顺时针方向旋转 90°，然后按 Shift+→键将三角形向右移动，最后位置如图 2-7-16 所示。

专家点拨： 在对图形进行旋转操作时一定要注意图形旋转中心的位置，不同的旋转中心旋转的效果是不一样的。如果想更改旋转中心，可以使用"任意变形工具"实现。

（3）选中"三角形 2"图层的第 1 帧，然后右击，在弹出的快捷菜单中选择"创建传统补间"命令，定义传统补间动画。

图 2-7-15　移动变形中心点　　　　　图 2-7-16　旋转并移动三角形

通过上面的步骤完成了"三角形 2"图层上第 1～15 帧的传统补间动画的定义，这时的图层结构如图 2-7-17 所示。按 Enter 键播放动画，可以看到三角形旋转、移动的动画效果。

（4）下面定义第 2 个旋转、移动动画。在"三角形 2"图层上新建一个图层，并重命名为"三角形 3"，然后选中"三角形 2"图层的第 1 个关键帧，按住 Alt 键不松手，同时拖动鼠标，鼠标指针变成带十字的箭头，将关键帧拖到"三角形 3"图层的第 15 帧，这样在"三角形 3"图层的第 15 帧创建了一个关键帧，它上面有一个和"三角形 2"图层的第 1 个关键帧上的三角形一样的图形，并且它们是重合在一起的，这时的图层结构如图 2-7-18 所示。

图 2-7-17　定义了传统补间动画后的图层结构　　　图 2-7-18　复制关键帧后的图层结构

（5）选中"三角形 3"图层的第 30 帧，按 F6 键插入一个关键帧，接着将"三角形 2"、"三角形 1"、"背景"和"标题"图层的普通帧延伸到第 30 帧，并锁定"三角形 2"图层。保持"三角形 3"图层的第 30 帧被选中，将它上面的三角形旋转移动到如图 2-7-19 所示的位置。

（6）右击"三角形 3"图层的第 15 个关键帧，在弹出的快捷菜单中选择"创建传统补间"命令，这样就完成了"三角形 3"图层上第 15～30 帧的传统补间动画的定义，这时的图层结构如图 2-7-20 所示。

（7）前面分别在"三角形 2"图层和"三角形 3"图层上通过定义传统补间动画实现了三角形的旋转、移动动画效果，按照同样的方法在"三角形 4"图层上定义第 30～45 帧的传统补间动画，从而实现第 3 个旋转、移动动画。"三角形 4"图层的第 45 帧上的三角形的位置如图 2-7-21 所示。完成以后的图层结构如图 2-7-22 所示。

图 2-7-19 "三角形 3"图层的第 30 帧上
的三角形的位置

图 2-7-20 图层结构

图 2-7-21 "三角形 4"图层的第 45 帧
上的三角形的位置

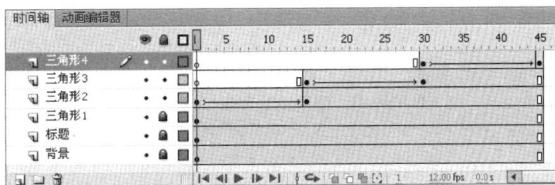

图 2-7-22 完成以后的图层结构

2.7.4 利用传统补间动画创建正方形渐显动画效果

（1）在"三角形 4"图层上新建一个图层，并重命名为"正方形 3"。选中"正方形 3"图层的第 45 帧，按 F7 键插入一个空白关键帧，保持第 45 帧处于选中状态，从"库"面板中将"正方形 3"图形元件拖放到场景的左下方。选中图层的第 75 帧，按 F6 键插入一个关键帧，同时将其他图层的帧延伸到第 75 帧。保持第 75 帧处于选中状态，用"选择工具"将场景上的正方形移动到 4 个三角形组成的方框中，并调整它的方向和大小将中间的空白填补上，如图 2-7-23 所示。

（2）选中"正方形 3"图层的第 45 帧，再选中场景中的正方形实例，在"属性"面板的"色彩效果"栏中打开"样式"下拉列表框，选择 Alpha（透明度）选项，将滑块拉到最左端，将透明度值设置为 0，也可以在文本框中直接输入 0，如图 2-7-24 所示。

专家点拨：因为设置了 Alpha 为 0，所以现在看不到"正方形 3"图层的第 45 帧上的正方形图形。在"属性"面板的"色彩效果"栏中可以对元件实例的亮度、透明度、色调分别进行参数设置，还可以在高级选项中同时设置这几个参数。

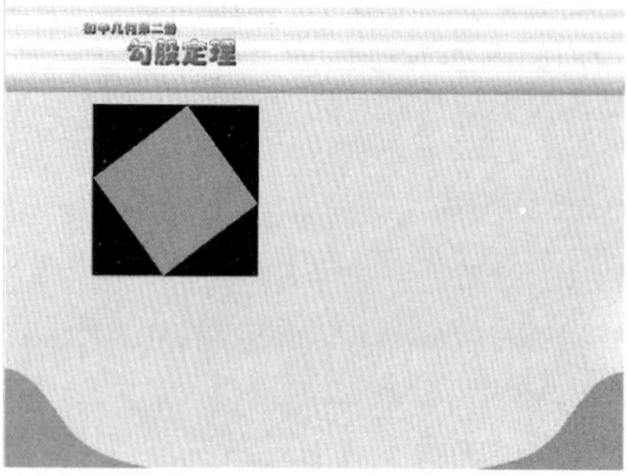

图 2-7-23　用正方形图形填补空白 　　　　图 2-7-24　设置正方形实例的透明度

（3）右击第 45 帧，在弹出的快捷菜单中选择"创建传统补间"命令，定义第 45～75 帧的传统补间动画。按 Enter 键预览，可以看到场景上的正方形从无到有逐渐显现，并慢慢移动到三角形组成的方框中的动画效果。这时的图层结构如图 2-7-25 所示。

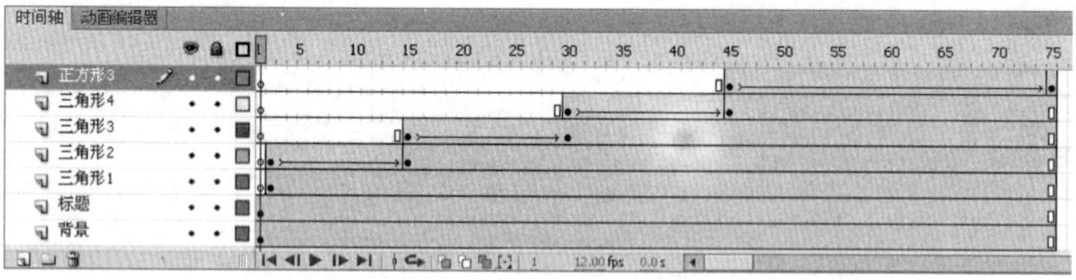

图 2-7-25　图层结构

2.7.5　完善动画效果

1．创建其他动画效果

通过上面的步骤已经完成了课件前面一个动画片段的制作，课件中其他类似的动画效果由读者来完成，这里不再详述，请参考配套光盘上的本课件的源文件。

参照别人制作好的 Flash 课件源文件制作课件是一种学习的好方法，这时读懂别人的源文件是十分重要的，下面介绍几种快速理解 Flash 源文件的技巧和方法。

（1）隐藏图层：在阅读 Flash 源文件时，舞台上复杂的对象可能令人眼花缭乱，到底这些对象在哪个图层上放置呢？它们是什么关系呢？不要着急，可以从下向上逐个图层进行分析，在分析研究的时候多使用"显示/隐藏所有图层"按钮，将一些影响观察的图层先隐藏起来，需要的时候再显示，这样就能很快地弄清楚舞台上对象的情况了。

（2）查看对象属性：要善于使用"属性"面板，单击舞台上的对象，然后打开"属性"面板，在其中可以看到有关这个对象的更详细的信息，包括对象的类型等属性信息。

（3）研究元件的结构：有些对象是 Flash 元件，它在主场景中可能是表现为占用一个关键帧的对象，但是实际上它作为元件具有复杂的结构，因此用户必须清楚元件的类型，并在"库"面板中观察相应的元件，或者打开元件进入元件的编辑场景进行分析和研究。

2．创建"动态图标"影片剪辑元件

为了增强本节课件范例的表现效果，将在课件标题文字旁边添加一个动态的图标，这个动画片段就以制作一个影片剪辑元件的方式来实现。

（1）新建一个名称为"图标"的图形元件，在这个元件的编辑场景中用绘图工具绘制一个包括 5 个正方形的十字交叉图形，如图 2-7-26 所示。

专家点拨：为了使这个"图标"图形元件的效果更丰富，可以将组成这个图形的 5 个正方形填充为不同颜色的渐变色。

（2）新建一个名称为"动态图标"的影片剪辑元件，在它的编辑场景中打开"库"面板，将"图标"图形元件拖入到场景中对齐中心十字。

（3）选中"图层 1"上的第 50 帧，按 F6 键插入一个关键帧。再选中第 1 帧，在弹出的快捷菜单中选择"创建传统补间"命令，定义传统补间动画。

选中第 1 个关键帧，打开"属性"面板，在"补间"栏的"旋转"下拉列表框中选择"顺时针"选项，将旋转次数设置为 3，如图 2-7-27 所示。

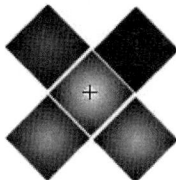

图 2-7-26　"图标"图形元件　　　　图 2-7-27　设置旋转属性

专家点拨：在定义传统补间动画时，在"属性"面板的"补间"栏中通过设置一些相关参数可以使动画的效果更丰富。例如这里设置"旋转"属性就可以使对象旋转起来。

（4）从元件编辑场景转换到"场景 1"，选择"标题"图层，从"库"面板中将"动态图标"影片剪辑元件拖放在标题文字的左边。

2.7.6　创建课件的起始页面和控制课件的播放

1．创建课件的起始页面

（1）在"标题"图层上新建一个图层，并重命名为"引言"。然后选择"引言"图层的第 1 帧，用"文本工具"输入一些关于勾股定理的文字内容，这样课件的起始页面就创建好了。

专家点拨："引言"图层的第 1 帧显示课件的起始页面，从第 2 帧开始就是课件的具体内容了，因此要在"引言"图层的第 2 帧添加一个空白关键帧。

（2）因为课件运行时先显示这个起始页面的内容，而现在这个页面所在的帧应该是"引言"图层的第 1 帧，这样就会和"三角形 1"图层和"三角形 2"图层的第 1 帧的内容重叠，这是不希望看到的情况，所以需要将"三角形 1"图层和"三角形 2"图层的第 1 帧分别向后移动一个帧位置，结果如图 2-7-28 所示。可以看到，"三角形 1"图层和"三角形 2"图层的第 1 帧分别被移动到第 2 帧位置。

专家点拨： 具体的移动方法是选中要移动的帧，然后拖动至希望移动到的位置，松开鼠标即可。

2. 定义简单交互动作脚本控制课件的播放

（1）在"时间轴"面板的最上面新建一个图层，并重命名为 action，在这个图层上将通过帧动作的定义来控制动画的播放。

（2）当课件运行时先显示初始页面并停止在这个页面上，因为初始页面占用的就是整个时间轴的第 1 帧，所以当播放第 1 帧时需要控制播放头先停止在第 1 帧，通过定

图 2-7-28　调整关键帧的位置

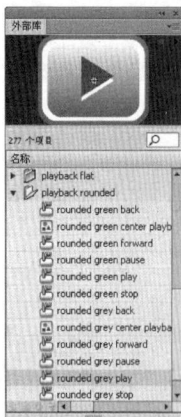

义第 1 帧的"停止"动作就能实现这个目标。选中 action 图层的第 1 帧，打开"动作"面板输入 stop() 函数。

为了避免课件循环播放，按照同样的方法在整个动画的最后一帧定义一个"停止"动作。

（3）在课件的起始页面的右下角有一个控制按钮，当单击这个按钮时课件会跳转到动画演示页面继续播放。在实现这个动画播放的控制中，按钮无疑是最重要的对象。插入一个新图层，并命名为"按钮"，然后选择"窗口"|"公共库"|Buttons 命令，打开"外部库"面板，展开按钮文件夹，将某一类别的按钮元件显示出来，可以在其中选择合适的按钮元件，如图 2-7-29 所示。

（4）保持"按钮"图层处于选中状态，用鼠标将选中的按钮元件拖放到舞台的右下角，然后用"文本工具"在按钮的上方输入"开始"两个文字，如图 2-7-30 所示。

图 2-7-29　选择按钮元件

图 2-7-30　布局按钮

（5）选中"开始"按钮，打开"动作"面板，定义动作脚本如下：

```
on(release) {
    gotoAndPlay(2);
}
```

这段动作脚本的功能是单击"开始"按钮时转到影片的第 2 帧开始播放。

用同样的方法在"按钮"图层的最后一帧插入一个关键帧，放置一个"重播"按钮，并定义它的动作脚本如下：

```
on(release) {
    gotoAndPlay(2);
}
```

这段动作脚本的功能是单击"重播"按钮时转到影片的第 2 帧重新开始播放。

至此，本课件范例制作完毕。

2.8　动画技术的综合应用——氧气的实验室制法

化学实验是中学化学课程中的重要内容，认识化学仪器、掌握实验仪器的装置方法和实验的操作步骤等都是学生应该重点掌握的知识。除了通过在实验室具体实践进行教学以外，将化学实验装置和实验过程制作成动态课件进行演示也是辅助化学实验教学很有效的方法。

本节通过制作一个化学实验演示课件范例讨论用 Flash 动画技术设计化学实验演示课件的方法。在本课件范例制作过程中要用到前面章节介绍过的逐帧动画、传统补间动画、对象补间动画、形状补间动画、遮罩动画和路径动画等动画技术，是一次动画制作技术综合应用的演练，也是对前两章基础知识和制作方法的总复习。

课件简介

本范例是中学化学"氧气的实验室制法"的演示课件，它通过动画形象地模拟了在实验室中制取氧气的过程。图 2-8-1 所示的是本课件运行时的一个画面。

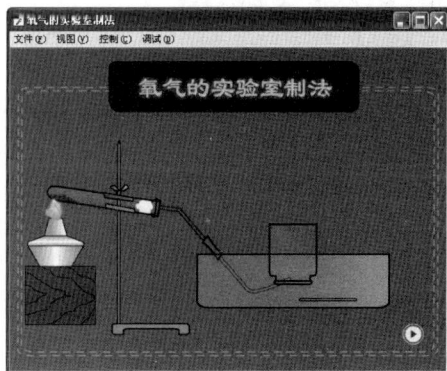

图 2-8-1　课件运行时的一个画面

知识要点

◆ 用 Flash 动画技术模拟演示化学实验的方法
◆ 路径动画的应用
◆ 用逐帧动画实现火焰跳动的方法
◆ Flash 柔化图形的应用
◆ 传统补间动画、遮罩动画的应用
◆ 影片剪辑元件的应用
◆ 从外部库引用元件的方法

制作步骤

2.8.1　创建课件界面和图形元件

1．创建课件界面

（1）新建一个 Flash 文件（ActionScript 2.0），将背景设置为灰色，其他参数保持默认。

（2）将"图层 1"重命名为"背景和标题"，用绘图工具在舞台上绘制背景框架，然后将其转换成图形元件，并用"文本工具"和"发光"滤镜效果为课件创建一个立体文字标题，效果如图 2-8-2 所示。

2．综合运用绘图工具创建图形元件

（1）新建一个名称为"棉花"的图形元件，在这个元件的编辑场景中用"钢笔工具"勾勒一个不规则图形，用白色填充，并删除轮廓线，然后使用"任意变形工具"的"封套"功能调整形状。选中图形，选择"修改"|"形状"|"柔化填充边缘"命令，在弹出的"柔化填充边缘"对话框中将"距离"设置为 10 像素、将"步长数"设置为 20，如图 2-8-3 所示，单击"确定"按钮实现柔化效果，完成后的效果如图 2-8-4 所示。

图 2-8-2　创建课件界面　　　　　　　　　图 2-8-3　"柔化填充边缘"对话框

（2）新建一个名称为"木台"的图形元件，用"矩形工具"绘制一个矩形，并用"铅笔工具"随意绘制木纹，完成后的效果如图 2-8-5 所示。

图 2-8-4   绘制完成的"棉花"图形元件   图 2-8-5   绘制完成的"木台"图形元件

（3）用绘图工具绘制其他图形元件，包括试管、酒精灯、水槽、铁架台等，具体情况可参看配套光盘上的课件源文件。

专家点拨：元件的共享性是 Flash 的一个重要功能，如果事先已经有绘制好的元件，可以选择"文件"|"导入"|"打开外部库"命令，以库的方式打开 Flash 源文件，这样就可以在"库"面板中共享使用元件了。

2.8.2   创建影片剪辑元件

1. 利用逐帧动画创建"火焰"影片剪辑元件

逐帧动画是由许多单个的关键帧组合而成的，它适合于制作每帧都需要变化的动画。酒精灯火焰的跳动动画和 2.1 节介绍的蜡烛火焰的跳动动画是一样的，都适合用逐帧动画来实现。

（1）新建"火焰"影片剪辑元件，在这个元件的编辑场景中将"图层 1"重命名为"外焰"，用"钢笔工具"勾出火焰的轮廓，用淡黄到深黄的线性渐变色填充，然后删除轮廓线。选择"任意变形工具"，单击"封套"按钮 ，仔细地调整外焰的形状，如图 2-8-6 所示。

（2）在第 2 帧插入一个关键帧，在第 1 帧形状的基础上调整火焰的形状，如图 2-8-7 所示。

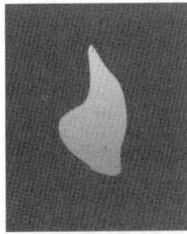

图 2-8-6   绘制第 1 帧的火焰   图 2-8-7   调整第 2 帧的火焰

按照这种方法逐帧调整火焰的形状，在调整的过程中多使用"绘图纸外观"功能可以方便绘制，此时的图层结构如图 2-8-8 所示。

（3）选中第 1 帧上的火焰图形，选择"修改"|"形状"|"柔化填充边缘"命令，在弹出的对话框中设置参数，如图 2-8-9 所示，单击"确定"按钮，柔化效果如图 2-8-10 所示。然后按照上述方法逐帧进行图形的柔化。

图 2-8-8 外焰的图层结构

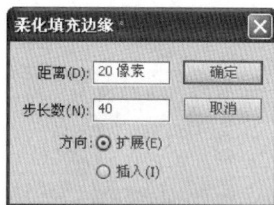

图 2-8-9 设置柔化填充边缘参数

专家点拨： 在"柔化填充边缘"对话框中设置的步长数越多，图形效果就越柔和。

（4）插入一个新图层，命名为"内焰"，然后将"外焰"图层的第 1 帧内容复制到"内焰"图层的第 1 帧上，用"任意变形工具"调整"内焰"图层上火焰的大小，并将图形拖放到外焰中间，如图 2-8-11 所示。

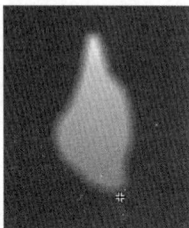

图 2-8-10 第 1 帧柔化后的效果

图 2-8-11 "内焰"图层的第 1 帧火焰

用同样的方法逐帧将"外焰"图层上的内容复制到"内焰"图层相应的帧上，并调整"内焰"图层上图形的大小和位置，完成后的图层结构如图 2-8-12 所示。

2．利用形状补间动画创建"气泡"影片剪辑元件

（1）新建"气泡"影片剪辑元件，在这个元件的编辑场景中用"椭圆工具"在舞台中心位置绘制一个小圆圈。选中图层的第 15 帧，按 F6 键插入一个关键帧，并改变第 15 帧上圆圈的颜色和位置。选中第 1 帧并右击，在弹出的快捷菜单中选择"创建补间形状"命令。

（2）新建一个图层，然后单击"图层 1"选中"图层 1"的全部帧，按住 Alt 键拖动鼠标，将"图层 1"的帧全部复制到"图层 2"上，如图 2-8-13 所示。

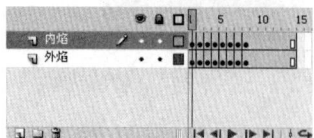

图 2-8-12 完成绘制后的火焰图层结构

图 2-8-13 复制帧

（3）调整"图层 2"中两个关键帧上圆圈的位置，然后用同样的方法复制 6 个图层，图层结构如图 2-8-14 所示。

专家点拨："气泡"影片剪辑元件的动画效果采用了多图层技术，多个图层合理布局就能利用简单的形状补间动画制作出丰富多彩的效果。

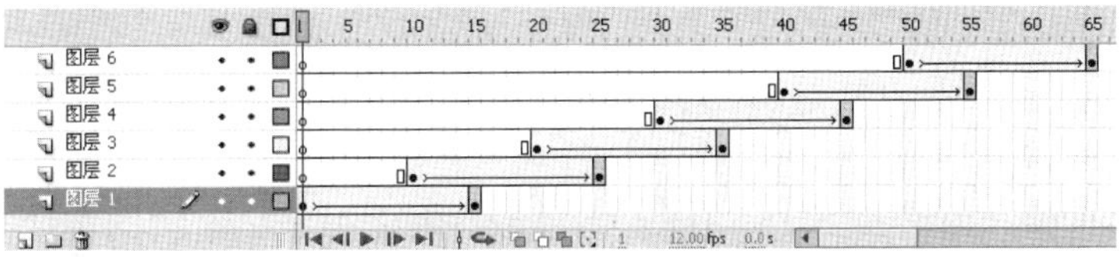

图 2-8-14　"气泡"影片剪辑元件的图层结构

2.8.3　布局场景中的静态实验仪器

本课件的图形元件较多，可将实验装置中静止不动的图形元件放在一个图层，固定好位置，将其他有补间动画的元件分别放在不同的图层。

（1）在"场景 1"中新建一个图层，并将其命名为"装置"。

（2）从"库"面板中先将"木台"、"铁架台"拖放到场景中，并调整好它们的位置和大小，再将"试管"、"试管夹"、"导管"和"棉花"图形元件拖放到场景中进行组装，在组装的过程中要注意元件的前后位置。

专家点拨：如果对象均放置在同一图层，则后面放置的对象总在前面放置的对象上面。这时若要改变对象的层叠顺序，可以选中对象，使用"修改"|"排列"中的"移至顶层"或"移至底层"命令将对象或组移动到层叠顺序的最上或最下。选择"上移一层"或"下移一层"命令可以将对象或组在层叠顺序中向上或向下移动一个位置。

（3）选择"刷子工具" ，将"填充色"设置为深紫色，然后选择"画笔大小"为一种较小的圆形，在试管的底部画上药品，完成后锁定图层。完成的装置如图 2-8-15 所示。

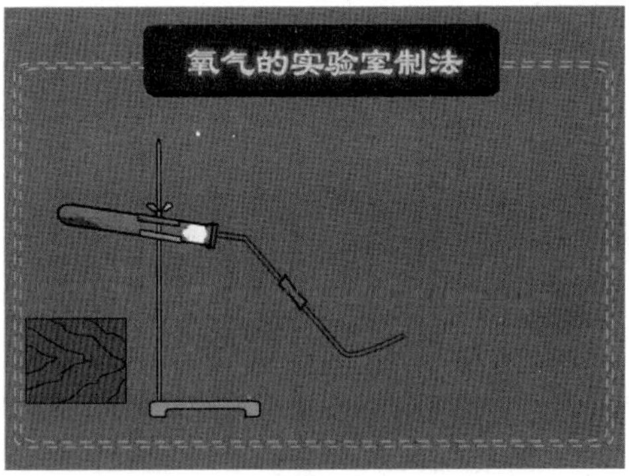

图 2-8-15　组装静态的仪器

2.8.4　创建主场景中的动画

1. 创建"点燃酒精灯"的动画

（1）单击"插入图层"按钮插入 3 个新图层，分别将它们命名为"火柴"、"酒精灯"

和"火焰"，下面分别将相应的元件放置在这 3 个图层上。

（2）从"库"面板中先将"酒精灯"图形元件拖放到场景中，并放置在木台上，调整其大小。再从"库"面板中分别将"火柴"和"火焰"元件拖放到舞台上，调整好它们的位置和大小。这里要注意的是，"火焰"图层应该位于其他两个图层的上方，这样才与实际生活中看到的情况相符。

（3）选择"火柴"图层的第 15 帧插入关键帧，创建第 1～15 帧的传统补间动画，并将"火柴"图层上第 1 帧实例的透明度修改为 0%，实现火柴从无到有的动画过程。然后用同样的方法在"火焰"图层的第 15～20 帧实现火焰从无到有的动画过程。

分别在"火柴"图层和"火焰"图层的第 20、40 帧插入关键帧，将第 40 帧上的两个实例拖放到酒精灯上，并创建第 20～40 帧的传统补间动画。

将"火柴"图层的第 1 帧移动到第 2 帧，这样可以使动画从第 2 帧开始播放。然后选中"火焰"图层第 1 帧上的实例，按 Delete 键将实例删除，图层结构如图 2-8-16 所示。

专家点拨：在制作动画的整个过程中，在插入其他图层关键帧的同时，"背景和标题"图层与"装置"图层同时插入帧，在下面的步骤中不再一一叙述。另外，当一个图层不再进行编辑时，最好将其锁定，以免在后面的编辑中修改其内容。

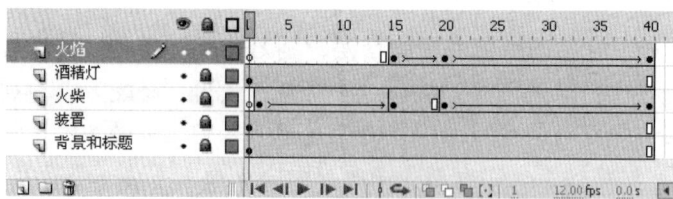

图 2-8-16　实现点燃动画过程的图层结构

（4）选中"火焰"图层的第 45 帧，按 F6 键插入关键帧，将"火焰"调整到合适大小，并创建该图层的第 40～45 帧的传统补间动画。

接着在"酒精灯"图层和"火焰"图层的第 60、65、70、75、80 帧插入关键帧，修改各关键帧的内容，实现酒精灯给试管加热的动画过程，图层结构如图 2-8-17 所示。

2．创建"集气瓶收集氧气过程"的动画

（1）插入 4 个新图层，分别将它们命名为"水槽"、"水"、"集气瓶"和"玻璃盖"，从"库"面板中将图形元件拖放到舞台的适当位置，图层结构和画面效果分别如图 2-8-18 和图 2-8-19 所示。

图 2-8-17　实现加热动画的图层结构

图 2-8-18　布局集气瓶等元件后的图层结构

图 2-8-19　布局集气瓶等元件后的画面效果

（2）插入一个新图层，命名为"气泡"，然后选中该图层的第 110 帧，按 F6 键插入关键帧，将"气泡"影片剪辑元件拖放到试管口。

（3）按住 Shift 键，同时选中"集气瓶"图层和"水"图层的第 135 帧，按 F6 键插入关键帧，接着选中第 145 帧，按 F6 键插入关键帧。选中"集气瓶"图层右击，在弹出的快捷菜单中选择"添加传统运动引导层"命令，这时"集气瓶"图层的上方出现了一个新的图层，如图 2-8-20 所示。

（4）拖动鼠标将"水"图层拖放到"引导层"下面，这样"水"图层和"集气瓶"图层同时被"引导层"引导，两者均能以引导线为路径运动，如图 2-8-21 所示。

图 2-8-20　添加运动引导层后的图层结构

图 2-8-21　两个图层同时被引导的图层结构

（5）在"引导层"的第 135 帧用"线条工具"从集气瓶口到导管口绘制一条直线，再用"选择工具"将直线调整为曲线，如图 2-8-22 所示。

（6）选中"集气瓶"图层和"水"图层的第 135 帧，按住 Shift 键选中"水"和"集气瓶"两个实例，用鼠标将其拖放到引导线的起点上。若出现一个小圆圈，说明"水"和"集气瓶"实例已经被吸附到引导线上，如图 2-8-23 所示。

图 2-8-22　绘制引导线

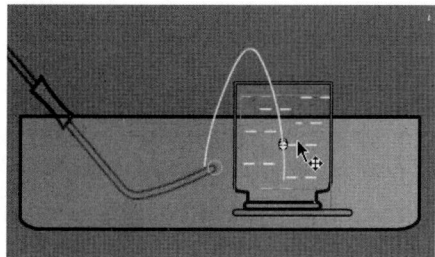

图 2-8-23　起点被吸附到引导线起点

（7）选中"集气瓶"图层和"水"图层的第 145 帧，按住 Shift 键选中"水"和"集气瓶"两个实例，用鼠标将其拖放到引导线的终点上。同样，若出现一个小圆圈，说明已经被吸附到引导线上，如图 2-8-24 所示。

（8）分别选中"水"图层和"集气瓶"图层的第 135 帧，创建传统补间动画。按 Enter 键，可以观察到"水"和"集气瓶"以绘制的曲线作为路径运动，这时的图层结构如图 2-8-25 所示。

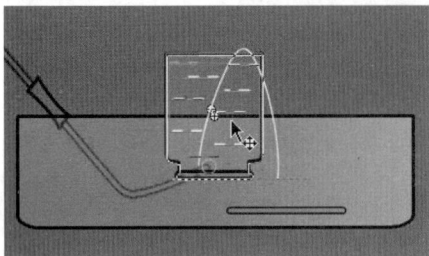

图 2-8-24　吸附到引导线终点

图 2-8-25　实现路径动画的图层结构

（9）下面定义水泡动画。选中"水"图层的第 185 帧，按 F6 键插入关键帧，在"属性"面板中将"水"图形元件的高度修改为 1，将 Alpha 设置为 0%，如图 2-8-26 所示。然后选中"水"图层的第 145 帧，创建传统补间动画。

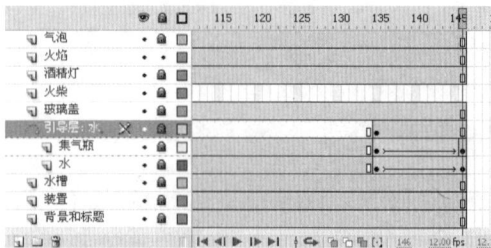

图 2-8-26　设置"水"图形实例的属性

3．创建主场景中的其他动画

（1）分别选中"集气瓶"图层和"玻璃盖"图层的第 185 帧，按 F6 键插入关键帧，再选中第 195 帧，按 F6 键插入关键帧，用"选择工具"调整"集气瓶"图层和"玻璃盖"图层的第 195 帧上的内容。分别创建两个图层的第 185～195 帧的传统补间动画，实现玻璃盖盖住集气瓶并移动到水槽外面的动画效果。

选中"集气瓶"图层和"玻璃盖"图层的第 215 帧，按 F6 键插入关键帧。然后用鼠标将"集气瓶"和"玻璃盖"同时拖放到场景边缘，在"属性"面板中将两个实例的透明度修改为 0%，实现"集气瓶"被移走并淡出的动画效果。

用同样的方法在"水槽"图层的第 210、230 帧插入关键帧，实现水槽被移走的动画效果，并在"气泡"图层的第 210、230 帧插入关键帧，实现"气泡"消失的动画效果。

（2）下面制作熄灭酒精灯的动画。选中"酒精灯"图层和"火焰"图层的第 230、255 帧，按 F6 键插入关键帧，保持第 255 帧处于选中状态，用鼠标将"酒精灯"和"火焰"

拖放到场景的右边。然后选择第 230 帧，创建第 230～255 帧的传统补间动画。

插入一个新图层并命名为"灯罩"，选中该图层的第 255 帧，按 F6 键插入一个关键帧，并从"库"面板中将"灯罩"拖放到场景右下角。选中该图层的第 268 帧，按 F6 键插入一个关键帧。

选中"灯罩"图层右击，在弹出的快捷菜单中选择"添加传统运动引导层"命令，为"灯罩"图层添加一个引导层，并绘制一条曲线作为"灯罩"的运动路径，如图 2-8-27 所示。

在第 250、268 帧让"灯罩"分别吸附在路径的起点和终点上，选中第 250 帧，创建传统补间动画。

在"火焰"图层的第 265、268 帧分别插入一个关键帧，在"属性"面板中将第 268 帧的"火焰"的 Alpha 修改为 0%。然后选中第 265 帧，创建传统补间动画，图层结构如图 2-8-28 所示。

图 2-8-27　绘制灯罩运动路径　　　　　图 2-8-28　为灯罩创建引导层

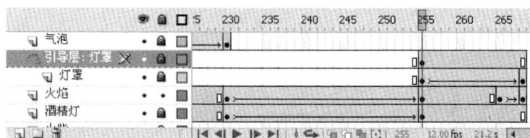

2.8.5　利用遮罩动画添加文字滚动效果

1．创建文字滚动效果

到现在为止已经将实验过程的整个动画过程全部制作完毕，为了增强课件的表现力，可以先让课件播放一段文字说明，然后再由按钮控制播放实验过程。下面来制作这个文字说明影片剪辑元件。

（1）新建一个名称为"文本"的图形元件，在这个元件的编辑场景中用"文本工具"输入一些说明文字。

（2）新建一个名称为"注意事项"的影片剪辑元件，在这个元件的编辑场景中将"图层 1"重命名为"文本"，将"库"面板中的"文本"图形元件拖放到场景中。

（3）插入一个新图层，将其命名为"矩形"，在这个图层上绘制一个矩形，把"文本"图形元件盖住。

（4）在"文本"图层的第 70 帧插入一个关键帧，在"矩形"图层的第 70 帧插入帧。选中"文本"图层的第 1 帧，将文本拖放到绘制的矩形下边，并创建第 1～70 帧的传统补间动画，实现文本从下到上移动到舞台中的动画效果。右击"矩形"图层，在弹出的快捷菜单中选择"遮罩层"命令，这时的图层结构如图 2-8-29 所示。第 70 帧的场景效果如图 2-8-30 所示。

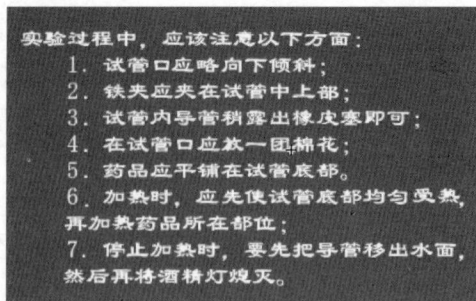

图 2-8-29　"注意事项"影片剪辑元件的图层结构　　　图 2-8-30　第 70 帧的场景效果

（5）在这个元件的第 70 帧添加一个停止动作"stop();"，这样可以避免元件重复播放。

（6）返回到"场景 1"，插入一个新的图层，命名为"注意事项"，然后从"库"面板中将"注意事项"影片剪辑元件拖放到场景中心。选中该图层的第 2 帧，按 F7 键插入一个空白关键帧，使该影片剪辑元件的播放只在第 1 帧进行。

2．定义动作脚本控制课件的播放

（1）由于课件播放时首先显示的是一个影片剪辑元件，为了防止课件继续播放，需要为帧定义动作。插入新图层，命名为 action，在该图层的第 1 帧定义一个停止动作"stop();"。为了避免课件循环播放，还必须在该图层的最后一帧插入一个关键帧，同样定义一个停止动作。

（2）插入一个新图层，并命名为"按钮"。选择"窗口"|"公用库"|Buttons 命令，打开"外部库"面板，双击库文件夹，选出合适的按钮元件，并用鼠标将选中的按钮元件拖放到场景的右下角。

（3）选中布局好的按钮，打开"动作"面板，定义按钮的动作脚本如下：

```
on(press) {
    gotoAndPlay(2);
}
```

这个动作脚本的功能是当单击按钮时影片转到第 2 帧并开始播放实验室制取氧气的动画演示过程。

至此，本课件制作完毕，注意测试和保存课件。

2.9　本章习题

一、填空题

1. 在制作动画模拟演示课件时，Flash 有较大的优势，它可以创建_____、_____、_____、_____、_____、_____等动画类型，通过综合运用可以制作出丰富多彩的课件。

2．所谓补间动画就是_____，如果要构成传统补间动画，必须在同一图层上至少要有两个不同的_____。

3．课件的某一帧出现了一个 a 标志，表示该帧定义了_____。

4．元件是可以重复使用的对象，在 Flash 中分为_____、_____和_____3 种类型。

5．在创建基于对象的补间动画时，补间范围中的关键帧不同于普通的关键帧，一般称为_____。除了第 1 帧外，补间范围内的关键帧的外形显示为_____。

6．通常情况下，Flash 在舞台中一次只能显示动画序列的单个帧，使用_____功能后就可以在舞台中一次查看两个或多个帧，这在制作逐帧动画时非常有用。

7．在制作传统运动路径动画时，将被引导层上的对象吸附到_____是整个动画制作的关键，如果不能正确吸附，那么制作就不会成功，因此在制作过程中一定要确保_____按钮处于按下状态。

8．在制作补间动画时，利用 Flash 的_____功能可以有效地制作出变速运动效果，它是通过调整曲线图的曲线斜率来实现的。

二、选择题

1．把元件从"库"面板中拖放到场景中，场景中就多了一个相应的元件对象，这个对象称为（　　）。

　　A．动画对象　　　B．实例　　　　C．实例元件　　　D．元件

2．在利用传统补间动画制作课件时，可以通过改变元件的属性做出炫目的效果，下面改变后不能做出效果的一项是（　　）。

　　A．形状　　　　　B．位置　　　　C．透明度　　　D．大小

3．形状提示在制作形状补间动画时能有效地控制变化的有序性，它最多能添加（　　）个。

　　A．23　　　　　　B．24　　　　　C．25　　　　　D．26

4．传统运动引导层是用来指示元件运行路径的，因此它可以使用钢笔、铅笔、线条、椭圆、矩形或刷子等工具绘制线段，而被引导层中的对象是随着引导线运动的，它不能使用（　　）。

　　A．影片剪辑　　　B．图形元件　　　C．按钮　　　　D．形状

5．遮罩动画是 Flash 中的一个很重要的动画类型，很多效果丰富的动画都是通过遮罩动画来完成的。关于遮罩动画下面说法错误的一项是（　　）。

　　A．在一个遮罩动画中遮罩层只有一个，被遮罩层可以有任意多个

　　B．遮罩层中的图形对象在播放时是看不到的，遮罩层中的内容可以是按钮、影片剪辑、图形、位图、文字和线条等

　　C．在 Flash 中没有一个专门的按钮来创建遮罩层，遮罩层其实是由普通图层转化而来的

　　D．遮罩动画主要有两种用途，一种是用在整个场景或一个特定区域，使场景外的对象或特定区域外的对象不可见；另一种是用来遮住某一元件的一部分，从而实现一些特殊的效果

6. 为了避免课件循环播放，一般需要在整个动画的最后一帧添加"停止"动作，用于定义它的函数是（   ）。

    A．stop()   B．stop   C．Stop()   D．play()

2.10 上机练习

练习 1 认识生字

利用逐帧动画和遮罩动画制作认识生字的课件，如图 2-10-1 所示。

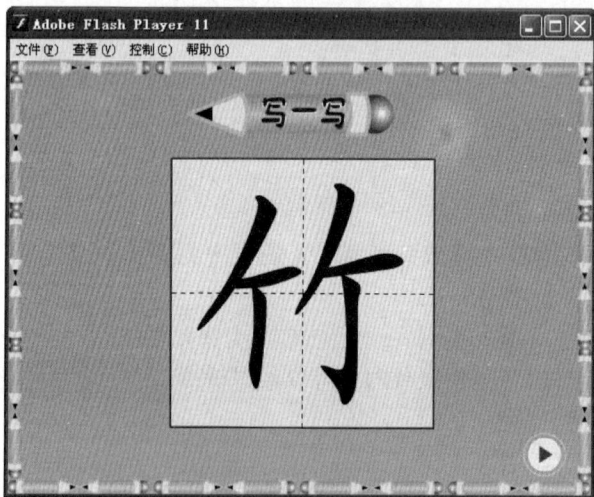

图 2-10-1 认识生字

主要制作步骤提示：

（1）利用绘图工具绘制背景和课题。

（2）利用逐帧动画逐帧遮盖生字笔画。

（3）添加遮罩动画。

（4）从公用库拖入按钮，定义控制动画的动作脚本。

练习 2 爬山虎的脚

利用形状补间动画制作语文课件——爬山虎的脚，如图 2-10-2 所示。

主要制作步骤提示：

（1）绘制墙壁和课件标题。

（2）利用形状补间动画制作爬山虎的脚向上爬动的效果。

（3）利用传统补间动画制作叶子变化的效果。

图 2-10-2　爬山虎的脚

练习 3　太阳、地球和月亮

利用传统运动路径动画和遮罩动画制作课件——太阳、地球和月亮，如图 2-10-3 所示。

主要制作步骤提示：

（1）利用遮罩动画制作地球自转的效果。

（2）利用传统运动路径动画制作月亮围绕地球公转的效果。

（3）利用传统运动路径动画制作地球围绕太阳公转的效果。

（4）注意应用元件的嵌套来叠加动画效果。

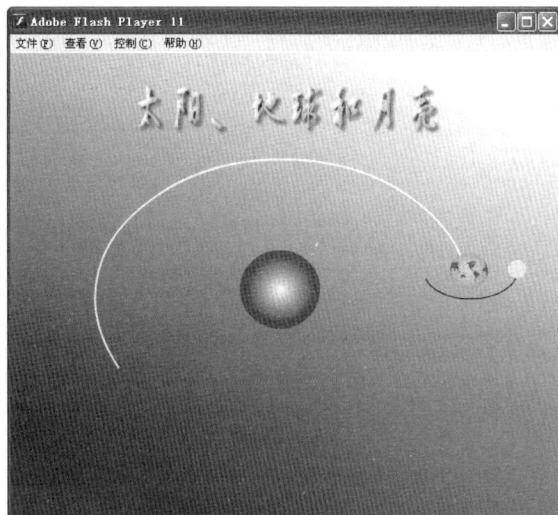

图 2-10-3　太阳、地球和月亮

练习 4　椭圆的画法

综合利用遮罩动画、传统补间动画和传统运动路径动画制作课件——椭圆的画法，如

图 2-10-4 所示。

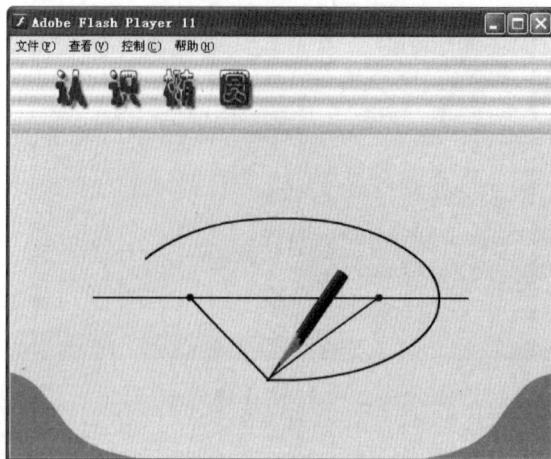

图 2-10-4   椭圆的画法

主要制作步骤提示：

（1）利用绘图工具制作课件界面。

（2）利用传统运动路径动画制作铅笔移动效果。

（3）利用遮罩动画和传统补间动画制作画出椭圆的效果。

第3章　声音、视频在 Flash 课件中的应用

本章知识

◆ 用 GoldWave 录制声音和裁剪声音
◆ 在 Flash 中处理背景音乐和解说声音
◆ 用 Photoshop 处理图像素材
◆ 在 Flash 课件中应用声音素材
◆ 在 Flash 课件中应用视频素材

Flash 支持各种常见类型的声音和视频媒体，因此在制作 Flash 多媒体课件时可以将外部的声音（声效、解说词、音乐等）或者视频素材导入到 Flash 中进行处理，或者在 Flash 课件中直接播放外部的视频文件，这样制作出来的课件中图像、动画、声音、视频等交织在一起，多种媒体同时发挥作用，可以为学习者构造一个真实的学习环境。

本章通过 3 个范例讲解在 Flash 课件中应用声音和视频的方法和技巧。

3.1　古诗朗诵

在 Flash 中可以将声音看成是一个元件，可以很方便地从外部导入。如果制作的课件有了声音，将会增加课件的吸引力。但 Flash 的音频处理功能有限，有时需要借助其他音频编辑工具对课件中的声音进行编辑，然后再将编辑好的声音文件导入到 Flash 中应用。

前面制作的课件范例都没有加入声音效果，本节将学习怎么利用 GoldWave 软件编辑和裁剪背景音乐，以及在 Flash 中导入、处理声音文件的方法。另外，在制作包含声音的多媒体课件时，将声音和动画同步的动画制作方法是课件制作的关键。

课件简介

本范例是一首古诗"鸟鸣涧"的情景朗诵课件，它以配乐诗朗诵的形式将古诗的意境表现出来，学生在课件营造的真情实景中欣赏优美的音乐和古诗朗诵，同时也可以深刻理解诗人的情怀和思想。

在课件播放过程中始终有背景音乐营造气氛，随着一幅画卷慢慢展开，幽静的山林、飘落的桂花、飞翔的小鸟、朦胧的月光等动人的画面一一展现给学生，音乐、动画、朗诵等交织在一起，使课件表现的气氛达到高潮。图 3-1-1 所示的是课件播放过程中的一个画面。

图 3-1-1　课件运行时的一个画面

📝 **知识要点**

◆ 在 Photoshop 中编辑位图和创建特效字
◆ 用 GoldWave 裁剪和编辑背景音乐的方法
◆ 在 Flash 中导入和应用声音的方法
◆ 声音和动画同步播放的制作方法
◆ 外部库的使用方法

💾 **制作步骤**

3.1.1　在 Photoshop 中编辑和创建图像素材

Photoshop 是 Adobe 公司推出的一款功能强大、使用范围广泛的平面图像处理软件，目前它已经成为众多平面设计师进行图形图像处理的首选软件。Flash 在处理位图方面功能比较单一，因此使用 Photoshop 处理课件位图素材将会为 Flash 课件锦上添花。

1．缩小素材图像的尺寸

（1）运行 Photoshop CS6，选择"文件"|"打开"命令，将"古画.jpg"文件打开（文件路径：配套光盘\素材\part3\古画.jpg）。选择"图像"|"图像大小"命令，弹出"图像大小"对话框，设置图像的"宽度"为 500 像素、"高度"为 209 像素，设置完后单击"确定"按钮，如图 3-1-2 所示。

专家点拨：默认情况下，在"图像大小"对话框中"约束比例"复选框处于选中状态。此时不管怎样设置图像的"宽度"或者"高度"，图像的尺寸都会按照原来的比例进行缩放，这样缩放得到的图像能够较好地保持原有的形状。如果不想按比例缩放，可以取消选中"约束比例"复选框。

（2）选择"文件"|"存储为 Web 所用格式"命令，弹出"存储为 Web 所用格式"对话框，其中的参数设置如图 3-1-3 所示，即设置存储图像颜色为 256 色的 GIF 格式，其他默认参数不变。

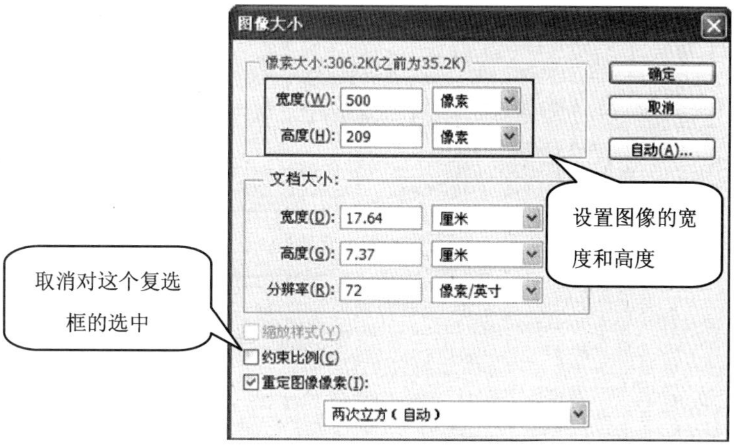

图 3-1-2　设置图像大小

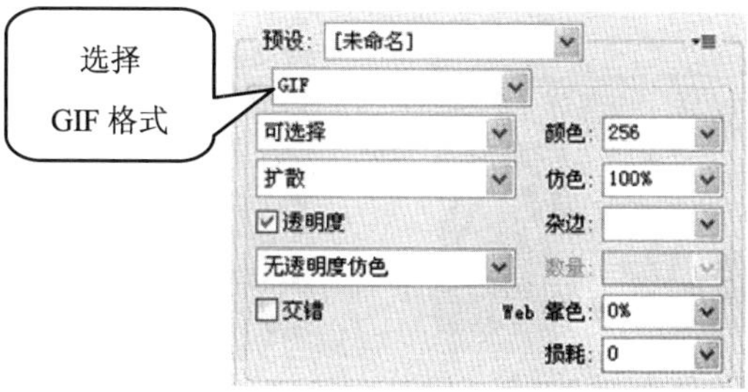

图 3-1-3　存储为 Web 所用格式

（3）单击"存储"按钮，弹出"将优化结果存储为"对话框，在其中选择文件的存储位置以及存储的文件名，设置完后单击"保存"按钮。

专家点拨：将 Photoshop 处理的图像存储为 Web 格式，可以较大程度地优化图像文件，使图像质量和图像文件的大小有较高的平衡点。在保证图像质量的前提下，可以使制作的课件文件更小，便于交流和在网络上播放。

2．创建课件标题特效文字

（1）选择"文件"|"新建"命令，弹出"新建"对话框，设置图像宽度为 200 像素、高度为 60 像素，选择"背景内容"为"透明"，如图 3-1-4 所示。

专家点拨：一般情况下，在为课件制作图像素材时应尽量将图像背景设置为透明色，这样便于将图像素材较好地融入到课件中。

（2）设置完后单击"确定"按钮，新建一个图像文件，如图 3-1-5 所示。

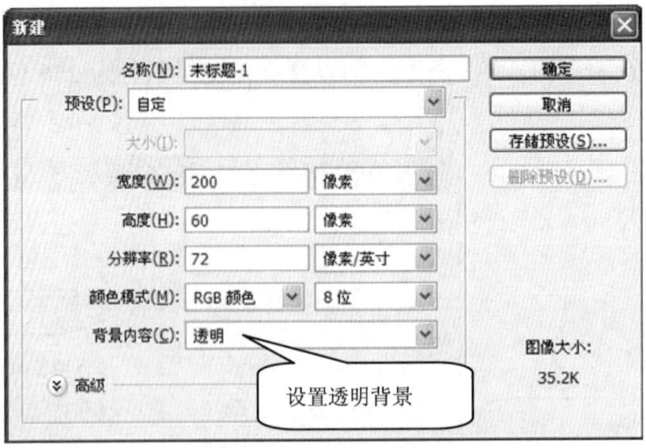

图 3-1-4 "新建"对话框

（3）选择工具箱中的"横排文字工具"，设置文字大小为 42 点、字体为汉仪菱心体（如果没有安装这个字体，可以选取其他字体），移动鼠标指针到空白画布的左端并单击，输入文字"古诗朗诵"。然后选择工具箱中的"移动工具"，调整文字的位置，效果如图 3-1-6 所示。

图 3-1-5 新建文档窗口和画布

图 3-1-6 输入文本

（4）选择工具箱中的"油漆桶工具"组中的"渐变工具"，在主菜单下方出现"渐变选项"面板，如图 3-1-7 所示。

图 3-1-7 "渐变选项"面板

（5）在"渐变选项"面板中单击  按钮，弹出"渐变编辑器"对话框，如图 3-1-8 所示。

（6）将颜色设置条的左下色标和右下色标的颜色分别修改为绿色和黄色，如图 3-1-9 所示。

（7）单击"确定"按钮返回编辑场景，在"图层"面板上右击文字图层，在弹出的快捷菜单中选择"格栅化文字"命令，将画布上的文字格栅化。

（8）按住 Ctrl 键，在"图层"面板上单击"古诗朗诵"这个图层的图标，文字周围出现流动的虚线。将鼠标指针放在文字上，从上到下拖动鼠标拉一条直线，给文字填充渐变色，画布上的文字效果如图 3-1-10 所示。

图 3-1-8　"渐变编辑器"对话框

图 3-1-9　修改渐变色

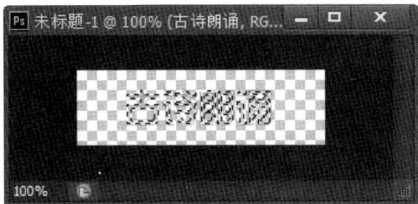

图 3-1-10　应用渐变色的文字效果

（9）按 Ctrl+D 键取消虚线框，选择"图层"|"图层样式"|"混合选项"命令，在弹出的"混合选项"列表框中选中"内阴影"、"斜面和浮雕"和"纹理"复选框，如图 3-1-11所示。在进行需要的设置后单击"确定"按钮，得到如图 3-1-12 所示的文字。

图 3-1-11　设置文字样式

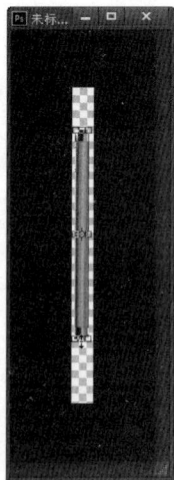

图 3-1-12　完成后的标题

（10）选择"文件"|"存储为 Web 所用格式"命令，弹出"存储为 Web 所用格式"对话框，将图像存储为 256 色的 GIF 格式。

3．创建画轴素材图像

在课件中有一个画幅展开的动画情境，为了比较真实地展现这一情境，下面给情境图像配一个画轴。

（1）在 Photoshop 中选择"文件"|"打开"命令，打开素材中的画轴图像（文件路径：配套光盘\素材\part3\画轴.gif）。

（2）选择"文件"|"新建"命令，新建一个"宽度"为 23 像素、"高度"为 330 像素、背景颜色为透明色的图像。

（3）激活画轴图像，选择工具箱中的"矩形选框工具"选取画轴部分，然后使用"移动工具"拖动将选取的画轴部分移动到新建的图像中，如图 3-1-13 所示。

（4）选择"编辑"|"变换"|"旋转 90 度（顺时针）"命令，将图像旋转，然后将图像移动到画布中心。接着选择"编辑"|"自由变换"命令，将鼠标指针放在控制点上拖动将画轴放大，如图 3-1-14 所示。

（5）使用"矩形选框工具"选取多余的部分，按 Delete 键删除，完成后的效果如图 3-1-15 所示。

图 3-1-13　复制图像　　　　图 3-1-14　使用"自由变换"命令　　图 3-1-15　完成后的画轴
　　　　　　　　　　　　　　　　　　　　调整画轴大小

（6）选择"文件"|"存储为 Web 所用格式"命令，弹出"存储为 Web 所用格式"对话框，将图像存储为 256 色的 GIF 格式。

专家点拨： 在本课件的制作过程中还要使用小鸟和画布等图像素材，也可以使用 Photoshop 事先对这些图像素材进行处理，以满足使用要求。本书配套光盘中提供了这两个图像素材，读者可以直接使用。

3.1.2　用 GoldWave 裁剪和编辑背景音乐

GoldWave 是一个功能强大的声音编辑软件，它简单、易学。在制作多媒体课件时利用它录制声音、编辑处理声音是个不错的选择，下面学习用 GoldWave 编辑处理声音的方法。

根据古诗的意境，本课件采用的背景音乐为一首古筝曲"广陵散"，音乐素材很容易找到，大家可以到网络上下载，也可以从 CD 中截取，在这里提供的是一个 MP3 格式的音频文件。根据课件的内容和长度，课件只需要整个古曲中的一部分，下面用 GoldWave 对音乐进行裁剪和编辑。

（1）运行 GoldWave 软件，GoldWave 界面如图 3-1-16 所示。

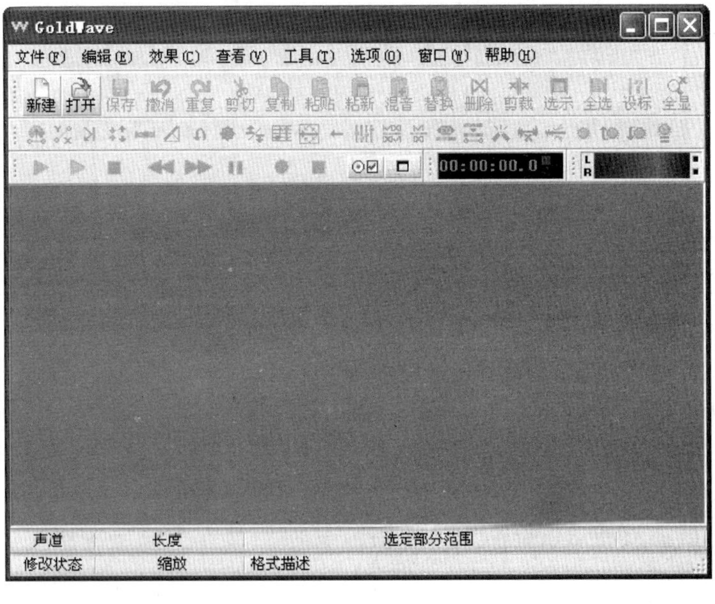

图 3-1-16　GoldWave 界面

（2）选择"文件"|"打开"命令，弹出"打开声音文件"对话框，查找到"广陵散"音乐素材文件（文件路径：配套光盘\素材\part3\广陵散.mp3），然后单击"打开"按钮，音乐文件打开后如图 3-1-17 所示。

（3）在工具栏上单击"播放"按钮，音乐开始播放。在试听过程中选择一段合适的音乐，记下这段音乐的时间段，时间提示标记在打开的音乐波形窗格下面。

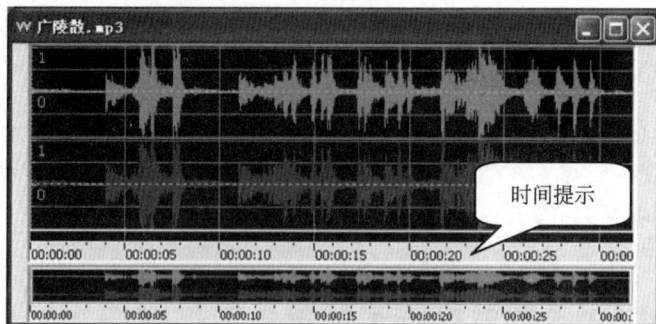

图 3-1-17　打开的音乐文件

选中音乐段的起始位置，再右击音乐段的终止位置，选择"设置结束标记"，音乐段将在音乐窗口中高亮显示，如图 3-1-18 所示。

图 3-1-18　选取音乐片段

（4）选择"编辑"|"复制"命令，再选择"编辑"|"粘贴为新文件"命令，这样就把选择的音乐片段复制到一个新建的声音文档中。

（5）通过裁剪得到了课件中需要的背景音乐，为了使课件整体效果更好，往往还需要对音乐素材进一步编辑，例如添加淡入、淡出效果等。

选择"效果"|"音量"|"淡出"命令，弹出"淡出"对话框，如图 3-1-19 所示，设置完后单击"确定"按钮，这时再播放音乐就能听出音乐快结束时的淡出效果。

图 3-1-19　对声音进行渐出效果处理

（6）选择"文件"|"保存"命令，把裁剪并编辑过的音乐片段保存为 WAVE 格式的声音文件（文件路径：配套光盘\素材\part3\背景音乐.wav）。

专家点拨：在本范例中还要使用古诗朗诵声音，可以利用 GoleWave 进行声音素材的录制，这里不再赘述。本书配套光盘中提供了这个古诗朗诵声音的素材，读者可以直接使用。

3.1.3　导入素材并创建课件界面

（1）启动 Flash CS6，新建一个 Flash 文件（ActionScript 3.0），设置舞台背景颜色为淡紫色（#9A8F9E），其他参数保持默认。

（2）选择"文件"|"导入到库"命令，弹出"导入"对话框，在"查找范围"中找到存放素材文件的文件夹，选择准备好的图像和声音文件，如图 3-1-20 所示。然后单击"打开"按钮，将所需的图像文件和声音文件导入到 Flash 影片的"库"面板中，如图 3-1-21 所示。

图 3-1-20　导入图像和声音素材

图 3-1-21　"库"面板

（3）将"图层 1"重命名为"背景"，使用绘图工具箱中的绘图工具绘制一个背景图形，绘制完成后将其转换为名字为"背景"的图形元件，如图 3-1-22 所示。

（4）在"背景"图层上新建一个图层，并重命名为"古画"。然后将"库"面板中的"古画"及"画布"图像拖放到舞台上，并调整好位置和大小，效果如图 3-1-23 所示。

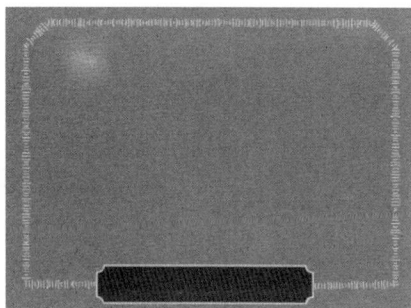

图 3-1-22　绘制背景图形

图 3-1-23　创建课件界面

3.1.4　创建元件

1．创建图形元件

（1）新建"花瓣"图形元件，用绘图工具绘制花瓣，并将其柔化，效果如图 3-1-24 所示。

（2）新建"月亮"图形元件，用绘图工具绘制一个月亮，效果如图 3-1-25 所示。

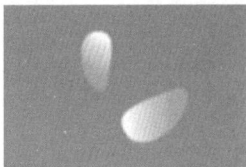

图 3-1-24 "花瓣"图形元件

图 3-1-25 "月亮"图形元件

（3）新建"画轴"图形元件，将画轴图像拖入到元件的编辑场景中。

2. 创建影片剪辑元件

（1）新建"花瓣飘落"影片剪辑元件，制作花瓣飘落动画效果，图层结构如图 3-1-26 所示。这个动画效果是通过制作 3 个花瓣飘落的路径动画并将它们叠加在一起完成的，其中一个花瓣飘落的路径动画编辑场景如图 3-1-27 所示。

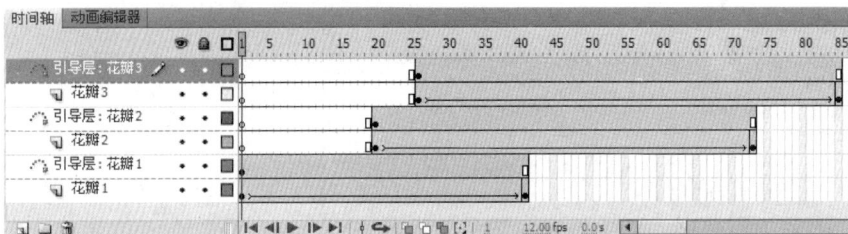

图 3-1-26 "花瓣"影片剪辑的图层结构

（2）新建"小鸟"影片剪辑元件，制作小鸟飞翔的动画效果。这是一个逐帧动画，共包括两个关键帧，两个关键帧上的小鸟具有连贯的变化，如图 3-1-28 所示。

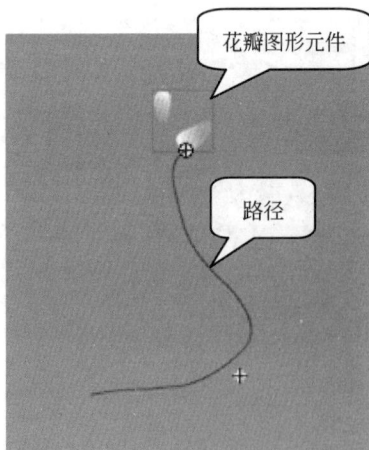

图 3-1-27 花瓣飘落的路径动画编辑场景

图 3-1-28 "小鸟"影片剪辑元件

（3）新建"文本 1"、"文本 2"、"文本 3"、"文本 4"影片剪辑元件，分别在元件的编辑场景中输入古诗朗诵的第 1 句、第 2 句、第 3 句、第 4 句的文字内容。"文本 1"影片剪辑元件的效果如图 3-1-29 所示，其他效果类似。

（4）新建"标题文本"影片剪辑元件，制作一个带有阴影效果的标题文本，如图 3-1-30所示。

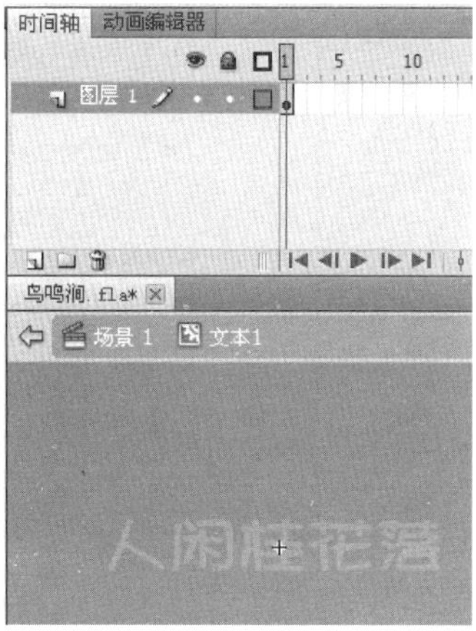

图 3-1-29　"文本 1"影片剪辑元件

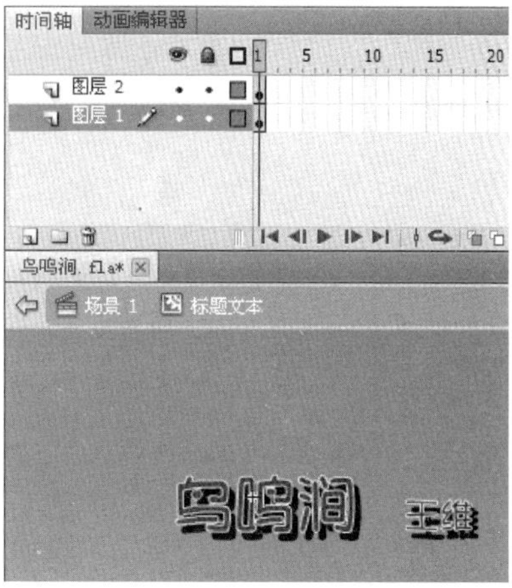

图 3-1-30　"标题文本"影片剪辑元件

专家点拨：这里将古诗文字内容制作成影片剪辑元件，主要目的是在制作主动画时使用影片剪辑元件的模糊滤镜制作古诗文字呈现的模糊动画特效。

3.1.5　制作声音和动画同步播放

本课件在制作时涉及一个重要的动画制作技术——声音和动画同步播放。例如，在播放朗诵声音的时候需要相应的字幕动画同步呈现。本小节先完成朗诵声音和诗词同步播放的动画效果。

（1）单击"编辑场景"按钮，切换到"场景 1"编辑环境中。插入新图层并重命名为"背景音乐"，然后从"库"面板中拖动"背景音乐"文件到舞台上，在第 1 帧上出现一条短线，说明声音文件已经应用到了关键帧上，如图 3-1-31 所示。

图 3-1-31　添加音乐

专家点拨：一般将每个声音放在一个独立的层上，每个层都作为一个独立的声道，在播放 SWF 文件时会混合所有层上的声音。

（2）单击"背景音乐"图层的第 1 帧，在"属性"面板的"声音"栏中选择"同步"下拉列表框中的"数据流"选项，如图 3-1-32 所示。

图 3-1-32　设置声音

专家点拨："同步"下拉列表框中的"数据流"选项使声音和时间轴同时播放、同时结束，在定义声音和动画同步播放时都要使用"数据流"选项。

（3）单击"属性"面板的"声音"栏中的"编辑声音封套"按钮，弹出"编辑封套"对话框，如图 3-1-33 所示。在"编辑封套"对话框中单击右下角的"以帧为单位"按钮，使它处于按下状态，这时对话框中显示出声音持续的帧数，拖动滚动条可以查看到声音的持续帧数。

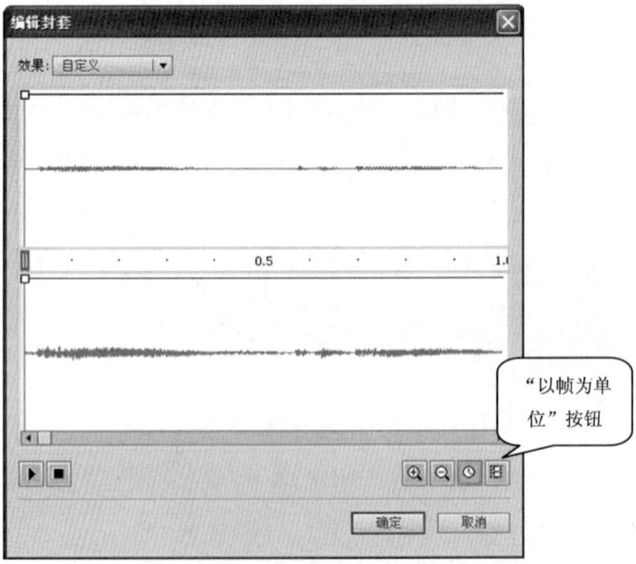

图 3-1-33　"编辑封套"对话框

（4）知道了声音的长度（所需占用帧数）以后，在"背景音乐"图层上选中最后已经知道的声音帧数（这里是第 380 帧），按 F5 键插入帧，这样声音波形就完整地出现在"背景音乐"图层上。然后分别在"古画"图层和"背景"图层的第 380 帧添加帧，此时的图层结构如图 3-1-34 所示。

（5）插入新图层，并命名为"朗读声音"，在这个图层的第 68 帧插入空白关键帧。然后用同样的方法将"古诗朗诵"声音文件应用到该图层的第 68 帧上，在"属性"面板中设置它的"同步"选项为"数据流"。

（6）下面定义声音分段标记。在"古画"图层上新建一个图层，重命名为"文本"。按 Enter 键试听声音，当出现第一句朗读句子时，再按一下 Enter 键暂停声音的播放，这时播放头的位置就是出现第一句朗读文字的帧的位置。在"文本"图层上选择此时播放头所在的帧，按 F7 键插入一个空白关键帧。

图 3-1-34　完整的声音波形

（7）选中刚新添加的空白关键帧，在"属性"面板的"标签"栏的"名称"文本框中，输入"第一句"，如图 3-1-35 所示。

图 3-1-35　定义帧标签

（8）此时在"文本"图层的对应帧处出现了小红旗和帧标签的文字，如图 3-1-36 所示。

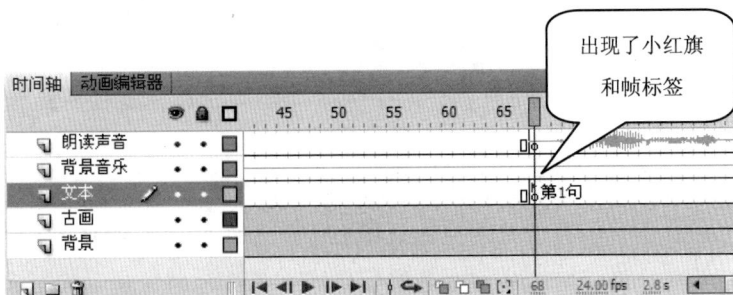

图 3-1-36　"文本"图层的标签标志

（9）用同样的方法在所有的朗读句子分段处定义关键帧标签。

（10）将"库"面板中的各个朗读文本影片剪辑元件拖放到"文本"图层相应的空白关键帧上，这样字幕呈现效果就能与朗读声音同步了，如图 3-1-37 所示。

专家点拨：为关键帧添加标签在 Flash 动画制作中是非常普遍的，它可以明确指示一个特定的关键帧位置，为后续的动画制作提供必要的参考。

（11）为了使字幕呈现的效果更加精彩，这里利用传统补间动画制作了字幕模糊呈现的动画特效，如图 3-1-38 所示。

图 3-1-37　文字与声音同步

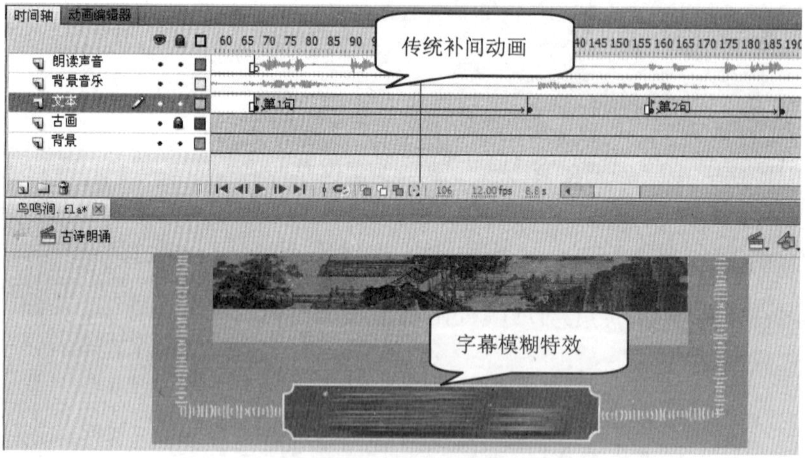

图 3-1-38　字幕模糊特效

专家点拨：字幕模糊特效动画是这样制作的，在"属性"面板的"滤镜"栏中设置起始关键帧上的字幕文本影片剪辑的模糊滤镜参数，再设置终止关键帧上的字幕文本影片剪辑的模糊滤镜参数，最后定义从起始关键帧到终止关键帧的传统补间动画。

3.1.6　制作其他动画

1．制作画轴缓缓展开的动画效果

在本课件运行时，随着音乐的播放画轴缓缓展开，逐渐呈现出古画的效果。这个动画可以分解为两个动画效果的叠加，一个是古画缓缓呈现的动画，可以用遮罩动画进行制作；另一个是两个画轴慢慢向左右移动的动画，可以用补间动画进行制作。

（1）在"古画"图层上新建一个图层，并重命名为"古画遮罩"。右击这个图层，在弹出的快捷菜单中选择"遮罩"命令，使其和下面的"古画"图层形成一个遮罩图层结构。

在"古画遮罩"图层上定义一个从第 1 帧到第 127 帧的形状补间动画。第 1 帧上的图形是一个比较窄的长方形，高度和古画的高度相同，位置在古画的中间；第 127 帧上的图形是一个与古画宽度和高度都相同的长方形，刚好完全覆盖古画，如图 3-1-39 所示。通过这个遮罩动画的定义就可以实现古画缓缓呈现出来的动画效果。

图 3-1-39　遮罩层的第 1、127 帧上的图形

（2）在"古画遮罩"图层上新建两个图层，并重命名为"轴 1"和"轴 2"。在"轴 1"图层上定义一个从第 1 帧到第 125 帧的补间动画，动画对象是画轴图形元件的一个实例，动画效果是画轴从古画中间位置向左边移动。类似地，在"轴 2"图层上定义一个从第 1帧到第 125 帧的补间动画，动画对象是画轴图形元件的另一个实例，动画效果是画轴从古画中间位置向右边移动。

（3）在画轴慢慢展开，古画缓缓呈现的过程中，古画左上角的古诗标题文字也需要逐渐呈现出来，这可以使用遮罩动画来制作，设计思路如图 3-1-40 所示。

2．制作其他动画效果

本范例运行时，随着音乐的播放、画轴的缓缓打开，桂花在随风飘落，小鸟向远方飞去，朦胧的月亮也慢慢出现。这里包含另外 3 个动画效果，动画角色分别是"花瓣"影片剪辑实例、"小鸟"影片剪辑实例和"月亮"图形实例。

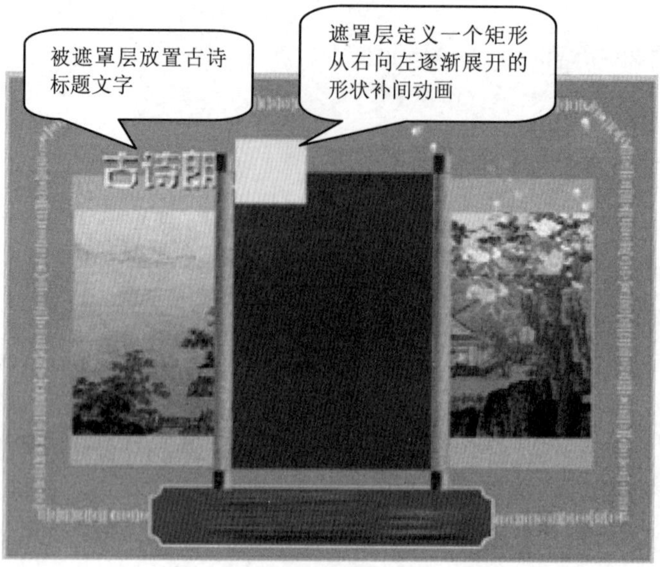
被遮罩层放置古诗标题文字
遮罩层定义一个矩形从右向左逐渐展开的形状补间动画

图 3-1-40 古诗标题文字逐渐显示的遮罩动画

（1）“花瓣飘落”影片剪辑元件制作的是花瓣沿路径飘落的动画效果，因此在主动画中直接将“花瓣飘落”影片剪辑元件引用到主时间轴上即可。为了表现花瓣飘落的层次效果，这里分 3 个图层进行引用让它们错次播放，并且每个图层都引用了多个实例。另外，为了保证花瓣都是在古画画幅内呈现，也用“古画遮罩”图层对它们进行遮罩。图层结构如图 3-1-41 所示。

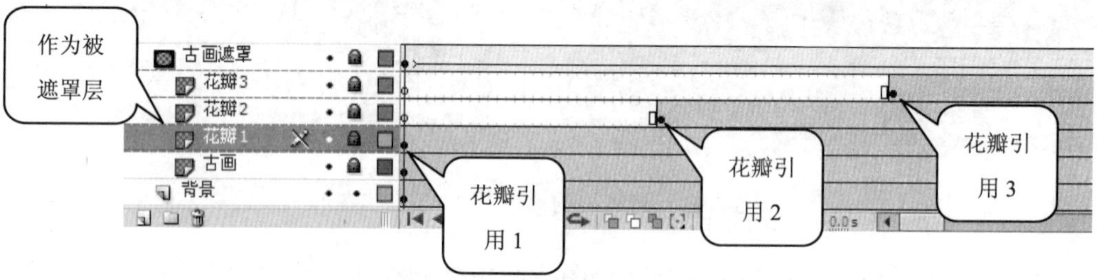
作为被遮罩层
古画遮罩
花瓣3
花瓣2
花瓣1
古画
背景
花瓣引用 1
花瓣引用 2
花瓣引用 3

图 3-1-41 花瓣飘落动画的图层结构

（2）“小鸟”影片剪辑元件制作的是小鸟在原地展翅的动画效果，因此在一个新图层中定义“小鸟”影片剪辑实例的补间动画即可。为了表现小鸟逐渐飞向远方的效果，可以在“动画编辑器”面板中设置“小鸟”影片剪辑实例的尺寸（“缩放”属性）和透明度（Alpha 属性）。

（3）朦胧的月亮慢慢出现的动画效果比较容易制作，在一个新图层中定义“月亮”图形实例的补间动画即可。为了表现月亮的朦胧效果，可以在“动画编辑器”面板中设置“月亮”图形实例的透明度（Alpha 属性）。

（4）最后新建一个图层，命名为 as，在这个图层的最后一帧定义动作脚本：

```
stop();
```

其功能是让所有动画播放完一次后停止，避免动画重复播放。

至此，本课件制作完毕。整个课件的图层结构如图 3-1-42 所示。

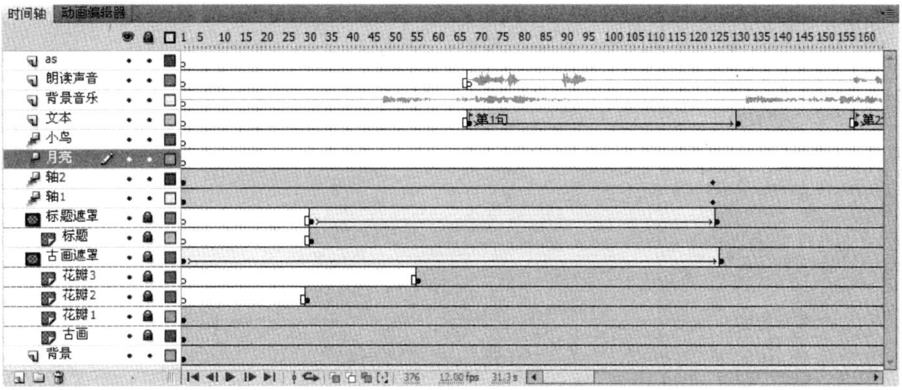

图 3-1-42　课件的图层结构

3.2　英语情景课文——Letter to A Friend

　　Flash 自身处理声音的功能虽然有限，但是对于一些简单效果的声音处理而言，它还是能够胜任的，在 Flash 的"属性"面板中可以对导入的声音进一步编辑，用来控制声音的播放长度、控制播放音量、实现声音的淡入/淡出效果、压缩声音等。

　　卡通动画是语文、英语等多媒体课件中表现课文情景时最常见的动画形式。如果教师能掌握制作卡通动画的方法和技巧，就会在课件制作方面迈上一个新台阶。

　　本节通过一个英语情景课件范例的制作过程来讨论 Flash 中声音的编辑方法以及卡通动画的制作方法。

课件简介

　　本课件是一个英语情景课文动画，课件通过一个一个的卡通动画情景向学生展示课文的内容，同时一个动听的声音将课文内容朗诵出来。图 3-2-1 所示的是课件运行时的一个画面。

图 3-2-1　课件运行时的一个画面

🔖 **知识要点**

◆ 用 GoldWave 录制声音的方法
◆ 控制声音的播放长度
◆ 调整声音的音量和播放效果
◆ 压缩声音的方法
◆ 减少声音噪音的方法
◆ 卡通人物造型
◆ 利用传统补间动画制作卡通人物的眼睛闪动效果
◆ 利用形状补间动画制作卡通人物的嘴动效果
◆ 利用形状补间动画制作卡通人物的头发飘动效果

🎬 **制作步骤**

这个范例涉及的技术内容比较多，有些知识点已在前面的章节多次讨论，因此下面不再按照这个课件范例的制作过程一步一步讲解了，而是选择其中一些重点内容进行讨论。

3.2.1 用 GoldWave 录制声音

1. 音量控制设置

（1）在计算机桌面右下角的"任务栏"上双击小喇叭图标 🔊，打开"音量控制"窗口，如图 3-2-2 所示。

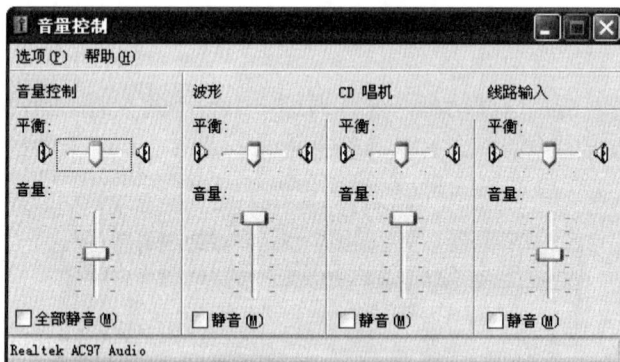

图 3-2-2 "音量控制"窗口

（2）选择"选项"|"属性"命令，在弹出的"属性"对话框中选中"调节音量"栏中的"录音"单选按钮，然后在"显示下列音量控制"列表框中选中"麦克风"复选框，如图 3-2-3 所示。

（3）单击"确定"按钮，在打开的"录音控制"窗口中选中"麦克风"选项下的"选择"复选框，然后适当调整音量大小，如图 3-2-4 所示。

这样，声音设置全部完成，关闭所有窗口。

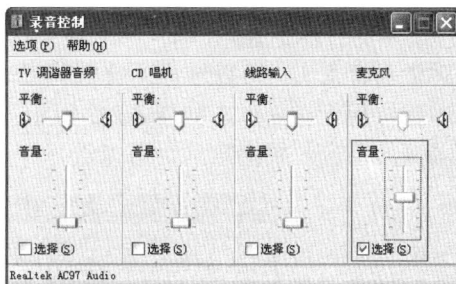

图 3-2-3　"属性"对话框　　　　　　　　图 3-2-4　"录音控制"窗口

2．在 GoldWave 中录制声音文件

（1）运行 GoldWave 软件，单击工具栏上的"新建"按钮，打开"新建声音"对话框。在其中单击"收音机"按钮，设置声音的"声道"为"单声"、"取样比率"为"22050Hz"、"长度"为 1 分钟，如图 3-2-5 所示。

单击"确定"按钮，弹出新建的声音文档，如图 3-2-6 所示。

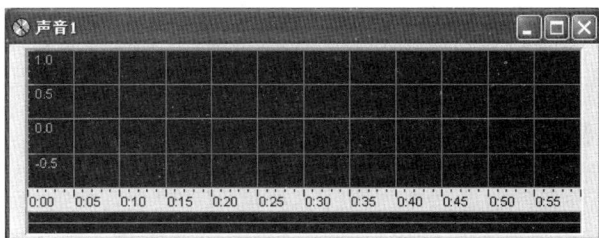

图 3-2-5　"新建声音"对话框

（2）选择"工具"|"设备控制"命令，弹出"设备控制"对话框，如图 3-2-7 所示，此对话框用于控制声音文件的录制。单击"录音"按钮 ● 开始录制声音，声音录制完毕后单击"停止"按钮 ■ 得到录制的声音波形文件，如图 3-2-8 所示。

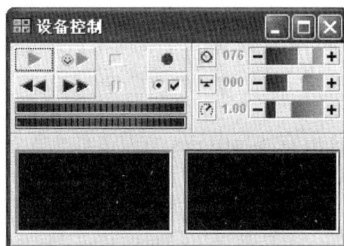

图 3-2-6　新建声音文档　　　　　　　　图 3-2-7　"设备控制"对话框

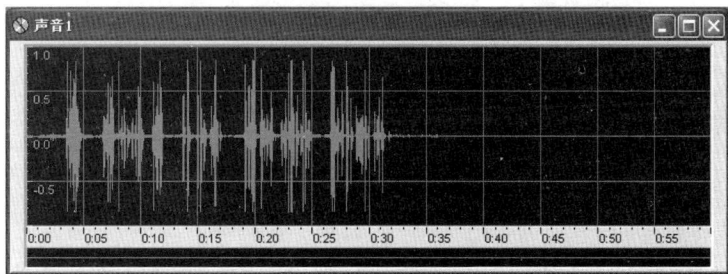

图 3-2-8　录制的声音波形文件

专家点拨： 在录音时最好能选择比较优质的麦克风和较安静的环境。在录制的时候可以离麦克风稍微远一点，或者用手帕将麦克风包一下，这样可以避免噪音的出现。

（3）单击"播放"按钮 ，在 GoldWave 中预听录制好的声音文件。如果用户在预听声音效果后感觉噪音太大，可以选择"效果"|"滤波器"|"降噪"命令，在弹出的"降噪"对话框中对声音进行降噪处理，如图 3-2-9 所示。

（4）对录制的声音效果满意后，可以选择"文件"|"保存"命令将声音文件保存。

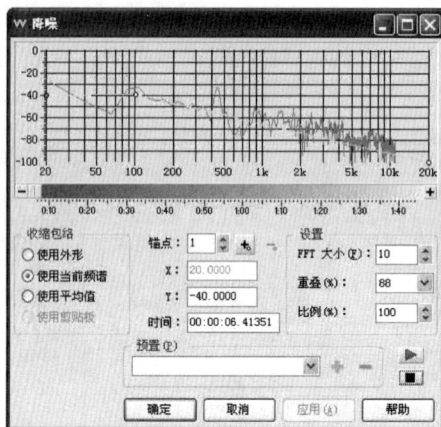

图 3-2-9 "降噪"对话框

3.2.2 调整控制声音的音量

调整配音音量在课件制作中是很重要的，音量过大会影响教学，音量过小学生有可能听不见。在制作配乐课文声音时要适当调低音乐音量，调高朗读声音音量，这样才能取得满意的播放效果。另外，有时要求课件中的声音具有淡入/淡出的播放效果，这些都需要通过调整控制声音的音量来完成。下面通过两种方法学习调整控制声音音量的方法和技巧。

1. 在 GoldWave 中控制声音的音量

（1）在 GoldWave 的窗口中打开声音文件，选择"效果"|"音量"|"更改音量"命令，在弹出的"更改音量"对话框中将标尺按钮往右拉可增大音量，往左拉可减小音量，如图 3-2-10 所示。

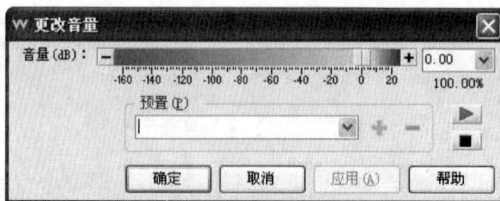

图 3-2-10 "更改音量"对话框

（2）根据需要还可以对声音文件增加回声等效果，处理完成后选择"文件"|"保存"命令将声音文件保存。

2．在 Flash 中控制声音的音量

（1）将外部的声音文件导入 Flash（文件路径：配套光盘\素材\part3\lesson.mp3），将声音引用到时间轴上，然后打开"属性"面板，单击"编辑"按钮，会弹出"编辑封套"对话框，在声音波形图上方有一条带方框的横线。横线是封套线，它表示声音播放时的音量，方框是封套手柄，将手柄上下拖动可以改变音量的播放大小。单击封套线，可以增加封套手柄，最多可达 8 个。如图 3-2-11 所示，上面的斜线（第一个手柄到第二个手柄间）表示在左声道音量从小到大上升，下边的斜线表示在右声道音量从大到小下降。

专家点拨：如果要删除多余的封套手柄，只要单击要删除的手柄，将其拖出窗口即可。另外，单击 ⊕ 和 ⊖ 按钮可改变窗口内音频显示的多少，单击 ⊙ 和 ⊞ 按钮可改变时间轴的单位。

（2）在"效果"下拉列表框中可以选择不同的选项来实现淡入/淡出、左向右淡出、右向左淡出等不同的声音效果。编辑好声音后，单击播放键试听效果，反复调整直到满意为止。

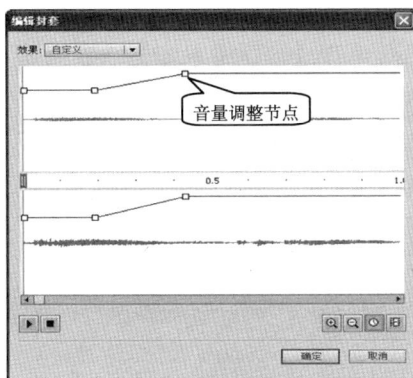

图 3-2-11　调整播放音量

另外，在音频时间轴上拖动游标可以改变音频的起点和终点，以控制声音的播放长度，如图 3-2-12 所示。

图 3-2-12　控制声音的播放长度

3.2.3 利用 Flash 内置的功能压缩声音

在声音录制和处理完毕之后必须要考虑声音压缩的问题，因为 Flash 动画课件在网络上流行是由于它的体积小。在输出动画时，Flash 会采用很好的方法对输出文件进行压缩，包括对文件中声音的压缩。但是，如果课件声音文件过大，影响了播放效果，应该直接在"库"面板中对导入的声音进行压缩。

（1）双击"库"面板中的声音图标，打开"声音属性"对话框，如图 3-2-13 所示。

专家点拨： 用户也可以在"库"面板中选择一个声音，然后在面板右上角的选项菜单中选择"属性"命令；或者在"库"面板中选择一个声音，然后单击"库"面板底部的"属性"图标 ❶。

压缩最好在"库"面板中直接进行，如果将声音加入到时间轴上，压缩的效果会很不理想或者根本不能压缩。

（2）在"声音属性"对话框的"压缩"下拉列表框中可以选择"默认"、ADPCM、MP3、Raw、"语音"几种压缩模式对声音进行压缩，如图 3-2-14 所示。

图 3-2-13 "声音属性"对话框

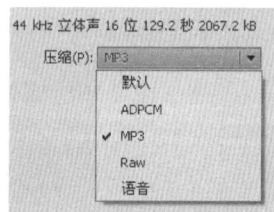

图 3-2-14 几种声音压缩模式

在这里重点介绍 MP3 压缩选项，因为这个选项最为常用。

（3）如果要导入影片中的声音是 MP3 格式，在导出影片文件时可以使用和导入时相同的设置。在"声音属性"对话框的"压缩"下拉列表框中选择 MP3 选项，并选中"使用导入的 MP3 品质"复选框，如图 3-2-15 所示。

专家点拨： 这是一个默认的设置，如果不在"库"中对声音进行处理，声音将以这个设置导出，即使用和导入时相同的 MP3 设置来导出文件。如果不想使用和导入时相同的设置来导出文件，也可以在"压缩"下拉列表框中选择 MP3 选项，并取消选中"使用导入的 MP3 品质"复选框，这样就可以重新设置 MP3 压缩格式了。

（4）设置比特率，这里取消选中"使用导入的 MP3 品质"复选框，在"比特率"下拉列表框中选择 16kbps，如图 3-2-16 所示。

专家点拨：在选择 MP3 比特率时，MP3 以 kbps（千位每秒）为单位。在 Flash 中默认的比特率是 16kbps，这样的比特率已经能够满足大多数音乐或语音文件的需求。用户可以根据不同的需要为不同的文件选择不同的比特率，语音文件一般 16～32kbps 就足以满足要求；音乐文件可以使用 32～64kbps 的比特率，比特率越大，声音质量越好，文件尺寸也越大。在 Flash 课件中没有必要使用高于 64kbps 比特率的声音文件，但是将比特率设置过低将很难获得最佳声音效果。

图 3-2-15　使用和导入时相同的设置

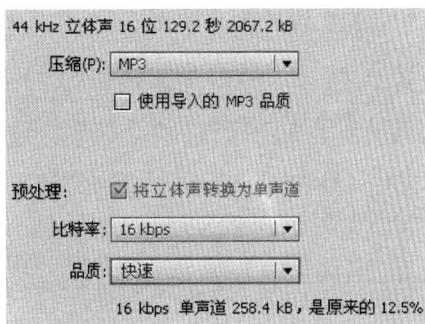

图 3-2-16　设置"比特率"

（5）设置"预处理"选项。选中"将立体声转换为单声道"复选框将混合立体声转换为单声道，尽量不要在课件中使用双声道音频，因为在同样的采样率下双声道文件的大小是单声道文件的两倍。

（6）设置"品质"选项。选择一个"品质"选项，以确定压缩速度和声音品质，其中"快速"选项的压缩速度较快，但声音品质较低；"中"选项的压缩速度较慢，但声音品质较高；"最佳"选项的压缩速度最慢，但声音品质最高。

（7）进行压缩测试。在"声音属性"对话框中，单击"测试"按钮，播放一次声音。如果要在结束播放之前停止测试，可以单击"停止"按钮。

如果用户在测试后对效果满意，单击"确定"按钮完成对声音文件的压缩。

专家点拨：除了采样比率和压缩以外，还可以通过下面几种方法在文档中有效地使用声音并减小文件的大小。

◆　设置音频的起点与终点游标，把音频文件中的无声部分从Flash文件中删除。

◆　在不同的关键帧上尽量使用相同的音频，并用不同的声音效果（例如音量封套、循环播放和切入/切出点），从同一声音中获得更多的变化。只使用一个声音文件就可以得到许多声音效果。

◆　循环播放短声音作为背景音乐。

◆　不要将音频流设置为循环播放。

3.2.4 卡通人物造型

在本课件中需要创建的卡通造型比较多，下面以绘制卡通人物为例讲解综合应用绘图工具和动画效果创建课文卡通情景的方法和技巧。

1．绘制脸形

（1）本课件的主角是一个小男孩，儿童的脸形应该是圆形。先用"椭圆工具"绘制一个椭圆形，如图 3-2-17 所示。

（2）用"选择工具"调整节点，在这个过程中要有细心和耐心，反复练习才能掌握规律。脸形调整出来的效果如图 3-2-18 所示。

专家点拨：人的脸形各不相同，主要有三角形、圆形、方形等，在绘制时要根据人物的特点和需要进行基本定调，然后再进行调整。

（3）用"添加锚点工具"在脸部左边增加两个节点，然后用"选择工具"调整眼睛和嘴的位置，如图 3-2-19 所示。

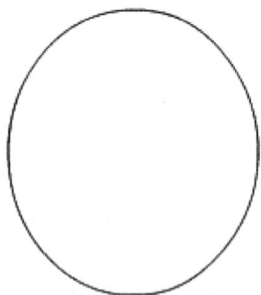

图 3-2-17 确定基本脸形　　　　图 3-2-18 调整脸形　　　　图 3-2-19 调整完成的脸部造型

专家点拨：从不同的角度观察脸会有不同的造型，主要有正视、左侧视、右侧视、仰视和俯视，是否把握好脸部的方向性是决定能不能把人物神态刻画准确的关键，只有通过不断地练习、观察才能充分掌握脸部的变化规律。

2．绘制眼睛

（1）儿童的眼睛多是大而圆，先用"椭圆工具"绘制一个椭圆，如图 3-2-20 所示。

（2）再改变"填充色"，绘制眼珠，如图 3-2-21 所示。

（3）改用"刷子工具"，将"填充色"设为棕色，绘制瞳孔。接着把"填充色"改为白色，绘制光亮部分，如图 3-2-22 所示。

（4）在眼睛上部加上眉毛，眼睛部分就绘制完成了，不过用户还可以根据自己的喜好添加一些修饰，例如睫毛等。复制一个眼睛作为右眼，并调整其大小和位置，完成后的效果如图 3-2-23 所示。

图 3-2-20　绘制眼睛轮廓

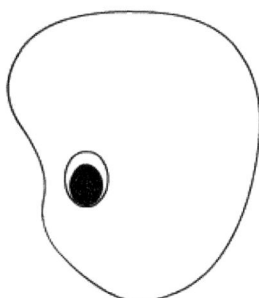

图 3-2-21　绘制眼珠

图 3-2-22　绘制瞳孔

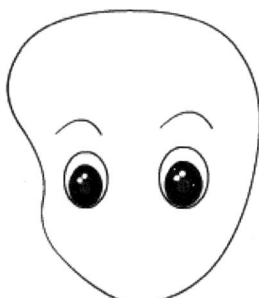

图 3-2-23　完成眼睛的绘制

3．绘制其他

（1）用绘图工具绘制两条直线，并将其调整为弧线作为男孩的嘴，如图 3-2-24 所示。

专家点拨： 这里只绘制一个简单的嘴形，如果要强调嘴部造型，还得根据嘴的透视效果来仔细绘制。

（2）头发的发梢一般都呈三角形的，所以应先将头发发梢绘制成三角形，然后再进行调整，为了防止图形切割，应选择"对象绘制"按钮。绘制结果如图 3-2-25 所示。

（3）用"选择工具"进行调整，调整后的头发如图 3-2-26 所示。

图 3-2-24　绘制嘴部

图 3-2-25　绘制头发基本轮廓

图 3-2-26　调整头发形状

（4）将头部被头发遮住的部分擦掉，再添上鼻子和耳朵，整个头部就算绘制完成了，如图 3-2-27 所示。

（5）最后绘制人物的身体部分和其他一些物体，再填充颜色，完成后的效果如图 3-2-28 所示。

图 3-2-27　绘制完成的头部

图 3-2-28　绘制完成的整个卡通造型

3.2.5　创建卡通人物动画效果

本课件中卡通人物的眼睛闪动、张开闭合嘴、头发飘动等动画效果创建在名为"读信"的影片剪辑元件中。

1. 眼睛闪动的动画效果

（1）新建一个名为"读信"的影片剪辑元件，在这个影片剪辑元件中将"图层 1"命名为"来信"，绘制一个如图 3-2-29 所示的卡通图形。

专家点拨：因为要创建卡通人物的眼睛闪动、张开闭合嘴、头发飘动等动画效果，所以眼睛、嘴、头发等对象不能创建在一个图层上，要分别在不同的图层上独立绘制。

（2）插入新图层，命名为"眼睛"，在这个图层上绘制眼睛图形，并将其转换为图形元件，如图 3-2-30 所示。

图 3-2-29　绘制卡通图形

图 3-2-30　绘制眼睛

（3）在"眼睛"图层的第 18、22 帧插入关键帧，并创建传统补间动画，在第 22 帧上用"任意变形工具"将眼睛的高度减少，实现眨眼的动画效果。

专家点拨： 注意眼睛的变形中心点应该移动到眼睛底部，这样才能实现满意的眨眼动画效果。

（4）用同样的方法实现眼睛不停闪动的动画效果，实现眼睛闪动的图层结构如图 3-2-31 所示。

图 3-2-31　实现眼睛闪动的图层结构

2．张开闭合嘴的动画效果

（1）新建一个图层，并命名为"嘴"，在这个图层上绘制嘴的图形。

（2）在"嘴"图层的第 26、30 帧插入关键帧，并定义形状补间动画。然后用"选择工具"将第 30 帧上嘴的形状调整为圆形，实现嘴张合的动画效果。图层结构如图 3-2-32 所示。

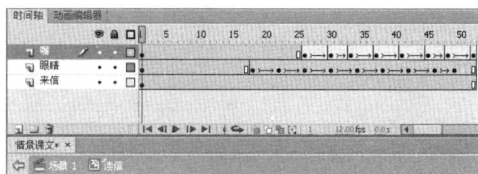

图 3-2-32　实现嘴张合的图层结构

3．头发飘动的动画效果

（1）新建一个图层，并命名为"头发"，在这个图层绘制头发图形，如图 3-2-33 所示。

（2）在"头发"图层的第 10、25 帧插入关键帧，并创建形状补间动画。然后调整第 10 帧发梢的形状，预览发现发梢的变化是杂乱无章的，下面给发梢添加形状提示。

（3）选中"头发"图层的第 10 帧，选择"修改"|"形状"|"添加形状提示"命令或按 Ctrl+Shift+H 键，得到形状提示符 a，此时的提示符为红色，如图 3-2-34 所示。

图 3-2-33　绘制头发图形

图 3-2-34　添加形状提示符

重复按 Ctrl+Shift+H 键，得到形状提示符 b～j，并用鼠标将提示符拖曳到发梢的几个角上，如图 3-2-35 所示。

（4）单击第 25 帧，将提示符拖曳到与第 10 帧相同的位置，这时提示符变成了绿色，如图 3-2-36 所示，回到第 10 帧发现提示符变成了黄色。

这样增加了形状提示点以后，头发飘动的动画效果就更自然了。然后用同样的方法定义第 27～42 帧的形状补间动画，完成以后的图层结构如图 3-2-37 所示。

图 3-2-35　布置形状提示符

图 3-2-36　布置结束帧形状提示符

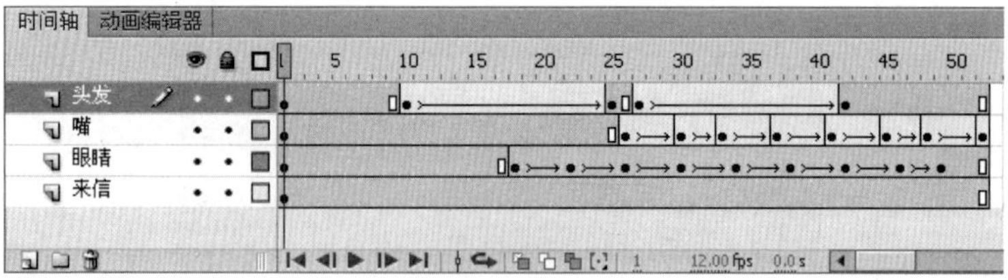

图 3-2-37　"读信"影片剪辑元件的图层结构

专家点拨：本课件中其他元件的制作请参考本书配套光盘上的课件源文件，这里不再赘述。

3.2.6　布局场景并实现课件主动画

（1）在"场景 1"中插入新图层并重命名为"声音"，然后从"库"面板中拖出 lesson 声音文件，在第 1 帧上出现一条短线，说明声音文件已经应用到了关键帧上，按住 Alt 键将鼠标往右拖动，直到没有声音波形出现为止。

（2）新建一个图层并命名为"课文文本"，按 Enter 键，一边预览声音一边插入关键帧定义标签，完成后在关键帧处输入相应的文本。

（3）根据课文内容插入新图层，并命名相应图层名，图层结构如图 3-2-38 所示。

（4）实现本课件的动画过程都是基本的补间动画类型，具体实现过程请参考本书配套光盘上的课件源文件，在此不再详述。

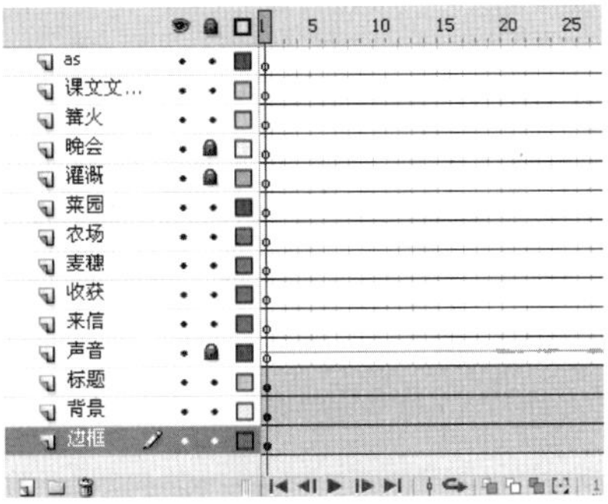

图 3-2-38　图层结构

3.3　视频在 Flash 课件中的应用——火山地理现象

视频是制作多媒体课件时经常使用的媒体素材，视频媒体能够更真实地演示教学内容，是制作多媒体课件必不可少的一种素材类型。本节以一个地理课件范例的制作讨论将视频素材运用到 Flash 课件中的方法。

📖 **课件简介**

本课件是一个演示地理课程"火山地理现象"的范例，当课件运行时在播放器的支持下播放关于火山爆发的一段视频内容，如图 3-3-1 所示。

图 3-3-1　火山爆发课件效果

本课件最大的特点是视频素材并没有直接嵌入到课件影片当中，而是将外部的视频文件加载到 SWF 文件中回放，这样可以保证课件影片本身的体积不会太大。

✍ **知识要点**

◆　将外部视频导入 Flash 的方法

◆ 在 Flash 课件中播放外部视频的方法

◆ FLV 视频格式

制作步骤

3.3.1　Flash 支持的视频类型

若要将视频导入到 Flash 中，必须使用以 FLV 或 H.264 格式编码的视频。视频导入向导（选择"文件"|"导入"|"导入视频"命令）会检查导入的视频文件，如果视频不是 Flash 可以播放的格式，则会提醒用户。

所有的视频都是一种经过特殊处理的压缩文件格式，当它们呈现在屏幕上时是经过解压软件解压缩处理后得到的，Flash Player 就是一种视频解压缩软件。另外，并非所有视频编码格式 Flash Player 都可以识别和播放，Flash Player 仅可以识别 On2 VP6、Sorenson Spark 和 H.264 编码格式，而且不同的 Flash Player 版本支持的程度不同。

对于 Flash Player 不能使用的编码视频，可以使用 Adobe Media Encoder CS6 将这些视频编码为 Flash Player 可以识别的编码格式。

表 3-3-1 列出了针对不同的编码器发布的版本和播放外部视频所要求的播放器的列表。

表 3-3-1　发布的版本和播放外部视频所要求的播放器的列表

编　码　器	SWF 版本（发布版本）	Flash Player 版本（播放所需的版本）
Sorenson Spark	6	6、7、8
	7	7、8、9、10
On2 VP6	6、7、8	8、9、10
H.264	第 9.2 版或更高版本	第 9.2 版或更高版本

在 Flash CS6 中有 3 种方法使用视频，分别是从 Web 服务器渐进式下载方式、使用 Adobe Flash Media Server 流式加载方式和直接在 Flash 文档中嵌入视频方式。

3.3.2　将视频嵌入 Flash 课件

Flash 允许将视频剪辑直接嵌入到 Flash 动画中。与导入的位图或矢量插图文件一样，嵌入的视频文件将成为 Flash 文档的一部分。以嵌入方式导入的视频文件最好是播放时间较短的视频剪辑。若嵌入动画中的视频文件的播放时间长度小于 10 秒，则播放效果最好。

下面通过实际操作介绍将视频剪辑导入 Flash 中的嵌入文件的方法。

（1）新建一个 Flash 影片文档，保持文档属性默认。

（2）选择"文件"|"导入"|"导入视频"命令，弹出"导入视频"向导。

（3）单击"浏览"按钮弹出"打开"对话框，在其中选择需要嵌入到文档的视频文件（火山.flv），然后单击"打开"按钮返回到"导入视频"向导，选中"在 SWF 中嵌入 FLV 并在时间轴中播放"单选按钮，如图 3-3-2 所示。

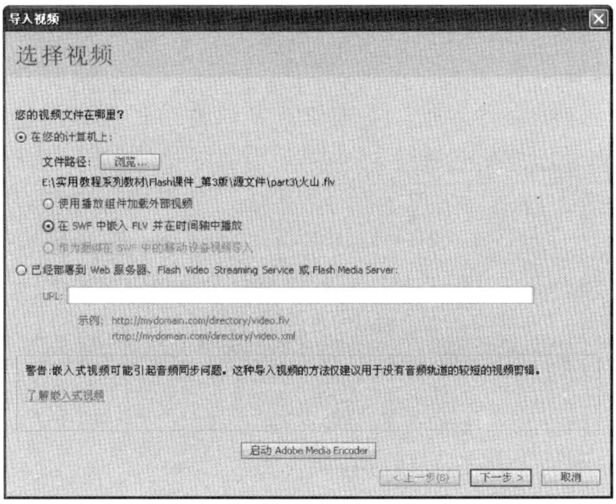

图 3-3-2　选择视频

（4）单击"下一步"按钮，出现如图 3-3-3 所示的"嵌入"对话框，在这里可以设置视频嵌入方式。在默认情况下，"将实例放置在舞台上"复选框被选中，此时视频将直接导入到舞台。如果只是需要将视频导入到库中，可以取消对"将实例放置在舞台上"复选框的选中。

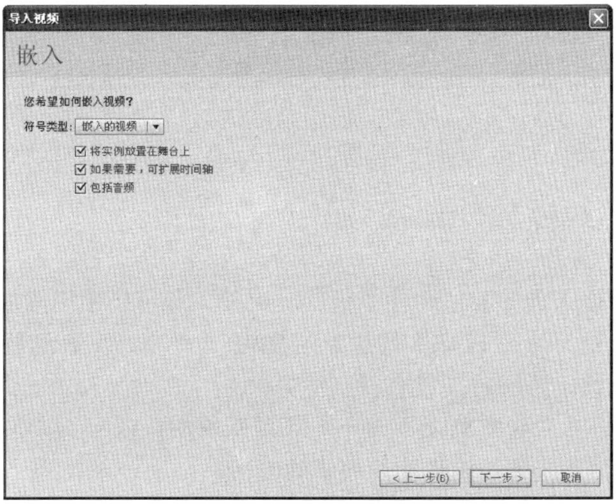

图 3-3-3　设置嵌入

专家点拨：在"符号类型"下拉列表中有 3 个选项，用于设置将视频嵌入到 SWF 文件的元件类型。

◆ 嵌入的视频：如果要在时间轴上线性播放视频剪辑，可以选择该选项，将视频导入到时间轴。

◆ 影片剪辑：选择该选项，视频将放置到影片剪辑实例中。在使用这种方式时，视频的时间轴独立于主时间轴，用户可以方便地对视频进行控制。

◆ 图形：选择该选项，视频将嵌入到图形元件中，此时将无法使用 ActionScript 与视频进行交互。

在默认情况下，"将实例放置在舞台上"复选框处于选中状态。如果不选中此复选框，那么导入的视频将存放在库中。

选中"如果需要，可扩展时间轴"复选框，可以自动扩展时间轴以满足视频长度的要求。在默认情况下，此复选框处于选中状态。

（5）单击"下一步"按钮，出现如图 3-3-4 所示的"完成视频导入"对话框，在这里会显示一些提示信息，直接单击"完成"按钮将会出现导入进度对话框，加载进度完成以后，视频就被导入到了舞台上，按 Enter 键可以播放视频效果。

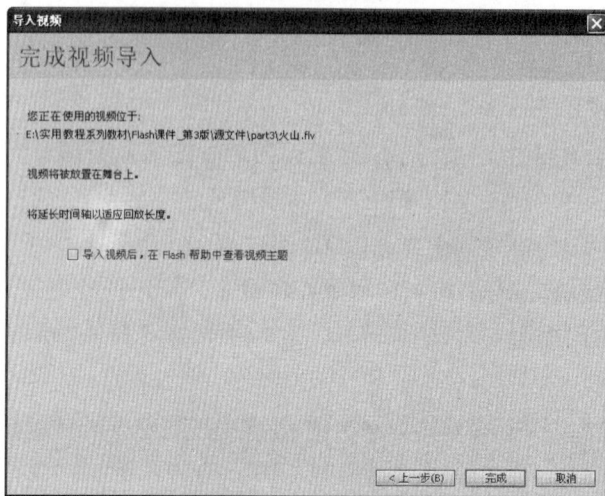

图 3-3-4　完成视频导入

3.3.3　渐进式下载播放外部视频

除了可以将视频嵌入到 Flash 课件中进行应用外，还可以使用渐进式下载播放外部视频功能。渐进式下载是将外部 FLV 文件加载到 SWF 文件中，并在运行时回放。

与嵌入的视频相比，渐进式下载有以下优势：

◆ 在创作过程中只需发布SWF界面，即可预览或测试Flash的部分或全部内容，因此能更快速地预览，从而缩短重复测试的时间。

◆ 在运行时视频文件从计算机磁盘驱动器加载到SWF文件上，并且没有文件大小和持续时间的限制，不存在音频同步的问题，也没有内存限制。

◆ 视频文件的帧频可以不同于SWF文件的帧频，从而能更灵活地创作影片。

在制作渐进式下载播放外部视频影片时可以导入已部署到 Web 服务器上的视频文件，也可以选择存储在本地计算机上的视频文件，导入到 FLA 文件后再将其上传到服务器上。

下面通过具体操作进行讲解。

（1）新建一个 Flash 影片，文档属性保持默认。

（2）选择"文件"|"导入"|"导入视频"命令，弹出"导入视频"向导，选中"使用播放组件加载外部视频"单选按钮。然后单击"浏览"按钮弹出"打开"对话框，在其中选择需要使用的视频文件，单击"打开"按钮回到"导入视频"对话框，如图 3-3-5

所示。

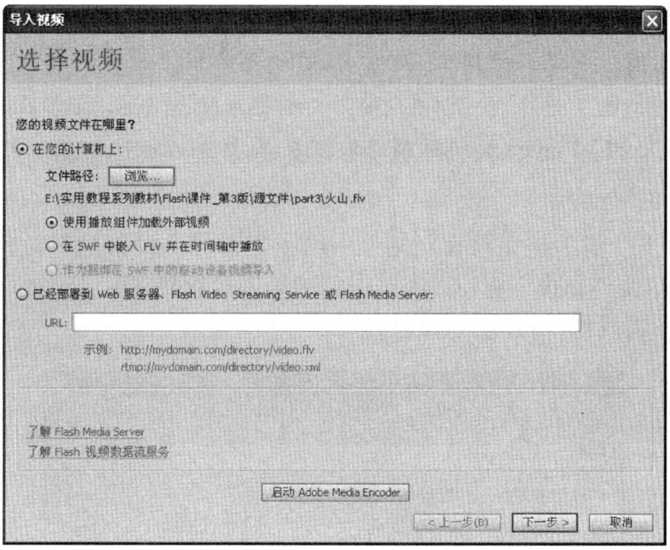

图 3-3-5　选择视频

专家点拨：在"导入视频"对话框中，如果需要导入本地计算机上的视频文件，应选中"使用播放组件加载外部视频"单选按钮。如果要导入已经部署在 Web 服务器、Flash Video Streaming Service 或 Flash Media Server 上的视频，则可以选中"已经部署到 Web 服务器、Flash Video Streaming Service 或 Flash Media Server"单选按钮，然后在 URL 文本框中输入视频的 URL 地址。这里要注意，位于 Web 服务器上的视频使用的是 http 通信协议，而位于 Flash Media Server 和 Flash Streaming Service 上的视频使用的是 RTMP 通信协议。

（3）单击"下一步"按钮，出现"设定外观"对话框，在这里可以设置 FLVPlayback 视频组件的外观。在"外观"下拉列表框中有许多默认的播放器外观可以选择，在其中任意选择一个选项，如图 3-3-6 所示。

图 3-3-6　设定外观

专家点拨：在"外观"下拉列表中可以选择 Flash 提供的预定义 FLVPlayback 视频组件外观，Flash 将会把选择的外观影片复制到 FLA 文档所在的文件夹。如果在该下拉列表中选择"无"选项，则将不使用 FLVPlayback 组件外观。单击"颜色"按钮将打开调色板，可设置组件的颜色。另外，可以在 URL 文本框中输入 Web 服务器地址以选择自定义外观。这里要注意，FLVPlayback 视频组件外观在基于 ActionScript 2.0 文档和 ActionScript 3.0 文档时会有所不同。

（4）单击"下一步"按钮将在对话框中给出当前导入视频的有关信息及提示，如图 3-3-7 所示。此时单击"完成"按钮，经过一定的导入进度提示后就完成了操作，舞台上出现之前选择的视频播放器，如图 3-3-8 所示。

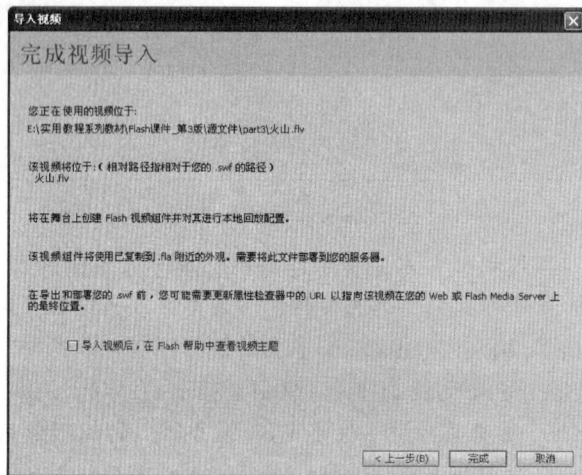

图 3-3-7　完成视频导入

（5）按 Ctrl+Enter 键测试影片，可以在播放器的支持下对视频进行播放，如图 3-3-9 所示。

图 3-3-8　视频导入到文档　　　　　　　　图 3-3-9　测试影片

（6）保存文件后打开"资源管理器"，可以发现保存 Flash 影片的文件夹下对应这个范例有 4 个文件，如表 3-3-2 所示。

表 3-3-2　本范例包括的文件

文　件　名	说　　明
渐进式下载播放视频.fla	影片源文件
渐进式下载播放视频.swf	影片播放文件
视频素材.flv	外部视频文件
MinimaFlatCustomColorAll.swf	播放器外观组件影片

（7）插入视频后，用户在舞台上选择视频实例，在"属性"面板中可以对视频属性进行设置，如图 3-3-10 所示。用户可以在"位置和大小"栏中设置视频在舞台上的位置和播放窗口的大小，可以在"组件参数"栏中对 FLVPlayback 视频播放组件的属性进行设置，例如设置组件的对齐方式（align 下拉列表）、组件的外观样式（skin 设置项）和背景颜色（skin BackgroundColor 设置项）等。

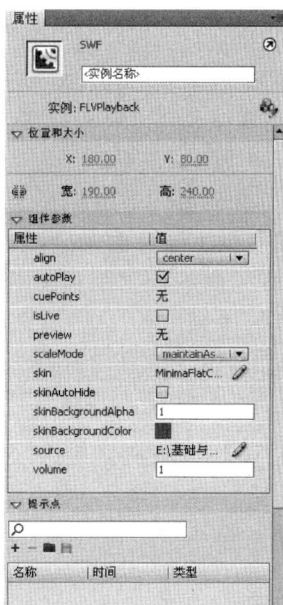

图 3-3-10　设置视频属性

3.4　本章习题

一、填空题

1．在制作包含声音的多媒体课件时，将声音和_____同步是制作课件的关键。

2．Photoshop 是 Adobe 公司推出的一款功能强大、使用范围广泛的_____软件，它给 Flash 课件制作中的图形图像处理带来了极大的便利。

3．和导入图像不同的是，不论是选择"导入到舞台"还是"导入到库"命令，导入的声音不会自动出现在场景中，它们存在于_____中。

4．在"声音属性"对话框中设置的比特率越低，声音压缩的比例就越____，但比特率的设置值不应该低于____kbps。如果这里将声音的比特率设置过低，将会严重影响声音文件的播放效果。

二、选择题

1．Flash 不支持导入声音的类型有（　　）。

    A．MID   B．MP3   C．MOV   D．WAV

2．下列关于音频编辑的"同步"下拉列表框中的选项说明错误的一项是（　　）。

    A．"事件"使声音与某个事件同步播放，它的播放是独立于课件之外的，如果课件已经播放完毕，声音还会继续播放

    B．"开始"与"事件"一样，只是当声音正在播放时不再播放新的声音

    C．"停止"能使指定的声音静音

    D．"数据流"使声音和时间轴只能同时播放，不能同时结束

3．在 Flash 中应用视频时，在"导入视频"向导的"选择视频"对话框中选中下面的（　　）单选按钮能够将视频文件设置为嵌入到 Flash 动画中。

    A．使用回放组件加载外部视频

    B．以数据流方式从 Flash 视频数据流传输

    C．以数据流方式从 Flash Communication Server 传输

    D．在 SWF 中嵌入 FLV 并在时间轴中播放

4．在使用播放组件加载外部视频后，在视频实例"属性"面板的"组件参数"栏中，下面的（　　）可以用于更改播放的视频。

    A．autoPlay   B．cuePoints   C．sourcen   D．skin

3.5　上机练习

练习 1　瑞雪

制作一个语文情景课文课件——瑞雪，如图 3-5-1 所示。

图 3-5-1　瑞雪

主要制作步骤提示：

（1）在 GoldWave 中录制课文朗诵声音文件。

（2）将声音导入 Flash。

（3）制作朗诵声音和课文文字同步的动画效果。

（4）利用补间动画制作雪花和图像淡入/淡出、由远到近等动画效果。

练习 2　几何作图

制作一个声音处理同步演示数学课件——几何作图，如图 3-5-2 所示。

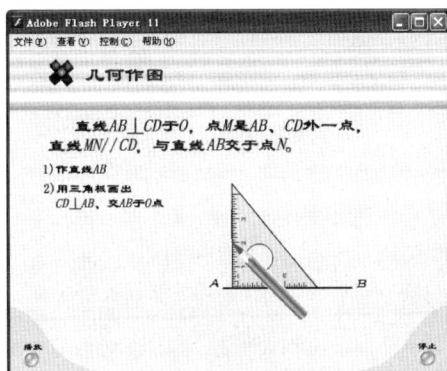

图 3-5-2　几何作图

主要制作步骤提示：

（1）导入作图步骤讲解声音。

（2）利用补间动画、遮罩动画制作几何作图过程。

（3）利用声音和动画同步技术为课件配音。

（4）添加控制课件播放和停止的简单动作脚本。

练习 3　构造地震的成因

利用视频处理技术制作课件——构造地震的成因，如图 3-5-3 所示。

图 3-5-3　构造地震的成因

主要制作步骤提示：

（1）导入视频文件将视频嵌入到 Flash 影片中。

（2）利用绘图工具制作课件界面并制作文件说明页面。

（3）制作按钮，通过按钮控制视频开始播放。

单场景交互课件

◆ 按钮元件
◆ 影片剪辑元件的应用
◆ 利用简单动作脚本制作单场景交互课件
◆ 利用 Photoshop 去掉图像背景

交互性是多媒体课件的一个重要特性，具有交互性的多媒体课件不管是对教师的教学过程还是对学生的学习过程都能起到有效的辅助作用。在课堂教学中，教师通过大屏幕投影仪将教学内容展示给学生，如果课件中设计了较强的交互性，那么教师就可以有层次地控制课堂的节奏，还可以根据需要跳转到课件的任意一个页面，这样可以取得较好的教学效果。

Flash 具备很强的交互设计功能，利用它能轻易地制作出交互性课件，对于内容和结构比较简单的交互性课件，在 Flash 中利用一个场景便能完成。

Flash 制作交互课件具有很大的优势，主要表现在以下几个方面。

1. 类型丰富

利用 Flash 可以制作出各种类型、各种效果的交互课件。例如本章将制作 3 种类型的交互课件，包括简单交互课件、分模块交互课件、翻书效果交互课件。

2. 重复使用

因为用 Flash 制作的交互课件结构清晰、合理，所以课件程序可以重复利用。在某一类型的交互课件制作好以后，如果下次需要同样类型的交互课件，只需要更改一下相关的元件内容即可。

3. 制作简单

虽然用 Flash 制作的交互课件效果丰富、功能强大，但制作起来一点也不难。在掌握前面 3 章知识的基础上只需掌握几个简单的动作脚本就可以设计出丰富多彩、功能强大的交互课件。

本章通过 3 个课件范例的制作过程详细介绍利用 Flash 制作交互课件的方法和技巧。

4.1 简单交互课件

按钮元件是 Flash 制作交互课件的灵魂，通过定义按钮的跳转动作脚本，再加上控制关键帧的停止动作，就可以制作出简单的交互课件。

本节通过数学课件范例"认识图形"的制作过程介绍用 Flash 制作简单交互课件的方法。

📖 **课件简介**

本范例是低年级数学中的"认识图形"课件，该课件以幻灯片的形式展示一些生活中的实物图片，让小学生从自己的身边认识几何图形。学生们在轻松、自然地浏览图片的过程中学习了知识、激发了想象。课件播放时先显示一个课件封面，如图 4-1-1 所示。

图 4-1-1　课件封面效果

单击画面右下角的"播放"按钮，可以播放课件的下一个页面，图 4-1-2 所示为其中的一个图形展示页面效果。在课件的图形展示页面上有两个按钮，左下角的按钮控制课件向前播放，右下角的按钮控制课件向后播放，这样可以任意控制课件的跳转播放。

图 4-1-2　课件运行中的一个画面

✏️ **知识要点**

◆ 利用 Photoshop 去掉图像背景的方法
◆ 利用 Photoshop 制作特效字的方法
◆ 按钮元件的制作和按钮声效的添加

◆　通过按钮动作和帧动作制作简单交互课件的方法

制作步骤

4.1.1　利用 Photoshop 处理课件位图素材

（1）运行 Photoshop CS6，选择"文件"|"打开"命令，搜索存放图像素材的文件夹，选择要导入的图像（文件路径：配套光盘\素材\part4\4.1 处理前的图像素材\），然后单击"打开"按钮。

（2）选择"窗口"|"图层"命令，在打开的"图层"面板中双击图层名，如图 4-1-3 所示。

专家点拨：在运行 Photoshop 时，"图层"、"路径"等面板一般已经在界面中，只要单击面板上面的标签就可以在各个面板之间转换。

（3）在弹出的"新建图层"对话框中单击"确定"按钮，将"背景"图层转换为普通图层，如图 4-1-4 所示。

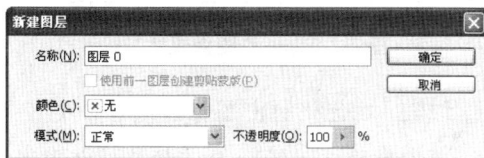

图 4-1-3　"图层"面板　　　　　　　　　图 4-1-4　"新建图层"对话框

专家点拨：Photoshop 的很多命令和操作不能直接作用于"背景"图层，因此在很多情况下需要将"背景"图层转换为普通图层。

（4）选择绘图工具栏上的"魔棒工具"，在选项栏中设置"容差"为 30，然后将鼠标指针移到图像的白色区域处单击，白色周围出现虚线，如图 4-1-5 所示。按 Delete 删除白色区域，图像变成透明背景，如图 4-1-6 所示。

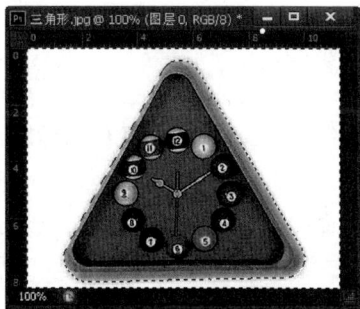

图 4-1-5　选中白色区域　　　　　　　　　图 4-1-6　删除白色区域

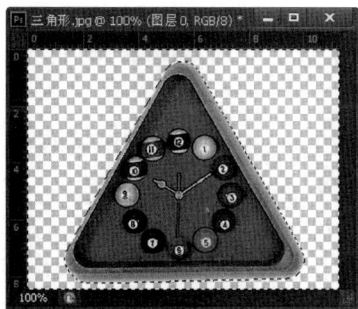

（5）选择"选择"|"全部"命令或按 Ctrl+A 键，选中画布上的图像。然后选择"图像"|"图像大小"命令，在弹出的"图像大小"对话框中先取消选中"约束比例"复选框，设置"像素大小"中的宽度和高度为合适的尺寸，其他参数不变，如图 4-1-7 所示。设置完后单击"确定"按钮。

专家点拨：如果想按照原来图像的宽、高比例更改图像的尺寸，可以选中"图像大小"对话框中的"约束比例"复选框。

（6）选择"文件"|"存储为 Web 所用格式"命令，在弹出的"存储为 Web 所用格式"对话框中进行参数设置，如图 4-1-8 所示。

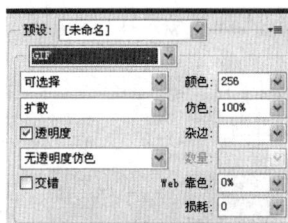

图 4-1-7　更改图像尺寸　　　　　图 4-1-8　优化并输出图像

专家点拨：在优化输出图像时选择了 GIF 格式进行输出。GIF 格式支持的颜色最高为 256 色，该图像格式文件较小，并且可以输出透明背景的图片。此外还有一种常用的图像格式 JPEG，这种格式最大的特点是文件比较小，压缩质量可以选择，当压缩质量较低时会损失一些图像细节。在压缩优化图像的时候，如果图像的颜色较少、较单纯，一般采用 GIF 格式，这样图像的大小会大大地小于压缩成 JPEG 格式的图像，而且图像质量也优于 JPEG 格式；相反，如果图像的色彩比较丰富，那么一般采用 JPEG 格式。

（7）设置完后单击"存储"按钮，并给图像起一个合适的文件名，例如"三角形.gif"。按照同样的方法将其他图像素材进行处理，可以在配套光盘的相关文件夹中搜索到本课件使用的图像素材（文件路径：配套光盘\素材\part\4.1 处理后的图像\）。

4.1.2　利用 Photoshop 制作课件特效字标题

下面利用 Photoshop 处理图像的强大功能为课件制作一个醒目、美观的标题，能给人赏心悦目的感觉。

（1）在 Photoshop CS6 中选择"文件"|"新建"命令，在弹出的"新建"对话框中设置图像的大小为 200×30 像素、"颜色模式"为"RGB 颜色"、"背景内容"为"透明"，如图 4-1-9 所示。单击"确定"按钮，得到一个新图像文件，画布效果如图 4-1-10 所示。

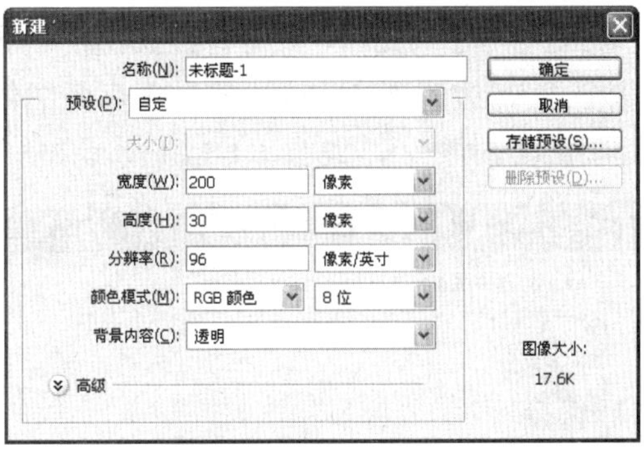

图 4-1-9　新建图像文件

（2）选择工具箱中的"横排文字工具"，在选项栏的"设置字体系列"下拉列表框中选择方正粗倩简体，在"设置字体大小"下拉列表框中选择 18 点，然后将鼠标指针移动到画布左端并单击，输入"认识几何图形"6 个文字。

（3）选择工具箱中的"移动工具" ，将画布中的文字调整到画布中心位置，如图 4-1-11 所示。

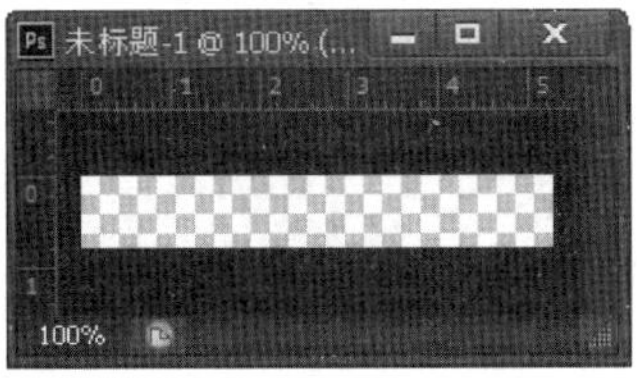

图 4-1-10　新建图像文件的画布

图 4-1-11　输入文字

（4）选择"窗口"|"样式"命令，打开"样式"面板，如图 4-1-12 所示。单击其中的某一种样式，例如"日落天空"，样式效果就附加到输入的文字上了，如图 4-1-13 所示。

（5）选择"文件"|"存储为 Web 所用格式"命令，将特效文字优化并输出，存储文件名为"课件标题.gif"。

图 4-1-12　"样式"面板

图 4-1-13　应用样式后的文字效果

4.1.3　导入素材和创建课件界面

（1）新建一个 Flash 文件（ActionScript 2.0），保持文档属性为默认。

（2）选择"文件"|"导入"|"导入到库"命令，在弹出的"导入到库"对话框中选择"文件类型"为"所有图像格式"，搜索到 Photoshop 处理后的图像素材文件（文件路径：配套光盘\素材\part4\4.1 处理后的图像\），如图 4-1-14 所示。

图 4-1-14　"导入到库"对话框

（3）单击"打开"按钮，外部的素材图像就被导入到 Flash 的"库"中，这时打开"库"面板就可以看到已经被导入的图像。用同样的方法将在 Photoshop 中制作的特效字图像文件"课件标题"也导入到 Flash 的"库"中。

（4）新建一个图层，并将时间轴上的两个图层重命名为"背景"和"标题"。

（5）选择"文件"|"导入"|"打开外部库"命令，打开 2.5 节的影片库（勾股定理.fla），将"库"面板中的"背景"图形元件拖放到"背景"图层上，并修改背景元件的填充颜色。

（6）在"标题"图层上从"库"面板中将导入的特效标题文字拖放到场景中的合适位置，为了美化标题，再用绘图工具绘制一棵树的图形，效果如图 4-1-15 所示。

4.1.4　制作按钮元件

1. 创建按钮元件

（1）选择"插入"|"新建元件"命令，弹出"创建新元件"对话框，在"名称"文本框中输入"播放"，"类型"选择"按钮"，单击"确定"按钮，如图 4-1-16 所示。

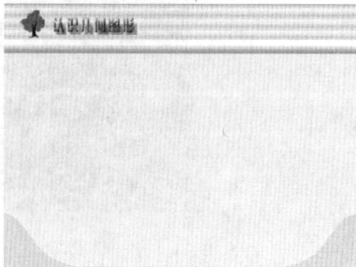

图 4-1-15　课件的背景和标题

专家点拨：按钮是 Flash 元件的一种，它具有多种状态，并且会响应鼠标事件，执行指定的动作，是实现交互性课件的灵魂，因此掌握好按钮元件的制作将为制作交互功能强大的课件奠定良好的基础。

（2）按钮元件与我们之前学习的图形元件和影片剪辑元件相比有不同的形态和特点。它还有自身特殊的编辑环境，通过时间轴上的 4 帧结构来创建关键帧，可以指定按钮在不同状态下的形态变化，如图 4-1-17 所示。

图 4-1-16　新建按钮元件　　　　　图 4-1-17　按钮的 4 帧编辑环境

◆　"弹起"帧：表示鼠标指针不在按钮上时的状态。
◆　"指针经过"帧：表示当将鼠标指针放在按钮上时的状态。
◆　"按下"帧：表示当用鼠标按下按钮时的状态。
◆　"点击"帧：定义对鼠标做出反应的区域，这个反应区域在影片播放时是看不到的。

2．绘制按钮元件的各帧图形

（1）在"播放"按钮元件的编辑场景中将"图层 1"更名为"按钮图形"，先在该图层的第 1 帧（"弹起"帧）用绘图工具绘制一个按钮图形，如图 4-1-18 所示。这个按钮图形是由如图 4-1-19 所示的几个图形组合而成的。

（2）选择第 3 帧（"按下"帧），按 F6 键插入关键帧，将这个帧上的按钮图形的填充颜色更改一下，将原来的蓝色到白色的线性渐变色改为灰色到白色的渐变色，并改变三角形的阴影方向，如图 4-1-20 所示，这样将使按钮按下时有一个颜色改变和一个动态的效果。

专家点拨：选择"按下"帧后，"指针经过"帧自动被添加为普通帧，说明此帧和"弹起"帧的效果是完全一致的。在制作中也可以更改此帧的内容，使鼠标经过按钮也有形态的变化。

（3）选择第 4 帧（"点击"帧），按 F6 键插入关键帧，定义鼠标的响应区域。

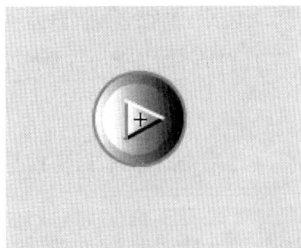

图 4-1-18　"弹起"帧中的按钮图形　　图 4-1-19　按钮的分解图形　　图 4-1-20　"按下"帧中的按
　　　　　　　　　　　　　　　　　　　　　　　　　　　　　　　　　　　　钮图形

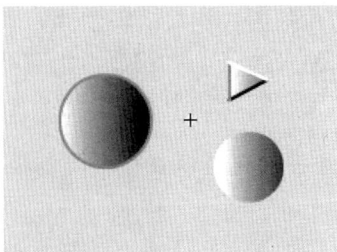

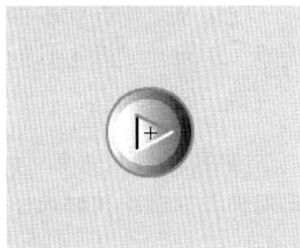

专家点拨：定义"点击"帧是为了定义按钮的单击范围，在这个范围内单击按钮才会被系统认为该事件已经发生。当然也可以不定义该帧，此时系统默认"弹起"帧为响应

范围。该帧在播放时是不可见的。

3．创建按钮的声音效果

刚才绘制的按钮是动态的，在鼠标出入和单击时都有变化，但存在一个缺陷，那就是没有提示性的声音效果。如果能为按钮的特定帧增加音效，在交互中就能明确地给使用者以提示，从而有声有色地实现课件交互。下面就来实现按钮的声音效果。

（1）导入一个声音文件（sound.mp3）。

（2）在"按钮图形"图层之上插入新图层，并重命名为"声效"，然后在该图层的第 3 帧（"按下"帧），按 F7 键插入一个空白关键帧。

（3）从"库"面板中将声音文件拖放到场景中，按钮元件的图层结构如图 4-1-21 所示。

图 4-1-21　按钮元件的图层结构

（4）打开"属性"面板，在"声音"栏中将"同步"选项设置为"事件"，并且重复一次，这样在单击按钮的时候就会有声音发出。至此，一个有音效的按钮元件就制作完成了。

专家点拨：这里必须将"同步"选项设置为"事件"，如果是"数据流"同步类型，那么将听不到声效。在给按钮添加声效时一定要使用"事件"同步类型。

4.1.5　布局图形和按钮元件

1．布局图形元件

（1）从元件编辑场景返回主场景，在"标题"图层之上新插入一个图层，并重命名为"认识图片"。

（2）从"库"面板中拖动几张图片到"认识图片"图层的第 1 帧，调整图片的位置和大小，并用"文本工具"分别输入"认"、"识"、"几"、"何"、"图"、"形"文字，将文字设置成不同的颜色，并分散放置它们，如图 4-1-22 所示。

专家点拨：在输入 6 个文字时也可以在一个文本框中输入，然后按 Ctrl+B 键打散将它们变为 6 个单独的文字。

（3）在"认识图片"图层的第 2～12 帧依次按 F7 键插入空白关键帧，然后从"库"面板中将相应的图片分别拖放到每帧的场景中，并在每帧中加上文字说明。图 4-1-23 所示的是第 5 帧上的场景效果，其他帧上的场景效果与其类似。

图 4-1-22　课件封面

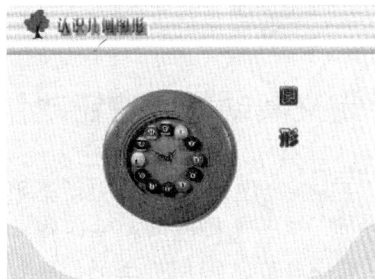

图 4-1-23　第 5 帧上的场景效果

（4）在"背景"图层和"标题"图层的第 12 帧按 F5 键插入帧，这时的图层结构如图 4-1-24 所示。

2．布局按钮元件

（1）在"认识图片"图层上面新建一个图层，并重命名为"按钮"。

（2）选择"按钮"图层的第 1 帧，将"库"面板中的"播放"按钮拖动到舞台的右下角，如图 4-1-25 所示。

图 4-1-24　完成布局的图层结构

（3）选择"按钮"图层的第 2 帧，按 F6 键插入一个关键帧，这样第 2 帧上就有了一个和第 1 帧上一样的按钮。选择右下角的按钮，按住 Ctrl 键不松手，同时拖动鼠标复制出一个同样的按钮。将这个新按钮移动到舞台的左下角位置，然后选择"修改"|"变形"|"水平翻转"命令，将左下角的按钮水平翻转一下，效果如图 4-1-26 所示。

图 4-1-25　布局右下角的按钮

图 4-1-26　布局左下角的按钮

（4）选择"按钮"图层的第 12 帧，按 F6 键插入一个关键帧，然后选择右下角的按钮，按 Delete 键将它删除，这样课件最后一个页面就只剩下左下角的一个按钮了，这时的图层结构如图 4-1-27 所示。

专家点拨： 用户在设计课件的时候一定要注意一些细节问题，例如本课件按钮的布局情况就十分注重细节问题，并不是随便地将两个按钮放置在课件中，而是根据课件交互控制的实际需要有目的地将按钮进行分布，对于不需要的课件页面坚决将按钮删除，这样就不

图 4-1-27　"按钮"图层结构

会出现课件交互控制上的混乱了。

4.1.6 定义帧动作和按钮动作实现交互

在用 Flash 制作课件时，如果不用交互命令，那么老师和学生就只能跟着时间线的进度观看画面，不能随机展示和操作课件，这样无法适应教学的需要，效果不理想。如果想使课件具有交互性，根据教学的需要控制播放的顺序或者呈现不同的内容就要依靠 Flash 强大的动作脚本语言了。

运用 Flash 动作脚本语言能控制课件的随意跳转播放，能让一些复杂、烦琐的制作过程得到有效的简化，能科学、直观地展示学科的相关知识点。下面通过定义帧动作和按钮动作来实现课件交互播放的效果。

1. 定义帧动作

（1）在"按钮"图层之上新插入一个图层，重命名为 action，然后选择这个图层的第 1 帧，在"动作"面板中定义第 1 帧的动作脚本如下：

```
stop();
```

（2）保持选中第 1 帧，选择"编辑"|"时间轴"|"复制帧"命令，然后在第 2～12 帧上分别选择"编辑"|"时间轴"|"粘贴帧"命令，这样第 2～12 帧都会和第 1 帧一样，每一帧上都有一个"stop();"，完成后的图层结构如图 4-1-28 所示。

专家点拨：停止动作脚本的定义方法是在"动作"面板中单击展开左侧"动作工具箱"中的"全局函数"|"时间轴控制"，然后双击 stop() 函数，它可以使正在播放的 SWF 文件停在当前帧。

图 4-1-28 action 图层结构

2. 定义按钮动作

（1）单击"按钮"图层第 1 帧场景右下角的按钮，在"动作"面板中定义这个按钮的动作脚本如下：

```
on(press) {
    nextFrame();
}
```

这段动作脚本的功能是当单击这个按钮时影片将跳转到下一帧开始播放。

专家点拨：按照同样的方法定义"按钮"图层第 2 帧场景右下角的按钮上的动作脚本。

（2）选择"按钮"图层第 2 帧中场景左下角的按钮，在"动作"面板中定义这个按钮的动作脚本如下：

```
on(press) {
    prevFrame();
}
```

这段动作脚本的功能是当单击这个按钮时影片将跳转到上一帧开始播放。

专家点拨：按照同样的方法定义"按钮"图层第 12 帧场景左下角的按钮上的动作脚本。

至此，本课件制作完成。按 Ctrl+Enter 键测试一下课件效果，特别测试一下各个按钮的交互控制功能，如果功能正确，将课件保存并导出即可。

4.2　分模块交互课件——正方体截面

4.1 节制作了一个简单的交互课件，课件内容都是用静态图形元件表现的，没有一点动态效果，表现力不足。本节学习制作一个分模块交互课件——正方体截面，这个课件的交互页面内容用动画来展示，交互控制用导航按钮结构来实现。

📖　课件简介

由于学生缺乏空间图形的想象能力，几何体截面就成了立体几何教学中的一个难点。本范例是一个"正方体截面"课件，这个课件通过导航交互控制逐一演示正方体各种截面的形成过程，学生通过反复地播放课件进行学习，能够启发想象，从而掌握知识。

课件运行时先显示课件封面，课件主界面如图 4-2-1 所示。

当将鼠标指针指向画面上的正方体图形或者文字时，正方体图形会旋转以展示其空间形状。单击画面上的正方体或者文字，课件将转到交互的导航界面，如图 4-2-2 所示。

在交互导航界面上，左边放置了 6 个控制交互播放的导航按钮，单击这些按钮可以分别演示各种正方体截面的形成过程。图 4-2-3 所示的是演示长方形截面形成过程中的一个画面。

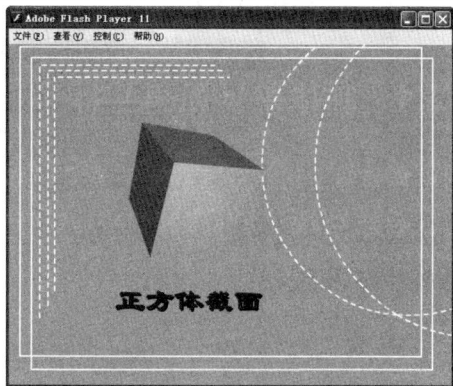

图 4-2-1　课件主界面

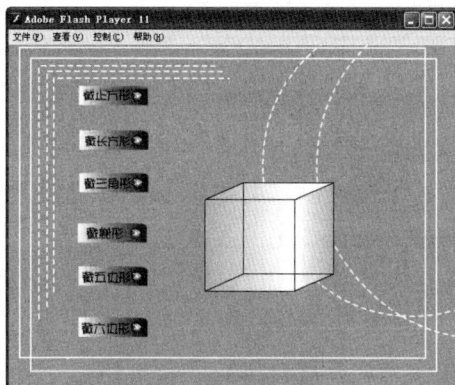

图 4-2-2　交互导航界面

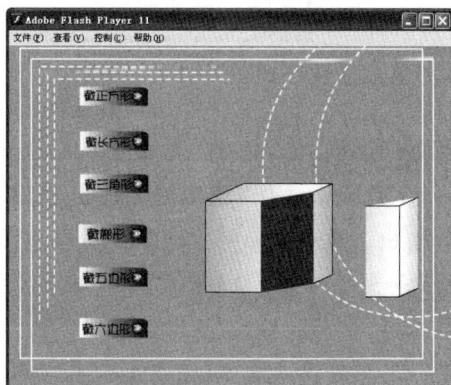

图 4-2-3　演示长方形截面形成过程的画面

知识要点

◆ 分模块交互课件的制作方法
◆ 动态按钮的制作方法
◆ 利用 Swift 3D 制作立体图形动画的方法
◆ 影片剪辑元件在交互课件中的应用

制作步骤

4.2.1 利用 Swift 3D 制作立体图形动画

Flash 在 2D 动画方面功能很强大，但是对 3D 动画（带光影效果）的制作可以说比较逊色。本节借助操作简单的 Swift 3D 软件来制作 3D 动画，以达到为课件增色的目的。

1．创建一个正方体模型

（1）运行 Swift 3D 软件，进入它的主界面，如图 4-2-4 所示。

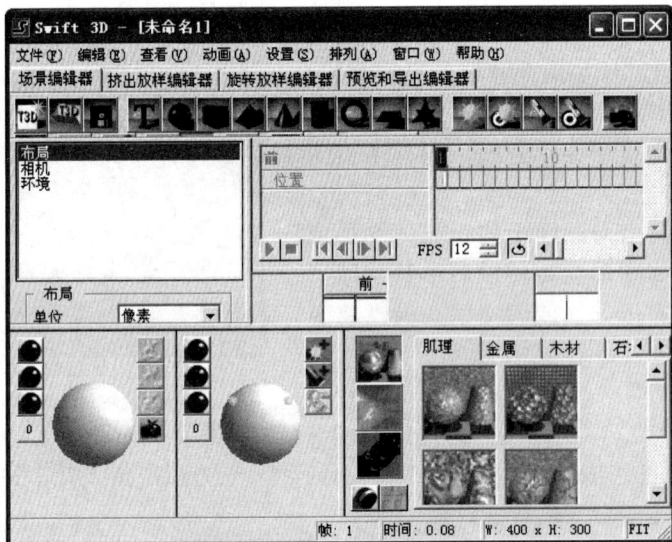

图 4-2-4　Swift 3D 的主界面

专家点拨：Swift 3D 是由 Electricrain 公司出品的一个使用简单且能导出 Flash 动画（.swf）的 3D 动画软件。使用它制作出的 3D 图像和动画可以以矢量格式输出，并支持 Flash 格式的输出。最新发布的 Swift 3D V4 增添了许多新功能，尤其在建模方面增加了类似于 3ds Max 等大型专业 3D 软件高级建模器（Advanced Modeler），已经成为许多 Flash 爱好者的必备工具。

SWFT 文件格式是 Swift 3D 从 3.0 版本开始支持的一种新格式，这种格式的文件通过插件已经可以完美地被 Flash 支持。它的输出可以实现一种智能图层技术，作用是将渲染生成的文件按照 Flash 图层的方式进行存放，当在 Flash 中导入 SWFT 格式的文件时，它会按照边线、阴影、高光等顺序分别存放，这样就可以根据需要来确定是否需要阴影或者边线等。

（2）选择"文件"|"新建"命令新建一个文档，在 Swift 3D 的主界面中可以看到 4 个编辑器，选择"场景编辑器"选项卡，在编辑器的下方出现系统自带的立体图形模型，如图 4-2-5 所示。

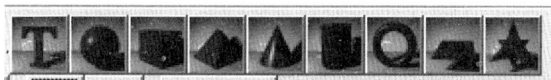

图 4-2-5　系统立体图形模型

（3）单击"创建方体"按钮 ，场景中出现了创建的正方体，在左边的"属性工具"中选择"相机"选项，并在下边的属性设置中设置"镜头长度"为 25mm，如图 4-2-6 所示，此时场景中的正方体会缩小，如图 4-2-7 所示。

图 4-2-6　设置正方体相机属性

图 4-2-7　场景中的正方体前视图

（4）在 Swift 3D 主界面的左下角的轨迹球工具中将鼠标指针放在正方体上，拖动鼠标旋转正方体，如图 4-2-8 所示。

（5）在此工具中用鼠标拖动轨迹球上的正方体旋转，在旋转过程中可以选择左边的 3 个锁定按钮配合旋转，旋转后得到一个能在前视图中看到整体效果的图形，如图 4-2-9 所示。

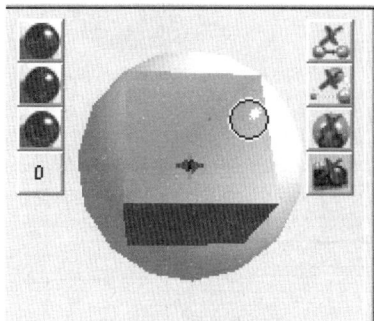

图 4-2-8　轨迹球工具

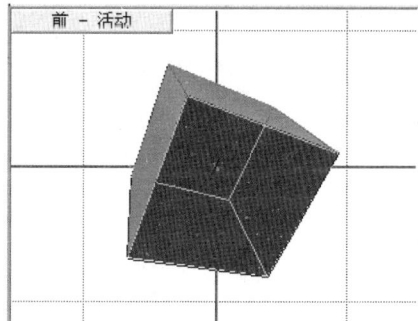

图 4-2-9　旋转以后正方体的前视图效果

2．为正方体添加材质

（1）Swift 3D 主界面右下角有一个"图库"，在"图库"中可以根据需要为图形添加不同的材质，如图 4-2-10 所示。

（2）选择"有光泽"选项卡中的黄色材质，并用鼠标将材质拖放到正方体图形上，当鼠标指针移动到图形上时，鼠标指针右下方会出现一个加号，如图 4-2-11 所示。

图 4-2-10　图库

图 4-2-11　为正方体添加材质

（3）松开鼠标键，可以看到正方体变成了黄色。

3．制作立体图形动画效果

（1）在图库工具下单击图 4-2-12 中左边的第 3 个按钮——"显示动画"按钮，系统提供的动画效果会显示出来。

（2）单击不同的图标，可以预览相应的旋转效果，再次单击便停止旋转。选择其中一个合适的动画效果，并拖动到场景中的正方体图形上，如图 4-2-13 所示。

（3）当鼠标指针右下角出现加号时松开鼠标键，这样旋转效果就被附加到这个正方体上。这时，"时间线"会发生相应的变化，表示系统自动定义的动画，如图 4-2-14 所示。

（4）单击"播放"按钮就可以看到正方体旋转的动画效果了。

图 4-2-12　显示系统动画效果

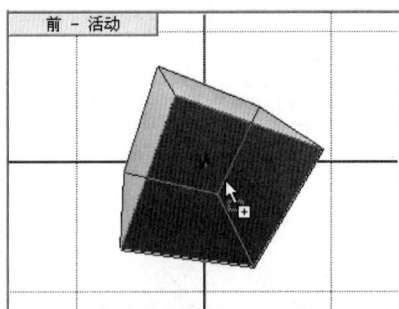

图 4-2-13　为正方体添加旋转效果

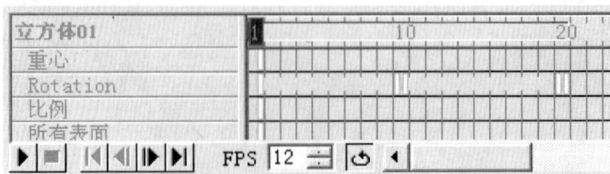

图 4-2-14　定义了旋转动画的时间线

4．输出动画

（1）选择"预览和导出编辑器"选项卡，如图 4-2-15 所示。

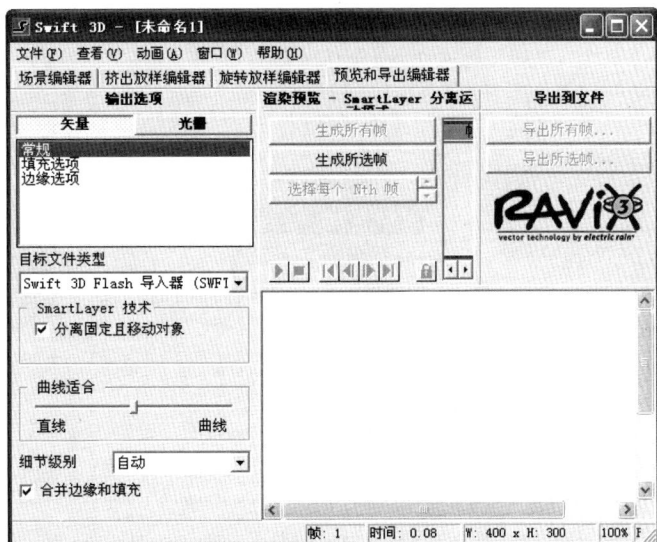

图 4-2-15　"预览和导出编辑器"选项卡

（2）在"输出选项"中按下"矢量"按钮，下面出现"常规"、"填充选项"和"边缘选项"3 个选项。在输出动画之前分别对这 3 个选项的参数进行设置。

（3）在"常规"选项中设置"目标文件类型"为"Swift 3D Flash 导入器"，其他参数采用默认，如图 4-2-16 所示。

（4）在"填充选项"选项中设置"填充类型"为"区域渐变阴影"，并选中"包含镜面高亮"复选框，如图 4-2-17 所示。

图 4-2-16　常规

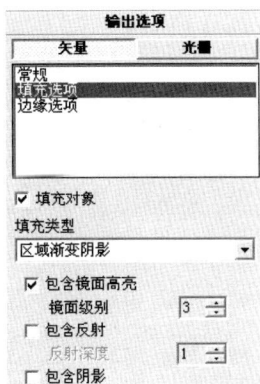

图 4-2-17　填充选项

（5）在"边缘选项"选项中选中"包含边缘"复选框，设置"边缘类型"为"轮廓"，选中"包含隐藏边缘"复选框，设置"线粗"为"2.00 磅"，如图 4-2-18 所示。

（6）"输出选项"全部设置完后单击"生成所有帧"按钮，开始动画的渲染，这是一个比较长的过程，系统对生成的动画进行逐帧渲染，渲染的速度和所使用计算机的性能有关系。动画渲染结束后，单击界面中的"播放动画"按钮▶预览动画效果。如果对效果满意，单击"导出到文件"中的"导出所有帧"按钮，弹出"导出矢量文件"对话框，选择保存文件的文件夹，单击"保存"按钮，如图 4-2-19 所示。

图 4-2-18　边缘选项

图 4-2-19　"导出矢量文件"对话框

4.2.2　创建课件界面和导入 Swift 3D 文件

（1）新建一个 Flash 文件（ActionScript 2.0），将影片舞台大小设置为 600×450 像素，将背景色设置为紫色（#CC99CC），其他参数保持默认。

（2）将"图层 1"重命名为"背景"，用绘图工具绘制一个背景图形，如图 4-2-20 所示。

（3）选择"文件"|"导入"|"导入到库"命令，弹出"导入到库"对话框，在"文件类型"中选择 Swift 3D Importer（*.swft）选项，在配套光盘的相关文件夹下选择需要导入的文件，如图 4-2-21 所示。

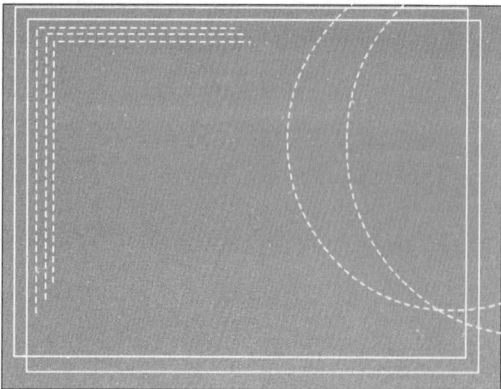

图 4-2-20　课件背景

图 4-2-21　将外部 Swift 3D 动画导入到库

专家点拨： 如果系统先安装了 Swift 3D 后安装了 Flash 软件，那么对于这种 SWFT

格式的文件 Flash 能直接支持。如果安装顺序颠倒过来，那么需要将 Swift 3D 安装目录的 Flash Importer 目录下的所有文件复制到 Flash 软件相应的 Adobe Flash CS6\zh_CN\ Configuration\Importers 目录中，这样就可以在"文件类型"下拉菜单中看到 SWFT 类型了。

（4）单击"打开"按钮，所选中的文件就作为影片剪辑元件被导入到"库"中，打开"库"面板可以看到导入的影片剪辑元件，其名称默认为导入时的文件名。将其重命名为"正方体旋转体"，双击打开可以看到它的图层结构，如图 4-2-22 所示。

图 4-2-22　导入的正方体旋转动画的图层结构

4.2.3　制作动态按钮

在课件封面上，当用鼠标指针指向正方体图形或者下面的文字时，正方体图形将会旋转，单击图形就会转到另一个界面。之所以会产生这种效果，是因为封面上的这个正方体图形是一个动态按钮。这种效果在课件制作中比较常见，下面介绍它的制作要领。

动态按钮同时具备影片剪辑和按钮两种特性，既可以用来实现影片的控制，又不失特殊的效果。在制作中只要在按钮元件中加入影片剪辑元件，运用嵌套功能就可以使按钮具有动态效果。

（1）选择"插入"|"新建元件"命令，打开"创建新元件"对话框，在"名称"文本框中输入"旋转体"新建一个名为"旋转体"的按钮元件，如图 4-2-23 所示，单击"确定"按钮进入按钮元件的编辑场景。

图 4-2-23　新建按钮元件

（2）将"图层 1"重命名为"旋转体"，复制"正方体旋转体"影片剪辑元件中的 Colors（Motion）图层的第 1 帧，并粘贴帧到按钮元件的"弹起"帧上，这就定义了按钮元件的第 1 帧为一个静态的图形。

（3）在"指针经过"帧按 F7 键插入一个空白关键帧，将"库"面板中的"正方体旋转体"影片剪辑元件拖放到此帧上，这样定义了指针经过按钮时呈旋转的状态。

（4）将"弹起"帧复制并粘贴到"按下"帧，定义"按下"帧与"弹起"帧一样的状态。

（5）插入两个新图层，分别命名为"文字"和"文字阴影"。在"文字"图层的第 1 帧输入"正方体截面"文字，设置文字颜色为红色。在"文字阴影"图层的第 1 帧创建同样的文字，并将文字设置成黑色。调整两个图层上文字的位置，使之呈阴影文字效果。在"文字阴影"图层的第 2 帧按 F6 键插入一个关键帧，并设置这个帧上的文字的颜色为白色，这样鼠标指针经过时文字阴影有一个颜色变化的效果。

（6）在"旋转体"图层的第 4 帧（"点击"帧）按 F7 键插入一个空白关键帧，用"矩形工具"绘制一个矩形，使之正好将正方体图形和文字覆盖，这样当鼠标指针移动到这个矩形区域时就可以产生响应。"旋转体"按钮元件的图层结构如图 4-2-24 所示。

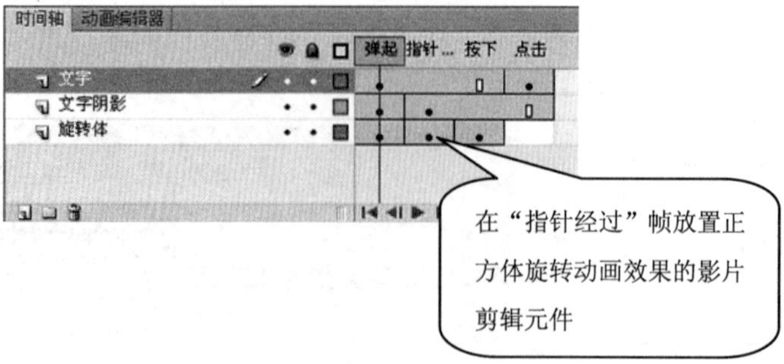

图 4-2-24 "旋转体"按钮的图层结构

专家点拨：在定义按钮元件的时候可以调用影片剪辑元件，以实现动态的按钮效果。利用按钮的不同状态可以产生丰富的动态效果。

4.2.4 制作影片剪辑元件

从课件效果中可以看出，当用图形切割正方体时，在不同的位置会产生不同类型的截面。这就需要针对每一种情况制作一个相应的动画演示过程，这个动画过程比较相似，可以分别把它们做成独立的影片剪辑元件，以便于使用和管理。

几种截面影片剪辑元件的制作方法类似，下面以制作"截五边形"为例进行讲解。

1. 按截面分割正方体

（1）新建一个名为"截五边形"的影片剪辑元件，进入这个元件的编辑场景中。这里要制作的影片剪辑元件的动画效果是当图形切割正方体时正方体变成两个图形，一个静止不动，另一个将缓慢移开，以便观察截得的截面。在创建动画效果前必须把这两个图形分割出来。

（2）新建一个图层，将两个图层重命名为"前"和"后"，并将一个正方体的静止图形复制到"后"图层的第 1 帧上。

（3）选中正方体图形，按 Ctrl+Shift+G 键将图形分离。使用"线条工具"在正方体上画一个五边形，然后选择被截下的一角，将其组合，剪切并粘贴到"前"图层，如图 4-2-25 所示。

（4）当正方体被分割后还需要对图形做进一步的构造，以体现图形的立体感和真实性，使被切割的五边形效果表现出来，如图 4-2-26 所示。

专家点拨：在制作元件的过程中要先将完整的正方体图形按不同的截面分割，在分割过程中一定要仔细，以保证图形结合处不留痕迹。

图 4-2-25　将正方体分割为两个图形

图 4-2-26　正方形被截后形成的五边形截面

2．创建演示截面形成过程的动画效果

（1）在演示截面形成的整个动画过程中，切片图形起到切割正方体的作用，这就需要先创建一个"切片"图形元件。图 4-2-27 所示的是创建好的"切片"图形元件在"库"面板中的效果。

（2）截面的形成过程包括 3 个动画片段，即切片从场景右上角移动到正方体上、被切下的图形移动、显示截面。

将切片、后面部分正方体、被截下部分和形成的截面分别放在不同的图层，通过传统补间动画来实现整个动画效果。用户在制作过程中要注意图层顺序，"截五边形"影片剪辑元件的图层结构如图 4-2-28 所示。

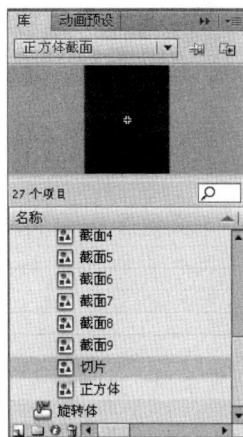

图 4-2-27　"切片"图形元件

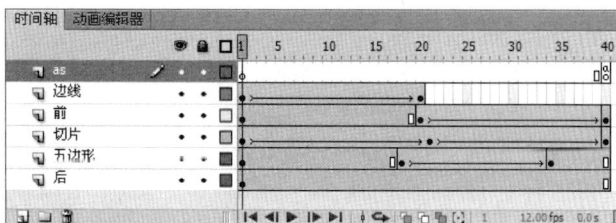

图 4-2-28　"截五边形"影片剪辑元件的图层结构

专家点拨：因为创建这个影片剪辑元件主要使用的是传统补间动画技术，所以具体的制作步骤在这里不再详述，读者可以参考配套光盘上的课件源文件。

（3）用同样的方法创建演示其他几种截面形成过程的影片剪辑元件，图 4-2-29 所示的是这些创建好的影片剪辑元件在"库"面板中的效果。

专家点拨： 在制作演示截面形成过程的这些影片剪辑元件的时候，一定要在动画完成后的时间轴的最后一帧加上一个停止函数，这样便于在主场景中调用这些影片剪辑元件时只播放一次，而不会重复播放。

4.2.5 布局场景和实现交互导航控制

（1）在"场景 1"中的"背景"图层上插入新图层，并重命名为"正方体"，并在这个图层的第 1 帧上将"库"面板中的"旋转体"按钮拖动到场景中，在其他各帧上放置不同截面的影片剪辑元件。图层结构如图 4-2-30 所示。

（2）在"正方体"图层上新插入两个图层，并将它们重命名为"按钮"和"按钮文本"。事先制作好一个实现导航交互的按钮元件，在"按钮图层"的第 2 帧拖放 6 个按钮元件放置在舞台的左边位置，调整好按钮的大小和位置。在"按钮文本"图层的第 2 帧用"文本工具"分别在 6 个按钮对象上输入几种截面的名称，效果如图 4-2-31 所示。

图 4-2-29 "库"面板中的影片剪辑元件

图 4-2-30 "正方体"图层结构

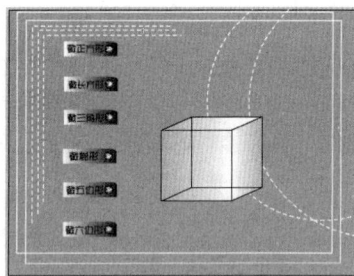

图 4-2-31 创建导航按钮

（3）单击场景中的"截正方形"按钮，在"动作"面板中定义这个按钮的动作脚本如下：

```
on(press) {
    gotoAndPlay(3);
}
```

这段动作脚本的功能是当单击这个按钮时动画转到第 3 帧开始播放，因为第 3 帧上放置的是"截正方形"影片剪辑元件，所以开始播放这个影片剪辑元件的动画效果，也就是播放演示正方形截面形成过程的动画。

其他导航按钮的动作脚本也有类似的功能，可以在"动作"面板中分别定义它们的动作脚本。

"截长方形"按钮的动作脚本如下：

```
on(press) {
    gotoAndPlay(4);
```

```
}
```

"截三角形"按钮的动作脚本如下：

```
on(press) {
    gotoAndPlay(5);
}
```

"截梯形"按钮的动作脚本如下：

```
on(press) {
    gotoAndPlay(6);
}
```

"截五边形"按钮的动作脚本如下：

```
on(press) {
    gotoAndPlay(7);
}
```

"截六边形"按钮的动作脚本如下：

```
on(press) {
    gotoAndPlay(8);
}
```

单击"正方体"图层的第 1 帧，单击"旋转体"按钮，在"动作"面板中定义动作如下：

```
on(press) {//单击按钮，跳转到第 2 帧开始播放
    gotoAndPlay(2);
}
```

（4）插入新图层并重命名为 as，然后选择这个图层的第 1 帧，在"动作"面板中定义第 1 帧的动作脚本如下：

```
stop();
```

保持选中第 1 帧，选择"编辑"|"时间轴"|"复制帧"命令，然后在第 2～8 帧上分别选择"编辑"|"时间轴"|"粘贴帧"命令，这样第 2～8 帧都会和第 1 帧一样，每一帧上都有一个停止动作，完成后的图层结构如图 4-2-32 所示。

至此，整个课件全部制作完毕，按 Ctrl+Enter 键测试导航按钮的交互控制功能，满意后保存并导出课件。

图 4-2-32　as 图层的结构

4.3　翻书效果交互课件——英语看图对话

本节要充分利用 Flash 的动画制作功能设计一个具有翻书效果的交互课件。使用其他

一些课件制作软件也可以制作交互课件，但像本节这样的翻书效果的交互课件除了使用 Flash，其他常用的课件制作软件是很难制作出来的。

📖 **课件简介**

本节通过一个英语课件范例的制作过程介绍用 Flash 制作翻书效果交互课件的技巧和方法。在课件演示过程中，通过按钮以翻书的动画形式进行交互播放，每一个页面把人物对话和场景表现出来。图 4-3-1 所示的是该课件运行的一个画面。

图 4-3-1　翻书课件运行中的一个画面

📑 **知识要点**

- ◆ 翻书效果交互课件的制作方法
- ◆ 影片剪辑元件的应用
- ◆ 按钮交互的应用
- ◆ 传统补间动画的应用

📖 **制作步骤**

4.3.1　创建翻书交互页面图形元件

（1）新建一个 Flash 文件（ActionScript 2.0），将舞台尺寸设置为 680×400 像素，其他参数默认。

（2）书的每一张纸包括正、反两面，为求得真实性，在制作本课件时也将页面设计为正、反两面，正、反页面的数目相等。下面创建课件所需的元件。

（3）新建一个名为"书页"的图形元件，在这个元件的编辑场景中用绘图工具绘制一个如图 4-3-2 所示的书页图形。

专家点拨： 在制作书页时必须将书页的中心点放在左下角上，使中心点对齐场景中央的中心坐标十字，这样便于制作后面的翻书效果。

（4）用绘图工具分别将每页的内容创建为图形元件，元件名称分别为 p1、p2、p3…
图 4-3-3 所示的是 p1 图形元件的效果。

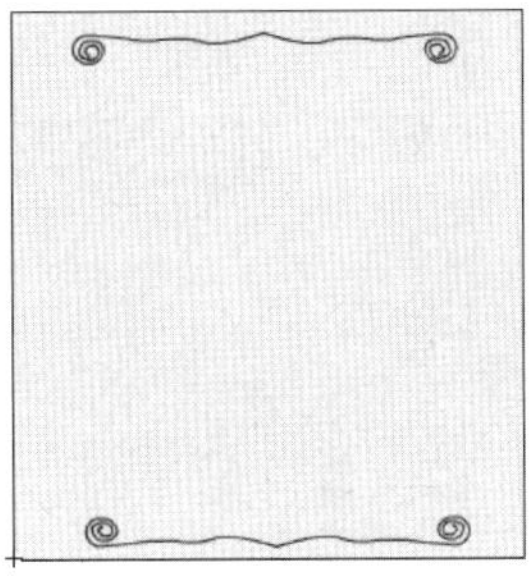

图 4-3-2　"书页"图形元件

图 4-3-3　p1 图形元件

（5）新建名为 F1 的影片剪辑元件，将 p2 图形元件和"书页"图形元件拖放到场景中，
并将 p2 图形元件水平翻转，效果如图 4-3-4 所示。

专家点拨：将文本图形元件水平翻转是为了翻页后此页显示为反面，这样的设计为
下面的翻书效果动画的制作做好了准备。

（6）用同样的方法创建其他文字说明页面的影片剪辑元件，这些影片剪辑元件的名称
分别为 F2、F3、F4、F5。

（7）根据课文内容创建 6 个正页面的影片剪辑元件（元件名称为 Z1、Z2、Z3…）。图
4-3-5 所示的是 Z1 影片剪辑元件的效果。

专家点拨：在制作 F1、F2…以及 Z1、Z2、Z3…元件时可以通过遮罩层使 p2、p3…
图形元件显示在书页的中间位置。

图 4-3-4　反页面效果

图 4-3-5　Z1 影片剪辑元件

4.3.2 利用传统补间动画创建翻书效果

因为翻书交互课件中每次所需的页面数量可能不等，如果在主时间轴上创建完成，就会存在修改困难、适宜面窄小的弊端。每次使用时都要重复制作，会大大增加教师的工作量。因而制作中把每个翻页效果都做成了独立的影片剪辑元件，这个元件动画效果包含两个传统补间动画，前一个补间动画实现前页正页面静止状态的前半段翻书效果，后一个补间动画实现反页面的翻书效果，这样形成了一个完整的动画效果。图 4-3-6 所示的是实现翻书效果的一个影片剪辑元件的图层结构。

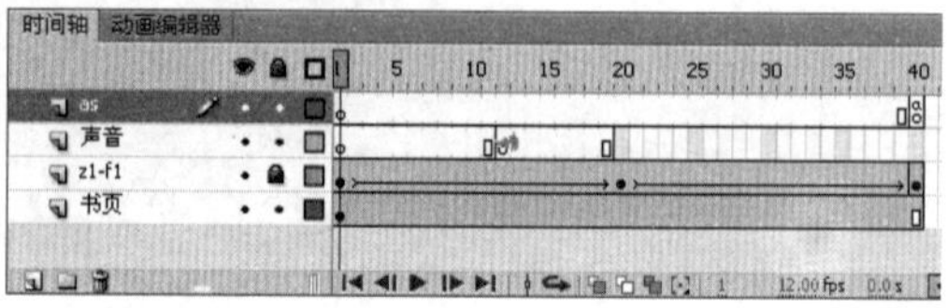

图 4-3-6　翻书效果影片剪辑元件的图层结构

下面制作表现课件中第 4 页到第 5 页的翻书动画过程的影片剪辑元件。

（1）新建一个名字为 fs4 的影片剪辑元件，在这个元件的编辑场景中将"图层 1"重命名为 z5，在这个图层上将 Z5 影片剪辑元件从"库"面板中拖放到场景中，使它的中心点对齐场景中央的中心坐标十字。

（2）插入一个新图层，重命名为 z4-f4，将 Z4 影片剪辑元件拖放到场景中，位置与开始布局好的书页重合。在第 20 帧插入一个关键帧，用"任意变形工具"将元件调整为如图 4-3-7 所示的形状，然后定义第 1～20 帧的传统补间动画。

（3）选中 z4-f4 图层第 20 帧上的 Z4 影片剪辑实例，在"属性"面板中单击"交换"按钮，在弹出的对话框中选择 F4 影片剪辑元件，单击"确定"按钮，这样就完成了两个影片剪辑实例交换的过程。在第 40 帧上插入关键帧，用"任意变形工具"将 F4 影片剪辑实例调整为如图 4-3-8 所示的形状，然后定义第 20～40 帧的传统补间动画。

图 4-3-7　第 20 帧上的静止页面实例形状　　　　图 4-3-8　第 40 帧上的图形元件形状

专家点拨：在调整图形形状的过程中，中心点位置始终不能移动，否则就会影响翻书动画效果。

（4）再插入一个"声音"图层和一个 as 图层，在"声音"图层的第 12 帧引用一个翻书的声效，在 as 图层的第 40 帧定义一个 stop 动作，图层结构如图 4-3-9 所示。

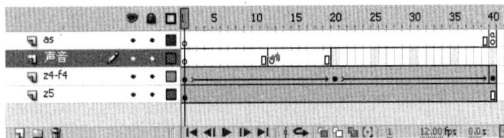

图 4-3-9　翻书动画图层结构

专家点拨：5 个翻书效果影片剪辑元件均可按上述方法制作完成，这些影片剪辑元件的名字分别为 fs1、fs2、fs3、fs4、fs5，具体情况可参看配套光盘中的课件源文件。

4.3.3　翻书效果交互页面布局及实现交互控制

（1）在"场景 1"中新插入 8 个图层，并分别重命名。然后从"库"面板中将制作好的翻书效果影片剪辑元件拖放到相应的图层上，并按顺序依次排列，图层结构如图 4-3-10 所示。

图 4-3-10　课件主动画图层结构

其中 z2～z6 图层放置的是 5 个翻书动画效果影片剪辑元件实例 fs1～fs5，它们是呈阶梯状放置的。z1 图层放置的是一幅静态影片剪辑元件 Z1，这样可以使课件运行时不至于马上进入动画播放状态。

（2）在"按钮"图层放置了一个按钮，用来实现交互翻页控制功能，这个按钮的动作脚本如下：

```
on(press) {
    nextFrame();
}
```

这段动作脚本的功能是当单击这个按钮时影片跳转到当前场景的下一帧开始播放。

（3）在 as 图层上插入 7 个空白关键帧，设置每个帧的动作为"stop();"，以配合按钮动作脚本，实现对整个课件的交互控制。

4.4　本章习题

一、填空题

1．使用 Flash 制作交互课件具有很大的优势，主要表现在＿＿＿＿＿＿＿、＿＿＿＿＿＿＿和＿＿＿＿＿＿＿3 个方面。

2．＿＿＿＿＿＿＿是 Flash 制作交互课件的灵魂，通过定义＿＿＿＿＿＿＿＿＿＿＿＿

再加上控制关键帧的停止动作就可以制作出简单的交互课件。

3．按钮元件有自身特殊的编辑环境，通过时间轴上的 4 个帧（即_____、
_____、_____、_____）来创建关键帧，可以指定按钮在不同状态
下的形态变化。

4．_____是由 Electricrain 公司出品的一个使用简单且能导出 Flash 动画（.swf）
的 3D 动画软件。_____文件格式是这个软件从 3.0 版本开始支持的一种新格式，这
种格式的文件通过插件已经可以被 Flash 支持。

二、选择题

1．动态按钮同时具备影片剪辑（MC）和按钮两种特性，既可以用来实现影片的控制，
又不失特殊的效果，下列有关它的说法错误的是（   ）。

    A．在制作中可以在按钮元件中加入影片剪辑元件

    B．在制作中不能在按钮元件中加入影片剪辑元件

    C．运用元件嵌套功能可以使按钮具有动态效果

    D．在动态按钮中加入音效可以实现按钮的有声有色

2．动作脚本 on (press) {gotoAndPlay(3);}应该加在（   ）上。

    A．关键帧   B．普通帧   C．按钮   D．图形元件

3．在按钮中定义对鼠标做出反应的区域是在（   ）。

    A．"点击"帧   B．"弹起"帧   C．"指针经过"帧   D．"按下"帧

4.5　上机练习

练习 1　祝福

制作一个简单交互课件——祝福，如图 4-5-1 所示。

图 4-5-1　祝福

主要制作步骤提示：

（1）根据课件内容制作若干图形元件。

（2）创建交互按钮。

（3）布局主场景。

（4）添加控制课件交互的按钮和帧动作脚本。

练习 2　认识立体图形

制作一个分模块交互课件——认识立体图形，如图 4-5-2 所示。

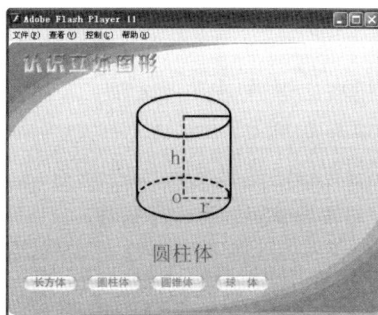

图 4-5-2　认识立体图形

主要制作步骤提示：

（1）在 Photoshop 中制作课件标题。

（2）创建 4 个交互按钮。

（3）创建 4 种立方体形状的影片剪辑元件。

（4）添加控制课件交互的按钮和帧动作脚本。

练习 3　带电粒子在电场中的运动

制作一个翻书效果的交互课件——带电粒子在电场中的运动，如图 4-5-3 所示。

主要制作步骤提示：

（1）根据课件内容制作翻书页面的图形元件。

（2）制作翻书效果的影片剪辑元件。

（3）布局主场景。

（4）添加控制课件交互的按钮和帧动作脚本。

图 4-5-3　带电粒子在电场中的运动

多场景导航课件

◆ 结构化、模块化课件的设计方法
◆ 场景的管理和应用
◆ 用loadMovieNum()函数实现SWF影片的互相调用
◆ Loading（动画预载画面）的制作

前面 4 章讨论和制作的是一些内容少、结构简单的课件，这类课件通常在一个 Flash 场景中就可以制作完成。但是对于一些内容多、结构复杂的课件，例如要将某课程的一章教学内容制作成一个课件，则利用前面的制作思路和方法就行不通了。

对于这类内容多、结构复杂的大型课件，初学者往往感到无从下手，这是因为没有掌握一种系统的、科学的设计方法。本章要研究的多场景导航课件就是专门用来处理容量大、结构复杂的教学内容的。

具体来说，使用 Flash 制作多场景导航课件的方法有以下几种。

1．模块化课件设计的方法

在规划多场景导航课件时主要使用的是结构化、模块化的程序设计方法，具体设计方法是根据课件的内容将其分解为一个课件主控模块和几个课件功能模块，如果有需要，将课件功能模块再细化为几个功能子模块。课件主控模块用来控制和调度各个课件功能模块的播放，各个课件功能模块具体实现相应课件内容的展示，如图 5-1 所示。

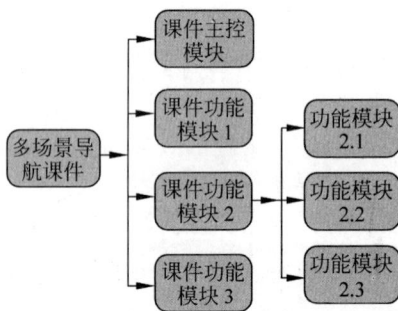

图 5-1　模块化课件设计

2．典型多场景导航课件制作方法

前面都是在一个场景中制作 Flash 课件，其实 Flash 支持多场景影片制作。在一个 Flash 文档中可以创建多个影片场景，并且在每个场景中独立地制作属于本场景的动画内容，这样利用 Flash 的多场景技术可以很好地实现模块化课件设计的思想。

3．网络型多模块导航课件制作方法

Flash 提供了一个 loadMovieNum()函数，利用这个函数可以调用外部 SWF 影片，用户可以将每一个课件模块制作成独立的 SWF 影片，然后利用 loadMovieNum ()函数进行相互调用，这样也可以很好地实现模块化课件设计的思想，并且制作出的课件更适合在网络上

播放。

4．Loading（加载影片等待画面）的制作方法

本章第 3 节还要讨论一下 Loading（加载影片等待画面）的制作方法。在当前的网络环境中播放大型多媒体课件，Loading 是课件必不可少的一个组成部分，它可以使制作的多媒体课件更专业、更适合在网络上播放。

5.1 典型多场景导航课件——变阻器

Flash 动画文件的层次结构一般是这样的：一个 Flash 动画文件可以包含几个场景，每个场景中又包含若干个层和帧。每个场景上的内容通常是某个相同主题的动画，Flash 利用不同的场景组织不同的动画主题。

在播放一个多场景的动画时，将按照它们在"场景"面板中的排列顺序逐个播放，添加了多个场景的"场景"面板如图 5-1-1 所示。

专家点拨：选择"窗口"|"其他面板"|"场景"命令或按 Shift+F2 键可以打开"场景"面板，在该面板中可以对场景进行编辑。

在 Flash 中实现图 5-1 所示的模块化设计思想的典型方法是利用场景组织课件中的各个课件模块，将不同的课件模块放在不同的场景中实现。

一般情况下，多场景导航课件不一定按照"场景"面板中的顺序逐个播放。它需要单独设计一个导航场景，用来控制整个课件的交互播放，这个场景实际上就是课件主控模块。图 5-1-2 所示的是典型的多场景导航课件设计方法示意图。

图 5-1-1 "场景"面板

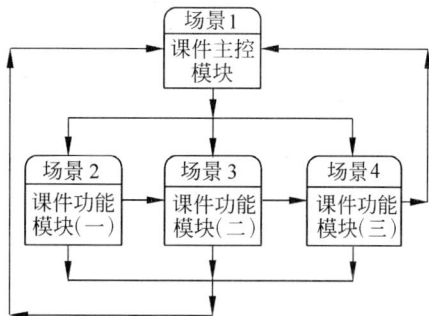

图 5-1-2 多场景导航课件设计方法

本节通过一个课件范例——变阻器的制作过程介绍利用多场景动画实现多场景导航课件的方法。

课件简介

本范例是中学物理中的"变阻器"多场景导航课件，这个课件共包括 5 个模块，其中有一个主控导航模块、4 个功能模块。4 个功能模块包括变阻器的结构原理、变阻器的工作

原理、变阻器的接线方法、变阻器的使用方法。在主控导航模块中可以通过导航按钮在 4 个功能模块间任意切换，反复播放以加深学生对所学知识的理解。

课件运行时先显示一个主控界面，如图 5-1-3 所示。在课件主控界面下面有 4 个导航按钮，单击按钮可以进入到相应的课件功能模块进行播放，图 5-1-4 所示的是"变阻器的结构原理"模块中的一个画面。

图 5-1-3　课件主控界面

图 5-1-4　课件运行中的一个画面

知识要点

◆ 多场景动画的制作方法
◆ 多场景课件导航结构的实现过程
◆ 在 Photoshop 中创建主控界面图像的方法
◆ 隐形按钮的制作方法

制作步骤

5.1.1　整体规划多场景课件的模块结构

首先通过对教学内容和表现形式的分析以模块化设计方法为指导思想对课件结构做整体规划。

通过分析，本课件分为 5 个模块，即一个主控导航模块和 4 个功能模块。主控导航模块在单独的场景中实现，其余 4 个功能模块——"变阻器的结构原理"、"变阻器的工作原理"、"变阻器的接线方法"、"变阻器的使用方法"分别在 4 个单独的场景中实现，具体的模块结构如图 5-1-5 所示。

用户可以在主控导航场景中单击不同的按钮进入相应的场景，在每个场景中也定义了一个按钮用来返回到主控导航场景。主场景中的按钮和各个功能场景中的返回按钮的动作脚本一般用下面的形式实现：

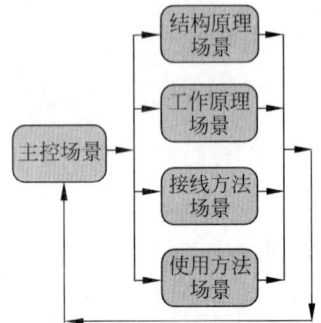

图 5-1-5　课件模块结构示意图

```
on(press) {
        gotoAndPlay("场景名", 1);
}
```

其含义为当单击按钮时课件转到相应的场景中，播放该场景的第 1 帧。动作脚本中的"场景名"参数决定具体转到的场景。

5.1.2　在 Photoshop 中制作课件主控界面图像

根据教学目标制作课件的主控界面效果，或以艺术性为主，或以突出教学内容为主，其目的都是增强课件的感染力。本课件的主控界面以突出教学内容为主，它利用了一些物理元件图像素材在 Photoshop 中进行制作，效果如图 5-1-6 所示。

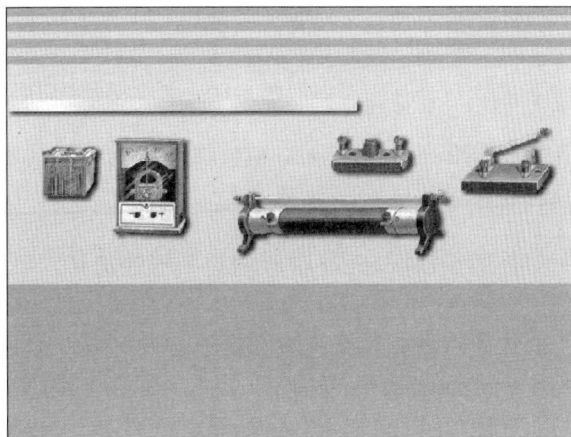

图 5-1-6　在 Photoshop 中制作的课件主控界面图像

通过前面章节的学习，读者对在 Photoshop 中处理位图的方法有了一定的了解在下面的制作过程中将进一步学习在 Photoshop 中处理位图、制作图像背景的方法。

1．处理图像素材

（1）运行 Photoshop CS6，选择"文件"|"打开"命令，在配套光盘上找到所需的图像素材（文件路径：配套光盘\素材\part5\物理设备.jpg），将其打开。然后新建"未标题-1.psd"文档，尺寸为 600×448 像素、背景色为#ACDFFA。

（2）单击"物理设备.jpg"窗口，使之成为活动窗口，然后在"图层"面板中双击"背景"，将"背景"图层修改为"图层 0"，并用"魔棒工具"去掉背景色。选择"矩形选框工具"，将鼠标指针移动到图片上拖动鼠标，将变阻器图像用虚线框住，按 Ctrl+C 键将变阻器图像复制。

（3）单击"未标题-1.psd"，使之成为活动窗口，按 Ctrl+V 键将变阻器图形粘贴到新建文档的画布中，此时在"图层"面板中可以看到新增加了一个图层，如图 5-1-7 所示。

专家点拨：实际上，在"选框工具"组中包括了"矩形选框工具"、"椭圆选框工具"、

"单行选框工具"和"单列选框工具"。"矩形选框工具"可以在图像中选取矩形区域，按下 Shift 键可以选择正方形区域；"椭圆选框工具"可以在图像中选取椭圆形区域，按下 Shift 键可以选择圆形区域；"单行选框工具"和"单列选框工具"只能在图像中建立一个像素宽的横线区域或竖线区域。在选取的区域中可以进行各种操作，选框以外的区域是不可编辑的。

（4）选择"编辑"|"自由变换"命令，在图形四周将出现 8 个控制点，将鼠标指针放在控制点上，光标变成双箭头，拖动鼠标调整图形的大小，如图 5-1-8 所示。

图 5-1-7　新增图层

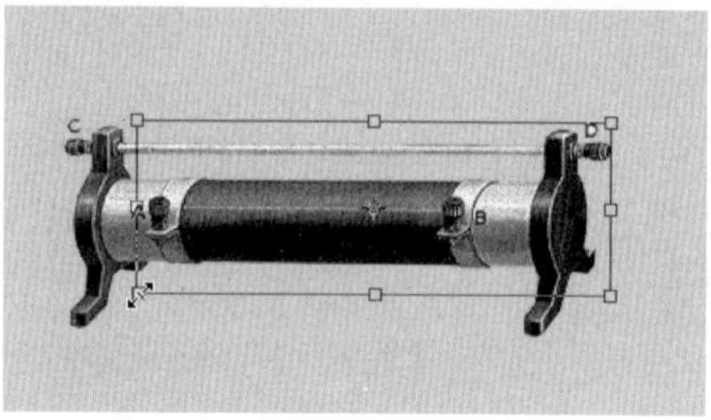

图 5-1-8　调整变阻器图形的大小

专家点拨：除了可以利用"自由变换工具"以外，还可以利用"变换工具"对图像进行缩放、旋转、斜切、透视等一系列的操作。

（5）调整图形的大小合适后，按 Enter 键取消对图形的选择，用"移动工具"调整图形位置。

（6）用同样的方法将其他电器元件全部复制粘贴到"未标题-1.psd"中，并调整好大小和位置，整个文档的图层结构如图 5-1-9 所示。

专家点拨：对图层可以进行新建、复制、删除、移动等操作，并可以对图层的不透明度、显示模式等进行设置，还可以对图层进行投影、斜面和浮雕等效果编辑。另外，所有的操作只对活动图层起作用，不会影响到其他图层。活动图层在"图层"面板上高亮显示。

（7）单击"背景"图层前的眼睛图标，隐藏背景图层，然后单击"图层"面板右上角的小三角按钮，在弹出的快捷菜单中选择"合并可见图层"命令，所有可见图层将全部合并到一个图层上，图层结构如图 5-1-10 所示。

图 5-1-9　"图层"面板

图 5-1-10　合并可见图层后的图层结构

2．绘制背景

（1）单击"背景"图层前的眼睛图标👁，解除对"背景"的隐藏，然后隐藏"图层5"。在"图层"面板的下方单击"创建新图层"按钮🔳，增加一个新图层，然后选择工具箱中的"矩形选框工具"，拉出一个矩形虚线框，再按住 Shift 键在画布上拉出 4 个矩形虚线框，如图 5-1-11 所示。

（2）选择工具栏上的"油漆桶工具"，单击"设置前景色"按钮，弹出"拾色器"对话框，将鼠标指针放在"选择前景色"区域中单击选取颜色，然后单击"好"按钮，前景色变为刚拾取的颜色，将鼠标指针放在选取的区域上单击，为矩形选区填充颜色，如图 5-1-12 所示。

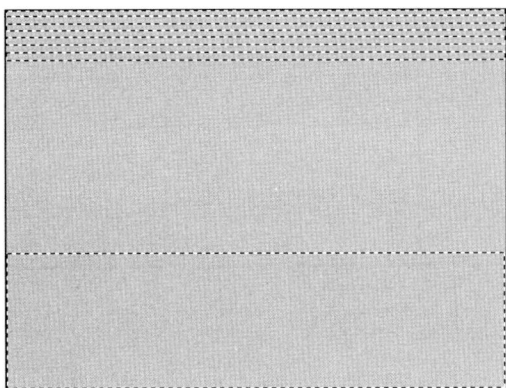

图 5-1-11　用"矩形选框工具"选取填充区域

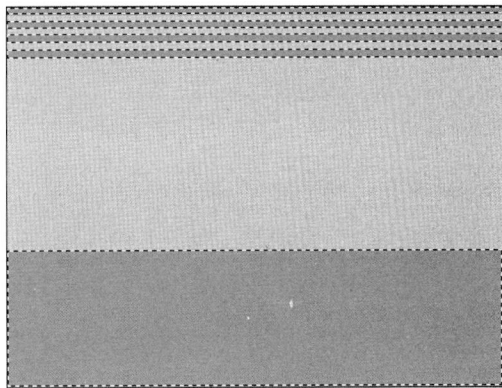

图 5-1-12　填充颜色

专家点拨："油漆桶工具"组中包含了"油漆桶工具"和"渐变工具"，利用"油漆桶工具"只能对图像进行单颜色填充，利用"渐变工具"可以在图像中填充层次连续变化的颜色，从而达到色彩渐变的图像效果。

（3）解除对"图层5"的隐藏，图像的效果如图 5-1-13 所示。

图 5-1-13　绘制背景

（4）在"图层"面板上单击"图层 5"，使之成为活动图层，然后选择工具箱中的"矩形选框工具"，在画布左上方画一个细长的矩形虚线框，再选择"渐变工具"，在主菜单下方出现"渐变选项"选项栏，如图 5-1-14 所示。

（5）在"渐变选项"选项栏中单击  ，弹出"渐变编辑器"对话框。

图 5-1-14 "渐变选项"面板

（6）单击"预设"列表框中的小三角形按钮，在弹出的快捷菜单中选择"色谱"选项，在"预设"列表框中可以看到系统默认的几种色谱渐变色，选择其中的"色谱"选项，如图 5-1-15 所示，单击"确定"按钮。

专家点拨：在"渐变编辑器"对话框中不仅可以选择各种渐变色进行填充，用户还可以自己编辑渐变色。

（7）将鼠标指针放在虚框选区左边，光标变成小十字形状，水平向右拖动鼠标，释放后可以看到如图 5-1-16 所示的效果。

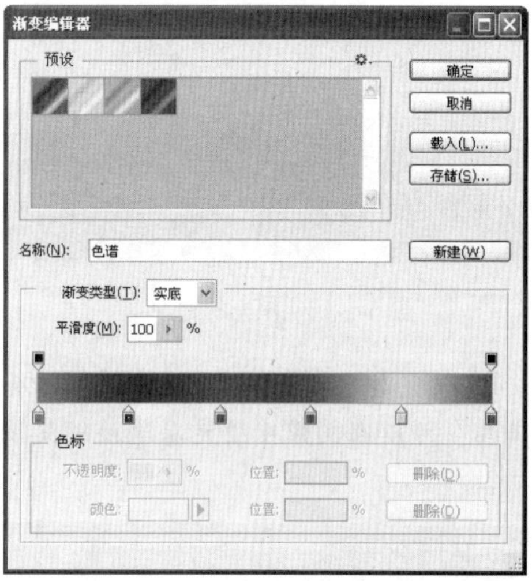

图 5-1-15 "渐变编辑器"对话框 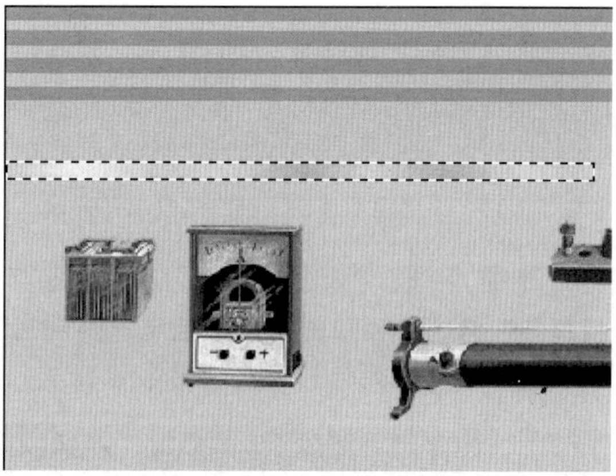   图 5-1-16 填充渐变色

专家点拨：渐变色的填充样式除了线性渐变以外还有径向渐变、角度渐变、对称渐变和菱形渐变等。

（8）保持"图层 5"处于活动图层，选择"图层"|"图层样式"|"投影"命令，弹出"图层样式"对话框，如图 5-1-17 所示。

专家点拨：在"图层"面板中双击图层也可以弹出"图层样式"对话框。

（9）在该对话框中设置"不透明度"为 100%，调整角度为 130°，其余参数保持不变，然后单击"确定"按钮，得到如图 5-1-18 所示的效果。

专家点拨：在"图层样式"对话框中还可以为图层增加描边、内发光、外发光、斜面和浮雕等一系列效果，这些效果大部分作用于图层画面的边缘，从如图 5-1-18 所示的画面效果就容易看到。如果画面覆盖了整个图层，则很多效果不能显示出来。

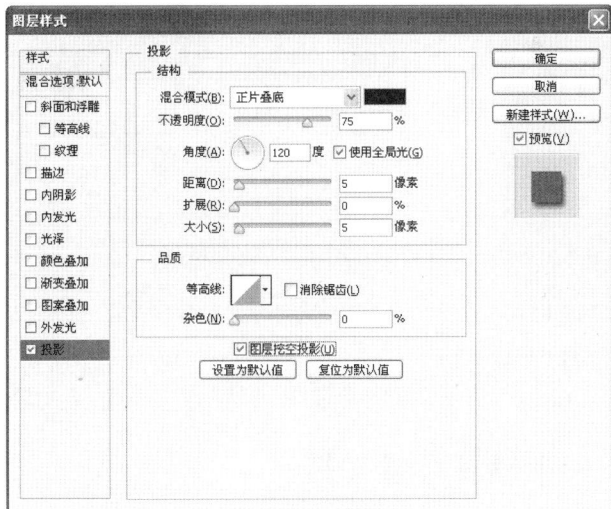

图 5-1-17　"图层样式"对话框

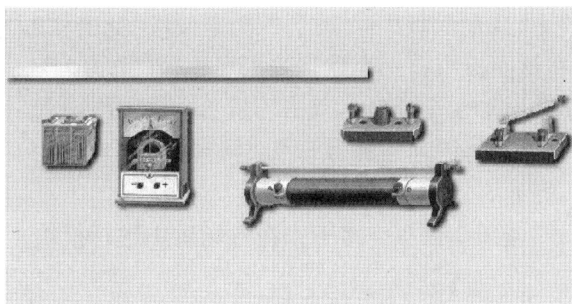

图 5-1-18　为图层增加投影效果

3．输入标题

（1）选择"横排文字工具"，然后展开"字符"面板，如图 5-1-19 所示。

专家点拨：用户也可以选择"窗口"|"字符"命令打开"字符"面板。

（2）在"字符"面板中设置文字的大小、字体、颜色，然后在画布上单击得到一个新图层，在图层中输入标题，并用"移动工具" ▶╋ 调整好位置。单击"图层"面板上的小三角按钮，在弹出的快捷菜单中选择"合并图层"命令，将所有图层拼合在一起，整个主控界面制作完成，如图 5-1-20 所示。

专家点拨：用户也可以选择"图层"|"合并图层"命令进行拼合。

（3）选择"文件"|"存储为 Web 所用格式"命令，将编辑好的图像优化输出。

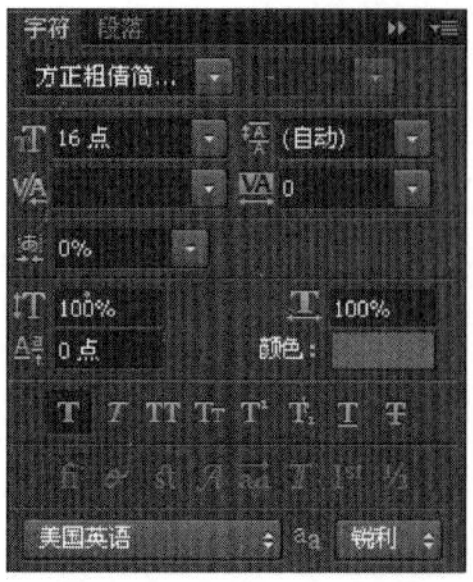

图 5-1-19 "字符"面板

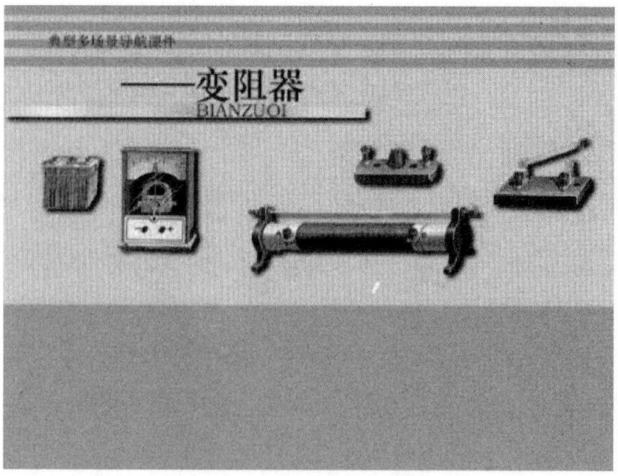

图 5-1-20 制作完成的主控界面

5.1.3 在 Flash 中创建多场景文档

（1）新建一个 Flash 文件（ActionScript 2.0），设置舞台尺寸为 600×448 像素、背景色为淡紫色（#979AF3），其他参数保持默认。

（2）选择"窗口"|"其他面板"|"场景"命令或按 Shift+F2 键打开"场景"面板。在该面板中有一个默认的"场景 1"，单击"添加场景"按钮 **+** 为影片添加 4 个场景。双击场景名，分别将场景命名为"主控界面"、"结构原理"、"工作原理"、"接线方法"和"使用方法"，如图 5-1-21 所示。

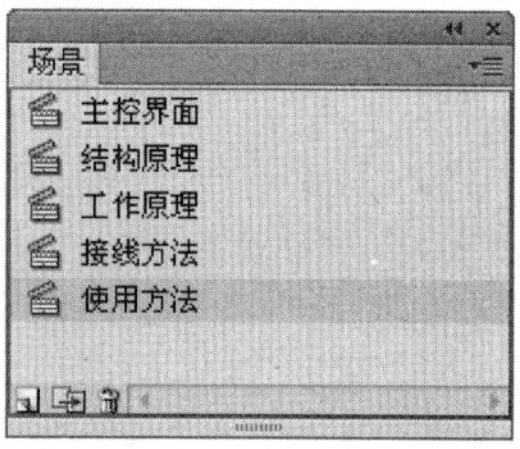

图 5-1-21 添加场景

添加完场景后关闭"场景"面板，接下来在各场景中进行模块功能的制作。

5.1.4 制作分场景动画

1. 制作"主控界面"场景

（1）单击"编辑场景"按钮 ，弹出下拉菜单，如图 5-1-22 所示，在菜单中选择"主控界面"，编辑环境便转换到"主控界面"场景中，在舞台的左上角相应地显示出场景的名称，如图 5-1-23 所示。

图 5-1-22 选择编辑场景

图 5-1-23 "主控界面"场景

（2）选择"文件"|"导入"|"导入到舞台"命令，把在 Photoshop 中制作的主控界面

图像导入到场景中（文件路径：配套光盘\素材\part5\主控界面.jpg），并用"选择工具"调整好位置，将图层重命名为"背景"。

（3）新建一个名称为"按钮 1"的按钮元件，在按钮元件编辑场景中制作一个按钮。在"库"中右击"按钮 1"，在弹出的快捷菜单中选择"直接复制"命令，复制 3 个按钮，并分别命名为"按钮 2"、"按钮 3"和"按钮 4"。在各个按钮的编辑场景中只要将文本更改成对应的主题即可，这样得到了 4 个导航按钮，如图 5-1-24 所示。

（4）在"主控界面"场景中插入一个新图层并命名为"导航按钮"，将准备好的按钮从"库"面板中拖放到场景中，并调整好位置，主控界面场景布局完成，效果如图 5-1-25 所示。对于导航按钮的脚本定义将在后面进行介绍。

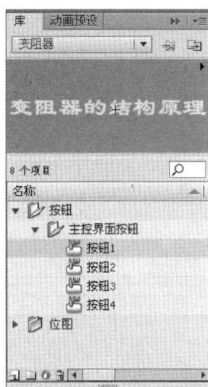

图 5-1-24　"库"中的导航按钮　　　　图 5-1-25　主控界面场景效果

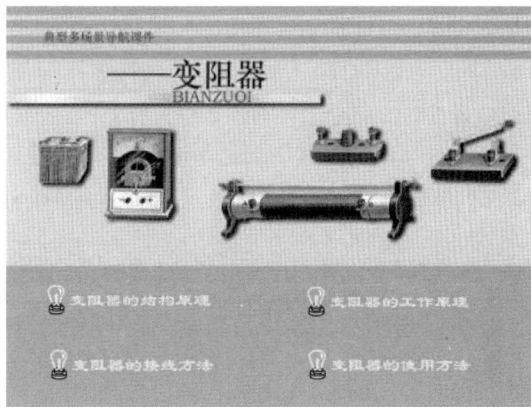

2．制作"结构原理"功能模块场景

在本课件的 4 个功能模块中，"结构原理"是制作相对比较复杂的一个模块，它由按钮来实现多模块交互演示过程，其中包括"文字说明"、"滑线变阻器结构"、"电阻箱"和"实验装置图" 4 个影片剪辑元件。由于很多制作方法在前面已经学习过，在这里不再重复叙述，只对其中几种重要的制作方法进行讲解。

（1）"文字说明"影片剪辑元件是一个打字效果动画，下面介绍一下其制作方法。切换到"结构原理"场景，按 Ctrl+F8 键新建一个名为"文字说明"的影片剪辑元件。将"图层 1"命名为"文本"，用"文本工具"输入文本，并把"文本"图层延伸至 180 帧。插入新图层，命名为"遮罩"，在"遮罩"图层的第 1 帧用"刷子工具"将文本的第 1 个字涂上颜色。在第 3 帧插入一个关键帧，用"刷子工具"再将文本的第 2 个字涂上颜色，依照这种方法操作，将所有的字均涂上颜色。右击"遮罩"图层，在弹出的快捷菜单中选择"遮罩层"命令创建遮罩动画，按 Enter 键预览观察动画效果，可以看到打字的动画效果。

专家点拨：为了使动画更逼真，在"遮罩"图层不要逐帧插入关键帧进行涂色，而要根据写字的快慢灵活地插入关键帧。

（2）介绍滑线变阻器的结构是本模块的一个重要内容，在这里将其创建成一个名为"滑线变阻器结构"的影片剪辑元件，这个元件的图层结构如图 5-1-26 所示。

在"变阻器"图层的第 1 帧放置一个滑线变阻器的静止图片，从第 2～7 帧分别放置 6 个影片剪辑元件，每个元件介绍相对应的部件的组成情况，事先制作好的元件如图 5-1-27 所示。

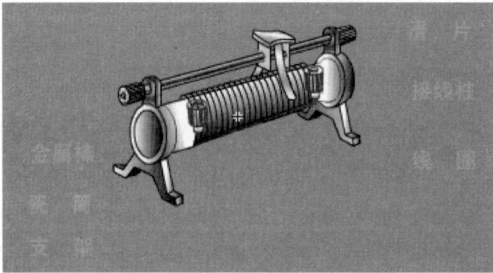

图 5-1-26 "滑线变阻器结构"影片剪辑元件

图 5-1-27 介绍每个部件的影片剪辑元件

"按钮文本"图层用"文本工具"输入了一些文字，效果如图 5-1-28 所示。"按钮"图层中放置了 6 个隐形按钮覆盖在相应的文字上，效果如图 5-1-29 所示。隐形按钮在场景中为方便编辑用蓝色显示，在播放动画时是不显示的。

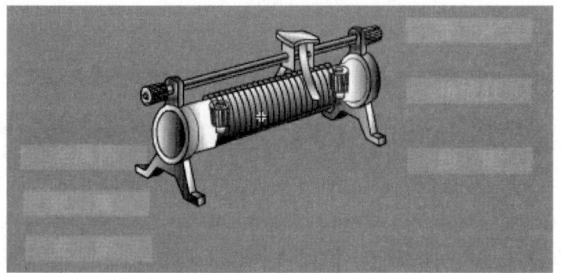

图 5-1-28 按钮文本

图 5-1-29 添加了阴影按钮

专家点拨：当按钮的"弹起"帧无任何内容时，该按钮称为隐形按钮。其特点是便于隐藏，它可以放置在动画的任意位置而不会显示，只有当将鼠标指针移动到响应区域上时才能触发按钮动作，并产生相应效果。这种利用隐形按钮实现很多特殊效果的方法在课件制作中很实用。

（3）将"结构原理"场景中的内容全部制作成影片剪辑元件，由按钮来调用，这样既简化图层结构又便于操作，其图层结构如图 5-1-30 所示。

3．制作其他功能模块场景

"使用方法"场景的制作方法与"结构原理"场景的相同，其他两个模块也是用简单的传统补间来实现，具体的制作请参考配套光盘上的课件源文件。

由于本课件的元件很多，为了便于管理，按元件类型建立了不同文件夹，在文件夹中又按场景建立了分文件夹，将元件分别放在不同的文件夹中，这样使"库"面板的结构条理清楚、内容一目了然，如图 5-1-31 所示。

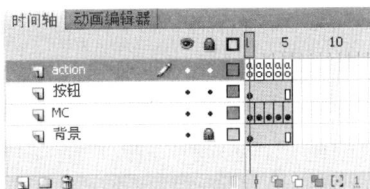

图 5-1-30　"结构原理"场景的图层结构　　　图 5-1-31　建立库文件夹

5.1.5　定义动作脚本实现多场景导航

（1）切换到"主控界面"场景，单击"变阻器的结构原理"按钮，在"动作"面板中定义这个按钮的动作脚本如下：

```
on(press) {
    gotoAndPlay("结构原理", 1);
}
```

这段动作脚本的含义是当单击"变阻器的结构原理"按钮时，播放头跳转到"结构原理"场景的第 1 帧开始播放，这就实现了多场景的自由跳转。

（2）分别选择其他 3 个导航按钮，在"动作"面板中定义其脚本。

"变阻器的工作原理"按钮的动作脚本如下：

```
on(press) {
    gotoAndPlay("工作原理", 1);
}
//单击按钮，跳转到"工作原理"场景的第 1 帧开始播放
```

"变阻器的接线方法"按钮的动作脚本如下：

```
on(press) {
    gotoAndPlay("接线方法", 1);
}
//单击按钮，跳转到"接线方法"场景的第 1 帧开始播放
```

"变阻器的使用方法"按钮的动作脚本如下：

```
on(press) {
    gotoAndPlay("使用方法", 1);
}
//单击按钮，跳转到"使用方法"场景的第 1 帧开始播放
```

（3）在每个功能模块的场景中都放置了一个"返回"按钮，以便于播放完该场景内容后返回到"主控界面"场景，其动作脚本如下：

```
on(press) {
    gotoAndPlay("主控界面", 1);
}
//单击按钮，跳转到"主控界面"场景的第 1 帧开始播放
```

以上是"主控界面"场景的动作脚本，其他各功能模块场景的动作脚本定义方法与前面学习的相同，读者可参阅配套光盘上的课件源文件。

（4）测试并保存文档。由于本课件内容较多、结构复杂，在制作完成后应该反复进行测试，直到课件导航功能达到要求，再将课件保存并导出。

选择"控制"|"测试场景"命令，可以测试当前编辑场景。一般先将制作好的场景测试正确，再选择"控制"|"测试影片"命令测试整个影片。

5.2 网络型多模块导航课件——金属的物理性质

多媒体课件的重要特征是具有多媒体性和交互性。多媒体性指课件内容是由文字、图片、动画、音频、视频等多种媒体整合而成的，具有丰富的感染力；交互性指用户可以控制课件的播放，可以实现用户和计算机的相互交流，从而达到控制学习过程的目的。多媒体课件的这些特征使传统教学方式受到挑战，也使多媒体课件具备了强大的生命力和应用需求。

随着网络技术的飞速发展，特别是宽带技术的普及应用，多媒体课件的网络化应用发展趋势越来越明显。这里所说的多媒体课件的网络化应用是指在 Internet 网络中用户可以实时下载播放多媒体课件。那么怎样既能保证多媒体课件的多媒体性和交互性的特征，又能保证用户在 Internet 网络中实时、稳定地下载播放多媒体课件内容呢？这是多媒体课件网络化亟待解决的问题。多媒体性和交互性使得课件体积（文件大小）相对较大，特别是对于复杂的大型多媒体课件更是这样，而体积较大的文件必然会影响网络中的下载、播放速度。这是一个十分突出的矛盾，解决这个矛盾应该是解决多媒体课件网络化的关键。

牺牲多媒体课件的多媒体性和交互性，以减少课件文件的体积，肯定是不可取的方法。在保证多媒体课件原有的多媒体性和交互性的基础上实现多媒体课件的网络化应用是解决问题的方向。多媒体课件的体积大了，网络化应用就难以实现。从多媒体课件的体积入手，"化大为小，分而治之"是一种有效的解决方法，具体思路如下。

1. "化大为小"——将多媒体课件模块化

多媒体课件的规模是难以控制的。如果一味地控制课件的规模，虽然可以起到控制课

件体积的作用，但必然会影响课件的效果和完整性。将多媒体课件模块化，"化大为小"的思路是比较明智的选择。根据多媒体课件的内容，采取自顶向下，逐步细化、模块化的方法，将一个大型的课件分解为由若干课件模块组成。这样，一个大型的多媒体课件就被分解成若干模块，每个模块就是一个"小多媒体课件"，它们的体积比较小，易于在网络中实时下载、播放。

2．"分而治之"——在交互控制下各模块分别下载播放

按照"化大为小"的方法，多媒体课件被分解成若干课件模块，通常包括一个主控模块和若干功能模块，所有功能模块合在一起实际上就是多媒体课件的全部内容。通过主控模块可以交互控制功能模块的播放。"分而治之"的思路是当网络用户提出多媒体课件应用需求时不是将多媒体课件的全部内容一次下载到用户本地的计算机上，而是将主控模块先下载到用户本地的计算机上，在主控模块的控制下，用户可以根据需要再分别下载功能模块进行播放。这样就减轻了网络压力，能取得比较好的应用效果。

能制作多媒体课件的软件有很多，但最适合实现多媒体课件网络化应用的软件非 Flash 莫属，原因如下：

◆ Flash 是目前最流行的动画制作软件，它自身不仅具有图形图像处理能力，还支持多种媒体（图像、音频、视频等）的导入和编辑。另外，利用 Flash 的脚本语言可以实现强大的交互功能。因此用 Flash 制作的课件具有较强的多媒体性和交互性。

◆ Flash 主要用于网络应用程序的开发，它采用矢量图形技术，制作的 SWF 动画文件非常小，因此 Flash 制作的多媒体课件非常适合在网络上播放。另外，Flash 动画目前是 Internet 事实上的动画标准，具有强大的兼容性和广阔的发展空间。

◆ Flash 提供了一个 loadMovieNum() 函数（和 loadMovie()函数），可以调用外部 SWF 影片文件，能较好地实现模块化程序调用的功能。在设计时把课件分割为若干个模块后，将每个课件模块制作成独立的 Flash 影片，然后利用 loadMovieNum() 函 数 （ 或 者 loadMovie()函数）实现各个课件模块间的相互调用，如图 5-2-1 所示。

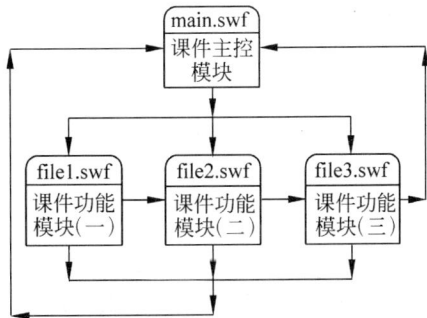

图 5-2-1　loadMovieNum ()函数实现模块化课件设计

利用这种设计思想制作出来的课件既较好地实现了模块化功能，又使课件具备了更强的网络特性，因为这种类型的课件在播放时并不需要先把全部的课件模块都装载到计算机的内存中，只需要先装载课件的主控模块，需要时在课件主控界面上单击控制按钮，再把其他的课件模块装载运行。

📖 **课件简介**

本范例是高中化学中的"金属的物理性质"网络型多模块导航课件。这个课件共包括 6 个模块，分别是一个课件片头、一个主控导航模块、4 个功能模块。其中 4 个功能模块包括金属的内部结构、金属的导热性、金属的导电性、金属的延展性。

这个课件的特点是动画十分精彩，通过动画直观模拟了金属物质微观世界的奥秘，这是传统的教学模式很难实现的。课件运行时，先播放一个课件片头，如图 5-2-2 所示。

图 5-2-2　课件片头

在这个课件片头播完以后，影片将自动跳转到课件的主控导航界面，如图 5-2-3 所示。在主控导航界面下面有 4 个导航按钮，单击它们可以分别调用独立的影片文件，以打开相应的课件功能模块进行播放。图 5-2-4 所示的是"金属的导电性"功能模块播放时的一个画面。

图 5-2-3　课件的主控导航界面

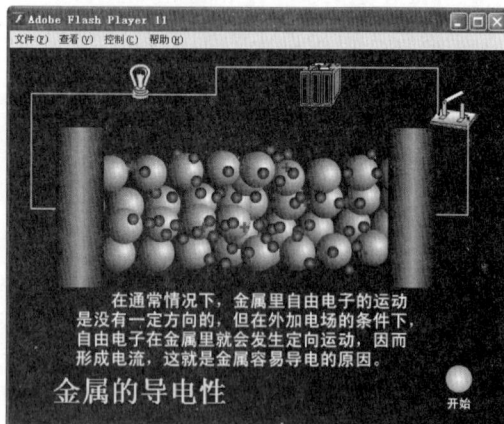

图 5-2-4　课件播放时的一个画面

✍ **知识要点**

◆　利用 Flash 制作多模块导航课件主界面的方法

◆ 课件片头在多模块课件结构中的实现方法
◆ 利用 loadMovieNum ()函数实现网络型多模块导航课件的方法
◆ 调用外部 SWF 文件的方法

制作步骤

5.2.1 整体规划网络型导航课件的模块结构

1．规划课件内容和结构

在制作课件之前先进行模块化课件设计。通过分析，本课件共划分为 6 个模块，即一个课件片头模块、一个主控导航模块、4 个功能模块。课件片头模块和主控导航模块分别用一个独立的 SWF 影片文件实现，另外的 4 个功能模块对应演示课件的具体内容，它们分别用 4 个独立的 SWF 影片文件实现，最后用 loadMovieNum ()函数实现整个课件的导航控制功能。

这 6 个课件模块对应的 SWF 影片文件名如下：

课件片头模块——片头.swf。

主控导航模块——主控界面.swf。

功能模块 1（金属的内部结构）——内部结构.swf。

功能模块 2（金属的导热性）——导热性.swf。

功能模块 3（金属的导电性）——导电性.swf。

功能模块 4（金属的延展性）——延展性.swf。

需要特别注意的是，6 个 SWF 影片文件必须放在同一个文件夹下。

2．绘制课件层次结构图

为了更清楚地表达上面规划的课件结构，先绘制一个课件层次结构图，以方便在设计制作之前做到有的放矢、心中有数，如图 5-2-5 所示。

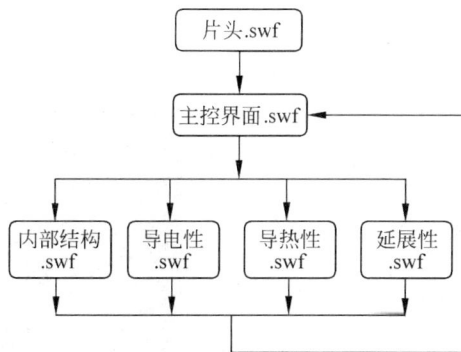

图 5-2-5　课件结构层次图

5.2.2 制作课件片头影片

（1）新建一个 Flash 文件（ActionScript 2.0），设置舞台尺寸为 600×448 像素、背景色为蓝色（#000099），其他参数保持默认。

（2）在主场景中创建一个课件片头动画效果，如图 5-2-6 所示。在本课件的片头播放时，滚动的小球、不断变换的字母条、颜色各异的金属符号加上音乐，极富感染力，为课件增加了效果。

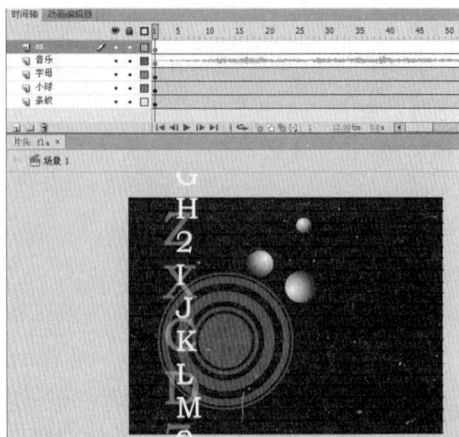

图 5-2-6　课件片头

5.2.3　制作主控导航影片

主控导航影片文档属性和片头影片一样。在舞台上绘制一个渐变色矩形，覆盖整个舞台，这样得到一个渐变色的背景效果。另外，导航条和课件标题都用影片剪辑元件，它们将整个界面动态地表现出来，增加了课件的感染力，如图 5-2-7 所示。

在主控界面的下边放置了 4 个导航按钮，它们是主控导航界面上最重要的对象，分别定义它们的动作脚本就可以实现对其他课件功能模块的调用。这 4 个导航按钮被制作成了一个独立的影片剪辑元件，名字叫"导航条"。这里将 4 个导航按钮放置在一个影片剪辑元件中就是为了让它们呈现一种飘动的效果。

图 5-2-7　主控界面效果

5.2.4　制作其他功能模块影片

本课件中有 4 个功能模块对应 4 个独立的 SWF 影片文件，当单击主控界面的导航按钮时就会调出相应的 SWF 影片文件。这 4 个 SWF 影片通过交互动画分别演示金属的不同特性，下面分别介绍 4 个功能模块的制作思路。

1. 功能模块 1——内部结构.swf

本课件将金属的内部结构设计成一个功能模块，用独立的 Flash 影片（内部结构.swf）来实现这个功能模块的内容。打开影片源文件"内部结构.fla"，图层结构如图 5-2-8 所示。

这个影片共有 5 个图层，"标题文本"图层放置的是标题和文字说明；"晶体 MC"图层放置的是"金属离子"、"自由电子"和"正电荷"影片剪辑；"典型结构 MC"图层的第 2 帧上放置了"体心立方"、"面心立方"和"密排六方"3 个影片剪辑，这是课件的主要演示内容；"按钮"图层上有两个关键帧，第 1 个关键帧上是实现跳转到"典型结构 MC"图层的第 2 帧进行播放的按钮，第 2 个关键帧上是实现返回主控界面的按钮；as 图层上的两个空白关键帧上分别定义了停止动作，用来配合按钮控制动画。

图 5-2-8　内部结构.swf 的图层结构

运行"内部结构.swf"，先播放影片第 1 帧并停止，屏幕上显示标题、文字说明以及"金属离子"、"自由电子"、"正电荷"影片剪辑元件的组合动画效果。

单击屏幕右下角的"点击观看"按钮跳转到"典型结构 MC"图层的第 2 帧进行播放，由于"典型结构 MC"图层的第 2 帧放置了"体心立方"、"面心立方"和"密排六方"3 个影片剪辑，所以这时屏幕上显示这 3 个影片剪辑实例。

"体心立方"、"面心立方"和"密排六方"3 个影片剪辑元件分别用动画展示 3 种典型金属晶体结构，在每个影片剪辑元件中通过定义一些传统补间动画来模拟金属晶体的内容结构，十分直观。

"密排六方"影片剪辑元件的图层结构如图 5-2-9 所示。"密排六方"影片剪辑元件的动画效果如图 5-2-10 所示。单击"密排六方"按钮就可以开始播放动画，从而模拟展示这种类型的金属晶体内部结构。

图 5-2-9　"密排六方"元件的图层结构

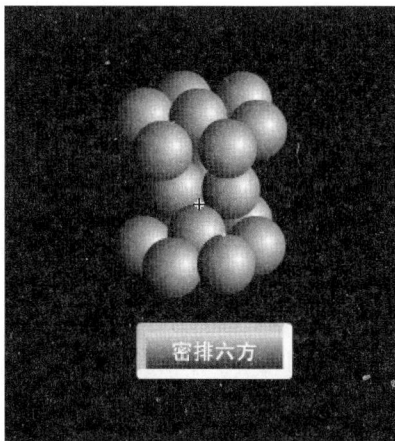

图 5-2-10　"密排六方"的动画效果

专家点拨：对于图层特别多的元件或场景，在制作中可分类合理设置图层文件夹，然后将相应的图层移动至图层文件夹中，这样可以给课件制作带来极大的便利。

2．功能模块 2——导热性.swf

本课件将金属的导热性设计成一个功能模块，用独立的 Flash 影片（导热性.swf）来实现这个功能模块的内容。

（1）播放"导热性.swf"影片，单击屏幕上的"开始"按钮后动画演示点燃酒精灯给金属加热，可以看到金属晶体慢慢从右到左变红，最后整块金属达到同样的温度。整个动画过程只包含了传统补间动画，它是利用色调的变化来实现这个动画过程的。

（2）打开影片源文件"导热性.fla"，图层结构如图 5-2-11 所示。

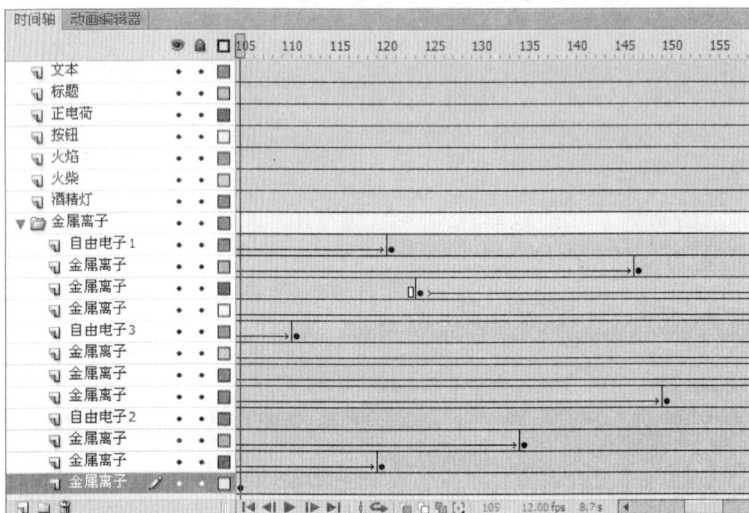

图 5-2-11　图层结构

从图层结构可以看出，这个影片主要是由"金属离子"和"自由电子"的传统补间动画实现的。进一步研究可以发现，每个传统补间动画都是利用对象的色调变化制作完成的。

例如最下边的"金属离子"图层是一个从第 25 帧至第 105 帧的传统补间动画。具体制作步骤是在这个图层的第 25 帧放置一个"金属离子"影片剪辑，在第 105 帧插入关键帧，选择第 25 帧创建传统补间动画。单击第 105 帧上的实例，打开"属性"面板，在"色彩效果"栏的"样式"下拉列表中选择"色调"选项，将红、绿、蓝值分别设置为 255、90、0，将"色调"设置为 60%，如图 5-2-12 所示。

图 5-2-12　设置色调

3．另外两个功能模块

本课件用独立的 Flash 影片（导电性.swf）来实现金属的导电性这个功能模块的内容，用独立的 Flash 影片（延展性.swf）来实现金属的延展性这个功能模块的内容，具体制作步骤这里不再详述，读者可以参看配套光盘上的课件源文件。

5.2.5 定义动作脚本以实现网络型课件的交互导航控制

1. 定义主控界面上的导航按钮动作

（1）打开"主控界面.fla"文件，在"库"面板中双击打开"导航条"影片剪辑元件，在这个元件的编辑场景中，在"内部结构"图层的第 11 帧上选择"内部结构性"按钮，在"动作"面板中定义这个按钮的动作脚本如下：

```
on(release) {
    loadMovieNum("内部结构.swf", 0);
}
```

这段动作脚本的功能是单击并释放按钮后加载名字为"内部结构.swf"的影片文件，级别为 0。

专家点拨：在"动作工具箱"中展开"全局函数"|"浏览器/网络函数"类别，可以看到 loadMovieNum() 函数。

（2）按照同样的方法为其他 3 个按钮定义动作脚本。

"导热性"按钮的动作脚本如下：

```
on(release) {
    loadMovieNum("导热性.swf", 0);
}
//单击并释放按钮后，加载名字为"导热性.swf"的影片文件，级别为 0
```

"导电性"按钮的动作脚本如下：

```
on(release) {
    loadMovieNum("导电性.swf", 0);
}
//单击并释放按钮后，加载名字为"导电性.swf"的影片文件，级别为 0
```

"延展性"按钮的动作脚本如下：

```
on(release) {
    loadMovieNum("延展性.swf", 0);
}
//单击并释放按钮后，加载名字为"延展性.swf"的影片文件，级别为 0
```

这 4 个按钮的动作脚本主要使用的就是 loadMovieNum() 函数，功能是加载课件的 4 个功能模块对应的 SWF 影片文件。从脚本中可以看出，影片文档全部被设置加载在 0 级上，这样后面被加载的动画总会取代原来 0 级别上的动画文件，不会出现重叠的问题。

2. 定义返回主控界面的动作

从 4 个功能模块 SWF 影片返回到主控界面 SWF 影片是通过返回按钮来实现的，返回按钮的脚本如下：

```
on(release) {
    loadMovieNum("主控界面.swf", 0);
}
//单击并释放按钮后，加载名字为"主控界面.swf"的影片文件，级别为 0
```

这个动作脚本的功能是通过 loadMovieNum()函数调用主控界面 SWF 影片文件，从而实现返回主控界面的目的。

3．定义课件片头到主控导航界面的连接动作

"片头.swf"是一个独立的影片文件，它也是通过 loadMovieNum()函数调用"主控界面.swf"影片文件来实现自然连接至主控界面的，它的动作脚本被定义在片头动画播放完的最后一帧上：

```
loadMovieNum("主控界面.swf", 0);
```

当片头动画播放完就开始执行这段动作脚本，也就是立即调用"主控界面.swf"文件，进入主控导航界面进行播放。

4．测试、保存文档

至此整个课件的导航结构制作完成，这时可以检查一下，6 个课件模块对应的 SWF 影片是否放在同一个文件夹里，如果不在同一个文件夹里，调用就不能实现。检查完后再进行课件的测试，测试成功后保存并导出。

5.2.6　ActionScript 补习班——加载函数详解

在制作 Flash 课件时，由于交互的需要，常常在当前影片播放不停止的情况下播放另外一个影片，或者是在多个影片间自由切换，这时就会用到 loadMovieNum()函数或者 loadMovie()函数。loadMovieNum()函数是加载一个影片或图片到一定的级别（_level），而 loadMovie()函数是加载一个影片或图片到一个目标路径（target），例如场景中的一个空影片剪辑实例。

1．loadMovieNum()函数

如果要将 SWF 文件或 JPEG 文件加载到特定的级别，就要使用 loadMovieNum()函数。loadMovieNum()函数的作用是在播放原来加载的 SWF 文件的同时将 SWF 文件或 JPEG 文件加载到 Flash Player 中的某个级别。

loadMovieNum()函数的一般形式如下：

```
loadMovieNum("URL", level);
```

URL 设置加载的 SWF 文件的绝对路径或相对路径。一般这里都是使用相对路径，也就是直接用 SWF 文件名代替这个参数。这时，必须让多个 SWF 文件（主控模块和若干功

能模块）都应该存放在相同的文件夹下。

level（级别）用于设置将动画加载到哪一级界面上。在 Flash 播放器中，按照加载的顺序，影片文件被编上了号。第一个加载的影片将被放在最底层（0 级界面），以后载入的影片将被放在 0 级以上的界面中。例如，在一个主影片中利用下面的程序代码加载另一个影片：

```
loadMovieNum("概述.swf",0);
```

这个函数将要加载的"概述.swf"的级别设置为 0，由于主影片默认的也是在 0 级别上，所以被加载的影片将取代原来 0 级别上的主影片文件。如果把加载的影片的级别定义为 1：

```
loadMovieNum("概述.swf",1);
```

则 0 级别上的主影片不会被加载的影片取代，两个影片会同时存在，一个在 0 级别上，另一个在 1 级别上。当不想让加载进来的影片将主控影片中的导航菜单覆盖时，可以采用这种级别设置。

loadMovieNum()函数中的 level 参数对设计课件导航结构很重要，用户在实际工作中要根据具体的导航实现思路来设置 level 参数，从而确定被加载的影片是否覆盖原有的影片。

2．loadMovie()函数

如果要将影片或者图片加载到某一个目标路径，例如一个影片剪辑中，那么就要使用 loadMovie()函数。

loadMovie()使用的一般形式如下：

```
loadMovie(影片或图片，目标路径);
```

其中影片或图片表示要加载的 SWF 文件或者 JPEG 文件的绝对或相对 URL 地址。该 URL 必须和当前影片处于相同的子域中。如果要使用 loadMovie()函数，则所有的 SWF 文件都必须存储在相同的文件夹中，文件名前面不能有文件名称或磁盘标识符。

目标路径表示目标影片剪辑的路径，目标影片剪辑将被加载的影片或图像所代替。

下面通过一个小范例讲解一下 loadMovie()函数的用法。

（1）提前准备两个外部文件，一个是 JPEG 文件，另一个是 SWF 文件。

（2）新建一个 Flash 影片，设置舞台尺寸为 400×300 像素，其他文件属性保持默认，将文件保存在和两个外部文件同一个目录下。

（3）新建一个名为"空 mc"的影片剪辑元件，在这个元件的编辑场景中不做任何操作，这样就创建了一个空影片剪辑元件，将来会把外部的 SWF 文件或 JPEG 文件加载到这个空影片剪辑中。

（4）返回主场景，将"图层 1"重命名为"加载 mc"，把"库"面板中的"空 mc"影片剪辑元件拖放到场景的左上角。在"属性"面板中定义实例名为 mc，用来加载外部的图片或者影片，如图 5-2-13 所示。

（5）新插入一个图层，并重命名为 as。单击 as 图层的第 1 帧，打开"动作"面板，输入动作脚本如下：

```
loadMovie("car.jpg", mc);
//导入当前目录下的 car.jpg 到主场景中的空影片剪辑实例 mc 中
```

（6）测试影片，如图 5-2-14 所示。

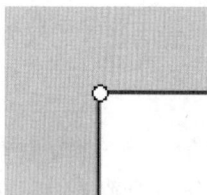

图 5-2-13　空影片剪辑实例

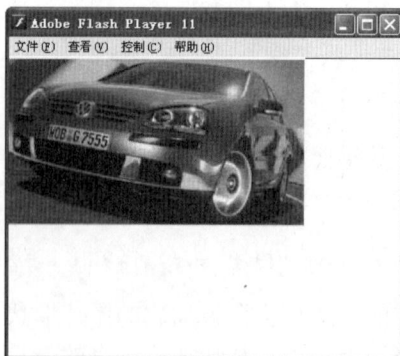

图 5-2-14　从外部导入的图片

（7）把 as 图层的第 1 帧上的代码改为：

```
loadMovie("test.swf", mc);
//加载当前目录下的影片 test.swf
```

（8）测试影片，可以看到加载到 mc 中的影片。

因为 loadMovie()函数可以将外部的图片或者影片加载到某个影片剪辑中，所以利用 loadMovie()函数加载的影片或图片可以进行控制。例如，要使从外部导入的图片位于场景的中央，只需在 as 图层的第 1 帧上的代码后加上：

```
mc._x =(400-mc._width)/2;
//图片的 x 坐标等于场景的宽度减去图片的宽度之差除以 2
mc._y =(300-mc._height)/2;
//图片的 y 坐标等于场景的高度减去图片的高度之差除以 2
```

另外，loadMovie()函数加载影片，而 unloadMovie()可以卸载由 loadMovie()函数加载的影片。例如：

```
on(release) {
    unloadMovie(mc);
}
```

这段动作脚本的功能是单击并释放按钮后卸载 mc 中的影片。

5.3　网络课件中 Loading 的制作

对于比较大的 Flash 课件，如果想在 Internet 上播放，最好在课件的开始处加入预载画面，等到整个课件都下载完成后再播放。其目的就是使用户避免盲目等待，让课件能流畅播放，这个预载画面就是 Loading。

在 Internet 上观看 Flash 课件时，有时由于影片文件太大或者是网速限制需要装载一段时间才能播放，但由于这个装载时间对于观看者来说是未知的，所以在 Flash 影片装载过程中如果没有任何提示，多数用户不会有足够的耐心在面对空白的网页许久的情况下仍继续等待。制作 Loading 就是要告诉用户目前 Flash 电影的装载情况，即使制作的 Loading 只是简单的一个小动画，也会起到很好的效果。

本节要介绍两种 Loading 的制作方法，一种是没有下载进度提示的简单 Loading，另一种是显示下载进度的精确 Loading。

📖 课件简介

本范例是一个带 Loading 的中学数学课件，它适合在 Internet 上播放，播放时先出现一个 Loading 画面，提示用户影片加载的进度，如图 5-3-1 所示。

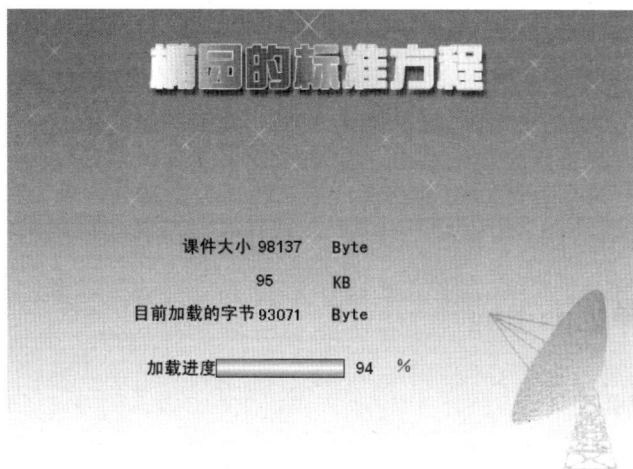

图 5-3-1　课件中的精确 Loading 画面

当影片全部加载以后，影片自动跳转到课件内容画面，展示中学数学"椭圆标准方程推导"的动画演示过程，如图 5-3-2 所示。

图 5-3-2　课件主动画

📝 **知识要点**

◆ 简单 Loading 的制作方法
◆ 精确 Loading 的制作方法

🖱 **制作步骤**

5.3.1 制作课件主场景动画

（1）新建一个 Flash 文件（ActionScript 2.0），设置舞台尺寸为 660×480 像素，其他参数保持默认。

（2）选择"窗口"|"其他面板"|"场景"命令或按 Shift+F2 键，打开"场景"面板，在其中将"场景 1"重命名为"课件"，如图 5-3-3 所示。

（3）在"课件"场景中创建课件动画。本课件的主要内容是一个演示椭圆标准方程推导过程的动画，此动画效果的制作主要应用传统补间动画，对于具体制作过程这里不再详述，请读者参看配套光盘上的课件源文件。

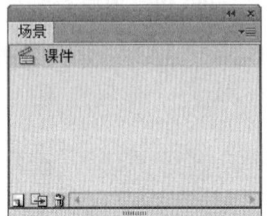

图 5-3-3　场景面板

5.3.2 制作简单 Loading

1. 新建 Loading 场景

（1）选择"窗口"|"其他面板"|"场景"命令或按 Shift+F2 键，打开"场景"面板，在其中新建一个场景，并重命名为 Loading，如图 5-3-4 所示。

（2）在一般情况下，预载动画都是放在一个单独的场景中，这样便于编写动作脚本控制影片，也可以使影片结构更加清晰。接下来将在这个 Loading 场景中制作影片预载动画。带 Loading 的 Flash 课件的场景布局一般如图 5-3-5 所示。

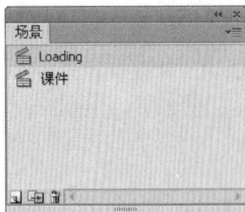

图 5-3-4　新建 Loading 场景　　　　图 5-3-5　带 Loading 的影片场景布局

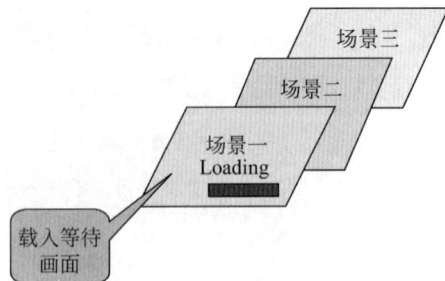

2. 制作预载画面

（1）新建一个影片剪辑元件，并命名为"预载"。

（2）在这个元件的编辑场景中制作下载时的动态画面，画面效果和图层结构分别如图 5-3-6 和图 5-3-7 所示。

图 5-3-6　"预载"影片剪辑画面

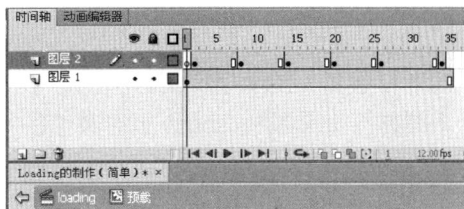

图 5-3-7　"预载"影片剪辑元件的图层结构

3．布局场景并定义帧动作

（1）在 Loading 场景中新建一个图层，将两个图层分别重命名为 Loading 和 action，然后在 Loading 图层上将"预载"影片剪辑元件从"库"面板中拖放到场景中。

（2）在 action 图层的第 2、3 帧分别按 F7 键添加一个空白关键帧。然后单击 action 图层的第 2 帧，定义它的动作脚本如下：

```
if(_framesloaded<_totalframes) {
    gotoAndPlay(2);
} else {
    gotoAndPlay("课件",1);
}
```

这段动作脚本使用了_framesloaded 和_totalframes 两个属性，其中_framesloaded 表示影片文件当前已经加载的帧数，_totalframes 表示影片文件包含的总帧数。

在动作脚本中还使用了 if 语句，它被称为条件判断语句，是基于某些条件的评估判断来控制脚本流程的。下面详细解释这段脚本的含义。

```
if(_framesloaded<_totalframes){
    gotoAndPlay(2);
//先判断影片加载的帧数是否超过了影片的总帧数，如果没有超过则说明影片没有加载完成
//就要执行 gotoAndPlay(2)，也就是继续执行时间轴的第 2 帧
}else{
    gotoAndPlay("课件",1);
//如果超过了，说明影片已经加载完，因此执行 gotoAndPlay("课件",1)
//也就是跳转到"课件"场景的第 1 帧开始播放影片
```

（3）选择 action 图层的第 3 帧，定义它的动作脚本如下：

```
gotoAndPlay(2);
```

这个帧动作主要是使程序形成一个循环，不断地执行时间轴的第 2 帧来判断影片加载的帧数是否超过了影片的总帧数。

Loading 场景的图层结构如图 5-3-8 所示。

5.3.3　制作精确 Loading

图 5-3-8　Loading 场景的图层结构

　　精确 Loading 能显示已装载帧数与总帧数的百分比，可以让人一目了然，便于用户把握时间。下面在前面制作的基础上制作一个带精确 Loading 的课件范例。这个课件和前面制作的带简单 Loading 的课件实例的场景结构一样，也包括"课件"场景和 Loading 场景，同样的步骤这里不再重复叙述，下面重点讲解一下 Loading 场景的制作方法。

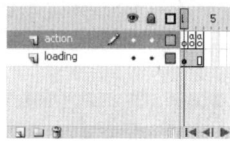

1．制作精确预载画面

　　（1）在 Loading 场景中将"图层 1"重命名为"背景"，然后从"库"面板中将事先做好的背景拖放到场景中。

　　（2）在"背景"图层上方插入一个图层，并重命名为"文本对象"。然后在这个图层上用"文本工具"创建 4 个动态文本对象和一些辅助说明的静态文本，如图 5-3-9 所示。

　　专家点拨：在 Flash 文档中使用"文本工具"可以创建 3 种不同类型的传统文本，即静态文本、动态文本和输入文本，在前面几章中创建的文本均是静态文本。动态文本是可以实时显示动态更新的文本，一般在动作脚本中赋予它变化的内容。输入文本则用于在程序运行时由用户输入文本。

　　在图 5-3-9 中，从上到下 4 个动态文本框分别用来显示课件文件的总字节数、总 KB 数、加载字节数、进度百分比。这 4 个动态文本框在"属性"面板中的设置如图 5-3-10～图 5-3-13 所示。

图 5-3-9　文本对象

图 5-3-10　"总字节数"动态文本

图 5-3-11　"总 KB 数"动态文本

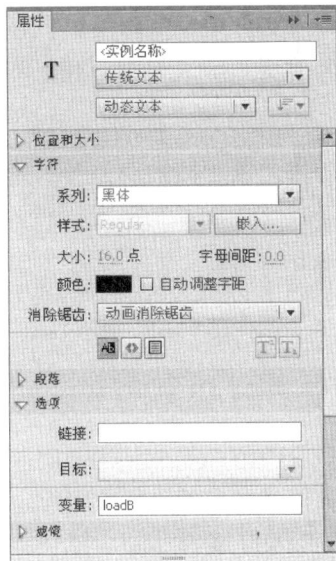

图 5-3-12　"加载字节数"动态文本　　　　图 5-3-13　"进度百分比"动态文本

（3）在"文本对象"图层上方新插入一个图层，并将它重命名为"进度条"。然后在该图层中画一个矩形，"笔触颜色"为无、"填充色"为任意合适的颜色，并将其转换为影片剪辑元件，如图 5-3-14 所示。

2．定义帧动作

（1）在"进度条"图层上方插入图层，并重命名为 as，然后分别在该图层的第 2、3 帧插入空白关键帧，图层结构如图 5-3-15 所示。

实现预载进度条随着预载内容的增多而逐渐延伸的效果必须应用到影片剪辑元件的一个属性_xscale，即水平缩放值。课件运行时，当预载的百分比为 30%时，应将进度条的（水平缩放）_xscale 属性设置为 30；当预载的百分比为 85%时，应将进度条的_xscale 属性设置为 85%，以此类推，即可实现延伸效果。

图 5-3-14　进度条

（2）选择进度条影片剪辑实例，在"属性"面板中定义它的"实例名称"为 bar，如图 5-3-16 所示。在动作脚本中通过设定影片剪辑 bar 的_xscale 属性就可以达到预载进度条随着预载内容增多而逐渐延伸的目的。

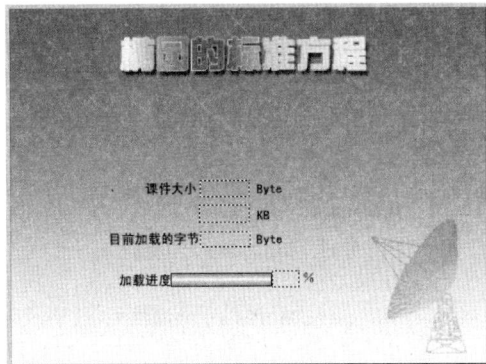

图 5-3-15　图层结构　　　　　　图 5-3-16　设置实例名称

专家点拨： 为了在动作脚本中引用实例，就必须要为舞台上的按钮和影片剪辑实例定义实例名称（不能为图形元件实例定义实例名称）。这是一种良好的习惯，因为动作脚本是靠实例名称来标识对象的。

（3）在"动作"面板中分别定义前 3 帧的动作脚本，第 1 帧的动作脚本如下：

```
bar._xscale=0;
//初始化进度条影片剪辑实例 bar 的水平缩放属性值为 0
totalB = this.getBytesTotal();
//将影片文件的字节大小数值存入 totalB 变量中
KB = Int(totalB / 1024);
//把 Byte 转换为 KB 单位显示
```

这段动作脚本主要使用了影片剪辑（MovieClip）对象的 getBytesTotal()方法，它可以获取影片剪辑的字节大小。由于本课件要检测的对象不是特定的影片剪辑而是电影文件，所以将影片剪辑的名称部分写成了 this，也可以写成_level0 或者_root。

第 2 帧的动作脚本如下：

```
loadB = this.getBytesLoaded();
//取得目前已经加载的字节数
percent = int((loadB/totalB)*100);
//转换成百分比
bar._xscale = percent;
//设置进度条影片剪辑实例的水平缩放属性值为 percent 变量的值
```

这段动作脚本主要使用了影片剪辑（MovieClip）对象的 getBytesLoaded()方法，它可以获取已经加载的影片剪辑的字节大小。另外，还使用下面的公式计算了加载进度的百分比数值：加载进度的百分比=(目前加载的字节数/总字节数)×100。

第 3 帧的动作脚本如下：

```
if(percent < 100) {
    gotoAndPlay(2);
} else {
    gotoAndPlay("课件", 1);
}
```

这段动作脚本的功能是当影片预载不到 100%时重复执行第 2 帧，而当影片全部预载完后跳转到"课件"场景的第 1 帧并开始播放。

3．测试预载画面

在本地计算机上制作 Loading 时，课件不管有多大，装载不需要多少时间，所以 Loading 的动画往往还没来得及显示就进入主动画开始播放了，那么怎么来测试制作 Loading 的效果呢？

可以通过 Flash 中的"显示数据流"的方法来模拟从网络装载页面的情况。具体做法很简单，在动画全部做好后按 Ctrl+Enter 键测试效果，在测试画面菜单中选择"视图"菜

单下的"带宽设置"命令，然后选择"视图"|"模拟下载"命令，或再次按 Ctrl+Enter 键就可以看到装载画面了，如图 5-3-17 所示。

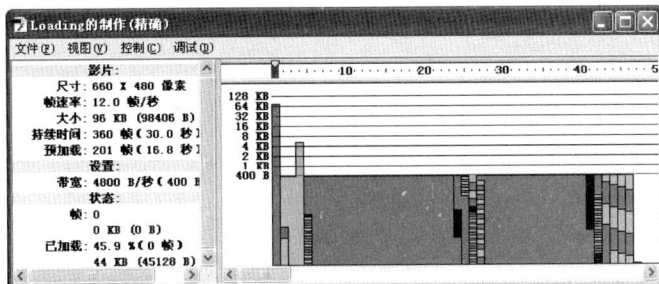

图 5-3-17　模拟下载效果

如果用户仍觉得装载得太快，看不清 Loading 效果，则可以在测试画面菜单中选择"视图"|"下载设置"命令，在其中选择合适的速率，例如 14.4kbps，也可以自己定义合适的速率，这样就可以对 Loading 在不同的网络模拟速度下进行调试了。

5.4　本章习题

一、填空题

1. 在规划多场景导航课件时主要使用的是_____、_____的程序设计方法，具体设计方法是根据课件的内容将其分解为一个_____和几个_____，前者用来控制和调度各个课件功能模块的播放，后者具体实现相应课件内容的展示。

2. 对于比较大的 Flash 课件，如果想在 Internet 上播放，最好在课件的开始处加入_____，等到整个课件都下载完成后再播放。其目的就是使用户避免盲目等待，使课件能流畅播放，这个画面也就是_____。

3. 在制作预载画面时，动作脚本中常常要使用_framesloaded 和_totalframes 两个属性，其中_framesloaded 表示_____，_totalframes 表示_____。

4. 在 Flash 文档中使用"文本工具"可以创建 3 种不同类型的传统文本，其中，_____可以实时显示动态更新的文本，一般在动作脚本赋予它变化的内容；_____则用于在程序运行时由用户输入文本。

二、选择题

1. 在 Flash 中实现模块化设计可采用的最好的技术方法是（　　）。
　　A．多场景　　　B．多图层　　　C．多元件　　　D．多图片
2. Flash 可以调用外部 SWF 影片文件，在设计时把课件分割为若干个模块后将每个课件模块制作成独立的 Flash 影片，然后利用（　　）函数实现各个课件模块间的相互调用。
　　A．gotoAndPlay　　　　　　　B．loadMovieNum

　　　　C．stop　　　　　　　　　　　　D．MovieClip
3．制作 Loading 效果完成后可以模拟从网络装载页面的方法是（　　　）。
　　A．测试场景　　　B．显示数据流　　C．发布影片　　　D．导出影片

5.5　上机练习

练习 1　电磁振荡

　　制作一个典型多场景导航课件——电磁振荡，如图 5-5-1 所示。
　　主要制作步骤提示：
　　（1）根据课件内容划分模块，并且创建相应的场景。
　　（2）在一个场景中制作电磁振荡课件的主控导航界面，布局导航按钮。
　　（3）根据模块划分在其他各个场景中制作相应的课件内容。
　　（4）定义各个导航按钮的动作脚本，实现课件导航功能。

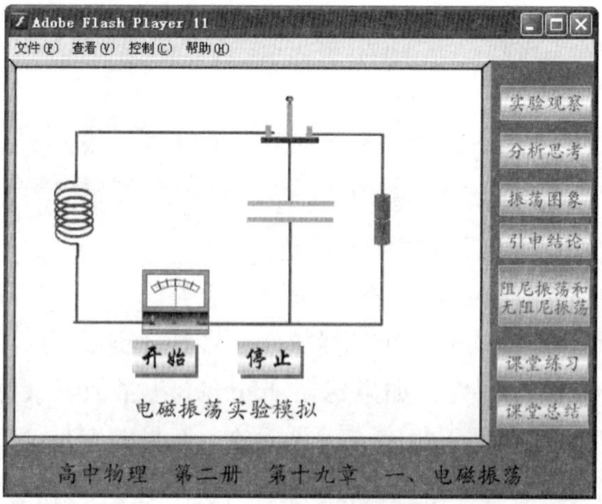

图 5-5-1　电磁振荡

练习 2　白蝴蝶之恋

　　制作一个网络型多模块导航课件——白蝴蝶之恋，如图 5-5-2 所示。
　　主要制作步骤提示：
　　（1）制作"白蝴蝶之恋"课件的主控导航模块影片文档，布局导航按钮。
　　（2）分别制作课题、作者、朗读、分析 4 个影片文档，制作的方法可参考光盘源文件。
　　（3）在主控导航模块影片文档中运用 loadMovieNum() 函数定义导航控制动作脚本。
　　（4）在其他 4 个功能模块影片文档中用 loadMovieNum() 函数定义返回主控影片文档的动作脚本。

图 5-5-2   白蝴蝶之恋

练习 3   课件 Loading

针对练习 1 的课件分别制作一个简单 Loading 和一个精确 Loading。

第6章 用 ActionScript 制作课件

理科课件有一个显著的特点，就是课件表现的内容大多包含数学模型。也就是说，课件内容直接包含数学公式，或者可以将课件内容转化为用数学公式来表达。

例如要制作一个动态的正弦曲线课件，想通过课件将正弦曲线的图像动态、直观地表现出来，那么数学函数公式 $y=A\sin(x)$ 就会成为制作这个课件的基础。再如要制作一个物理凹透镜实验的模拟演示课件，用鼠标拖动屏幕上的蜡烛就可以观察到蜡烛的成像现象，那么成像规律的计算公式 $1/u+1/v=1/f$ 就会成为这个课件制作的关键。

类似的课件在数学、物理、化学、地理等学科中会有很多，这些包含数学模型的 Flash 课件怎么制作出来呢？答案是除了创建一些必要的动画对象以外，主要用 Flash 的脚本语言编写程序来实现要表现的数学模型。

ActionScript 是 Flash 的内置脚本语言，它是面向对象（Object-Oriented）的编程语言，通过 ActionScript 的强大功能可以创造出各种复杂的动画效果和网络应用程序。利用 Flash 的脚本语言制作课件极大地丰富了课件的设计空间，特别是对于一些理科课件，利用编程可以从本质上将课件所蕴涵的知识通过生动、直观的动画表现出来。这种表现不是简单的动画模拟，而是真正意义上的科学知识的动态再现。

本章通过几个课件范例对 Flash 脚本语言在多媒体课件中的应用做一些探讨。

6.1 ActionScript 概述

随着 Flash 版本的不断升级，Flash 的脚本语言 ActionScript 也升级到了 3.0 版本。ActionScript 3.0 是 ActionScript 发展史上的一个里程碑，它和 Java 一样基于 ECMAScript（ECMAScript 是所有编程语言的国际规范化的语言）开发，实现了真正意义上的面向对象。

Flash CS6 支持两个版本的脚本语言，即 ActionScript 2.0 和 ActionScript 3.0。ActionScript 3.0 是开发 Flash 应用程序的首选，它的开发效率高、程序运行速度快。但是考虑到很多编程人员还在使用 ActionScript 2.0 进行程序开发，为了开发平台的延续和兼容，Flash CS6 同时支持 ActionScript 2.0 文档的开发。

对于普通的 Flash 课件开发人员来说，ActionScript 2.0 比较容易掌握，而且利用 ActionScript 2.0 进行 Flash 课件交互和导航功能的开发完全能够满足要求。因此本章主要利用 ActionScript 2.0 进行介绍，同时兼顾 ActionScript 3.0 的讲解。

6.1.1　ActionScript 的首选参数设置

在使用 ActionScript 前首先要进行相关的开发参数设置。运行 Flash CS6 后，选择"编辑"|"首选参数"命令，弹出"首选参数"对话框，在"类别"列表中选择 ActionScript 选项。在这里可以对动作脚本的字体、颜色等进行设置，以保证编写动作脚本时有一个适合自己的视觉感受，如图 6-1-1 所示。

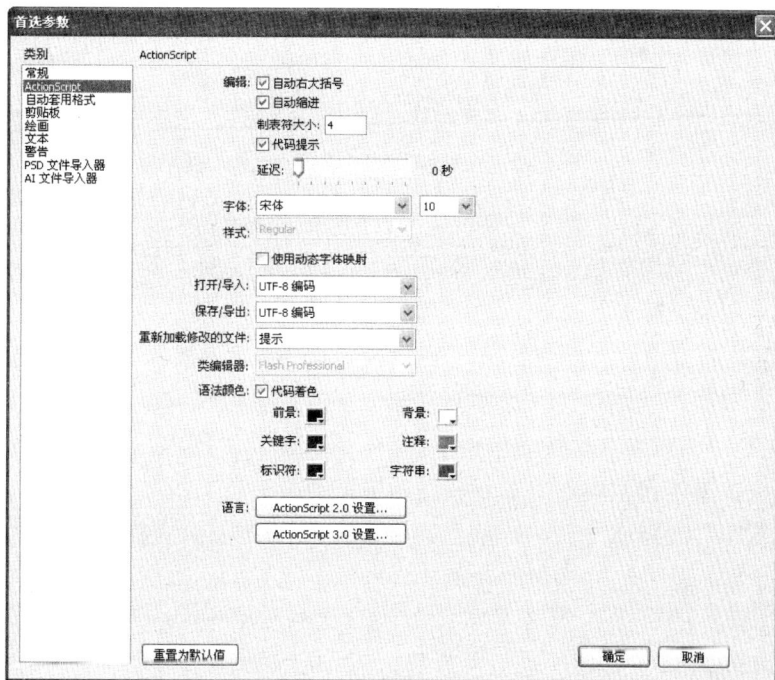

图 6-1-1　"首选参数"对话框

6.1.2　"动作"面板

Flash 提供了一个专门处理动作脚本的编辑环境——"动作"面板。如果"动作"面板没有显示在 Flash 窗口中，那么可以选择"窗口"|"动作"命令来显示。ActionScript 2.0 的"动作"面板和 ActionScript 3.0 的"动作"面板既有相同的地方也有不同的地方，下面

分别进行介绍。

1. ActionScript 2.0 的"动作"面板

新建一个 ActionScript 2.0 文件，选择"窗口"|"动作"命令将"动作"面板打开。下面来认识一下"动作"面板的组成，如图 6-1-2 所示。

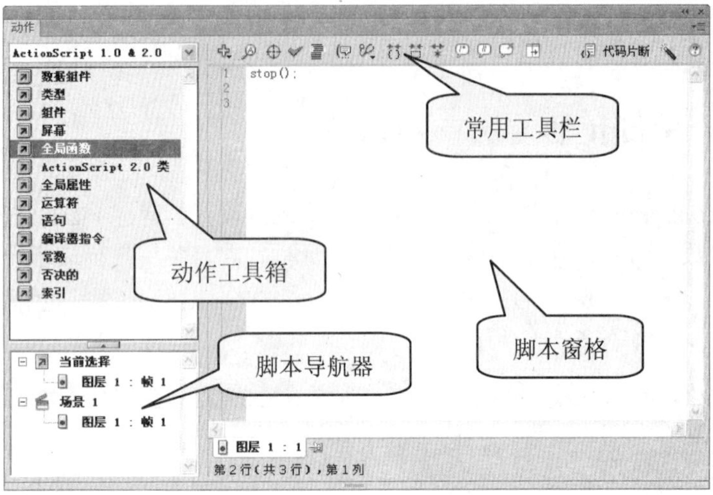

图 6-1-2 ActionScript 2.0 的"动作"面板

"动作"面板是 Flash 的程序编辑环境，它由两部分组成，右侧部分是"脚本窗格"，这是输入和显示代码的区域；左侧部分是"动作工具箱"，每个动作脚本语言元素在该工具箱中都有一个对应的条目。

在"动作"面板中，"动作工具箱"还包含一个"脚本导航器"，"脚本导航器"是 Flash 影片文档中相关联的帧动作、按钮动作具体位置的可视化表示形式。用户可以在这里浏览 Flash 影片文档中的对象以查找动作脚本代码。如果单击"脚本导航器"中的某一项目，则与该项目关联的脚本将出现在"脚本窗格"中，并且播放头将移到时间轴上的相应位置。

"脚本窗格"上方是"常用工具栏"，包含若干功能按钮，利用它们可以快速对动作脚本实施一些操作，从左向右按钮的功能依次如下。

- ◆ 将新项目添加到脚本中：单击这个按钮会弹出一个下拉列表，其中显示 ActionScript 工具箱中也包含的所有语言元素，用户可以从语言元素的分类列表中选择一项添加到脚本中。
- ◆ 查找：在 ActionScript 代码中查找和替换文本。
- ◆ 插入目标路径：帮助用户为脚本中的某个动作设置绝对或相对目标路径。
- ◆ 语法检查：检查当前脚本中的语法错误，语法错误列在"输出"面板中。
- ◆ 自动套用格式：设置脚本的格式以实现正确的编码语法和更好的可读性，可以在"首选参数"对话框中设置自动套用格式首选参数。
- ◆ 显示代码提示：如果已经关闭了自动代码提示，可以使用"显示代码提示"手动显示正在编写的代码行的代码提示。

◆ 　调试选项：在脚本中设置和删除断点，以便在调试 Flash 文档时可以停止，然后逐行跟踪脚本中的每一行。

◆ 　折叠成对大括号：对出现在当前包含插入点的成对大括号或小括号间的代码进行折叠。

◆ 　折叠所选：折叠当前所选的代码块。

◆ 　展开全部：展开当前脚本中所有折叠的代码。

◆ 　应用块注释：将注释标记添加到所选代码块的开头和结尾。

◆ 　应用行注释：在插入点处或所选多行代码中每一行的开头处添加单行注释标记。

◆ 　删除注释：从当前行或当前选择内容的所有行中删除注释标记。

◆ 　显示/隐藏工具箱：显示或隐藏动作工具箱。

◆ 　代码片段：单击该按钮将打开"代码片段"面板，该面板给出了一些 Flash 自带的程序代码，这些代码可以直接应用于对象或放置到时间轴上以获得某种效果。

◆ 　脚本助手：单击这个按钮可以切换到"脚本助手"模式，在"脚本助手"模式中将提示输入创建脚本所需的元素。

◆ 　帮助：显示针对"脚本窗格"中选中的 ActionScript 语言元素的参考帮助主题。

2．ActionScript 3.0 的"动作"面板

ActionScript 3.0 的"动作"面板和 ActionScript 2.0 的"动作"面板基本相同，只有"动作工具箱"的内容有所区别。

新建一个 ActionScript 3.0 文件，选择"窗口"|"动作"命令将"动作"面板打开，如图 6-1-3 所示。因为 ActionScript 3.0 和 Java 一样基于 ECMAScript 开发，实现了真正意义上的面向对象，所以"动作工具箱"中是按照"包>类"这样的结构进行组织的。

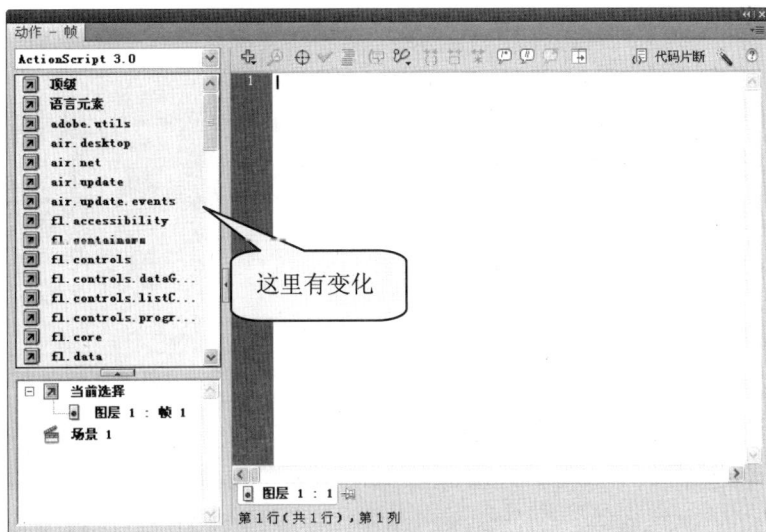

图 6-1-3　ActionScript 3.0 的"动作"面板

6.1.3 脚本助手的应用

"脚本助手"为初学者使用脚本编辑器提供了一个简单的、具有提示性和辅助性的友好界面，初学者可以利用"脚本助手"模式快速创建一些简单的动作脚本。本小节通过制作一个载入外部图像的程序来体验一下"脚本助手"的魅力。

（1）事先准备一个图像文件（这里准备的是"电脑.jpg"），然后新建一个 AcrionScript 2.0 影片文档，将其保存为"脚本助手的应用.fla"，并且这个文件一定要保存到和图像文件同一个文件夹下。

（2）选择"窗口"|"公共库"|Buttons，打开按钮公共库，从 Buttons Oval 类别中任意选择一个按钮拖放到舞台上。

（3）新建一个影片剪辑元件，在这个元件中不做任何操作，这样得到一个空白的影片剪辑元件。

（4）返回"场景 1"，按 Ctrl+L 键打开"库"面板，将其中的空白影片剪辑元件拖放到舞台上。

（5）确认空白影片剪辑实例处于选中状态，在"属性"面板中设置这个实例的名字为 aa，如图 6-1-4 所示。这个空白影片剪辑实例将作为载入图片的容器，并用于控制被调入图片的位置。

（6）选中舞台上的按钮，打开"动作"面板，单击右上角的"脚本助手"按钮 进入"脚本助手"模式。

（7）单击"将新项目添加到脚本中"按钮 ，在弹出的下拉菜单中选择"全局函数"|"影片剪辑控制"|on 命令，在"脚本助手"模式的编辑窗格中默认鼠标事件为"释放"，这里不做改变，如图 6-1-5 所示。

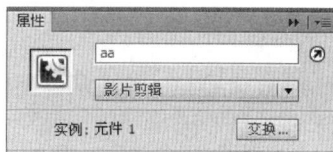

图 6-1-4 定义实例名

图 6-1-5 添加脚本

（8）再次单击"将新项目添加到脚本中"按钮 ，在弹出的下拉菜单中选择"全局函数"|"浏览器/网络"|loadMovie 命令，在"脚本助手"模式的编辑窗格中，在 URL 文

本框中输入"电脑.jpg"，在"位置"下拉列表框中选择"目标"选项，然后在后面的文本框中输入 aa，也就是舞台上空白影片剪辑的实例名称，如图 6-1-6 所示。

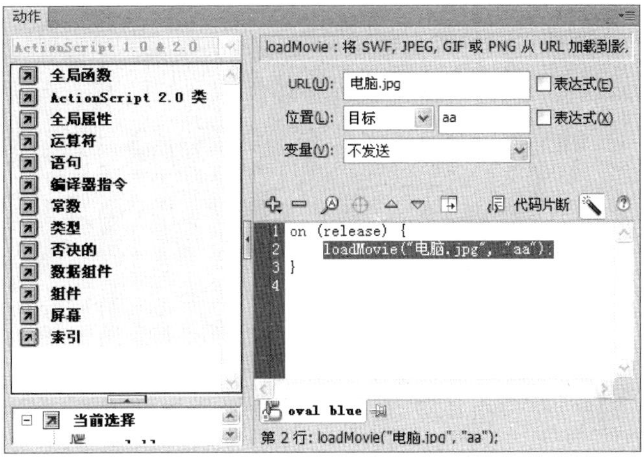

图 6-1-6　添加 loadMovie 函数

（9）按 Ctrl+Enter 键测试影片。单击 Enter 按钮，外部图像被载入，效果如图 6-1-7 所示。

图 6-1-7　范例效果

6.2　弹簧振子

课件简介

　　本课件是物理课程中弹簧振子运动的模拟动画演示。这个课件不是用简单动画形式模拟弹簧振子运动，而是以弹簧振子运动的物理公式和数学模型为基础，通过编程逼真再现弹簧振子运动的现象，深入揭示弹簧振子运动的内在规律。教师利用这个课件可以为学生创建更生动、直观的学习情景，取得良好的教学效果。图 6-2-1 所示的是这个课件运行时的一个画面。

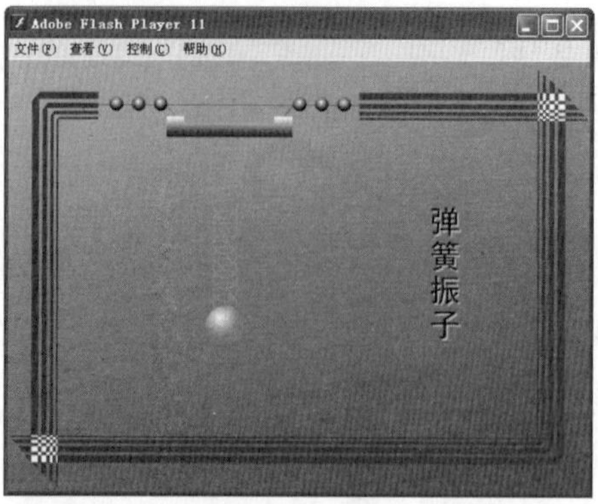

图 6-2-1　弹簧振子课件运行画面

知识要点

◆　利用 ActionScript 制作课件的方法
◆　影片剪辑的 EnterFrame 事件的应用方法
◆　with 语句的使用方法
◆　影片剪辑对象的_x、_y 等属性的设置方法
◆　Math.sqrt()函数的应用方法
◆　计算影片剪辑元件中的对象在主场景中的坐标的方法
◆　影片剪辑的应用

制作步骤

6.2.1　制作元件和布局场景

1.　创建课件界面

（1）新建一个 ActionScript 2.0 文件，保持影片文档属性为默认设置。

（2）新添加一个图层，使时间轴上包括两个图层，并把这两个图层分别重命名为"背景"和"标题"。在"背景"图层上创建一个背景图形，在"标题"图层上用"文本工具"创建一个标题文字，效果如图 6-2-2 所示。

图 6-2-2　背景和标题

2.　制作元件

（1）新建一个影片剪辑元件，命名为"固定图形"，在这个元件的编辑场景中用绘图

工具绘制一个图形，效果如图 6-2-3 所示。

在制作"固定图形"元件时，绘制的图形一定要放置在场景的中心位置。这个一定不能弄错，否则后面制作的课件效果就会出现问题。

专家点拨：上面制作的"固定图形"影片剪辑元件在课件中起到固定弹簧上端的作用，是一个静止的对象。

（2）新建一个影片剪辑元件，命名为 ball，在这个元件的编辑场景中用"椭圆工具"绘制一个圆形，为了使这个图形更像小球，将它的填充颜色设置为放射状渐变色。

接着使用"渐变变形工具"将小球调整得更逼真。图 6-2-4 所示的是调整前后和调整过程的参考图。

图 6-2-3　绘制固定图形

图 6-2-4　用"渐变变形工具"调整图形

（3）再新建一个影片剪辑元件，命名为"振子振动"。打开"库"面板，将其中的 ball 元件拖放到场景的中心位置。选中振子小球对象，打开"属性"面板，在其中定义这个对象的名称为 ball，如图 6-2-5 所示。

接着在"图层 1"的第 10 帧、第 20 帧按 F6 键插入两个关键帧，并分别将第 10 帧和第 20 帧上的振子小球对象向下移动到合适的位置，如图 6-2-6 所示。

图 6-2-5　定义振子小球元件的实例名

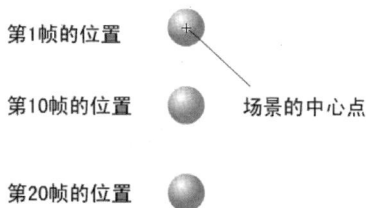

图 6-2-6　不同关键帧上小球的位置

然后将第 10 帧复制到第 30 帧，将第 1 帧复制到第 40 帧，这样第 30 帧、第 40 帧上的振子小球的位置就分别和第 10 帧、第 1 帧上的振子小球的位置一样，这些振子小球的不同位置也就形成了一个完整的振子运动的周期。

分别定义从第 1 帧到第 10 帧、第 10 帧到第 20 帧、第 20 帧到第 30 帧、第 30 帧到第 40 帧的传统补间动画，图层结构如图 6-2-7 所示。

为了逼真再现振子振动的现象，并符合简谐振动的物理规律，需要在"属性"面板中定义各个帧的速度变化值。在"属性"面板中通过设置"缓动"参数的值就可以达到这个目的。图 6-2-8 所示的是第 1 帧上的"缓动"参数设置值。

图 6-2-7 "振子振动"影片剪辑元件的图层结构

图 6-2-8 第 1 帧上的"缓动"参数值

整个缓动参数的设置情况是这样的：第 1、20 帧设置为–100，第 10、30 帧设置为 100，第 40 帧设置为 0。

（4）新建一个影片剪辑元件，命名为"弹簧"，在这个元件的编辑场景中用"椭圆工具"绘制一个弹簧图形，如图 6-2-9 所示。这里要特别注意的是，弹簧图形的中心点在弹簧图形的端点，并且弹簧图形的宽度为 100 像素。

3．布局场景

（1）返回到"场景 1"，在"标题"图层上新增加 3 个图层，并将这 3 个图层重命名为"弹簧"、"振子"、"固定图形"。

图 6-2-9 "弹簧"影片剪辑元件

从"库"面板中将"固定图形"元件拖放到"固定图形"图层上，将"振子振动"元件拖放到"振子"图层上，将"弹簧"元件拖放到"弹簧"图层上。"固定图形"对象和"振子振动"对象上下放置，"弹簧"对象放在旁边即可。"弹簧"对象的位置要通过 ActionScript 控制，因此它的位置随意放置。对象布局好以后的效果如图 6-2-10 所示。

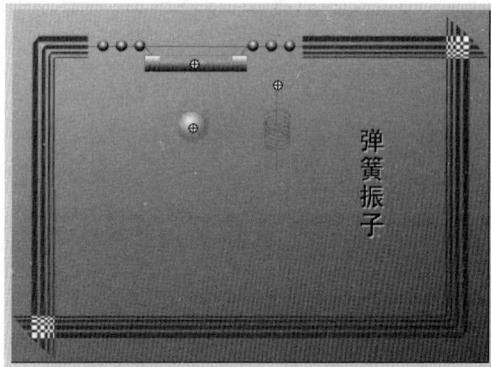

这里要特别注意的是"弹簧"对象的中心点应该在弹簧的上端。当把"弹簧"元件从"库"面板中拖放到场景中以后，可以用"任意变形工具"将它调整为如图 6-2-10 所示的状态。

（2）为了配合 ActionScript 的定义，需要先

图 6-2-10 元件对象布局效果

为场景上的这 3 个对象分别定义一个名称。具体定义如下："固定图形"对象名称为 b2，"振子振动"对象名称为 b1，"弹簧"对象名称为 th。这些名称的定义都可以在"属性"面板中完成。

6.2.2 编程思路分析

1．基本思路

先分析一下场景上的对象，场景中共有 3 个对象，分别为 b1、b2、th。上面的对象为

名字叫 b2 的固定图形，是一个静止端，这个对象起到固定弹簧的作用。下面的对象为名字叫 b1 的振子小球，是一个动点，将来它要做振子运动。旁边的对象为 th，是"弹簧"影片剪辑元件的一个实例。定义动作脚本要解决的主要问题就是使弹簧对象固定在 b2 处，并且弹簧对象能跟随下面 b1 的运动自动伸缩。实际上就是要解决两个问题：第一，让弹簧上端固定在 b2 处；第二，计算出弹簧对象随 b1 运动自动伸缩的长度。

2．固定弹簧的上端

目前弹簧 th 的位置是随意摆放的，如果想让弹簧上端固定在 b2 上，只需让弹簧的中心点坐标等于 b2 的坐标即可，这是因为弹簧的中心点在弹簧的最上端，如图 6-2-11 所示。

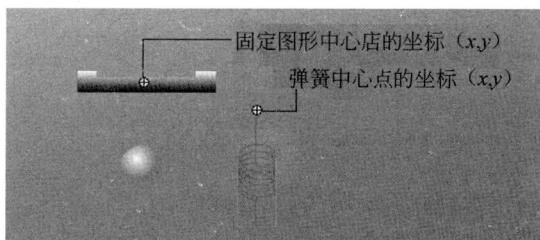

固定图形中心店的坐标（x,y）
弹簧中心点的坐标（x,y）

图 6-2-11　固定图形和弹簧的坐标

用影片剪辑对象的_x 和_y 属性可以取得影片剪辑对象的横坐标和纵坐标，因此通过下面的语句就可以实现固定弹簧上端的目的。

```
_root.th._x=_root.b2._x;
_root.th._y=_root.b2._y;
```

第一个语句是使弹簧中心点的 x 坐标等于 b2 中心点的 x 坐标，第二个语句是使弹簧中心点的 y 坐标等于 b2 中心点的 y 坐标，这样就实现了 b2 作为静止端固定弹簧的目的。

专家点拨：_x 和_y 是影片剪辑的两个常用属性，它们分别表示影片剪辑对象在场景中的 x 坐标和 y 坐标。上面语句中的_root 代表根时间轴，_root.th._x 表示根时间轴下的 th 对象的_x 属性，是一个完整的路径表示。

3．计算弹簧的伸缩长度

计算弹簧的伸缩长度比较复杂一些，可以把弹簧看成一条特殊的线段，这样利用解析几何的计算线段长度的公式就可以得到弹簧的伸缩长度，线段长度公式为：

$$l = \sqrt{(x_2 - x_1)^2 + (y_2 - y_1)^2}$$

这个公式需要的已知条件是要计算长度的线段两端点的坐标（x_1, y_1）和（x_2, y_2）。

下面的任务就是求得弹簧随振子小球 b1 运动时的两个端点的坐标。弹簧上端的坐标（x_1, y_1）已经得出：

```
x1=_root.th._x=_root.b2._x;
y1=_root.th._y=_root.b2._y;
```

根据整个运动的分析不难看出，弹簧下端的坐标实际上就是小球振子 b1 中小球 ball

在主场景中的坐标，如图 6-2-12 所示。

那么 b1 中的 ball 在主场景中的坐标是多少呢？这个至关重要，也是容易出问题的地方。有的读者可能认为 ball 在主场景中的坐标就是_root._b1.ball._x 和_root._b1.ball._y，这是错误的。上面的坐标是 ball 在 b1 影片剪辑中的坐标，而不是 ball 在主场景中的坐标。ball 在主场景的坐标应该是：

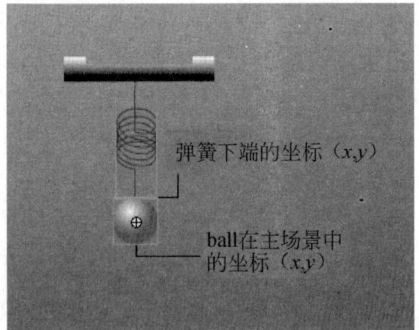

图 6-2-12　弹簧下端和 ball 对象的坐标

```
x2=_root.b1._x+_root._b1.ball._x;
y2=_root.b1._y+_root._b1.ball._y;
```

其中_root.b1._x 是 b1 在主场景中的横坐标，b1 在主场景中的横坐标加上 ball 在 b1 中的坐标才是 ball 真正在主场景中的横坐标。

专家点拨：主场景的坐标系和影片剪辑中的场景坐标系是两个不同的坐标系，用户在计算对象的坐标时一定要搞清楚它是针对哪个坐标系的。

有了弹簧两个端点的坐标以后，套用公式就可以计算出弹簧的伸缩长度了，代码如下：

```
x1=b1._x+_root.b1.ball._x;
y1=b1._y+_root.b1.ball._y
x2=b2._x;
y2=b2._y;
dx=x2-x1;
dy=y2-y1;
l=Math.sqrt(dx*dx+dy*dy);
```

在以上代码中用了一个数学函数 sqrt()，这是一个求平方根函数，因为这个函数包含在 Math（数学）对象中，因此其完整格式如下：

```
Math.sqrt(n);
```

在计算出弹簧的伸缩长度以后，通过下面一行代码就可以实现弹簧的自动伸缩。

```
th._xscale=l;
```

其中_xscale 是弹簧的垂直方向上的伸缩比例属性。在计算出弹簧伸缩的长度以后，可以通过设置弹簧对象的_xscale 属性实现弹簧随 b1 振子小球的运动自动伸缩的效果。

专家点拨：_xscale 属性是影片剪辑常用的属性，它表示影片剪辑对象的水平宽度的缩放比例，当设定为 100 时，表示是等比例。_yscale 属性是垂直高度的缩放比例。在本范例中因为将"弹簧"影片剪辑制作成水平放置的，而在主场景中旋转了 90°进行使用，所以_xscale 属性和 yscale 属性的使用刚好相反。

6.2.3　定义动作脚本

1．定义动作脚本

通过前面的分析基本解决了动作脚本的编程问题，下面把完整的动作脚本定义出来。新增加一个图层，并重新定义这个图层的名字为 action，定义这个图层的第 1 帧的动作脚本如下：

```
onEnterFrame=function()
{
    x1=b1._x+_root.b1.ball._x;
    y1=b1._y+_root.b1.ball._y
    x2=b2._x;
    y2=b2._y;
    dx=x2-x1;
    dy=y2-y1;
    l=Math.sqrt(dx*dx+dy*dy);
    _root.th_x=x2;
    _root.th_y=y2;
    _root.th_xscale=l;
    }
```

以上动作脚本中的大部分语句的功能很容易理解，读者对第一个语句可能不太清楚，下面解释一下。

```
onEnterFrame=function()
{
    ⋮
}
```

它是一个影片剪辑的 EnterFrame 事件处理程序结构。EnterFrame 是影片剪辑的一个很常用的事件，每当播放头放映下一帧画面的时候，所有出现在舞台上的影片剪辑都会收到 EnterFrame 的信息，也就是说，每隔一个播放帧的时间，影片剪辑里的 onEnterFrame 事件处理程序就能被触发，触发后就去执行 function()所定义的大括号里面的程序。实际上，function() 定义了一个自定义函数，在事件触发时就执行这个函数的内部程序。

这里需要注意的是，虽然这个课件范例的时间轴只包含一帧画面，onEnterFrame 仍旧会定时不断地触发，不会因主动画停止而终止。

通过上面的解释，读者不难理解动作脚本中第一个语句的功能，它其实就是在课件运行时利用影片剪辑的 EnterFrame 事件不断地触发执行动作脚本。

2．简化动作脚本

在"动作"面板中重新编辑第 1 帧上的动作脚本，结果如下：

```
onEnterFrame=function()
{       .
    x1=b1._x+_root.b1.ball._x;
    y1=b1._y+_root.b1.ball._y
    x2=b2._x;
    y2=b2._y;
    dx=x2-x1;
    dy=y2-y1;
    l=Math.sqrt(dx*dx+dy*dy);
```

```
with(_root.th)  //这里对动作脚本进行了简化
{
    _x=x2;
    _y=y2;
    _xscale=l;
}
}
```

从上面的动作脚本可以看出，用 with 语句修改了原来动作脚本的最后几行语句，使得动作脚本看起来很简洁。

在编写程序脚本时，如果一些语句控制的是同一个对象实例，那么就可以用 with 语句简化程序。with 语句有"套用"的意思，在它后面的小括号中要输入控制对象的实例名称和路径。当它执行时，with 语句里面的每个语句的前面将会被套上对象。

6.2.4 ActionScript 补习班——Math 类和 Flash 坐标系

1. 数学运算和 Math 类

在制作理科课件时，用 ActionScript 编程往往会用到数学或者物理表达式，相信读者最熟悉的就是加、减、乘、除四则运算了，Flash 同样提供了这些基本的运算方法。在前面的脚本定义中就应用了很多这样的基本运算。当实际用 ActionScript 编写程序时，用户很快就会发现只靠这些基本运算符号是不够的。也许会用到三角函数、指数函数、随机函数……那么 Flash 的 Math 类就派上用场了。Math 类是 Flash 的一个内置类，里面包含许多常用的方法（数学函数），例如三角函数、求平方根函数、指数与对数运算函数、取随机数函数等，在前面定义动作脚本时用到的 sqrt() 就是 Math 类中的一个方法，用来求平方根。它的具体使用格式如下：

```
Math.sqrt(n);
```

这个函数将返回参数 n 的平方根。

在制作理科课件时，Math 类中的其他函数也会被经常用到，希望读者能查看相关资料，熟悉这些函数的使用方法。在"动作"面板的"动作工具箱"窗格中展开"ActionScript 2.0 类"|"核心"|"Math 类别"，可以看到 Math 类及其方法和属性，如图 6-2-13 所示。

2. Flash 坐标系及对象在场景中的坐标

在制作理科课件时，计算对象的坐标是用户经常会遇到的问题。如果想将对象的坐标计算准确，必须先理解 Flash 中的坐标系。

Flash 中的坐标系的方向和数学上的坐标系的方向不一样，它们的 X 轴的方向定义是一样的，但 Y 轴的方向正好相反，如图 6-2-14 所示。

另外，在 Flash 中影片剪辑对象中的坐标系和主场景中的坐标系是两个不同的坐标系，对象在它所处的影片剪辑中的坐标和这个对象在主场景中的坐标不是同一个坐标，这个问题对初学者来说是最头疼的一个问题。在前面定义动作脚本的步骤中已经讲解了一种计算影片剪辑中的对象在主场景中的坐标的计算方法。例如，一个影片剪辑 a1 中包含一个对象 a2，那么 a2 在主场景中的坐标计算公式如下：

图 6-2-13　Math 类

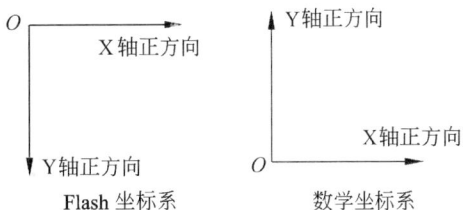

图 6-2-14　不同的坐标系

a2 在主场景中的 x 坐标=a1 在主场景中的 x 坐标+a2 在 a1 中的 x 坐标

a2 在主场景中的 y 坐标=a1 在主场景中的 y 坐标+a2 在 a1 中的 y 坐标

除了这种计算方法以外，Flash 还提供了一个专门的坐标转换函数 localToGlobal()。使用这个函数可以将某个影片剪辑中的对象的坐标转换为主场景中的坐标。针对上面的例子，转换方法如下：

```
a1.localToGlobal(a2);
```

经过这个语句以后，对象 a2 的_x 和_y 属性值都会转换成它在主场景中的坐标值。这个函数使用比较方便。

Flash 还提供了另一个专门的坐标转换函数 glocalToLobal()。这个函数和 localToGlobal() 函数正好相反，它会把对象在场景中的坐标转换为它在某个影片剪辑中的坐标。

6.3　正弦曲线

中学数学包括许多曲线的知识，例如正弦曲线、抛物线、双曲线等。大家有没有想到过用动态、直观的方式将这些曲线图像表现出来呢？很明显，如果在教学过程中通过 Flash 课件动态演示各种曲线的图像，并且能通过改变参数使曲线形状或位置发生变化，将会有助于学生理解、掌握各种曲线的性质及特点。

本节通过制作一个正弦曲线课件介绍利用 Flash 制作动态演示各种函数曲线图像的课件的方法。

📖 **课件简介**

本范例是一个中学数学中的正弦曲线课件，运行这个课件可以动态、直观地演示正弦曲线的图像，图 6-3-1 所示的是这个课件运行过程中的一个画面。

这个课件可以通过改变参数使正弦曲线的形状和位置发生变化。如图 6-3-1 所示，在左上角的 3 个输入文本框中输入数值就可以改变正弦曲线函数相应的参数。课件运行画面右下角有一组控制按钮，它们分别可以控制课件的播放、暂停、重置状态等操作。

知识要点

◆ 用 ActionScript 实现动态演示数学函数图像的方法
◆ 复制影片剪辑的函数 duplicateMovieClip() 的使用方法
◆ getProperty() 和 setProperty() 函数的使用方法
◆ 用 if…else 语句实现选择语句结构的方法

制作步骤

6.3.1 制作元件和布局场景

1．创建课件界面

（1）新建一个 ActionScript 2.0 文件，设置舞台尺寸为 600×400 像素，设置背景色为深绿色，其他参数保持默认。

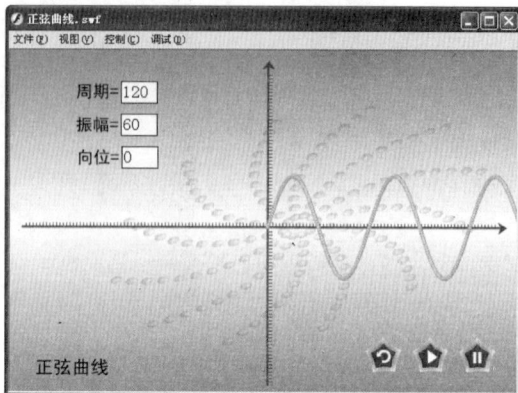

图 6-3-1　课件运行的画面

（2）在时间轴上新增加一个图层，并将时间轴上包含的两个图层分别重命名为"背景"和"标题"。在"背景"图层上用绘图工具绘制一个背景图形，在"标题"图层上用"文本工具"创建课件的标题，如图 6-3-2 所示。

2．制作元件

（1）新建一个图形元件，将它命名为"坐标轴"，然后在这个元件的编辑场景中用绘图工具绘制一个坐标轴图形，如图 6-3-3 所示。

（2）新建一个影片剪辑元件，将它命名为"小球"，然后在这个元件的编辑场景中用"椭圆工具"绘制一个圆形，并填充为放射状渐变填充颜色。图 6-3-4 所示的是这个元件在"库"面板中的效果。

专家点拨：在课件中演示的正弦曲线的图像并不是真正光滑的曲线，而是由许多"小球"点组成的曲线，制作的这个"小球"影片剪辑元件就是将来构成曲线的点。

图 6-3-2　课件背景和标题

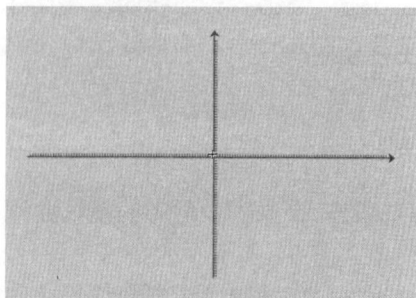

图 6-3-3　坐标轴图形元件

（3）为了控制课件的播放，还需要制作 3 个按钮元件，用它们分别控制课件的播放、暂停、重置操作。图 6-3-5 所示的是这 3 个按钮元件的效果参考图。

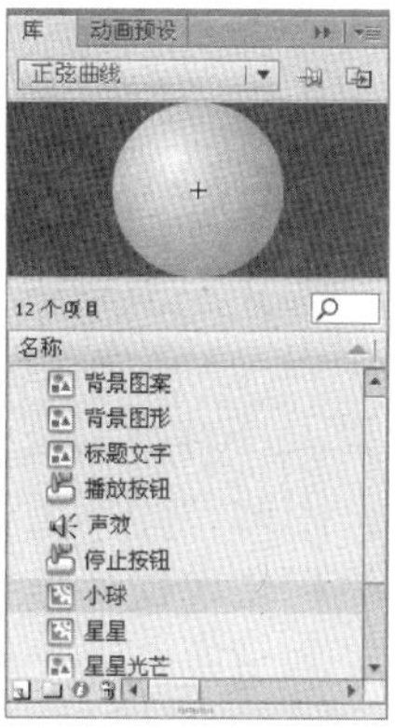

图 6-3-4　"小球"影片剪辑元件

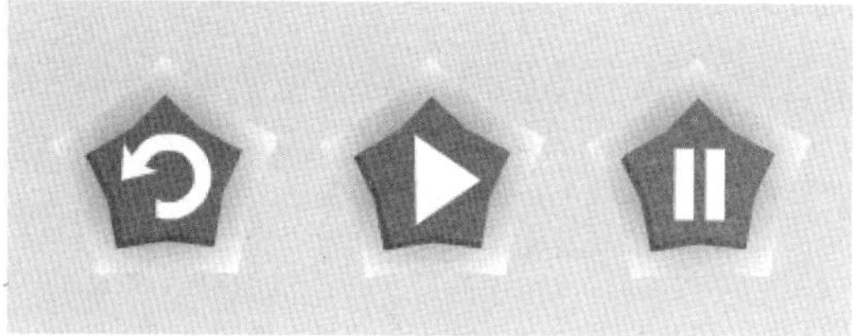

图 6-3-5　3 个按钮元件

3．布局场景

（1）在"标题"图层上新增加 3 个图层，并将这 3 个图层分别重命名为"坐标轴"、"小球"、"控制按钮"。将前面步骤中创建的元件从"库"面板中拖放到相应图层的场景上，摆放在合适的位置，效果如图 6-3-6 所示。

专家点拨：将不同的元件对象放置在不同的图层是一个好习惯，这样处理可以使图层以及场景上的元件对象更容易管理和操作。

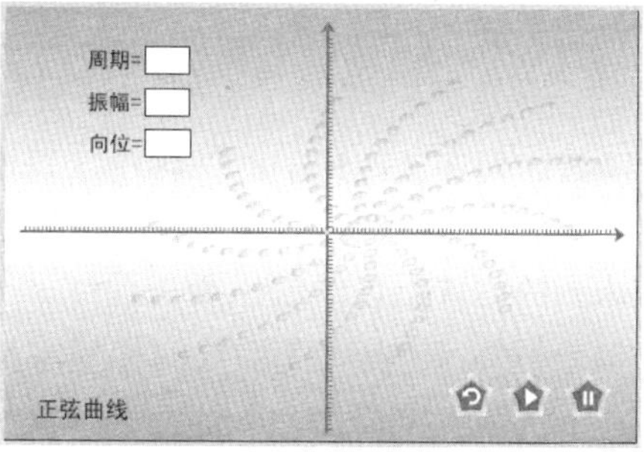

（2）在"控制按钮"图层上新增加一个图层，并将这个图层重命名为"输入文本框"。在这个图层的第 1 帧用"文本工具"创建 3 个静态文本对象和 3 个输入文本对象，如图 6-3-6 的左上角所示，并在"属性"面板中分别定义这 3 个输入文本对象的"变量"参数为 t（表示周期）、a（表示振幅）、f（表示向位）。图 6-3-7 所示的是第 1 个输入文本对象在"属性"面板中的设置情况。

图 6-3-6　布局元件

图 6-3-7　设置第 1 个输入文本对象的"变量"参数

专家点拨：Flash 的传统文本对象有 3 种类型，即静态文本、动态文本和输入文本，在"属性"面板中可以设置文本对象的类型。在运行包含输入文本对象的影片时，可以让用户在输入文本框中输入文字数据，也可以通过程序指定其中的内容。

6.3.2 定义动作脚本

1．编程思路分析

课件运行效果是小球模拟绘制出正弦曲线的图像，实际上就是小球沿着正弦曲线的图像路径动态排列的效果。因此，计算出正弦曲线图像路径上小球的坐标是编程实现课件效果的关键，如图 6-3-8 所示。

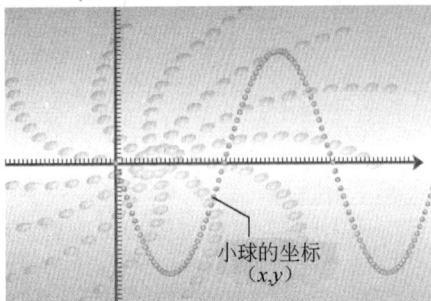

那么怎样计算出小球的坐标 (x, y) 呢？当然要用到正弦曲线的函数方程。为了能更好地实现编程思想，这里使用的是正弦曲线的参数方程：

$$\begin{cases} x = mt \\ y = A\sin(\varphi + \varphi_0) \end{cases}$$

图 6-3-8 小球的坐标

其中 $\varphi = 2\pi t/T$，t 是一个变量，T 是正弦曲线的周期值。这样，曲线上的某一点 A (x, y) 都是变量 t 的函数。而在 Flash 的时间轴中，每两帧之间有一定的时间间隔，可以把这一时间间隔看作参数方程中的参数变量 t，按照参数方程中的规律，通过改变每帧上的影片剪辑实例（小球）的位置得以绘制出所需曲线。

另外，A 是正弦曲线的振幅，φ_0 是正弦曲线的初向位值，在课件中通过改变这两个值也可以得到不同的动态曲线。

在定义动作脚本之前首先解释一下动作脚本中使用的变量名和正弦曲线参数方程中的变量的对应关系：

$\varphi = 2\pi t/T$ 中的变量 t 在动作脚本中对应变量 c。

正弦曲线的振幅（A）在动作脚本中对应变量 a。

正弦曲线的向位值（φ_0）在动作脚本中对应变量 f。

正弦曲线的周期（T）在动作脚本中对应变量 t。

2．定义帧动作脚本

（1）在"输入文本框"图层上新增加一个图层，并将这个图层重命名为 action。然后在这个图层的第 2 帧、第 3 帧分别按 F7 键插入空白关键帧。

（2）选择 action 图层的第 1 帧，在"动作"面板中定义动作脚本如下：

```
stop();
//使运行时先停在第 1 帧
c = 0;
//设置参数变量 c 的初值
```

```
m = 1;
//设置 m 的值为 1
a = 60;
//设置正弦曲线的默认振幅值
f = 0;
//设置正弦曲线的初向位值
t = 120;
//设置正弦曲线的周期值
x0 = getProperty("ball", _x);
//获得实例名为"ball"的影片的初始 x 坐标值
y0 = getProperty("ball", _y);
//获得实例名为"ball"的影片的初始 y 坐标值
s = x0;
//用变量 s 记录实例名为"ball"的影片在 X 轴方向上移动的位置，初始位置为 x0
p = y0;
//用变量 p 记录实例名为"ball"的影片在 Y 轴方向上移动的位置，初始位置为 y0
n = 0;
//定义变量 n，设置初值为 0
```

（3）选择 action 图层的第 2 帧，在"动作"面板中定义动作脚本如下：

```
c = c+1;
//设置参数变化量，变化量的大小可决定绘制曲线的疏密程度
setProperty("ball", _x, s);
//改变实例名为"ball"的影片的 x 坐标位置
setProperty("ball", _y, p);
//改变实例名为"ball"的影片的 y 坐标位置
φ = 2*Math.PI*c/t;
//计算φ的值
φ0 = Math.PI*f/180;
//计算φ0 的值
s = x0+m*c;
//计算实例名为"ball"的影片在 X 轴方向上移动的距离
p = y0-a*Math.sin(φ+φ0);
//计算实例名为"ball"的影片在 X 轴方向上移动的距离
n = n+1;
//使变量 n 值增加 1
duplicateMovieClip("ball", "ball"+n, 1500+n);
//复制实例名为"ball"的影片，以此来记录正弦曲线的轨迹
```

（4）选择 action 图层的第 3 帧，在"动作"面板中定义动作脚本如下：

```
if(c<=350) {
    //如果变量 c 的值小于或者等于 350
    gotoAndPlay(2);
    //跳转到第 2 帧并播放，形成循环
```

```
} else {
    //否则
    gotoAndStop(2);
    //跳转到第 2 帧并停止
}
```

3．定义控制按钮的动作脚本

（1）在场景上选择"播放"按钮对象，然后在"动作"面板中定义动作脚本如下：

```
on(press) {
    play();
}
```

（2）选择"暂停"按钮对象，然后在"动作"面板中定义动作脚本如下：

```
on(press) {
    stop();
}
```

（3）选择"重置"按钮对象，然后在"动作"面板中定义动作脚本如下：

```
on(release) {
    if(s>600 or p>400) {
        //保证只有当曲线绘到设定区域外时才能重新设置
        while(n>0) {
            removeMovieClip("ball"+n);
            n = n-1;
        }
        //当 n 大于 0 时移去所绘制曲线
        c = 0;
        //恢复变量 c 的值
        s = x0;
        //恢复变量 s 的值
        p = y0;
        //恢复变量 p 的值
    }
    setProperty("ball", _x, x0);
    setProperty("ball", _y, y0);
    //使实例名为"ball"的影片回到原来位置
}
```

6.3.3 ActionScript 补习班——复制影片剪辑和设置影片剪辑属性

1. duplicateMovieClip()函数

duplicateMovieClip()函数是制作课件时最常用的一个函数，其功能是当影片正在播放时通过复制创建一些影片剪辑的实例。duplicateMovieClip()函数的一般形式如下：

```
duplicateMovieClip(target,newname,depth)
```

对函数中的参数解释如下。

◆　target：要复制的影片剪辑的目标路径。

◆　newname：复制得到的影片剪辑的唯一标识符。

◆　depth：复制得到的影片剪辑的唯一深度级别，深度级别
　　是复制的影片剪辑的堆叠顺序。这种堆叠顺序很像时间
　　轴中图层的堆叠顺序，较低深度级别的影片剪辑隐藏在
　　较高堆叠顺序的剪辑之下。用户必须为每个复制的影片
　　剪辑分配一个唯一的深度级别，以防止它替换现有深度
　　上的影片。

在"动作"面板中，duplicateMovieClip()函数位于"全局函
数"|"影片剪辑控制"类别下，如图 6-3-9 所示。

图 6-3-9　"动作"面板中的
duplicateMovieClip()函数

专家点拨：需要注意的是，无论播放头在原始影片剪辑（或
"父级"）中处于什么位置，复制得到的影片剪辑的播放头始终在第 1 帧。

下面是按钮中含有 duplicateMovieClip()函数的动作脚本：

```
on(press){
    duplicateMovieClip("ori","ori_copy",1);
}
```

这段动作脚本的功能是当单击按钮时将场景中名为 ori 的影片剪辑实例进行复制，得
到一个名为 ori_copy 的影片剪辑实例，并设置它的深度为 1。

2．getProperty()和 setProperty()函数

影片剪辑是 Flash 的 3 种元件之一，对于实现 Flash 影片的高级交互性是至关重要的。
鉴于影片剪辑在影片中的重要地位，Flash 专门为它开发了很多属性，常用的影片剪辑实例
属性有尺寸、位置、可见性和透明度等，灵活地应用影片剪辑的属性对于制作多媒体课件
是很重要的。设置影片剪辑属性的函数是 setProperty()，在"动作"面板中该函数位于"全
局函数"|"影片剪辑控制"类别下。

setProperty()函数的一般使用形式如下：

```
setProperty(目标影片剪辑,需要设定的影片属性,属性值);
```

例如下面这段动作脚本：

```
on(release) {
    setProperty("star", _alpha, "30");
}
```

当单击按钮后，将影片剪辑 star 的_alpha 属性设置为 30%。

如果在"脚本助手"下编辑这段动作脚本，在脚本编辑区域的参数栏中会出现 3 个参数，分别为"属性"、"目标"、"值"。

"属性"参数项是一个可选择的下拉列表框，把下拉列表展开以后可以看到上面共有 14 项属性可以选择，如图 6-3-10 所示。

图 6-3-10 "属性"参数项

以下是其中几个常用属性的说明。

◆ _x 和 _y 属性：设置影片剪辑实例的横、纵坐标，即位置性。_x 表示横坐标值，_y 表示纵坐标值，以像素为单位。_x 和 _y 的属性值是在原始影片剪辑的自身坐标系中设置的。若影片剪辑实例位于主时间轴上，则其坐标系以舞台左上角为坐标原点（0,0）。若一个影片剪辑实例位于另一个影片剪辑实例当中，则该影片剪辑实例处于外部影片剪辑实例（即父影片剪辑实例）的自身坐标系中。当父影片剪辑实例发生变形时，该影片剪辑实例也会相应发生变化。

◆ _xscale 和 _yscale 属性：表示影片剪辑实例的尺寸比例，以百分比为单位，默认设置为 100。

◆ _rotation 属性：设置影片剪辑实例的旋转角度，单位为度。

以上 3 个属性是可以互相叠加的属性，它们不仅确定影片剪辑实例本身的属性，而且还影响到子影片剪辑实例的属性。

◆ _visible 属性：指的是影片剪辑实例的可见性，可以被设置为 true（真）或 false（假）。true 是默认设置，表示可见；false 表示不可见。当设置为 false 时，影片剪辑将从舞台上消失，且定义在其上的动作脚本也都无效。

◆ _alpha 属性：指的是影片剪辑的透明度，取值范围为 0～100，0 表示完全透明，100 表示完全不透明。与 _visible 属性不同，_alpha 属性值为 0 的影片剪辑实例虽然看不见，但它是存在的，为它设置的动作仍然有效。

"目标"参数项是一个文本框，需要在其中输入目标影片剪辑实例的路径和名称。用户可以直接输入，也可以单击"插入目标路径"按钮 ⊕ 在"插入目标路径"对话框中选取，如图 6-3-11 所示。

"值"参数项也是一个文本框，在其中可以填写需设定的属性值。对于不同的属性，属性值的类型是不一样的。一般有 4 种类型：数字类型，有效设定范围为 0～100，例如_x 和_y 属性；百分数类型，有效设定范围为 0%～+∞，例如_xscale、_yscale（缩放比例）等属性；布尔（逻辑）类型，有两个可选择的值，true（真）和 false（假），例如_visible（可见性）等属性；角度类型，有效设定范围为 0°～360°。

图 6-3-11　插入目标路径

另外需要说明的是，getProperty()函数可以用来获得影片剪辑实例的属性，它的用法和 setProperty()函数类似，在很多情况下，这两个函数是相配合使用的。

在"目标"和"值"参数项的右侧均提供了"表达式"复选框，当目标或者值不是常值而是一个变量或表达式时要选中它。

3．用 if…else 语句实现程序选择结构的方法

在一般情况下，Flash 执行动作脚本从第一条语句开始，然后按顺序执行，直至达到最后的语句。这种按照语句排列方式逐句执行的方式称为顺序结构。顺序结构是程序中使用最多的程序结构，但用顺序结构只能编写一些简单的动作脚本，解决一些简单的问题。

在实际应用中往往有一些需要根据条件来判断结果的问题，条件成立是一种结果，条件不成立又是一种结果。像这种复杂问题的解决就必须用程序的选择结构，选择结构在程序设计中占有相当重要的地位，通过选择结构可以控制动作脚本的流向，完成不同的任务。

选择结构在程序中以条件判断来表现，根据条件判断结果执行不同的程序分支。if 语句和 else 语句连用最常用的形式如下：

```
if(条件){
代码块A;
}
else{
代码块B;
}
```

当 if 语句的条件成立时，执行代码块 A 的内容；当条件不成立时，执行代码块 B 的内容。图 6-3-12 所示的是程序执行的流程图。

这里需要说明的是，if 语句中的条件是由关系表达式或者逻辑表达式实现的。关系表达式和逻辑表达式的值都是布尔（逻辑）值，因此判断 if 语句中的条件是否成立实际上就是判断关系表达式或者逻辑表达式的值是真（true）还是假（false）。如果条件表达式的值为 true，执行代码块 A 的内容；如果条件表达式的值为 false，执行代码块 B 的内容。

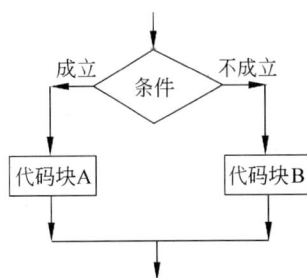

图 6-3-12　选择结构流程图

6.4 凹透镜成像原理

课件简介

本范例是一个演示凹透镜成像原理及凹透镜相关知识的脚本程序课件，通过系列脚本程序对凹透镜的成像原理及作图方法进行了演示，将传统物理教学模式难以表述的问题具体化、形象化。

通过学习本课件，学生能够熟练掌握透镜的基本知识，了解凹透镜成像规律及凹透镜的几种作图方法，并对其 3 个参数的对应关系有进一步的了解。

图 6-4-1　输入 f 值后的画面

课件运行时先出现一个静止画面，凹透镜的 3 个参数在舞台中全部给出，其中 f 为"输入文本"（可按要求输入一个数值），u 和 v 为动态显示文本。舞台中的蜡烛可以通过鼠标任意拖动。

当按要求输入 f 的数值后，成像蜡烛便会出现。任意拖动蜡烛，成像蜡烛便会随之移动，其对应的 u 值和 v 值也会相应变化，如图 6-4-1 所示。

如果没有按照要求输入 f 的值，例如输入了一个正数，那么会显示"凹透镜的焦距为负值，请输入适当的负值，建议 f 的值不小于–200"提示信息，并且成像蜡烛也不会出现相应的效果。

舞台下方是两个名为"相关提示"和"作图方法"的按钮，单击不同按钮会进入不同的窗口，如图 6-4-2 和图 6-4-3 所示。

图 6-4-2 所示的窗口给出了凹透镜的基本公式和凹透镜的 3 个参数的对应关系，并对各参数的基本性质加以说明。图 6-4-3 所示的窗口对凹透镜的作图方法进行了演示。窗口右下方是一个关闭窗口的按钮，单击此按钮返回课件运行的初始状态。

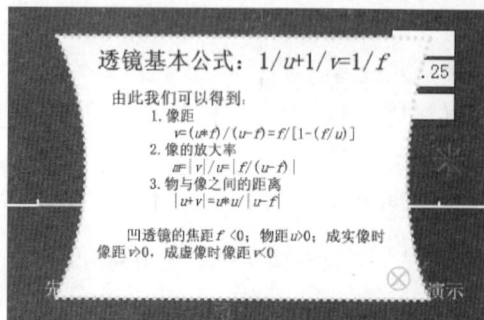

图 6-4-2　单击"相关提示"按钮出现的画面

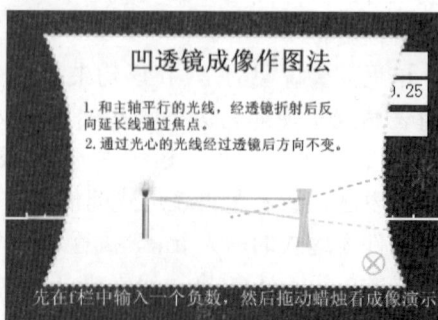

图 6-4-3　单击"作图方法"按钮出现的画面

知识要点

◆　用 startDrag()和 stopDrag()函数实现拖曳对象的方法
◆　setProperty()和 getProperty()函数的应用
◆　用 if…else 语句实现程序选择结构的方法
◆　动态文本及应用
◆　弹出式窗口的制作方法

制作步骤

6.4.1　创建课件界面和制作元件

1．创建课件界面

（1）新建一个 ActionScript 2.0 文件，设置舞台尺寸为 550×400 像素、背景色为浅灰色（颜色代码#999999），其他保持默认。

（2）双击"图层 1"，将它重命名为"背景"。在"背景"图层上用绘图工具绘制一个背景图形，然后用"文本工具"创建课件标题和说明性文字，效果如图 6-4-4 所示。选择"背景"图层的第 4 帧，按 F5 键延伸帧。

2．制作元件

（1）新建一个名为"x 轴"的图形元件，在这个元件的编辑场景中用绘图工具绘制一个坐标轴图形，如图 6-4-5 所示。

（2）新建一个名为"凹透镜"的影片剪辑元件，在元件的编辑场景中先选择"矩形工具"绘制一个"笔触颜色"为无、"填充色"为#CCCCCC 的矩形，然后使用"选择工具"将矩形变形，效果如图 6-4-6 所示。

（3）新建一个名为"蜡烛杆"的图形元件，在元件的编辑场景中选择"矩形工具"绘制一个蜡烛杆图形，如图 6-4-7 所示。

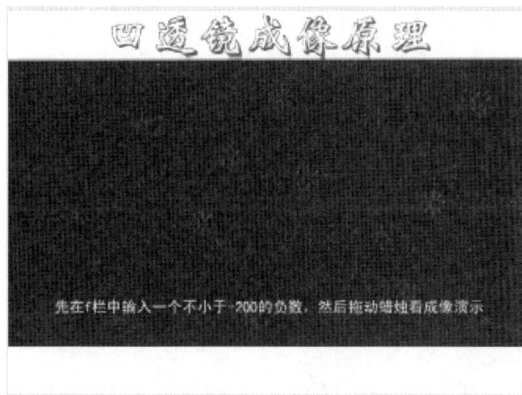

图 6-4-4　课件背景、标题以及说明性文字

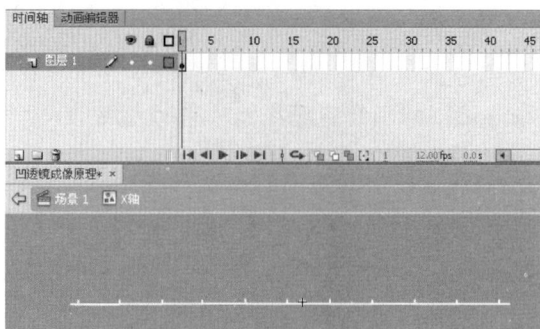

图 6-4-5 "x 轴"图形元件

图 6-4-6 "凹透镜"影片剪辑元件

图 6-4-7 "蜡烛杆"图形元件

（4）新建一个名为"火焰"的影片剪辑元件，在"火焰"元件的编辑场景中创建一个火焰跳动的动画效果，动画主要用形状补间动画制作，这里不再详述，具体情况请读者参看配套光盘上的课件源文件，元件的图层结构和场景效果如图 6-4-8 所示。

（5）为了使火焰效果更好，再创建一个名为"蜡烛火焰"的影片剪辑元件，它的时间轴图层结构和场景效果如图 6-4-9 所示。这个影片剪辑元件的时间轴上包含两个图层，即"火焰"图层和"光晕"图层，"火焰"图层上放置的是前面制作的"火焰"影片剪辑元件，"光晕"图层上放置的是一个光晕效果的图形元件。

（6）新建一个名为"蜡烛"的影片剪辑元件，在这个元件的编辑场景中将"蜡烛杆"图形元件和"蜡烛火焰"影片剪辑元件组合，并且绘制一个透明的矩形，如图 6-4-10 所示。

专家点拨：为了使物、像和透镜的光心始终共线，这里把蜡烛的注册点移到下方蜡烛底部，但是考虑到拖曳的鼠标点击范围，在底下加了一个反应区，将反应区做成无色的矩形。

6.4.2 布局场景和创建动态文本

1. 布局场景

（1）在"背景"图层上新插入一个图层，并将该图层重命名为"元件层"，然后分别将"库"面板中的"x 轴"图形元件、"凹透镜"影片剪辑元件和"蜡烛"影片剪辑元件拖至场景中的合适位置摆好。

然后再次将"蜡烛"影片剪辑元件从"库"面板中拖至舞台的外边，如图 6-4-11 所示。

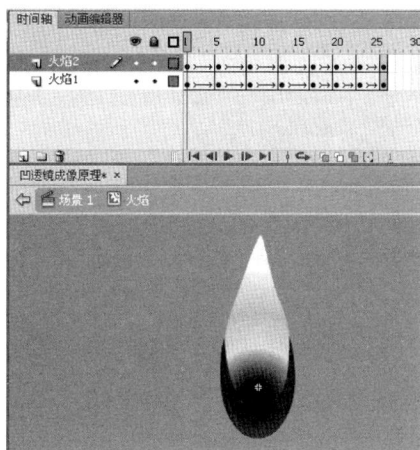

图 6-4-8　"火焰"影片剪辑元件　　图 6-4-9　"蜡烛火焰"影片　图 6-4-10　"蜡烛"影片
　　　　　　　　　　　　　　　　　　　　剪辑元件　　　　　　　剪辑元件

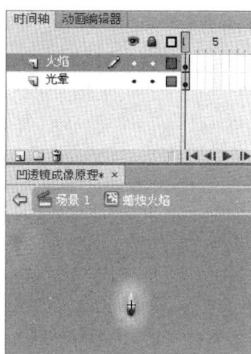

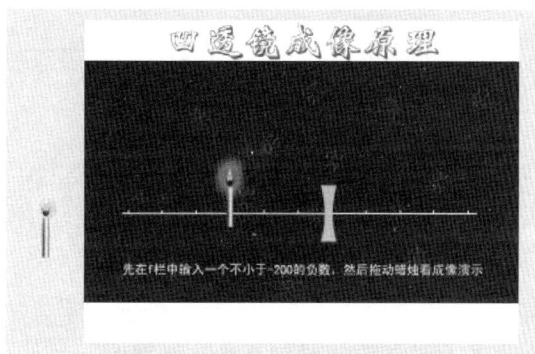

图 6-4-11　引用元件后的效果图

（2）在"属性"面板中分别设置刚拖出的两个"蜡烛"影片剪辑的"实例名称"为 lz
和 cx，设置"凹透镜"影片剪辑的"实例名称"为 tj_mc。

2．创建输入文本和动态文本

（1）在"元件层"图层上方新插入一个图层，并将该图层重命名为"文本"。然后选
择"文本工具"并设置文本类型为"静态文本"，在场景中依次输入"f:"、"u："、"v："等
提示信息文本。

（2）在上述 3 个静态提示文本后依次创建一个"输入文本"对象和两个"动态文本"对
象。在"属性"面板中分别设置 3 个文本对象的"变量"参数为 f、u、v。

（3）再创建一个"输入文本"对象，在"属性"面板中定义"变量"参数为 tishi。这个
文本对象用来显示输入 f 错误时的提示信息。

专家点拨：在编程时经常要给动态文本和输入文本设置变量名，在程序中通过给动

态文本变量赋值或者获得输入文本的变量值达到动态显示文本和控制文本的目的。

（4）将这些文本对象创建好以后，场景的效果如图 6-4-12 所示。

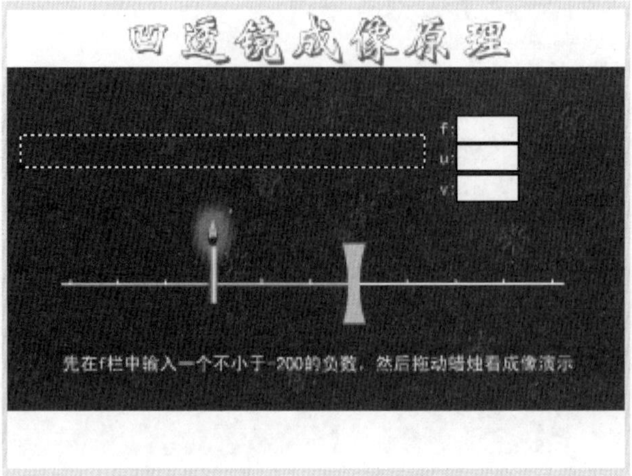

图 6-4-12 "文本"图层场景效果

6.4.3 定义动作脚本

1．编程思路分析

本课件要模拟凹透镜的成像原理，当设置好相应参数并拖动蜡烛时，成像蜡烛要随之出现。为了实现这样的课件功能，主要需要解决以下 3 个问题。

（1）蜡烛的拖放操作：Flash 提供了 startDrag()和 stopDrag()函数，利用这两个函数可以实现蜡烛的拖放功能，可以将动作脚本直接定义在"蜡烛"影片剪辑上。

（2）物距参数值的计算：必须先计算出蜡烛离凹透镜的实际物距，才能进一步计算其他参数（像距、放大率等）。舞台上变量名为 u 的动态文本和物距相关联，在这个动态文本框中可以动态显示物距的值。用户可以利用下面的公式计算出物距 u 的值。

$$u = 凹透镜的 x 坐标 – 蜡烛的 x 坐标$$

（3）像距和放大率的计算：本课件中焦距这个参数让用户自己输入，用舞台上变量名为 f 的输入文本来关联实现。有了 f 和 u 的值以后，就可以利用下面的物理公式计算出像距和放大率的值。

$$v = u*f/(u–f)$$

$$m = –v/u$$

2．定义"蜡烛"影片剪辑实例的动作脚本

在舞台上单击名称为 lz 的"蜡烛"影片剪辑实例，在"动作"面板中定义它的动作脚本如下：

```
on(press) {
    //当按下鼠标时在规定的舞台区域内拖曳蜡烛
```

```
    startDrag("", true, 10, 135, 250, 265);
}
on(release) {
    //当释放鼠标时停止拖曳蜡烛
    stopDrag();
}
```

这段动作脚本的功能是当鼠标在"蜡烛"影片剪辑处按下时执行大括号内的拖曳动作，其拖曳区域由 startDrag() 函数内的 4 个参数来设定，当鼠标释放时停止拖曳。通过这段动作脚本的定义便可以对"蜡烛"元件进行拖放操作了。

3．定义帧动作脚本

（1）在"按钮"图层上方新插入一个图层，并将它重命名为 AS，然后分别在图层的第 2 帧和第 3 帧按 F7 键插入一个空白关键帧。

（2）选择 AS 图层的第 1 帧，在"动作"面板中输入以下动作脚本：

```
var u, v, m, tjx, tjy, lzkd, lzgd:Number;
//u（物距），v（像距），m（放大率），tjx、tjy（透镜横坐标和纵坐标），lzkd、lzgd（蜡烛宽度和高度）
tjx = tj_mc._x;
tjy = tj_mc._y;
//tj_mc 是透镜影片剪辑的实例名，获取它的坐标并赋值给相应的变量
lzkd = lz._width;
lzgd = lz._height;
//lz 是被拖曳蜡烛影片剪辑的实例名，获取它的宽度和高度并赋值给相应的变量
```

影片开始播放时，首先运行第 1 帧，同时定义 7 个变量。u 是物距，v 是像距，m 是放大率，tjx 是透镜横坐标，tjy 是透镜纵坐标，lzkd 是蜡烛宽度，lzgd 是蜡烛高等。

（3）选择 AS 图层的第 2 帧，在"动作"面板中输入以下动作脚本：

```
u = tjx-getProperty("lz", _x);
//获得 lz 蜡烛的 x 坐标值，然后和透镜的 x 坐标相减得到的值就是物距
if (f == undefined || f>0) {
    //如果输入文本框 f 中没有输入数值，把像移出舞台
    v = -500;
} else {
    //否则用 u 和 f 组成表达式计算 v
    v = u*f/(u-f);
}
m = -v/u;
//m 是像放大率，这里用 v 和 u 来计算
```

其中"u = tjx-getProperty("lz", _x);"这行代码的功能是将"蜡烛"元件的_x 值不断返还给变量 u，这是脚本运行的一个"变量源"，有了它才有了以后相应的各参数。那么为什么要用 tjx 减去"蜡烛"的_x 值呢？其实这个道理很简单，u 在本课件中代表的是"物距"，即物体到"凹透镜"之间的距离，tjx 是凹透镜的 x 坐标值，用它减去蜡烛的 x 坐标正好就

是物距的值。

课件中另外一个很重要的"变量源"是 f，这个参数是由用户通过文本输入框随机输入的，它和参数 u 一起构建了参数 v，即：

```
v = u*f/(u-f);
```

然后参数 u 又和参数 v 一起计算出像的放大率 m，即：

```
m = -v/u;
```

这两行代码都来源于"凹透镜成像原理"基本公式的变换。

（4）选择 AS 图层的第 3 帧，在"动作"面板中输入以下动作脚本：

```
if (f>=0 || f<-200) {
  tishi = "凹透镜的焦距为负值，请输入适当的负值，建议 f 的值不小于-200";
} else {
  tishi = "";
}
setProperty("cx", _x, tjx+v);
setProperty("cx", _y, tjy-m*(tjy-getProperty("lz", _y)));
setProperty("cx", _xscale, m*lzkd);
setProperty("cx", _yscale, m*lzgd);
setProperty("cx", _alpha, 70);
//以上设置了成像蜡烛的坐标和水平宽度、垂直高度以及透明度
gotoAndPlay(2);
//跳转到第 2 帧，形成循环
```

专家点拨：这段代码的第 1 行是 if (f>=0 || f<-200)，设定这个条件是因为凹透镜不能显示凸透镜效果，虽然课件界面下方有提示，但是使用者如果坚持输入焦距为正值它也会成像，这显然不合理，因此在条件上进行限制，如果输入不符合要求就不显示效果，并提醒使用者按照正确方式输入，另外考虑到显示的效果，焦距过大在舞台上显示的效果已经意义不大，所以这里给了一个合适的范围，考虑舞台大小，限定了最大为-200。

至此，本课件的主体部分制作完毕，但要使课件趋于完美，还可以制作两个弹出式窗口，运用它们对凹透镜的相关知识进行补充说明，具体情况请参看配套光盘上的课件源文件。

6.4.4 ActionScript 补习班——拖曳对象

在 Flash 中拖曳对象是通过 startDrag()函数和 stopDrag()函数实现的。startDrag()函数的作用是使影片剪辑实例在影片播放过程中可拖动。

startDrag()函数的一般形式如下：

```
startDrag(target[,[lock,left,top,right,bottom]]);
```

其中参数 target 是要拖曳的影片剪辑的目标路径和实例名称，如果用引号默认代替，是指拖曳元件自身，这也是一种习惯用法。

参数 lock 是一个布尔值，指定可拖曳影片剪辑是锁定到鼠标指针位置中央（true）还是锁定到用户首次单击该影片剪辑的位置上（false）。

如果希望将拖曳的范围设定在一个区域中，那么可以将参数 lock 设定为 true，然后再分别设定后面的 left、top、right、bottom 参数，将其限定在一定像素的矩形区域中。

left、top、right、bottom 4 个参数用来设定矩形区域。

参数 left 代表水平方向向左可拖动的像素值，它的值越大，其限定区域的左边框越靠右；它的值越小，限定区域的左边框越靠左。

参数 right 与 left 相对应，代表水平方向向右可拖动的像素值，它的值越大，其限定区域的右边框越靠右；它的值越小，限定区域的右边框越靠左。

参数 top 代表垂直方向向上可拖动的像素值，它的值越大，其限定区域的顶边框越靠下；它的值越小，限定区域的顶边框越靠上。

参数 bottom 与 top 相对应，代表垂直方向向下可拖动的像素值，它的值越大，其限定区域的底边框越靠下；它的值越小，限定区域的底边框越靠上。

这 4 个参数之间的对应关系如图 6-4-13 所示。

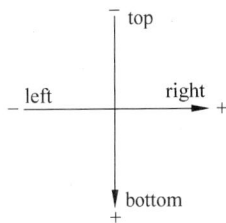

stopDrag() 函数的功能与 startDrag() 函数的功能正好相反，stopDrag() 函数的功能是停止对一个影片剪辑对象的拖曳。其使用方法比较简单，它只有一个参数，即影片剪辑的名称。例如，语句 "stopDrag("MyMove");" 表示停止对影片剪辑 MyMove 的拖曳操作。在实际应用中，为简便起见，有时写成 "stopDrag();"，在通常情况下，它和 startDrag 命令配合使用。

图 6-4-13 4 个参数之间的对应关系

在 "动作" 面板中，stopDrag() 函数和 startDrag() 函数在 "全局函数" | "影片剪辑控制" 类别中。

6.5 基于 ActionScript 3.0 的课件开发

前面几节主要讲解如何使用 ActionScript 2.0 进行课件的开发。对于一般的课件制作者来说，ActionScript 2.0 比 ActionScript 3.0 简单易学，也基本上够用。但是如果对课件开发有更高的要求，用户就要掌握一些 ActionScript 3.0 的知识了。

6.5.1 ActionScript 3.0 类的架构

ActionScript 3.0 为开发人员提供了许多的类，它们结构严谨、层次分明，可以应用在程序的各种不同领域。

1. 类的组织结构

在 ActionScript 3.0 中将所有的内置类大致分成了 3 个部分，即顶级类（Top Level classes）、fl 包和 flash 包。

顶级类包含了 int、Number、String、Array、Object、Boolean、XML 等最基本的类和一些全局函数。更多的类被分别包含在 fl 包和 flash 包中，每个包都细分为多个不同类别的包，如图 6-5-1 所示，列表中的每一个包都包含了功能相近的一组类。

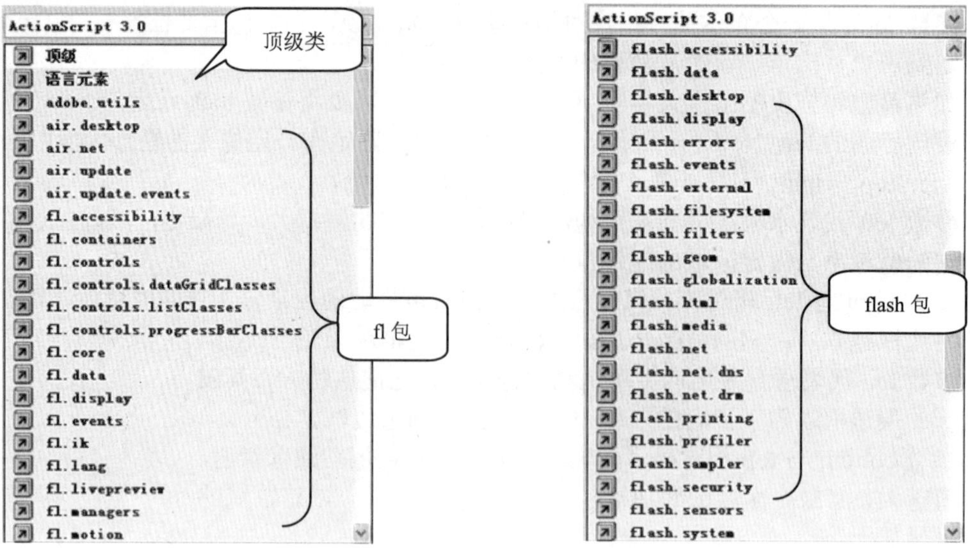

图 6-5-1　ActionScript 3.0 内置类的组织结构

其中 fl 包里面包含的主要是 ActionScript 3.0 中的各种组件类，而在程序中应用最多、最广泛的类都包含在 flash 包中，例如 MovieClip、Sprite 类包含在 flash.display 包中，TextFields 类包含在 flash.text 包中，描绘各种事件的类包含在 flash.events 包中。由此可见 ActionScript 3.0 对其内置类的组织是非常严谨的。

2. 类的层次结构

ActionScript 3.0 中的类是有层次的，通过继承，一个类可以把自身属性、方法传递到它的子类中，从而产生一个更具体的、内容更丰富的类。

Object 类是 ActionScript 3.0 中绝大多数类的祖先，通过对 Object 类的层层继承、逐步细化形成了 ActionScript 3.0 里面各具特色、丰富多彩的类。

例如 EventDispatcher 类继承自 Object 类，在 Object 类的基础上添加了收发事件的功能，而 DisplayObject 类又是 EventDispatcher 类的子类，因此所有的可视对象（DisplayObject 类的对象）顺理成章地继承了收发事件的能力。

ActionScript 3.0 的"动作"面板的"动作工具箱"中就是按照一定的组织结构对类进行分类的，如图 6-5-2 所示。

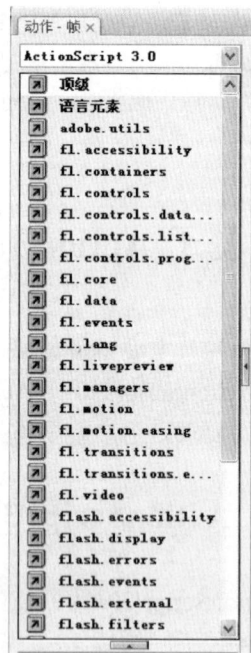

图 6-5-2　ActionScript 3.0 的"动作"面板

6.5.2　ActionScript 3.0 类的应用

在程序中使用一个定义好的类是从创建这个类的对象开始的，当创建了类的对象以后就可以访问对象的属性、调用对象的方法，实现程序最终要达到的目的。

1. 创建类的对象

在 ActionScript 3.0 中要创建一个类的对象需要使用 new 操作符，例如下面的语句创建了一个 MovieClip 类的对象：

```
var myMc:MovieClip = new MovieClip();
```

这是一条标准的实例化语句，操作符 new 后面的 MovieClip()调用了 MovieClip 类的构造函数，操作的结果是产生一个 MovieClip 类的对象并为其在内存中开辟一块空间。然后通过赋值操作将这个对象的引用（内存的地址）赋给了一个定义为 MovieClip 类型的变量 myMc，通常将 myMc 称为影片剪辑对象。

作为特殊情况，在顶级类中的 5 个基本数据类型可以不使用 new 操作符，而直接使用对应的值（本质也是对象）。另外，Array 类和 Object 类也可以不显式地使用 new 操作符创建一个该类的对象，例如下面的语句：

```
var myArr:Array = [200,100,280];//创建一个数组，包含 3 个元素
var myObj:Object = {x:200,y:100,z:280};
                              //创建一个对象，表示空间点的三维坐标，有 3 个属性
```

2. 使用属性和方法

将类实例化为对象后，每个对象中都包含了类里面定义的属性和方法，可以通过"."操作符对各自的属性和方法进行访问。

例如下面的代码中创建了一个 Sprite 类的对象 mySpr，然后使用其中的 graphics 属性在对象中绘制一条线段，并输出对象的 width 属性值，最后调用对象的 startDrag()方法实现对象的拖动。

```
var mySpr:Sprite = new Sprite();         //创建一个 Sprite 对象，对象名为 mySpr
mySpr.graphics.lineStyle(2,0x000000);   //调用类方法画线
mySpr.graphics.moveTo(100,100);
mySpr.graphics.lineTo(200,200);
trace(mySpr.width);                     //输出对象的宽度
mySpr.startDrag();                      //拖动对象
```

专家点拨：如果要在代码中（包括在时间轴和脚本文件）使用某个类，必须在使用之前导入这个类，方法是使用关键字 import 加这个类的完全限定名称。如果在使用之前没有导入必要的类，在测试影片的时候会导致编译错误。

6.5.3　ActionScript 3.0 的事件处理模型

ActionScript 3.0 采用了和 ActionScript 2.0 不同的事件处理模型，它基于 DOM3（Document Object Model Level 3）事件规范。在 ActionScript 3.0 中，每个事件（例如鼠标单击）都是一个对象，都属于 Event 类或其子类的实例。在这个对象中不仅保存了当前事件的特定信

息，还包含了基本的操作方法。

指定为响应特定事件而应执行某些动作的技术称为"事件处理"。用户在编写执行事件处理的 ActionScript 代码时需要识别 3 个重要元素，即事件源、事件和响应。

◆ 事件源：发生该事件的是哪个对象？例如哪个按钮会被单击，或哪个 Loader 对象正在加载图像？事件源也称为"事件目标"，因为 Flash Player 将此对象作为事件的目标。

◆ 事件：将要发生什么事情？以及希望响应什么事情？识别事件是非常重要的，因为许多对象都会触发多个事件。

◆ 响应：当事件发生时希望执行哪些动作？

无论何时编写处理事件的 ActionScript 代码都会包括这 3 个元素，并且代码将遵循以下基本结构：

```
function eventResponse(eventObject:EventType):void
{
    // 此处是为响应事件执行的动作
}
eventSource.addEventListener(EventType.EVENT_NAME, eventResponse);
    //注册事件
```

以上代码执行两个操作。首先定义一个函数，这是指定为响应事件而要执行的动作的方法；其次调用源对象的 addEventListener()方法，实际上就是为指定事件"订阅"该函数，以便当该事件发生时执行该函数的动作。

1. 编写事件处理函数

在创建事件处理函数时必须定义函数名称（本例中为 eventResponse），还必须指定一个参数（本例中的名称为 eventObject）。指定函数参数类似于声明变量，所以还必须指定参数的数据类型。函数参数指定的数据类型始终是与要响应的特定事件关联的类。最后，在左大括号与右大括号之间（{…}）编写希望计算机在事件发生时执行的动作。

2. 调用源对象的 addEventListener()方法

一旦编写了事件处理函数，就需要通知事件源对象（发生事件的对象，例如按钮）希望在该事件发生时调用函数，可通过调用该对象的 addEventListener()方法来实现此目的（所有具有事件的对象都同时具有 addEventListener()方法）。

addEventListener()方法有两个参数，具体情况介绍如下。

第一个参数是希望响应的特定事件的名称。同样，每个事件都与一个特定类关联，而该类将为每个事件预定义一个特殊值。

第二个参数是事件响应函数的名称。请注意，如果将函数名称作为参数进行传递，则在写入函数名称时不使用括号。

3. 鼠标事件类

Event 类及子类中定义了极为丰富的事件类型，这些事件类型涵盖的内容非常广泛，涉及了诸如向显示列表添加对象、导入、网络连接以及用户交互界面等许多范畴。

鼠标事件类 MouseEvent 是 Event 类的一个子类，在 MouseEvent 类中定义了 10 个常量，分别表示 10 种不同的鼠标事件，包括 CLICK、MOUSE_DOWN、MOUSE_MOVE、MOUSE_UP 等，常用的几个类型定义如下：

```
public static const CLICK:String = "click"           //鼠标单击对象
public static const MOUSE_DOWN:String = "mouseDown"   //鼠标在对象上按下
public static const MOUSE_MOVE:String = "mouseMove"   //鼠标在对象上移动
public static const MOUSE_OUT:String = "mouseOut"     //鼠标移出对象
public static const MOUSE_OVER:String = "mouseOver"   //鼠标移入对象
public static const MOUSE_UP:String = "mouseUp"       //鼠标抬起
```

CLICK、MOUSE_DOWN、MOUSE_MOVE、MOUSE_UP 等都是对应鼠标事件的常数，这些常数提供了引用特定事件类型的简便方法。在添加事件侦听器时应使用这些常数而不是它们所代表的字符串。例如，在注册事件侦听函数时使用下述代码：

```
myDisplayObject.addEventListener(MouseEvent.CLICK, clickHandler);
```

而不是使用：

```
myDisplayObject.addEventListener("click", clickHandler);
```

6.5.4　ActionScript 3.0 事件模型应用范例

1. 创建一个简单动画

（1）运行 Flash CS6，新建一个 ActionScript 3.0 文件，将其保存为 6.5.4.fla。

（2）将"图层 1"重命名为"动画"，然后在这个图层上从第 2 帧到第 31 帧创建一个小球从左向右运动的传统补间动画，如图 6-5-3 所示。

2. 创建两个按钮

（1）在"动画"图层上新建一个图层，将其重命名为"按钮"。

（2）在"按钮"图层上放置两个按钮，如图 6-5-4 所示。

图 6-5-3　创建一个补间动画

图 6-5-4　创建两个按钮

（3）选择 play 按钮，在"属性"面板中定义它的实例名为 playButton。选择 home 按钮，在"属性"面板中定义它的实例名为 homeButton。

3．定义 ActionScript

（1）在"按钮"图层上新建一个图层，将其重命名为 AS。

（2）选择 AS 图层的第 1 帧，打开"动作"面板。首先输入以下代码：

```
stop();
```

这个代码的功能是播放影片时先停止在第 1 帧，等待事件发生。

专家点拨：在 Flash 文件（ActionScript 3.0）中程序代码只能编写在关键帧上，不能直接在对象（按钮或者影片剪辑等）上编写程序代码。

（3）接着输入和 play 按钮相关的事件处理代码：

```
function startMovie(event:MouseEvent):void {              //定义事件处理函数
this.play();
}
playButton.addEventListener(MouseEvent.CLICK, startMovie); //注册事件
```

该代码首先定义一个名为 startMovie()的事件处理函数。在调用 startMovie()时，该函数会导致主时间轴开始播放。

接下来的代码行将 startMovie()函数注册为 playButton 的 CLICK 事件的侦听器。也就是说，它使得只要单击名字为 playButton 的按钮就会调用 startMovie()函数。

（4）再输入和 home 按钮相关的事件处理代码：

```
function gotoAuthorPage(event:MouseEvent):void {    //定义事件处理函数
  var targetURL:URLRequest = new URLRequest("http://www.cai8.net/");
  navigateToURL(targetURL);
}
homeButton.addEventListener(MouseEvent.CLICK, gotoAuthorPage); //注册事件
```

该代码定义一个名字为 gotoAuthorPage 的函数。该函数首先创建一个代表"http://www.cai8.net /"的 URLRequest 实例，然后将该 URL 传递给 navigateToURL()函数，使用户浏览器打开该 URL。

接下来的代码行将 gotoAuthorPage()函数注册为 homeButton 的 CLICK 事件的侦听器，也就是说，它使得只要单击名字为 homeButton 的按钮就会调用 gotoAuthorPage 函数。

最后保存文件并测试影片，单击 play 按钮可以让补间动画开始播放，单击 home 按钮可以启动浏览器并打开"http://www.cai8.net"网站。

专家点拨：本书所有涉及 ActionScript 编程的课件范例都提供了 ActionScript 3.0 版本的源文件供读者参考。源文件提供在配套光盘中，路径为"配套光盘\源文件\ActionScript 3.0 版本\"。

6.6 本章习题

一、填空题

1. ＿＿＿＿＿＿＿＿＿＿＿是 Flash 的脚本语言，它是面向＿＿＿＿＿＿＿＿的编程语言，其语法和编写 Web 应用程序的 Java 非常相似。

2. ＿＿＿＿和＿＿＿＿是影片剪辑的两个常用属性，它们分别表示影片剪辑在场景中的 x 坐标和 y 坐标。_xscale 和_yscale 表示影片剪辑对象的＿＿＿＿＿＿＿＿＿＿＿＿＿和＿＿＿＿＿＿＿＿＿＿＿＿＿＿。

3. ＿＿＿＿＿＿＿＿＿＿＿＿＿函数的功能是当影片正在播放时通过复制创建一些影片剪辑的实例，复制得到的影片剪辑的播放头始终在第＿＿＿帧。

4. startDrag 函数的功能是＿＿＿＿＿＿＿＿＿＿＿＿＿＿＿＿＿，从而实现鼠标响应事件，自主控制某一影片剪辑的目的。＿＿＿＿＿＿＿＿命令可以停止对一个影片剪辑对象的拖曳。

5. 用于设置影片剪辑实例放置角度的属性是＿＿＿＿＿＿＿，用于设置影片剪辑透明度的属性是＿＿＿＿＿＿＿，_visible 属性用来表示影片剪辑实例的＿＿＿＿＿＿＿。

二、选择题

1. 主场景坐标系和影片剪辑中的场景坐标系（　　　）。
   A．完全相同　　　B．纵坐标相同　　　C．横坐标相同　　　D．完全不同
2. EnterFrame 事件处理程序作为影片剪辑的一个很常用的事件，它在（　　　）被触发。
   A．帧播放时　　　B．鼠标按下时　　　C．鼠标松开时　　　D．鼠标移动时
3. 下列有关选择语句结构的说法错误的是（　　　）。
   A．选择结构按照语句排列方式逐句执行
   B．根据条件来判断结果的问题常常要用到选择语句
   C．选择结构在程序中以条件判断来表现，根据条件判断结果完成不同的任务
   D．实现选择结构的典型语句是 if…else

6.7 上机练习

练习 1 圆和圆的位置关系

利用动作脚本制作一个数学课件——圆和圆的位置关系。课件运行时，屏幕上显示两个圆，并且两个圆的位置关系是外割。当鼠标指针指向任意一个圆时，鼠标指针变成小手形状，这时可以拖动圆。随着拖动圆，两个圆的位置关系会发生变化，屏幕下面会根据两圆的位置关系显示相应的文字提示。图 6-7-1 所示的是课件运行过程中的一个画面。

主要制作步骤提示：

（1）判断圆和圆的位置关系的方法是计算出两个圆的圆心距（d），然后和两个圆的半径之和（r1+r2）或者半径之差（r1–r2）进行比较。

（2）将两个圆制作成影片剪辑元件。

（3）利用 startDrag()和 stopDrag()函数实现对两个圆的拖曳操作。

（4）计算出两圆的圆心坐标和圆心距，利用 if 判断语句实现两圆的位置关系的判断，并将相应的判断结果显示在动态文本中。

（5）利用绘图函数动态绘制两圆的圆心连线。

图 6-7-1　圆和圆的位置关系

练习 2　纵波波形演示

利用纵波波形的数学模型，通过动作脚本制作一个物理课件——纵波波形演示。课件运行时先出现一个静止画面，有一些弹簧片（用来模拟纵波波形）静止排列在坐标系中，在它们下边有几个控制纵波波形的参数，包括振幅、周期、波长等，可以在参数文本框中直接输入参数值，或者单击参数文本框右边的增减按钮来调整参数值。另外，在右上角有两个调整波动方向的按钮，单击它们可以随时调整波形波动的方向。如果用户想开始演示纵波波形动画，可以单击"播放"按钮，单击"停止"按钮可停止播放。图 6-7-2 所示的是课件运行过程中的一个画面。

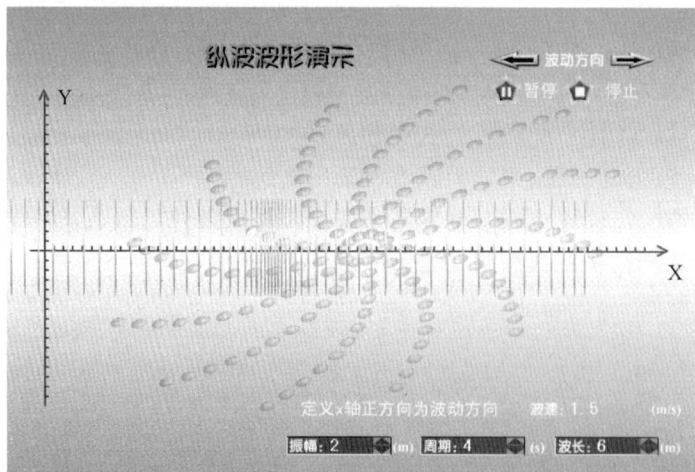

图 6-7-2　纵波波形演示

主要制作步骤提示：

（1）创建"弹簧片"影片剪辑元件，用来模拟纵波的波动效果。

（2）制作其他图形元件、动态文本对象、按钮元件等。

（3）定义帧动作和按钮动作，用动作脚本实现波形的控制。这里主要使用了 duplicate MovieClip()函数（用来复制影片剪辑）、setProperty()函数（用来设置影片剪辑的属性）、for 语句结构（用来实现程序的循环结构）等。

练习 3　动态抛物线图像

利用抛物线的参数方程制作一个数学课件——动态抛物线图像。课件运行时先出现一个静止画面，在 X 轴和 Y 轴交点处有一个用来模拟抛物线的小球；场景右上方有 3 个控制抛物线运动的参数文本框，可以直接在文本框中输入合适的参数值从而得到不同的抛物线图像；单击"开始"按钮或者按 Enter 键开始播放小球模拟绘制抛物线图像的过程；单击"停止"按钮可以停止播放；单击"重置"按钮返回到初始画面并等待下一步指令。图 6-7-3 所示的是课件播放过程中的一个画面。

主要制作步骤提示：

（1）制作"小球"影片剪辑元件，在随后的动作脚本中将要复制出该影片剪辑实例的一些副本，用它们模拟出抛物线的动态图像效果。

（2）制作 3 个输入文本对象和一些按钮对象。

（3）定义帧动作和按钮动作，用动作脚本实现对动态抛物线图像的控制。

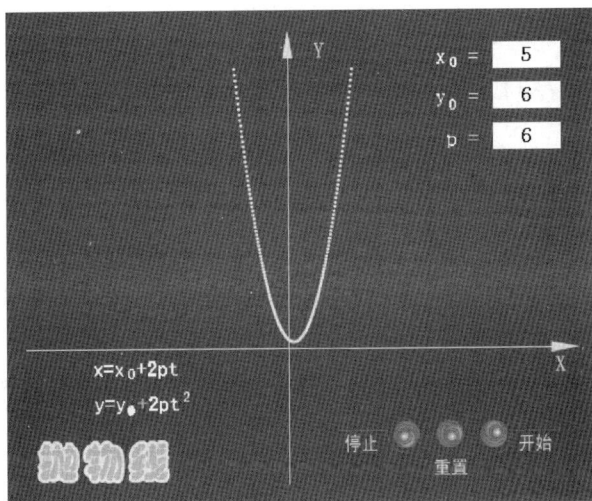

图 6-7-3　动态抛物线图像

第 7 章

利用模板制作课件

◆ 利用演示文稿模板制作课件的方法
◆ 利用菜单模板制作课件的方法
◆ 利用测验模板制作课件的方法
◆ 自定义课件模板的方法

通过前面几章的学习，读者初步掌握了丰富多彩的动态模拟课件和动作脚本交互课件的制作方法。这些制作方法要求制作者掌握一定的编程技术，包括一些简单的动作脚本语言、动态文本和影片剪辑元件的控制等方面的技术。利用这些制作方法制作出的课件类型丰富、功能强大、个性鲜明、内容活泼，虽然制作方法不太复杂，但要进行一些必要的编程。

利用 Flash 的模板技术不用编程就可以"傻瓜"式地创建出各种多媒体交互课件。本章通过 4 个课件范例来介绍利用 Flash 模板技术制作课件的方法和技巧。

7.1 演示文稿模板课件——显微镜原理

演示文稿模板的创建极其简单，它只需在预设的图层中为演示文稿的每个画面添加一个关键帧，然后创建或导入图形，或添加文本、视频或音频，就可以快速地完成影片的制作。此外，演示文稿模板还附带了供替换的背景，用户在制作时可以选择符合课件特点的配色方案背景，极大地提高了制作效率。

📖 课件简介

本范例是物理课程中的"显微镜原理"演示文稿课件，这个课件用 Flash 强大的模板技术创建，通过左右方向键或者导航按钮将显微镜成像原理逐步演示，加上文字说明，使学生在反复播放中更深入透彻地理解所学的知识。图 7-1-1 所示的是本课件运行时的一个画面。

📇 知识要点

◆ 利用演示文稿模板制作课件的方法
◆ 从模板创建影片文档的方法
◆ 影片剪辑元件的应用

图 7-1-1　课件运行中的一个画面

制作步骤

7.1.1　从 Flash 模板创建影片文档

1．Flash 模板简介

所谓 Flash 模板，是一种预先设置好的特殊影片文档，提供了塑造最终影片文档外观和交互结构的框架。在调用一个模板后，该模板就成为所要创建影片文档的基础。

在用 Flash 制作课件时，模板的作用是巨大的。课件作为一种特殊的动画作品有它自身的特点。课件的结构比较有规律，很多课件具有相同的结构，制作方法大同小异，例如演示教学内容的课件除了具体教学内容不一样以外，课件的整体结构和制作方式是相同的，它们的制作都具有一定的模式。因此，利用模板制作这类课件可以大大提高工作效率。

Flash 提供了一些系统模板，用户可以从这些系统模板开始创建自己的影片文档。图7-1-2 所示的就是系统内置的一些模板。

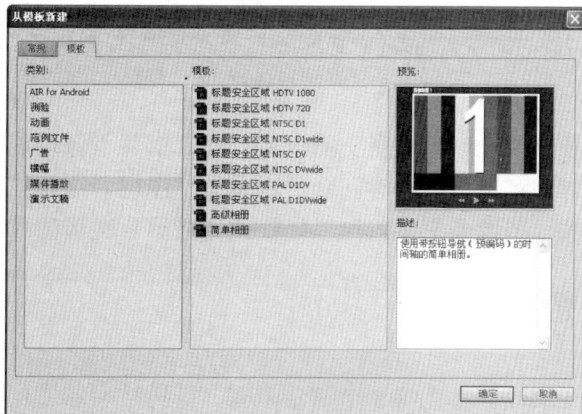

图 7-1-2　系统内置的模板

Flash 内置了不同类别的模板，在每类模板下又有一种或数种模板，选中相应的模板后可以在右边的预览框中看到模板的预览效果和对模板的描述。

专家点拨：在 Flash CS6 的"开始页"单击"从模板创建"下的"更多"按钮，可以打开如图 7-1-2 所示的"从模板新建"对话框。在"类别"列表中显示了若干种模板类型，如果有些模板类型（如测验模板）没有显示出来，那么用户可以将本书配套光盘上的相关文件（配套光盘\素材\part7\系统模板\）复制到 Adobe\Adobe Flash CS6\zh_cn\Configuration\Templates 文件夹下，然后重新启动 Flash 软件。

2．从模板创建影片文档

演示文稿课件是最常见的课件类型，以幻灯片的形式演示教学内容，是教师们经常采用的计算机辅助教学的方式。Flash 提供的系统模板中有一种演示文稿模板，利用这种模板可以制作出非常漂亮的演示文稿课件。

（1）选择"文件"|"新建"命令，弹出"新建文档"对话框，选择"模板"选项卡，对话框名变成"从模板新建"。在"类别"列表中选择"演示文稿"选项，这样在"模板"列表中可以看到"演示文稿"模板的两种样式，在"预览"区域中可以预览到两种样式的效果，如图 7-1-3 所示。

（2）在"模板"列表中选择喜欢的样式，然后单击"确定"按钮，就完成了用模板创建影片文档的过程，本课件选择的是"高级演示文稿"，创建好的影片文档如图 7-1-4 所示。

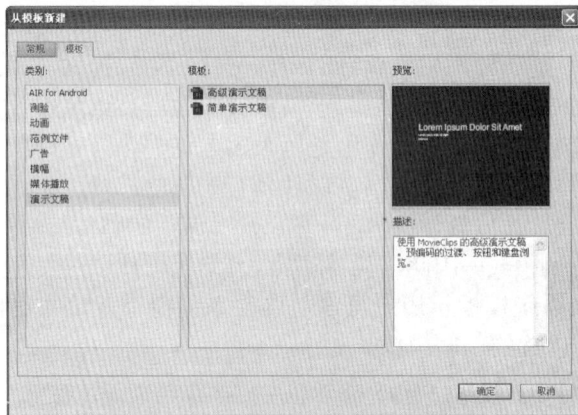

图 7-1-3 "从模板新建"对话框

从图 7-1-4 可以看出，在创建好新文档以后，舞台上并不像以前所创建的文档那样是空的，在舞台上已经有许多对象，在时间轴上也有若干图层。这是模板预制的，只要在此基础上稍作改动，添加上图像和文本就可以轻松地完成演示文稿课件的制作了。

7.1.2 创建影片剪辑元件

本节的这个演示文稿课件共包括 5 个演示步骤，通过按左右方向键或者单击课件中的控制按钮可以向前或者向后翻页播放。将这 5 个演示步骤画面制作成 5 个影片剪辑元件，它们的名字依次为 p1、p2、p3、p4、p5。图 7-1-5 所示的是 p3 影片剪辑元件的图层结构和动画效果。这 5 个影片剪辑元件的制作主要应用了传统补间动画和遮罩动画等技术，这里不再详述，具体情况可参考配套光盘上的课件源文件。

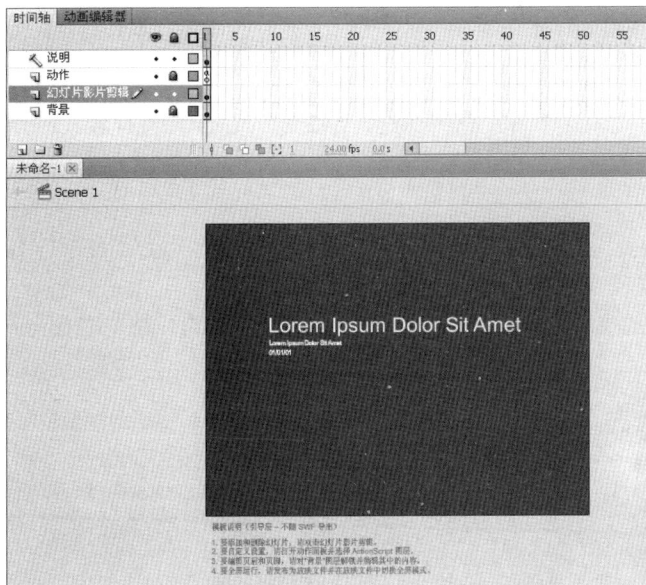

图 7-1-4　创建好的影片文档

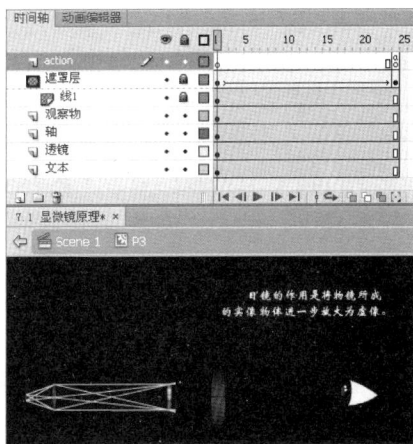

图 7-1-5　p3 影片剪辑元件

专家点拨：在制作每个演示步骤对应的影片剪辑元件时，大家一定要在元件动画结束的最后一帧定义停止动作，这样才能保证演示文稿的正常播放。

7.1.3　制作演示文稿课件

1．了解模板的图层结构

演示文稿模板的图层结构如图 7-1-4 所示。在利用模板制作影片时可以先选择"控制" | "测试影片"命令或按 Ctrl+Enter 键观察一下模板影片效果，这样能更清晰地理解各图层功能。

从图 7-1-4 可以看出，演示文稿模板共有 4 个图层。在一般情况下，除了"背景"图层和"幻灯片影片剪辑"图层以外，其他图层都不必改动。

◆ "说明"图层：这个图层是一个引导层，它不会随着 SWF 导出。在这个图层上显示一些红色文字，介绍本模板的功能和用法。在使用模板之前，用户可以先认真看一下这些文字说明。

◆ "动作"图层：这个图层上有一个动作脚本关键帧，里面包含了本模板的所有程序代码，用户可以选中这个图层的第 1 帧，然后在"动作"面板中查看相关程序代码。

◆ "幻灯片影片剪辑"图层：这个图层上放置了一个影片剪辑元件。本模板是将演示文稿的具体内容页放置在这个独立的影片剪辑之中，所以当要添加演示文稿的内容时只需要双击元件进入编辑状态，然后在每一帧上添加内容就可以了。

◆ "背景"图层：这个图层上放置的是背景图形、标题文字、控制按钮和动态文本对象等，可以将"幻灯片影片剪辑"图层先隐藏起来，这样可以看清楚"背景"图层上的所有对象。

2．修改背景

（1）先将"幻灯片影片剪辑"图层隐藏起来，下面修改"背景"图层上的对象。

（2）选择中间的白色矩形，在"颜色"面板中将填充颜色修改成白色到蓝色的线性渐变色，并用"渐变变形工具"调整。

（3）在上面的灰色矩形上添加标题文字"显微镜原理"，并将其设置成合适的字体和颜色。

（4）在下面的灰色矩形上将左侧的文字更改为自己的 logo 信息，这里为"课件吧 http://www.cai8.net"，效果如图 7-1-6 所示。

图 7-1-6　修改背景

3．编辑演示页面

（1）将"幻灯片影片剪辑"图层显示出来，下面修改上面的影片剪辑。

（2）双击舞台上的幻灯片影片剪辑，进入到这个元件的编辑模式，此时影片剪辑中共包括 4 个幻灯片页面，对应"幻灯片"图层上的 4 个关键帧，如图 7-1-7 所示。

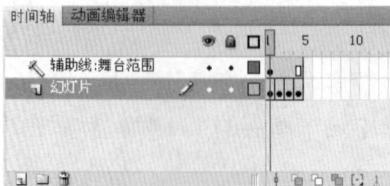

图 7-1-7　幻灯片影片剪辑的图层结构

（3）"幻灯片"图层的第 1 帧对应的是演示文稿的封面，第 2~4 帧对应 3 张幻灯片。本课件实际需要 5 张幻灯片，因此再添加两个关键帧即可。添加了新关键帧后的图层结构如图 7-1-8 所示。

图 7-1-8　添加新关键帧

（4）下面编辑演示页面。选择"幻灯片"图层的第 1 帧上的文字对象，按 Delete 键将它们删除，然后重新创建内容，效果如图 7-1-9 所示。

图 7-1-9　课件首页

（5）选择"幻灯片"图层的第 2 帧，按 Delete 键将第 2 帧上的内容删除，然后从"库"面板中拖动 p1 元件放置到该帧上，如图 7-1-10 所示。

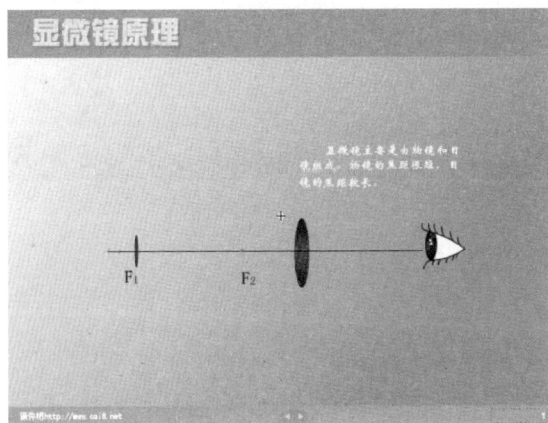

图 7-1-10　课件的第 2 个画面

（6）用相同的方法创建课件的其他画面。

（7）测试和保存影片。按 Ctrl+Enter 键测试课件效果，满意后保存并导出。

7.2 菜单模板课件——导航框架

下拉菜单是 Windows 程序常见的导航控件，它具有操作方便、节省空间等优点。在 Flash 课件中利用下拉菜单进行导航控制也是一种不错的选择。在 Flash 中制作功能强大的导航菜单往往需要一定的 ActionScript 编程知识，这对初学者而言比较难。但是 Flash CS6 提供了一个菜单模板，利用它可以比较容易地制作出功能强大的菜单导航系统。

📖 **课件简介**

本范例利用菜单模板制作一个课件导航框架，将鼠标指针指向菜单名称可以弹出下拉菜单，选择菜单项可以调出相应的课件内容，如图 7-2-1 所示。

本范例并没有制作一个具体的课件内容，而是制作了课件的菜单导航系统的框架。在利用菜单模板创建的影片文档的基础上主要制作了一个"课件内容"影片剪辑元件，然后通过对动作脚本的修改使菜单和"课件内容"影片剪辑产生了关联，从而实现了一个功能全面的菜单导航系统。

图 7-2-1　课件导航框架

✍ **知识要点**

◆ 菜单模板的应用
◆ 制作 Flash 课件导航结构的方法
◆ 修改 ActionScript 代码的方法

✋ **制作步骤**

7.2.1　从 Flash 模板创建影片文档

（1）选择"文件"|"新建"命令，弹出"新建文档"对话框，选择"模板"选项卡，对话框名变成"从模板新建"，选择"范例文件"类别中的"简单范例"模板，如图 7-2-2 所示。

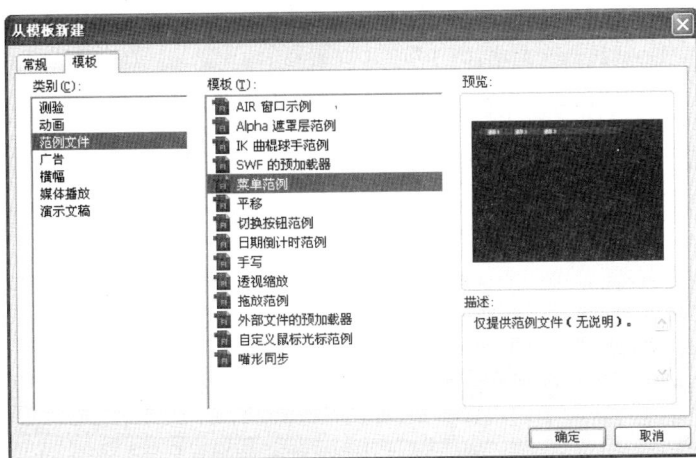

图 7-2-2　选择"菜单范例"

（2）单击"确定"按钮，以模板为基础的新影片文档就创建好了，如图 7-2-3 所示。

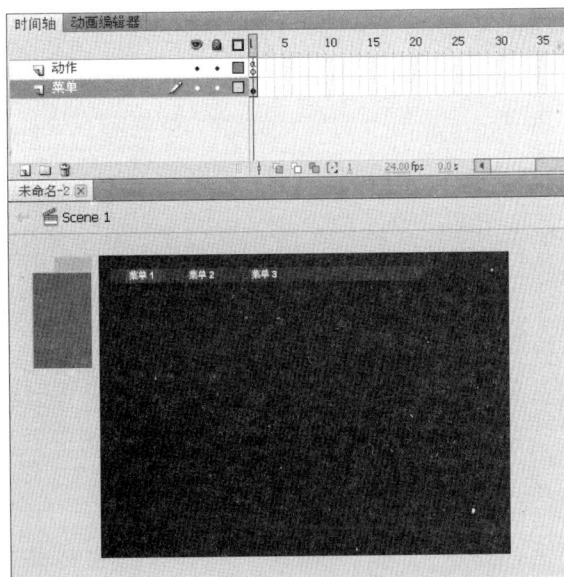

图 7-2-3　从模板新建影片文档

这个影片文档共包括两个图层，即"菜单"图层和"动作"图层。"菜单"图层上有一个实例名叫 yourMenu 的影片剪辑，下拉菜单中包括的菜单名称、菜单项、高亮条等对象都创建在这个影片剪辑中。"动作"图层上是影片的全部动作脚本，用户可以根据需要修改其中的代码。

7.2.2 分析菜单的功能

（1）先按 Ctrl+Enter 键测试一下影片效果，屏幕上出现一个导航菜单，用鼠标指针指向菜单名称，弹出下拉菜单，选择其中的一个菜单项，在"输出"面板中显示如图 7-2-4 所示的信息，这个信息表明用户单击了哪一个菜单项。

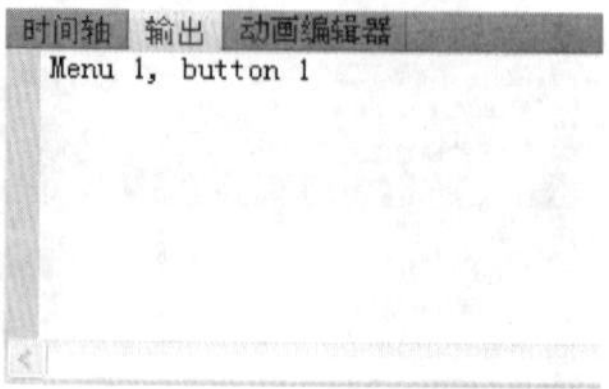

图 7-2-4 "输出"面板中的信息

（2）选择"动作"图层的第 1 帧，打开"动作"面板，在其中找到以下动作脚本：

```
//Assign appropriate button actions for menu items
stage.addEventListener(MouseEvent.CLICK, itemButtons);
function itemButtons(evt:MouseEvent):void {
    switch (evt.target) {
        case yourMenu.menu1.item1_btn :
            trace("Menu 1, button 1");
            break;

        case yourMenu.menu1.item2_btn :
            trace("Menu 1, button 2");
            break;

        case yourMenu.menu1.item3_btn :
            trace("Menu 1, button 3");
            break;

        case yourMenu.menu2.item1_btn :
            trace("Menu 2, button 1");
            break;

        case yourMenu.menu2.item2_btn :
            trace("Menu 2, button 2");
            break;

        case yourMenu.menu2.item3_btn :
            trace("Menu 2, button 3");
```

```
        break;

    case yourMenu.menu3.item1_btn :
        trace("Menu 3, button 1");
        break;

    case yourMenu.menu3.item2_btn :
        trace("Menu 3, button 2");
        break;

    case yourMenu.menu3.item3_btn :
        trace("Menu 3, button 3");
        break;

    }
};
```

以上代码就是实现选择菜单项后输出提示信息的动作脚本，通过判断用户选择了哪个菜单项，然后利用 trace()函数输出相应的信息。本范例后续步骤中主要是对这些代码进行适当的修改，以满足课件功能的需要。

7.2.3　制作有关课件内容的影片剪辑元件

（1）新建一个名称为"课件内容"的影片剪辑元件，下面在这个元件的编辑场景中制作选择菜单项后显示的相应的课件内容。

（2）将"图层 1"更名为"菜单 1 的内容"，然后选择这个图层的第 2 帧，按 F7 键插入一个空白关键帧，并在第 2 帧上用"文本工具"输入文字"这是 1.1 菜单项的内容"。

专家点拨： 在第 2 帧中放置的是"菜单 1"的第 1 个菜单项的相关课件内容。为了简化本实验的操作，这里只制作了一个文本信息。其实可以在第 2 帧中放置一个影片剪辑，以容纳更多的课件内容。

（3）按照同样的方法在"菜单 1 的内容"的第 3 帧和第 4 帧分别创建相应的课件内容。其中第 3 帧放置的是"菜单 1"的第 2 个菜单项的相关课件内容；第 4 帧放置的是"菜单 1"的第 3 个菜单项的相关课件内容。

（4）新建一个图层并更名为"菜单 2 的内容"。按照步骤 2 和步骤 3 的方法在这个图层的第 5、6、7 帧上分别创建相应的课件内容。其中第 5 帧放置的是"菜单 2"的第 1 个菜单项的相关课件内容；第 6 帧放置的是"菜单 2"的第 2 个菜单项的相关课件内容；第 7 帧放置的是"菜单 2"的第 3 个菜单项的相关课件内容。

（5）再新建一个图层并更名为"菜单 3 的内容"。按照步骤 2 和步骤 3 的方法在这个图层的第 8、9、10 帧上分别创建相应的课件内容。其中第 8 帧放置的是"菜单 3"的第 1 个菜单项的相关课件内容；第 9 帧放置的是"菜单 3"的第 2 个菜单项的相关课件内容；

第 10 帧放置的是"菜单 3"的第 3 个菜单项的相关课件内容。

（6）再新建一个图层并更名为 action，在这个图层的第 2 帧到第 10 帧添加关键帧，然后分别在每个关键帧上添加以下动作脚本：

```
stop();
```

"课件内容"影片剪辑元件完成以后的图层结构如图 7-2-5 所示。

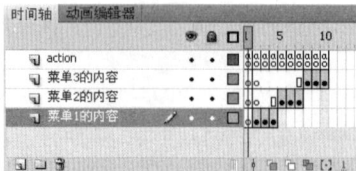

图 7-2-5 "课件内容"影片剪辑元件的图层结构

（7）返回到"场景 1"，在"菜单"图层上新建一个图层并更名为"课件内容"。然后将"库"面板中的"课件内容"影片剪辑拖放到舞台上的合适位置，在"属性"面板中定义它的实例名为 menu_content。

专家点拨：当将"课件内容"影片剪辑拖放到舞台上时只能看到一个白色的小圆点，这是因为"课件内容"影片剪辑元件的第 1 帧是空白帧。这样设计的目的是当课件运行时这个影片剪辑停止在第 1 个空白帧处，并不显示具体的内容。

7.2.4　修改动作脚本

（1）选择"动作"图层的第 1 帧，打开"动作"面板，定位到"任务 2"找到的动作脚本处。

（2）更改代码如下：

```
//Assign appropriate button actions for menu items
stage.addEventListener(MouseEvent.CLICK, itemButtons);
function itemButtons(evt:MouseEvent):void {
    switch (evt.target) {
        case yourMenu.menu1.item1_btn :
            menu_content.gotoAndStop(2);
            break;

        case yourMenu.menu1.item2_btn :
            menu_content.gotoAndPlay(3);
            break;

        case yourMenu.menu1.item3_btn :
            menu_content.gotoAndStop(4);
            break;
```

```
case yourMenu.menu2.item1_btn :
    menu_content.gotoAndStop(5);
    break;

case yourMenu.menu2.item2_btn :
    menu_content.gotoAndStop(6);
    break;

case yourMenu.menu2.item3_btn :
    menu_content.gotoAndStop(7);
    break;

case yourMenu.menu3.item1_btn :
    menu_content.gotoAndStop(8);
    break;

case yourMenu.menu3.item2_btn :
    menu_content.gotoAndStop(9);
    break;

case yourMenu.menu3.item3_btn :
    menu_content.gotoAndStop(10);
    break;

    }
};
```

在以上代码中，加粗显示的代码行是修改的地方。这里主要使用了影片剪辑的 gotoAndStop()方法，当用户选择某个菜单项时跳转到"课件内容"影片剪辑的相应关键帧，显示其中的课件内容。

（3）本范例制作完毕，按 Ctrl+Enter 键测试课件效果，满意后保存并导出。

7.2.5　修改菜单名称

由菜单模板创建的 Flash 影片文档中包含 3 个菜单，即菜单 1、菜单 2 和菜单 3，每个菜单又包含 3 个菜单项，即项目 1、项目 2 和项目 3。因此，这里包括菜单名称和菜单项名称的修改。

（1）菜单名称的修改比较容易。打开"库"面板，展开 Menu assets 文件夹，在其下面可以看到 3 个按钮元件，即 menu1、menu2 和 menu3，如图 7-2-6 所示。这 3 个按钮对应 3 个菜单，直接打开按钮元件进行修改即可。

（2）菜单项名称的修改稍微复杂一些。在"库"面板的 Menu assets 文件夹下可以看到 3 个影片剪辑元件，即 menu1、menu2 和 menu3，如图 7-2-7 所示。这 3 个影片剪辑对应 3 个下拉菜单，每个下拉菜单中包括 3 个菜单项，而且它们的名称一样。这里 3 个菜单项对应 3 个按钮元件，即 item1、item2 和 item3。

图 7-2-6 菜单按钮元件

图 7-2-7 下拉菜单影片剪辑元件

在实际应用中，如果想更改菜单项的名称，必须先重新创建 6 个按钮元件，即 item4、item5、item6、item7、item8、item9。这样，加上已有的 item1、item2 和 item3，总共有 9个按钮元件，用这 9 个按钮元件分别替换 menu1、menu2 和 menu3 中的菜单项即可。

7.2.6　删除或增加菜单

（1）由菜单模板创建的 Flash 影片文档中包含 3 个菜单，如果想删除一个菜单，可以双击舞台上的影片剪辑实例进入到元件的编辑场景，如图 7-2-8 所示。

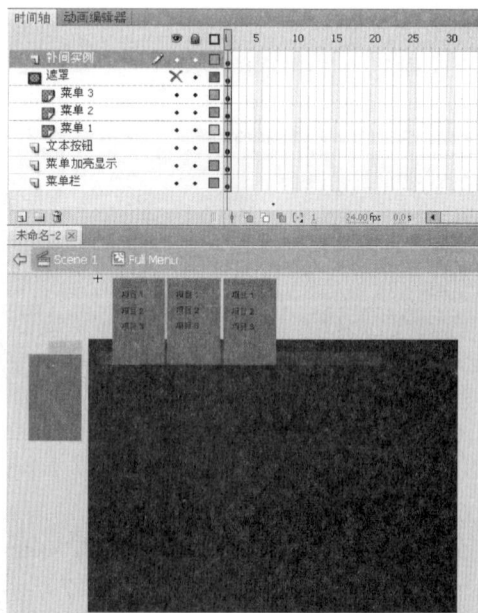

图 7-2-8　Full Menu 影片剪辑元件的编辑场景

（2）选择"菜单 3"图层，单击"删除"按钮 将其删除；选择"文本按钮"图层，在舞台上选中"菜单 3"按钮实例，按 Delete 键将其删除，这样既可将"菜单 3"删除。

（3）如果想增加一个菜单，可以按照删除菜单的操作步骤反向操作。当然，操作之前需要先创建必要的元件。

7.3　测验模板课件——中学物理在线测验

测验模板是 Flash 提供的一个很实用的系统模板，使用此模板可以创建一个在线测验程序，能够实现反馈、得分和跟踪等功能。这个模板包括的测验题型共有 6 种，即拖曳题、填空题、热对象题、热区题、多项选择题、判断题。

在利用测验模板制作课件时，除了要添加试题内容以外，还要对测验模板中的一些组件参数进行设置。测验模板中包含的 6 种测验题型都对应一个组件，在课件制作过程中需要打开这些组件的"参数"面板，在其中设置组件的参数。

本节通过制作一个中学物理在线测验课件介绍利用测验模板制作课件的方法。

📖 **课件简介**

本课件是一个中学物理在线测验课件，包括 6 道测验题，每道题对应一种测验题型。每答完一道题，可以查看答题结果，然后通过控制按钮翻页到下一道题。图 7-3-1 所示的是课件中答题的页面。

在图 7-3-1 中，右下角的小三角形按钮是控制翻页的按钮，在答题时，按钮为灰色表示处于不可操作状态，只有当条件满足时（例如查看了答题结果）按钮才变为可操作状态，这时按钮呈正常显示。单击"翻页"按钮可以翻到下一道测验题。当所有的测验题全部答完以后再单击该按钮，能得到一个显示测验成绩的页面，如图 7-3-2 所示。

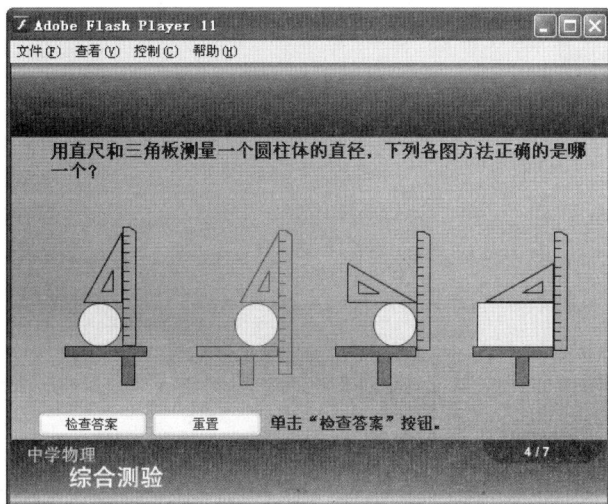

图 7-3-1　一个答题页面

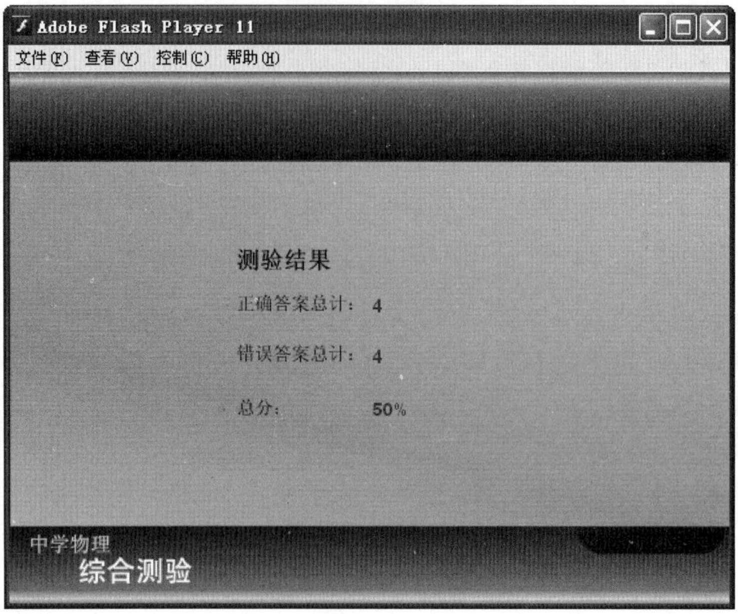

图 7-3-2 显示测验成绩页面

知识要点

◆ 利用测验模板制作课件的方法
◆ "组件检查器"面板的使用方法
◆ 影片剪辑元件的应用

制作步骤

7.3.1 从 Flash 模板创建影片文档

1. 从测验模板新建影片文档

（1）选择"文件"|"新建"命令，弹出"新建文档"对话框，选择"模板"选项卡，对话框名变成"从模板新建"。在"类别"列表中选择"测验"选项，在右边的"模板"列表中会显示 3 种样式，如图 7-3-3 所示。

（2）选择"模板"列表中的"测验_样式 3"，单击"确定"按钮，这样以测验模板为基础的新影片文档就创建好了，如图 7-3-4 所示。

从图 7-3-4 中可以看出，除了在场景的舞台上预制了一些图形、文本对象、按钮对象以外，在舞台左边还预先设置了组件对象。

2. 认识和分析测验模板的图层结构

（1）由于测验模板比较复杂，在应用它创建测验课件以前要先研究一下它的图层结构。

图 7-3-5 所示的是测验模板的图层结构。

图 7-3-3　测验模板

图 7-3-4　新测验题文档

从图 7-3-5 可以看出，测验模板时间轴上共有 5 个图层，除了 Actions（动作）图层和 Background（背景）图层被锁定以外，其他 3 个图层都处于正常状态。

（2）测验模板各图层的含义如下。

◆ Actions（动作）图层：这个图层是一个动作脚本图层，在第 1 帧上定义了"stop();"动作脚本，它控制测验题课件播放时先停在第 1 帧。

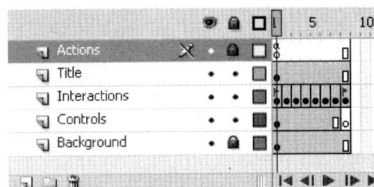

图 7-3-5　测验模板的图层结构

◆ Title（标题）图层：这个图层上放置的是测验题课件的标题，用户可以将测验模板预先设置的标题删除，然后换成自己需要的标题。

◆ Interactions（交互）图层：这是测验模板最重要的图层，模板提供的 6 种测验题都在该图层上。该图层上共有 8 个关键帧，第 1 个关键帧上的内容为首页，页面上没有正式的测验题目，可以放一些关于测验内容的说明。第 8 帧上的内容为测验成绩，等测验题做完以后，影片将跳到该帧显示测验成绩。从第 2 帧到第 7 帧，每个帧上对应一种测验题型，依次是拖曳题、填空题、热对象题、热区题、多项选择题、判断题。这 6 帧场景外的左边放置了与该帧相对应的组件，用户可以在其中通过设置参数很方便地制作各种题型。图 7-3-6 所示的是第 2 帧对应的组件画面。

◆ Controls（控制）图层：该图层上包含一个测验题组件对象，如图 7-3-7 所示。通过对其参数进行设置，可以控制测验页面是否以随机顺序显示以及是否显示测验成绩页面等。

◆ Background（背景）图层：该图层上放置的是整个模板影片的背景图形，如图 7-3-8 所示。

图 7-3-6　第 2 帧上的组件　　　图 7-3-7　测验题组件　　　图 7-3-8　背景图形

如果用户对这个背景不满意，可以自己创建一个背景图形元件，然后将原来的背景替换掉，这样制作出来的课件就具有自己的个性了。

3．更改标题和创建起始页面

（1）这个测验模板的标题在页面的左下角，选择"标题"图层的第 1 帧，按 Delete 键将场景上的标题删除，然后用"文本工具"创建一个新标题。图 7-3-9 所示的是标题更改前后的效果。

图 7-3-9　更改标题

（2）选择 Interactions 图层上的第 1 帧，按 Delete 键将场景上原有的内容删除，并创建新的内容，效果如图 7-3-10 所示。

专家点拨：为了使测验题课件的起始页面更形象、生动，有时需要将课件中用到的图形元件放在这个页面，因此起始页面的创建也可以放在最后完成。

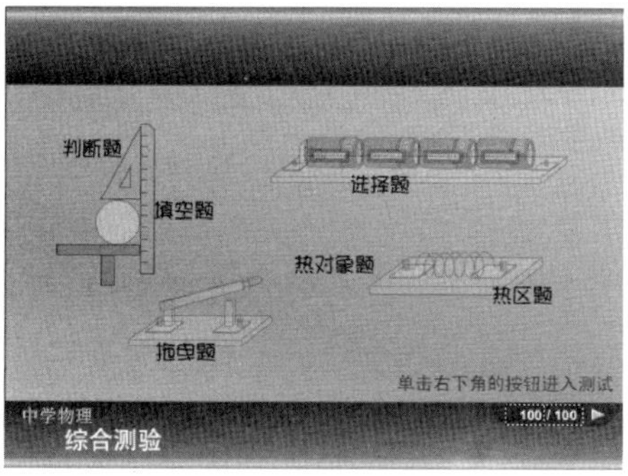

图 7-3-10　课件起始页面

7.3.2　制作第 1 个题型——拖曳题

1．创建拖曳对象

（1）选择 Interactions 图层的第 2 帧，场景中显示出拖曳题的相关内容，选择"修改"|"分离"命令，将对象分离后可以看到场景中包括两个部分，一部分是拖曳题的模板内容和控制，另一部分是"拖放交互操作"组件对象，如图 7-3-11 和图 7-3-12 所示。

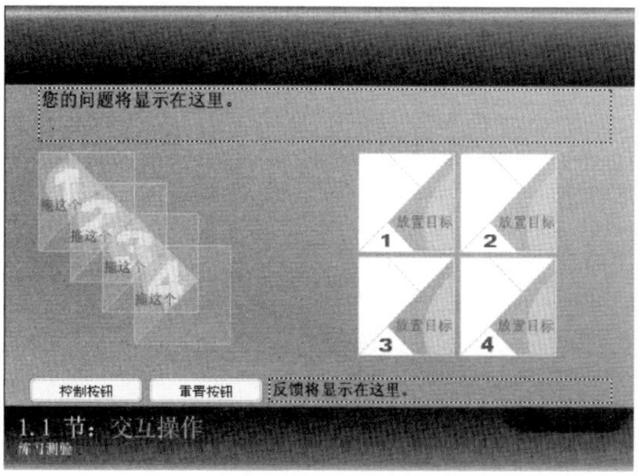

图 7-3-11　拖曳题原始页面内容

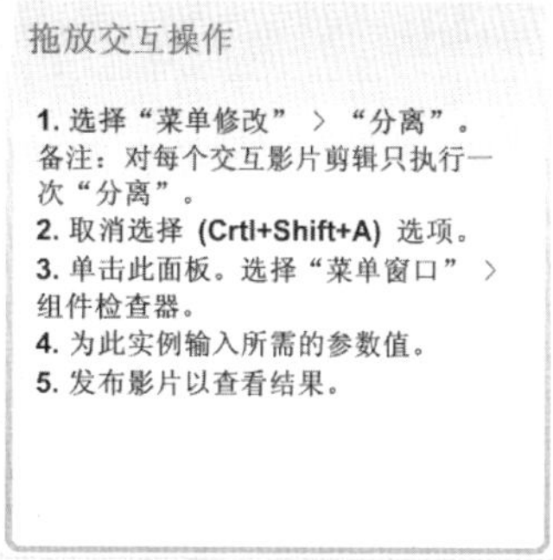

图 7-3-12　"拖放交互操作"组件

专家点拨：分离对象时只能执行一次命令。分离后从图 7-3-11 可以看出，拖曳题页面上共设置了 4 个被拖曳对象和 4 个目标区域，它们都是影片剪辑实例，在"属性"面板中可以查看到相应的实例名称。

（2）下面用自己的拖曳对象替换页面上原有的影片剪辑实例。首先将页面上的 4 个被拖曳对象和 4 个目标区域选中，按 Delete 键将它们全部删除，然后将自己创建好的影片剪辑放置在页面上，效果如图 7-3-13 所示。

专家点拨： 在制作测试题目中的拖曳对象时，元件中心应该创建在场景的中心十字线上，否则拖曳对象时就会出现对不齐目标区域的现象。

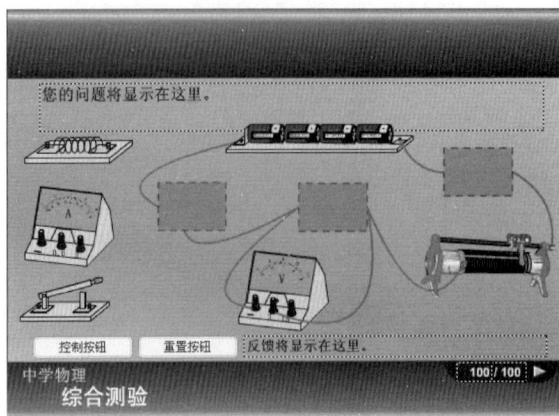

图 7-3-13　替换影片剪辑

从图 7-3-13 可以看出，这是一个物理电路方面的拖曳题。课件播放时，将页面左边的 3 个电器元件分别拖放到右边的电路中，使电路完整并符合题目的要求。

（3）页面左边的 3 个电器元件是 3 个被拖曳对象，右边电路中的 3 个虚线框是 3 个目标区域，它们都是影片剪辑实例。在"属性"面板中分别定义这 6 个影片剪辑实例的名称。左边的 3 个影片剪辑实例从上到下的名称依次是 Drag1、Drag2、Drag3；右边的 3 个影片剪辑实例从左到右的名称依次是 Target1、Target2、Target3。

2．设置"拖放交互操作"组件参数

（1）选中"拖放交互操作"组件，选择"窗口"|"组件检查器"命令，打开"组件检查器"，如果其中的内容太小而导致看不清楚，可以把窗口调大一些。

（2）在"问题"下的文本框中输入拖曳题题目文字；在"拖动对象名称"下的文本框中输入被拖曳的 3 个影片剪辑实例名称；在"匹配目标名称"下的文本框中输入相应的 3 个目标虚线框影片剪辑实例名称。选中"对齐以启动"复选框，这样，当用户拖曳电器元件到目标区域时可以实现自动对齐的功能，如图 7-3-14 所示。

（3）单击"选项"标签，"参数"面板切换到"选项"选项卡，在"选项"选项卡中主要有 3 个参数设置，即"反馈"、"学习跟踪"和"导航"，如图 7-3-15 所示。

（4）选中"反馈"复选框，如果不选中该复选框，那么答完题后页面左下角将不出现查看答题结果的信息和控制按钮。

在"反馈"下共有 5 个参数，即"初始反馈"、"评估反馈"、"正确反馈"、"错误反馈"和"尝试次数反馈"。

◆　"初始反馈"：在进入拖曳题页面时设置页面左下角最初显示的提示信息，该信息默认为"按住一个对象并拖动它"，用来提示答题的方法。

◆　"评估反馈"：当答完题后设置进行评估的提示信息，该信息默认为"单击'检查答案'按钮"。

图 7-3-14 组件检查器   图 7-3-15 设置"拖放交互操作"参数

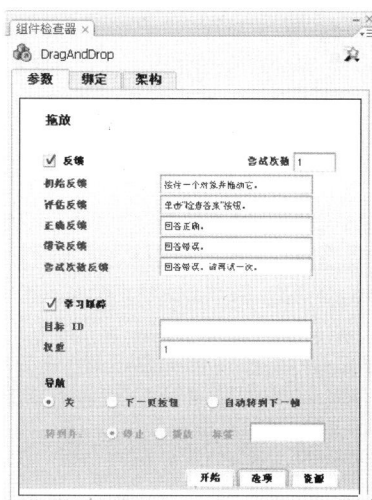

◆ "正确反馈"：当答完题后，如果答案正确，设置显示的反馈信息，默认为"回答正确"。

◆ "错误反馈"：当答完题后，如果答案不正确，设置显示的反馈信息，默认为"回答错误"。

◆ "尝试次数反馈"：当答完题后，如果答案不正确，而且定义右上角的"尝试次数"大于 1，可以设置再次答题的反馈信息，默认为"回答错误，请再试一次"。

以上 5 个参数用来显示答题过程中的一些反馈信息，如果用户觉得系统默认的反馈信息不符合实际要求，那么可以输入新的反馈信息。

课件运行时，拖曳题页面的显示效果如图 7-3-16 所示。

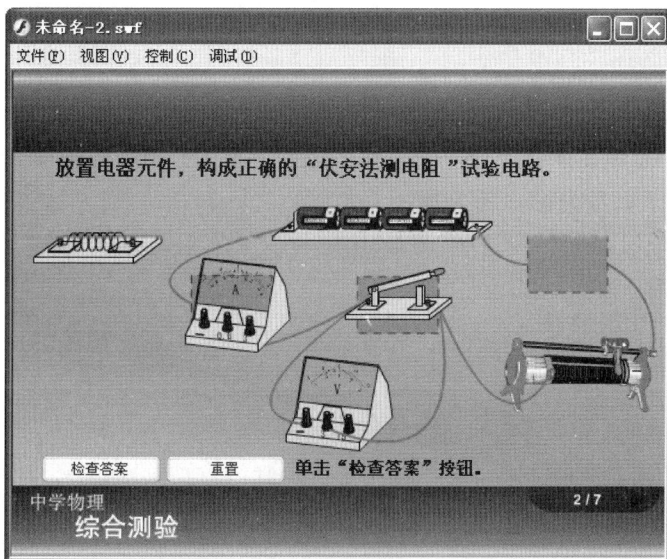

图 7-3-16 拖曳题运行效果

7.3.3 制作第 2 个题型——填空题

1．添加填空题题目

（1）选择 Interactions 图层上的第 3 帧，场景中显示出填空题的相关内容，选择"修改"|"分离"命令，将对象分离后可以看到场景中包括两个部分，一部分是填空题题目的具体内容和控制，另一部分是"填空交互操作"组件对象，如图 7-3-17 和图 7-3-18 所示。

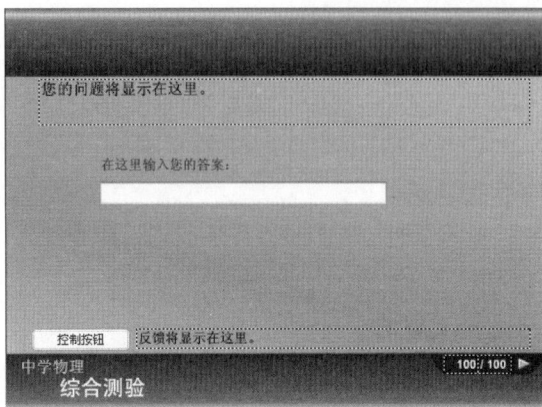

图 7-3-17　填空题原始页面内容

图 7-3-18　"填空交互操作"组件

（2）选中"填空交互操作"组件，选择"窗口"|"组件检查器"命令，打开"组件检查器"，在"问题"下的文本框中把默认的填空题题目删除，然后输入自己的填空题题目。在"响应"下的文本框中输入标准答案，并且选中后面对应的"正确"复选框。这里需要说明的是，在"正确"中可以输入 3 个标准答案，只要用户的答题符合这 3 个答案中的一个就算答题正确，如图 7-3-19 所示。

专家点拨：同样，填空题题目不能直接在页面上输入，必须在"组件检查器"中设置。本例中设置了两个正确答案，一个答案是大写字母 V，另一个答案是小写字母 v，这样给了被测试者更多的填写答案的余地。

（3）"组件检查器"下面还有两个复选框，一个是"区分大小写"，另一个是"完全匹配"。

◆ "区分大小写"：如果选中它，系统在判定用户答题是否正确时对答案的判断是区分字母大小写的。

◆ "完全匹配"：如果选中它，系统在判定用户答题是否正确时，用户输入的答案必须和"响应"中的答案完全一致才判定正确，否则判定错误。

2．设置"填空交互操作"组件的"选项"选项卡的参数

（1）在"组件检查器"中单击下端的"选项"标签，将"参数"面板切换到"选项"选项卡，如图 7-3-20 所示。

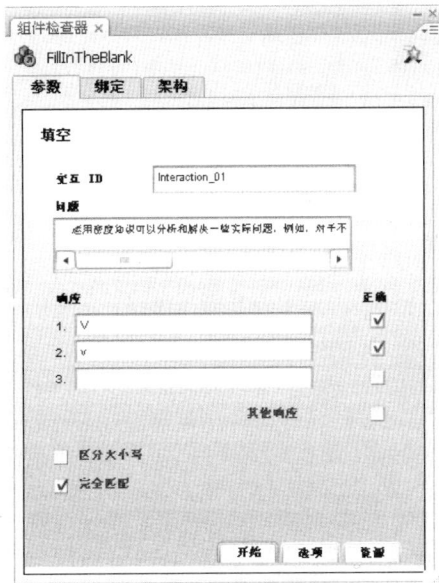

图 7-3-19 设置填空题题目   图 7-3-20 设置"填空交互操作"参数

（2）填空题的"选项"选项卡的设置方法和拖曳题的设置方法是一样的，读者可以参考前面的内容进行设置。课件运行时，填空题页面的显示效果如图 7-3-21 所示。

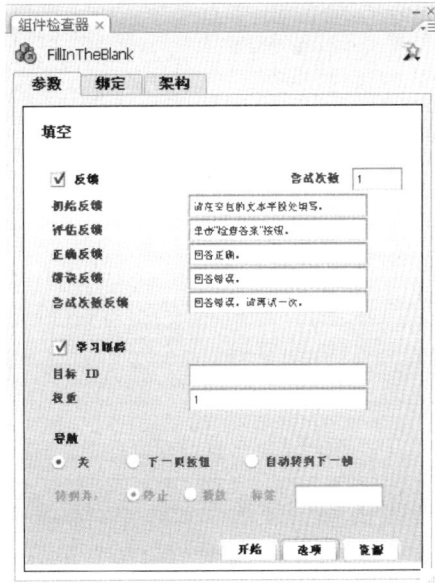

图 7-3-21 填空题运行效果

7.3.4 制作第 3 个题型——热对象题

1．创建热对象

（1）选择 Interactions 图层上的第 4 帧，场景中显示出热件选择题的相关内容，选择"修改"｜"分离"命令，将对象分离后可以看到场景中包括两个部分，一部分是热对象选择题题目的模板内容和控制，另一部分是"热件交互操作"组件对象，如图 7-3-22 和图 7-3-23 所示。

图 7-3-22　热对象题初始页面内容

图 7-3-23　"热件交互操作"组件

专家点拨：从图 7-3-23 中可以看出，在热对象选择题页面上共设置了 6 个可选择的热对象，它们都是影片剪辑实例，在"属性"面板中可以查看它们的实例名称。

（2）下面用自己的测验题目对象替换页面上原有的影片剪辑实例。首先将页面上的 6 个热对象选中，按 Delete 键将它们全部删除，然后将自己创建好的影片剪辑放置在页面上，效果如图 7-3-24 所示。

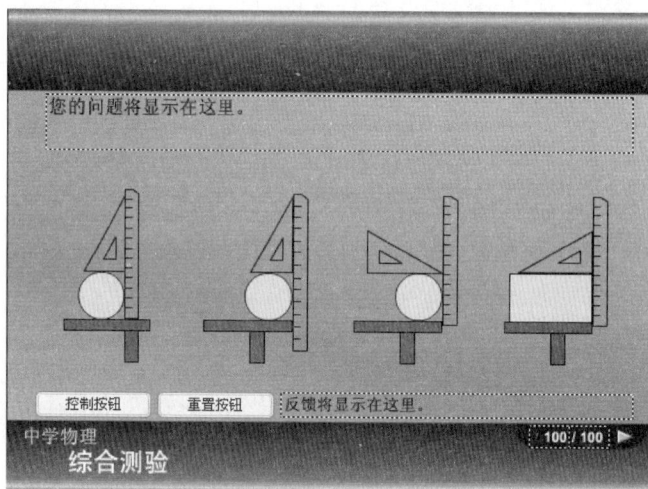

图 7-3-24　创建热对象影片剪辑元件

（3）这是一个物理测量方面的热件选择题，用来判定哪个图形表示的是正确的测量方法。首先创建 4 个影片剪辑元件作为测试题目的备选答案，然后将它们放置在热对象题页面上。在"属性"面板中分别设置它们的实例名称为 HotObject1、HotObject2、HotObject3、HotObject4。

2．设置"热件交互操作"组件参数

（1）选中"热件交互操作"组件，选择"窗口"|"组件检查器"命令，打开"组件检查器"，在"问题"下的文本框中输入热对象选择题题目文字；在"敲击对象实例名称"下

的文本框中输入 4 个备选答案影片剪辑实例的名称；选中正确答案对应的"正确"复选框，这是系统判定用户是否答题正确的依据，如图 7-3-25 所示。

（2）单击下端的"选项"标签，"参数"面板切换到"选项"选项卡，如图 7-3-26 所示。热对象题的"选项"选项卡的设置方法和拖曳题的设置方法是一样的，读者可以参考前面的内容进行设置。

课件运行时，热对象题页面的显示效果如图 7-3-27 所示。

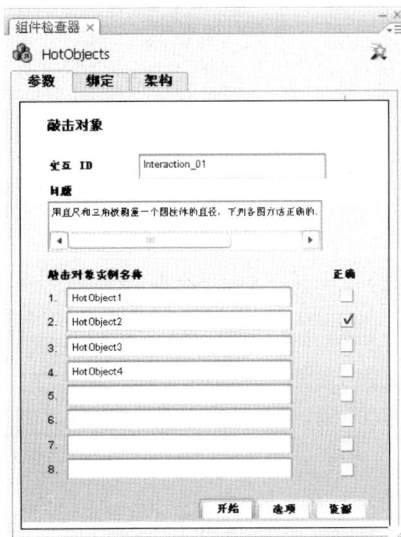

图 7-3-25 设置热对象题题目　　　　　图 7-3-26 设置"热件交互操作"参数

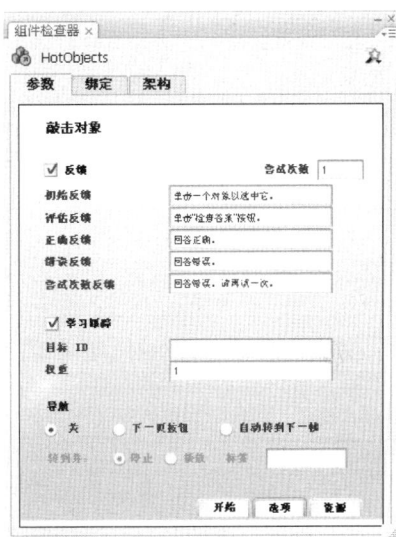

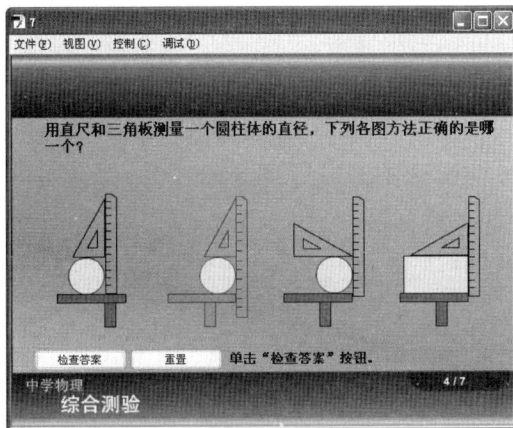

图 7-3-27 热对象题运行效果

7.3.5 制作第 4 个题型——热区题

1.创建热区对象

（1）选择 Interactions 图层上的第 5 帧，场景中显示出热区选择题的相关内容，选择

"修改" | "分离" 命令，将对象分离后可以看到场景中包括两个部分，一部分是热区选择题题目的模板内容和控制，另一部分是 "热区交互操作" 组件对象，如图 7-3-28 和图 7-3-29 所示。

图 7-3-28　热区题初始页面内容

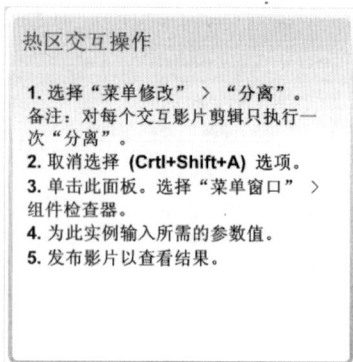

图 7-3-29　"热区交互操作" 组件

专家点拨：从图 7-3-29 可以看出，在热区选择题页面上共设置了 6 个可选择的热区（6 个透明的矩形框），在这 6 个热区下面又放置了一个背景矩形框，它们都是影片剪辑实例，在 "属性" 面板中可以查看到对应的实例名称。

（2）下面用实际测试题目中的对象替换页面上原有的影片剪辑实例。首先将页面上的 6 个热区和背景影片剪辑实例全部删除，然后将自己创建好的影片剪辑放置在页面上，效果如图 7-3-30 所示。

（3）这是一个浮力方面的热区选择题，通过选择热区判定甲、乙、丙 3 个区域中哪个区域的浮力最高。从图 7-3-30 可以看出，页面上共放置了 4 个影片剪辑实例，最下面的背景影片剪辑是一个水杯浮力模拟图；背景影片剪辑的上面放置了 3 个半透明的影片剪辑，作为备选热区。在 "属性" 面板中设置 3 个热区影片剪辑实例的名称，从上到下依次为 HotSpot1、HotSpot2、HotSpot3。

2．设置 "热区交互操作" 组件参数

（1）选中 "热区交互操作" 组件，选择 "窗口" | "组件检查器" 命令，打开 "组件检查器"，在 "问题" 下的文本框中输入热区选择题题目文字；在 "热对象实例名称" 下的文本框中输入 3 个备选热区影片剪辑实例的名称；选中正确答案对应的 "正确" 复选框，这是系统判断用户答题是否正确的依据，如图 7-3-31 所示。

（2）单击下端的 "选项" 标签，"参数" 面板切换到 "选项" 选项卡，如图 7-3-32 所示。热区题的 "选项" 选项卡的设置方法和拖曳题的设置方法是一样的，读者可以参考前面的内容进行设置。

课件运行时，热区题页面的显示效果如图 7-3-33 所示。

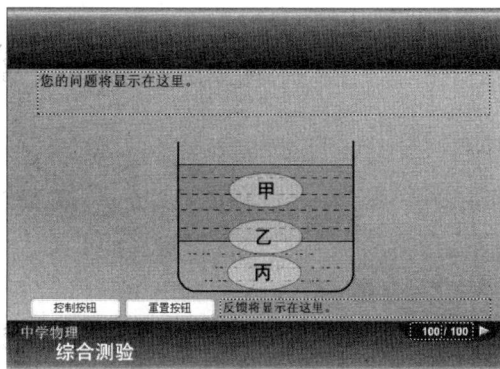

图 7-3-30 创建热区对象影片剪辑元件

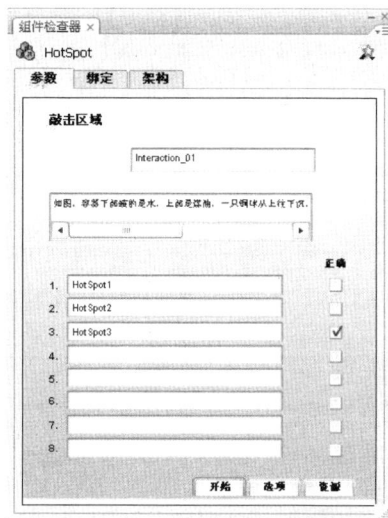

图 7-3-31 设置热区题题目

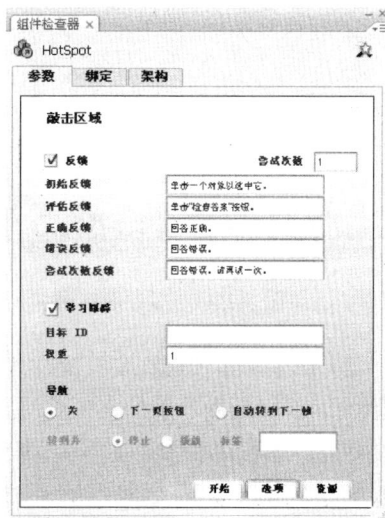

图 7-3-32 设置"热区交互操作"参数

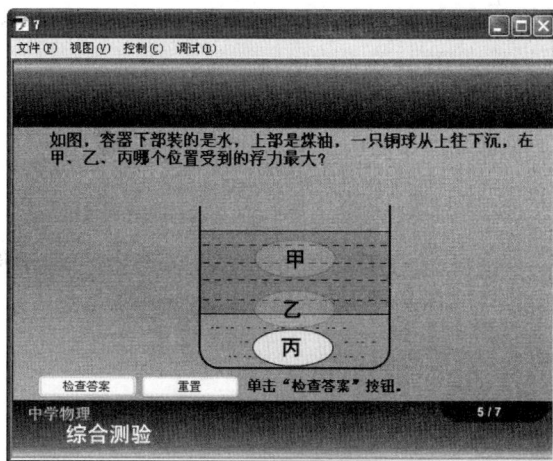

图 7-3-33 热区题运行效果

7.3.6 制作第 5 个题型——多项选择题

1．添加多项选择题题目

（1）选择 Interactions 图层的第 6 帧，场景中显示出多项选择题的相关内容，选择"修改"|"分离"命令，将对象分离后可以看到场景中包括两个部分，一部分是多项选择题的具体内容和控制，另一部分是"多项选择交互操作"组件对象，如图 7-3-34 和图 7-3-35 所示。

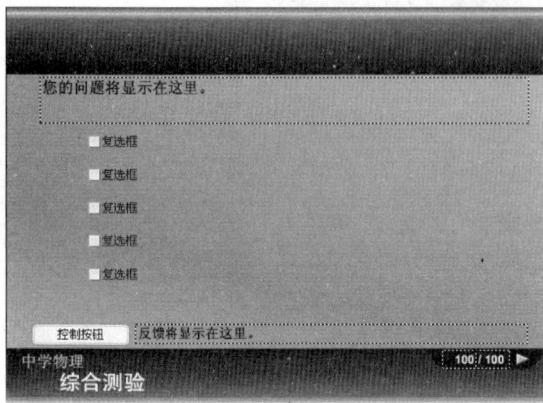

图 7-3-34　多项选择题初始页面内容　　　图 7-3-35　"多项选择交互操作"组件

（2）选中"多项选择交互操作"组件，选择"窗口"|"组件检查器"命令，打开"组件检查器"，在"问题"下的文本框中输入多项选择题的题目。多项选择题的备选答案的设置比较复杂，共有 3 个参数，即"实例"、"标签"和"正确"，如图 7-3-36 所示。

◆ "实例"：这里输入的实例名称是备选复选框组件实例的名称。从图 7-3-36 可以看出，现在的题目共有 5 个备选答案，对应 5 个复选框组件实例。

◆ "标签"：这里输入的文本是相应备选答案，即复选框旁边的答案文字。

◆ "正确"：这里需要选中正确答案所对应的复选框，这样系统才能正确地判断出答题是否正确。

2．设置"多项选择交互操作"组件的"选项"选项卡的参数

（1）在"多项选择交互操作"组件的"组件检查器"中单击下端的"选项"标签，"参数"面板切换到"选项"选项卡，如图 7-3-37 所示。

（2）多项选择题的"选项"选项卡的设置方法和拖曳题的设置方法是一样的，读者可以参考前面的内容进行设置。课件运行时，多项选择题页面的显示效果如图 7-3-38 所示。

7.3.7 制作第 6 个题型——判断题

1．添加判断题题目

（1）选择 Interactions 图层上的第 7 帧，场景中显示出判断题，选择"修改"|"分离"

命令，将对象分离后可以看到场景中包括两个部分，一部分是判断题题目的具体内容和控制，另一部分是"True 或 False 交互操作"组件对象，如图 7-3-39 和图 7-3-40 所示。

图 7-3-36　设置多项选择题题目

图 7-3-37　设置"多项选择交互操作"参数

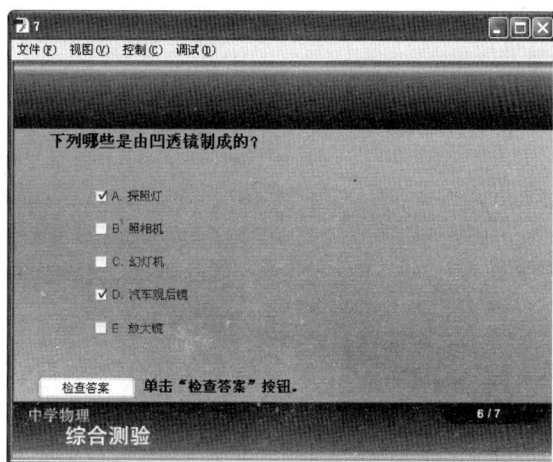

图 7-3-38　多项选择题运行效果

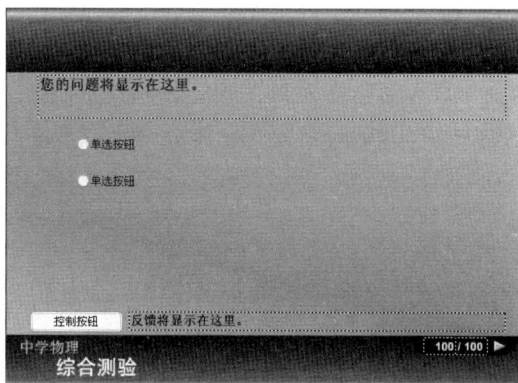

图 7-3-39　判断题初始页面内容

图 7-3-40　"True 或 False 交互操作"组件

（2）单击"True 或 False 交互操作"组件对象，选择"窗口"|"组件检查器"命令，打开"组件检查器"，如图 7-3-41 所示。

专家点拨：判断题题目内容并不是在图 7-3-39 所示的页面上直接添加，用户千万不要直接在页面文本框中输入题目内容，题目内容以及答案的设置都要在"True 或 False 交互操作"组件中完成。

（3）设置"开始"选项卡的参数。在"问题"下的文本框中输入判断题的题目，在"错误选择"下显示的是判断题的两个备选答案，如果想换成其他答案形式，可以重新输入答案内容。在"正确"下是两个单选按钮，它们分别对应两个备选答案。选中正确答案相对应的单选按钮，这是将来系统判断答题是否正确的依据。

2．设置"True 或 False 交互操作"组件的"选项"选项卡的参数

（1）在"True 或 False 交互操作"组件的"组件检查器"中单击下端的"选项"标签，"参数"面板切换到"选项"选项卡，如图 7-3-42 所示。

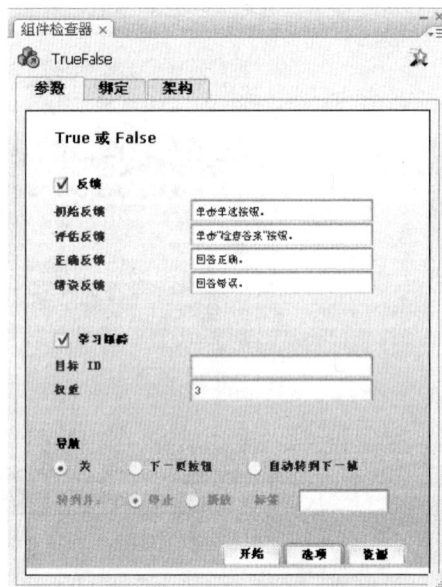

图 7-3-41　设置判断题题目　　　　图 7-3-42　设置判断题参数

（2）判断题的"选项"选项卡的设置方法和拖曳题的设置方法是一样的，读者可以参考前面的内容进行设置。课件运行时，判断题页面的显示效果如图 7-3-43 所示。

7.3.8　制作单一类型的测验题课件

本节制作的课件实例是一个综合题型的测验题课件，它包括测验模板提供的 6 类测验题。在很多情况下需要制作单一类型的测验题课件，这种课件仅包括一种测验题类型，可能有几十道题目。在这里以单一的多项选择题课件为例来介绍用测验模板制作单一类型测验题课件的方法。

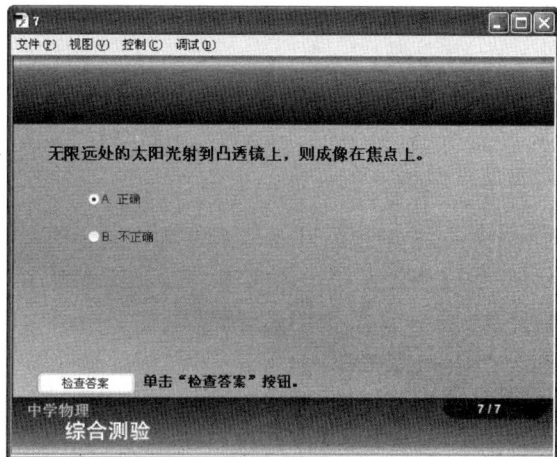

图 7-3-43　判断题运行效果

1．删除测验模板中多余的题型关键帧

（1）选择"文件"|"新建"命令，新建一个测验模板影片文档。

（2）选择 Interactions 图层，保留该图层的第 1 帧（测验首页）、第 6 帧（多项选择题页面）、第 8 帧（测验成绩页面），将其他 5 个关键帧（其他 5 种类型的测试题页面）全部删除，如图 7-3-44 所示。

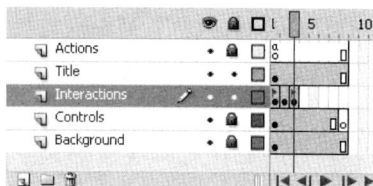

专家点拨：在删除关键帧时可以右击要删除的关键帧，在弹出的快捷菜单中选择"删除帧"命令。

图 7-3-44　删除关键帧

2．添加多项选择题题目

（1）根据课件测试题目的数量将 Interactions 图层上的第 3 帧（测验成绩页面）拖放到合适的位置。假设课件中包含 10 道测试题目，那么将第 3 帧拖放到 Interactions 图层的第 12 帧，如图 7-3-45 所示。

（2）添加另外 9 道多项选择题页面关键帧。选择 Interactions 图层上的第 3 帧，按 F6 键插入一个关键帧。

用同样的方法在 Interactions 图层的第 4 帧到第 11 帧处分别插入关键帧，并调整其他图层中的帧，如图 7-3-46 所示。

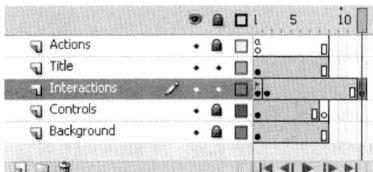

图 7-3-45　拖放关键帧

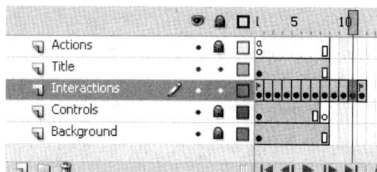

图 7-3-46　插入帧

（3）按照编辑多项选择题页面的方法对 Interactions 图层上的 10 个多项选择题页面进行具体的设置，具体设置方法可以参考前面的步骤。

7.3.9 定制测验题播放效果

1．控制测验成绩页面是否显示

选择 Interactions 图层上的第 8 帧，场景中显示出测验成绩页面的相关内容，为了避免页面过于单调，可以添加一些修饰的图像，或者重新设计这个页面，如图 7-3-47 所示。

在默认情况下，测验成绩页面会显示出来，提供给答题者必要的反馈信息。如果不希望这个页面显示，可以选择 Controls 图层的第 1 帧上的"测验组件"，然后选择"窗口"|"组件检查器"命令，在"组件检查器"中取消选中最下边的"显示结果页面"复选框，如图 7-3-48 所示。

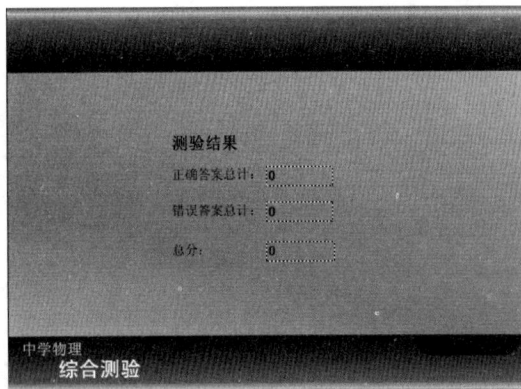

图 7-3-47　测验成绩页面

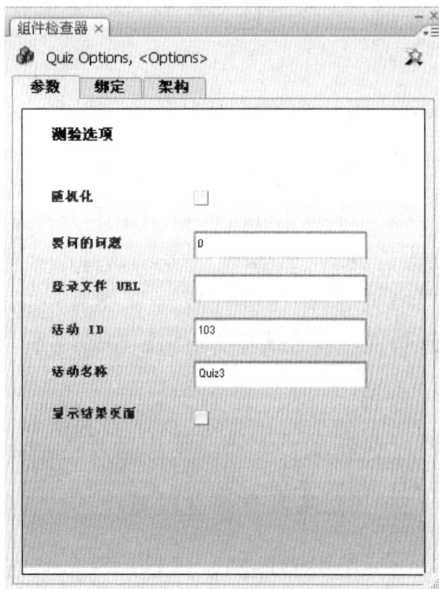

图 7-3-48　设置测验题参数

另外，在"组件检查器"的最上边有一个"随机化"复选框，默认时未被选中，当影片运行时，测试题目是按照 Interactions 图层上的页面顺序显示的。如果选中"随机化"复选框，那么当影片运行时测试题目的显示就不再按照 Interactions 图层上的页面顺序显示，而是以随机顺序显示。

2．控制答题的次数

在默认情况下，用户只能对每道题目选择一次答案，无论回答是对还是错，都会进入下一道题目。如果想让用户回答错误时还能有二次回答的机会，那么可以按照下面的方法进行设置。这里以多项选择题题型为例，选择多项选择题对应的"多项选择交互操作"组件，然后选择"窗口"|"组件检查器"命令，将"组件检查器"打开，单击其中的"选项"标签，切换到"选项"选项卡，如图 7-3-49 所示。

在"尝试次数"后面的文本框中输入 3,这样在测验时如果用户回答错误,那么还将有两次回答的机会。

专家点拨:除了判断题不能设置测验次数以外,其他的测试题型都可以按照上面的方法设置测验的次数。

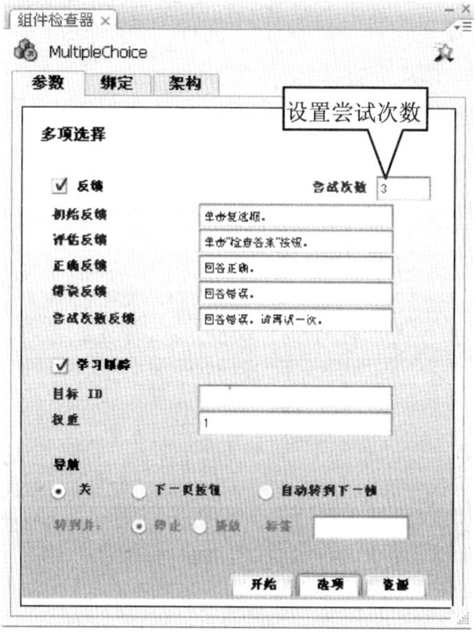

图 7-3-49 设置测验次数

3.控制答题后不能查看结果

在默认情况下,当回答完测试题时,测试页面左下角会提示"单击'检查答案'按钮",用于查看答题是否正确,当单击"查看结果"按钮后,页面上显示相应的结果信息。如果不想具备让用户答完题后查看结果的功能,可以将"选项"选项卡中的"反馈"复选框取消选中,如图 7-3-50 所示。

从图 7-3-50 中可以看出,取消选中"反馈"复选框后,其中的所有参数项都将变成以灰色显示,不能进行参数设置了。

4.控制测验成绩统计

测验成绩页面按照百分比显示最终成绩。在默认情况下,每一题占总成绩的百分比都是平均的。如果想修改某个测试题占总成绩的百分比,那么可以进入"选项"选项卡,在"学习跟踪"选项中设置"权重"参数值。在默认情况下,"权重"参数值为 1,如果将该参数值更改为 3,那么对应的测试题占总成绩的百分比就增加了 20%,如图 7-3-51 所示。

5.控制导航方式

在默认情况下,影片的导航结构是这样的:进入到测试题页面时,用户先回答题目,然后单击"查看结果"按钮查看答案是否正确,再通过"翻页"按钮进入下一道测试题页面。如果想改变这种控制导航的方式，可以在"选项"选项卡的"导航"参数项中进行参数设置。在默认情况下，"关"单选按钮处于选中状态。当选中"下一页按钮"单选按钮时，下边的参数设置就被激活，可以进行进一步设置。如果选中"自动转到下一帧"单选按钮，可以实现答题后影片自动转到下一帧并开始播放的功能。设置参数参考图 7-3-52。

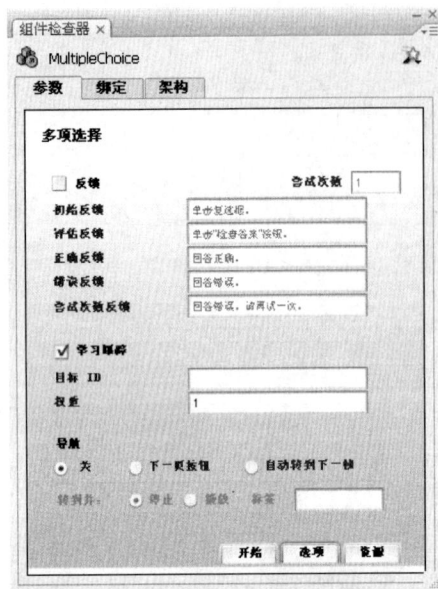

图 7-3-50   设置查看结果功能

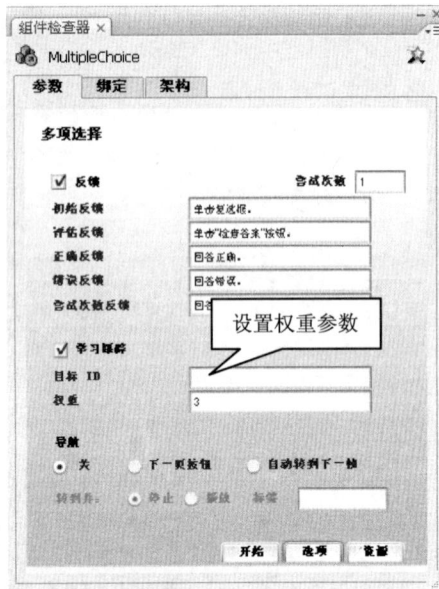

图 7-3-51   设置权重参数

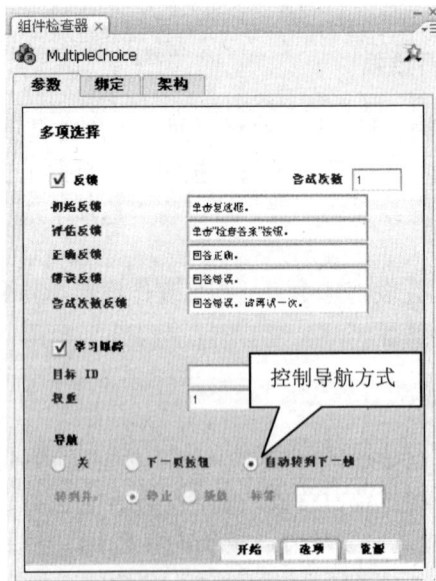

图 7-3-52   控制导航方式

至此，课件制作完成，测试无误后可导出课件。

专家点拨：在测试本课件范例时会在"输出"面板中显示信息"应该为在运行时可

能编辑的任何文本嵌入字体，具有"使用设备字体"设置的文本除外。使用"文本"＞"字体嵌入"命令嵌入字体"。并且课件运行时页面中的动态文本显示不全或者不正常。解决这个问题的办法是依次选中舞台上的动态文本对象，在"属性"面板的"字符"栏中选择"消除锯齿"中的"使用设备字体"。

7.4　自制 Flash 课件模板

通过上一节测验模板的应用，读者更能体验到模板的强大功能了。在课件制作过程中，模板可以使制作者从大量烦琐的重复劳动中解脱出来。这样，课件制作技术对课件制作不再起决定性作用，广大课件制作者特别是一线教师更能专注于课件内容的开发。

前面几节中应用的演示文稿模板、菜单模板、测验模板都是 Flash 系统的内置模板，用户除了可以应用这些系统内置模板以外，还可以从网络上下载一些别人制作好的模板。另外，也可以将自己经常制作的课件类型制作成模板，在需要的时候再应用这些自己制作好的模板制作同类型的课件。

本节通过一个连线题课件模板的自制和使用过程介绍将一般的 Flash 影片文件自制成模板文件并进行应用的方法。

📖 **课件简介**

本范例不是一般的 Flash 课件，它是一个连线题课件模板，应用它可以制作出功能强大的连线题课件。图 7-4-1 所示的是测试运行这个连线题模板时的初始画面。

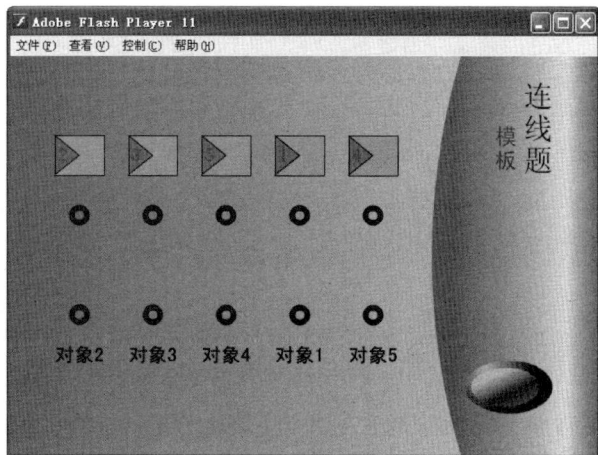

图 7-4-1　连线题模板测试初始画面

在图 7-4-1 所示的画面中，最上面一排是 5 个图形对象，它们是连线题题目的一部分，目前它们还是模板形式，在制作具体连线题课件时要用实际题目的图形替换它们。单击中间的蓝色按钮并拖动鼠标就可以进行连线答题了。图 7-4-2 所示的是答题过程中的一个画面。

📝 **知识要点**

◆ 自定义 Flash 课件模板的方法
◆ 自制一个连线题模板
◆ 自定义模板的应用

图 7-4-2 答题过程中的一个画面

🎬 **制作步骤**

7.4.1 制作连线题课件影片和创建模板说明

1. 制作连线题课件影片

（1）因为连线题课件的制作过程不是本节讨论的中心内容，因此对于制作的过程不再详述，大家可以参看本书配套光盘中的源文件。选择"新建"|"打开"命令，弹出"打开"对话框，在"查找范围"中定位到要打开影片文件所在的文件夹，选择要打开的影片文件（文件路径：配套光盘\源文件\part7\7.4 连线题模板.fla），单击"打开"按钮，这样就把影片文档打开了。课件的场景效果和图层结构如图 7-4-3 和图 7-4-4 所示。

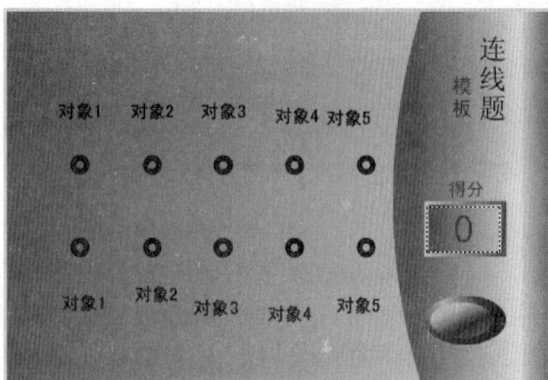

图 7-4-3 连线题课件的场景效果

图 7-4-4 连线题课件的图层结构

（2）从图 7-4-4 可以看出，该课件共有 6 个图层，每个图层均有 3 帧。

◆ "背景"图层：这个图层上放置的是整个模板影片的背景图形。如果用户对这个背景不满意，可以制作背景图形替换它。

◆ "标题"图层：这个图层上放置了模板影片的标题，可以将其替换成自己的课件标题。

◆ "控制按钮"图层：这个图层的第 1 帧放置了"查看成绩"按钮，用于连线结束后查看成绩反馈信息；第 3 帧放置了"重连"按钮，可以单击它再次连线答题。

◆ "计分板"图层：这个图层放置了"计分板"影片剪辑实例，用来通过动态文本显示答题成绩。

◆ "连线题题目"图层：这个图层放置了连线题的题目和用于连线的按钮元件实例，它们分为上、下两部分，题目和按钮一一对应，共同构成了连线题的主要内容。

◆ action 图层：这个图层是课件最重要的图层，在这个图层的 3 个帧上定义了连线题的所有动作脚本，实现了连线答题、查看成绩等功能。如果读者理解这些动作脚本有些困难，完全可以不去理会它们。因为本节最终要创建的是一个影片模板这个模板对具体用户来说只是应用，至于它包含的复杂动作脚本用户完全可以不知道，这并不妨碍用户制作出专业的课件。

2．创建模板说明

（1）在 action 图层上方新插入一个图层，并将它重命名为"说明"。然后在"说明"图层上右击，从弹出的快捷菜单中选择"引导层"命令，将它转变成引导图层，这时"说明"图层名称左边会出现一个符号，如图 7-4-5 所示。

专家点拨："说明"图层通常用来放置有关模板使用方法的文字说明，这些文字说明不应该对影片的动画效果产生影响，因此要把它转变为引导图层，在播放影片时，引导图层上的内容不会显示出来。

（2）选择"说明"图层上的第 1 帧，在该帧中创建第一个文字说明页面，如图 7-4-6 所示。然后按照同样的方法在"说明"图层的第 2 帧上依次创建文字说明页面。

图 7-4-5　将"说明"图层转换为引导图层　　　图 7-4-6　一个说明页面

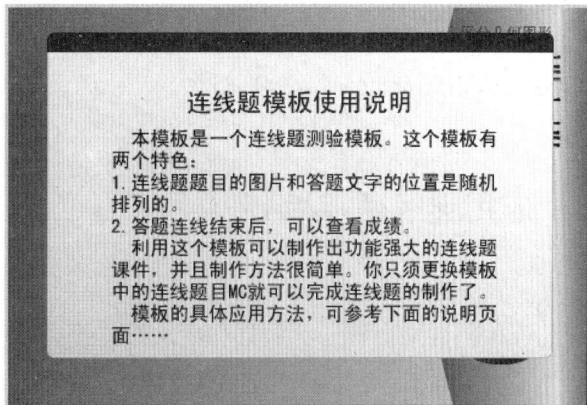

7.4.2 自制课件文档为模板

（1）选择"文件"|"另存为模板"命令，弹出"另存为模板"对话框，如图 7-4-7 所示。

（2）在"名称"文本框中输入模板的名称；在"类别"文本框中输入模板所属类别，也可以在下拉列表框中选择一个已有的类别，这里选择"测验"类别；在"描述"文本框中输入模板的功能简介。单击"保存"按钮，模板文件就被保存了。

图 7-4-7　保存模板

（3）在模板文件保存完毕后选择"文件"|"新建"命令，打开"模板"选项卡，单击"测验"类别，在"模板"列表中就可以找到刚保存的模板了，如图 7-4-8 所示。

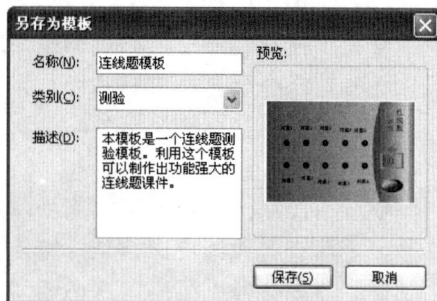

图 7-4-8　"从模板新建"对话框

专家点拨： 模板文件在 Flash 中存放时一般放置在当前用户的目录下，它的存放路径为"C:\Documents and Settings\当前用户\Local Settings\Application Data\Adobe\Flash CS6\zh_cn\Configuration\Templates\"。如果删除了其中的文件夹，该分类模板将会在"从模板新建"对话框中消失。

7.4.3 应用连线题模板

如果按照上面的步骤完成了制作，系统中就会多一个连线题模板。下面通过一个数学连线题的课件范例来讲解一下如何利用这个连线题模板快速地制作连线题课件。

1. 从连线题模板新建影片文档

（1）选择"文件"|"新建"命令，打开"模板"选项卡，在如图 7-4-8 所示的"从模

板新建"对话框中选择"类别"为"测验",在"模板"列表中选择"连线题模板",单击"确定"按钮,就从模板创建了一个新影片文档。

　　专家点拨: 在自制的这个连线题模板中制作了详细说明页面,用户可以先仔细阅读说明页面,掌握从模板制作连线题课件的具体方法。

　　(2)选择"标题"图层,将上面的标题换成需要的课件标题。本范例把标题文字换成"连一连——区分几何图形"。

2. 制作连线题目图形元件

　　(1)在连线题目影片剪辑元件中包含了一个重要的对象,那就是题目图形元件。图 7-4-9 所示的是题目图形元件"题目图形 1"在"库"面板中的预览效果。

　　从图 7-4-9 中可以看出,模板中的题目图形元件没有具体的意义,只是模板图形。现在第一个任务就是新制作 5 个数学图形元件,将来把这 5 个模板图形元件更换掉。

图 7-4-9　"库"面板中的题目图形元件

　　(2)新建 5 个图形元件,定义它们的名字分别为"数学题目图形 1"、"数学题目图形 2"、"数学题目图形 3"、"数学题目图形 4"、"数学题目图形 5",它们的效果如图 7-4-10 所示。

3. 更新题目影片剪辑元件

　　5 个题目影片剪辑元件是整个连线题模板的中心元件,下面要对它们重新编辑。

　　(1)双击"库"面板中的"题目 1"影片剪辑元件,进入到"题目 1"元件的编辑场景,在"文字"图层的第 1 帧将原来的文字"对象 1"置换成"正方形",在"图形"图层的第 2 帧选择场景上的模板图形"题目图形 1",然后打开"属性"面板,单击其中的"交换"按钮,如图 7-4-11 所示。

图 7-4-10　5 个数学题目图形元件　　　　图 7-4-11　单击"属性"面板中的"交换"按钮

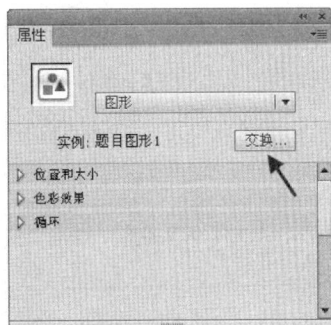

（2）在弹出的"交换元件"对话框中单击"数学题目图形 1"元件，然后单击"确定"按钮，这样"题目图形 1"元件就被"数学题目图形 1"元件替换了，如图 7-4-12 所示。

图 7-4-12　交换元件

（3）通过上面的步骤，"题目 1"影片剪辑元件被重新编辑为数学连线题的第一个题目影片剪辑元件了。按照同样的方法对"题目 2"、"题目 3"、"题目 4"、"题目 5"影片剪辑元件进行重新编辑，使它们更改为数学连线题的其余 4 个题目影片剪辑元件。

4．测试和保存影片

在完成上面的操作以后，一个数学连线题课件就制作好了。测试影片，运行效果如图 7-4-13 所示。

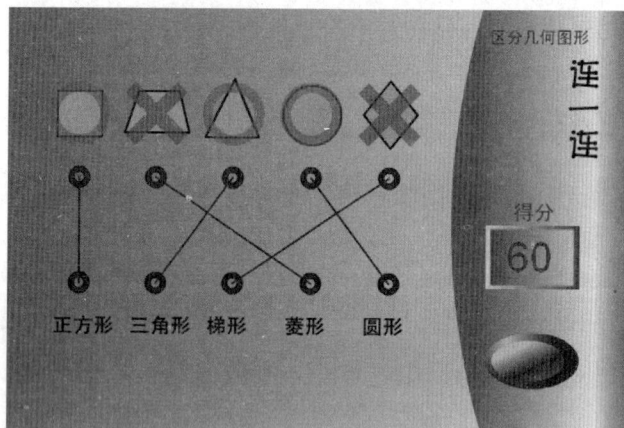

图 7-4-13　数学连线题

最后保存制作完成的课件。

7.5　本章习题

一、填空题

1．Flash 的模板是一种＿＿＿＿＿＿＿＿＿＿＿＿＿的特殊影片文档，它提供了塑造最终影片文档外观的框架。

2．在利用高级演示文稿模板制作演示文稿课件时，要想更改"背景"图层上的的内容，必须先将_____图层隐藏起来，这样才能将"背景"图层上的所有对象显示出来。

3．由菜单模板创建的 Flash 影片文档中包含 3 个菜单，即菜单 1、菜单 2 和菜单 3，这 3 个菜单在"库"面板中对应的按钮元件是_____、_____和_____。

4．综合测验题模板课件比较复杂，利用该模板可以制作出各种测试题课件，新建的测验题型共有 6 种，它们是_____、_____、_____、_____、_____、_____。

5．将一般影片文件保存为模板文件要选择"文件"菜单下的_____命令，接着在弹出的"另存为模板"对话框的"名称"文本框中输入模板的名称；在"类别"文本框中输入模板所属类别，也可以在下拉列表中选择一个已有的类别；在_____文本框中输入模板的功能简介。单击"保存"按钮，模板文件就被保存了。

二、选择题

1．简单演示文稿和高级演示文稿的重要区别是，前者将演示文稿的页面直接放在主时间轴上创建，而后者是将演示文稿的具体内容页放置于一个独立的（　　　）之中。

　　A．文本　　　　　　　B．图元　　　　　　　C．图形元件　　　　　D．影片剪辑

2．在利用测验模板制作课件时，如果页面中的动态文本显示不全或者不正常，解决的办法是依次选中舞台上的动态文本对象，在"属性"面板的"字符"栏中选择"消除锯齿"下拉列表中的（　　　）。

　　A．动画消除锯齿　B．使用设备字体　　　C．位图文本　　　　　D．字符

3．在制作测验题模板课件时，要想调整各个题型中的参数，必须在（　　　）面板中进行。

　　A．"属性"　　　　　B．"组件"　　　　　　C．"组件检查器"　　　D．"滤镜"

7.6　上机练习

练习 1　演示文稿模板课件　　环境和环境问题

利用演示文稿模板制作一个关于环境问题的演示课件，如图 7-6-1 所示。按左右方向键或者单击"导航"按钮展现在学生面前的是一幅幅触目惊心的有关环境问题的图片和一系列具有很强说服力的数据资料及文字说明。

主要制作步骤提示：

（1）从演示文稿模板创建文档。

（2）编辑演示文稿页面。

（3）更改标题文字。

图 7-6-1 演示文稿模板课件

练习 2 相册模板课件——桂林山水

利用相册模板制作一个语文课件，单击课件画面上的按钮可以控制播放桂林山水的图片资料，如图 7-6-2 所示。相册模板尤其适合放映图形图像展示课件。

图 7-6-2 相册模板课件

主要制作步骤提示：

（1）选择"文件"|"新建"命令，弹出"新建文档"对话框，然后选择"模板"选项卡，选择"媒体播放"类别中的"简单相册"模板。

（2）导入事先准备好的图片，编辑"图像/标题"图层。

（3）更改标题文字。

练习 3　测验模板课件——英语综合测试

利用测验模板制作一个英语综合测试课件，如图 7-6-3 所示。这个课件包括 6 道测验题，每道题对应一种测验题型。这 6 种题型分别是判断题、填空题、多项选择题、拖曳题、热对象题和热区题。每答完一道题可以查看答题结果，然后通过"控制"按钮翻到下一道题。

图 7-6-3　英语综合测试课件

主要制作步骤提示：
（1）从测验模板创建文档。
（2）制作课件中需要的各种元件。
（3）设置每个题型所对应的组件参数。

第8章 标准测验题课件

本章知识

◆ 制作标准测验题课件的方法

◆ UI组件的应用

◆ 动态文本、输入文本的应用

◆ 影片剪辑元件、按钮元件的交互控制

练习与测验类课件是一种十分重要的多媒体课件类型，这种课件充分利用了计算机的交互性、多媒体性和智能性，使教育过程中的练习和测验活动变得更加有效。一般的练习与测验类课件都要求具备良好的交互性、强大的智能性，并具有图文并茂的用户界面。利用练习与测验类课件进行教学活动既可以巩固知识，又能活跃思维，还可以反馈信息，并且使不同层次的学生都有自主表现的机会，从中体会到成功的愉悦，有利于学生的发展。

练习与测验类课件一般包括判断题、单选题、多选题、填空题、拖曳题、连线题、智能游戏题等类型。利用高级编程语言（例如 VB）可以较好地实现此类课件的制作，但需要复杂的编程，对于一般教师来讲具有一定的难度。Flash 是制作练习与测验类课件的最佳选择，原因如下。

1．制作简单，容易掌握

Flash 提供了面向对象的编程语言，可以实现强大的交互功能。另外，Flash 还提供了动态文本对象、输入文本对象以及 UI 组件对象，利用这些对象不需要太复杂的编程就能够制作出功能强大的练习与测验类课件。对于一般的中小学教师来说，通过学习完全能够掌握这类课件的制作方法。

2．用户界面效果好

由于 Flash 本身就是一个矢量图形动画设计软件，在制作练习与测试类课件时可以利用 Flash 的图形图像处理、动画制作等功能制作出效果十分友好的用户界面，这是其他课件设计软件不具备的特征。

3．可以设计出灵活多样的智能反馈信息

智能反馈信息是练习与测试类课件比较重要的功能，如果课件不具备这种功能，那么课件就不完整，就没有办法得到诸如答案的对错、最终成绩等反馈信息。利用 Flash 的动态文本对象或者影片剪辑元件可以设计出灵活多样的智能反馈信息。

4．便于网络化应用

由于 Flash 采用矢量图形技术，它的 SWF 动画文件非常小，因此用 Flash 制作的多媒体课件非常适合在网络上播放。将制作好的测验题课件直接在网络上应用可以取得良好的效果。

5．一次制作重复使用

用 Flash 制作的测验题课件都具有规律性的文件结构，便于重复使用。在一般情况下，只需简单地更换测验题目，不需要重新编程，就可以创建出新的测验题课件。另外，利用 Flash 的模板功能能更高效地制作出功能强大的测验题课件。

本章介绍标准测验题课件的制作方法。标准测验题课件包括判断题、单选题、多选题、填空题 4 种类型，本章通过一些具体的课件范例介绍这些类型的测验题课件的制作方法。

8.1　判断题课件

判断题是标准测验题课件中最容易制作的一种题型。利用 Flash 的 UI 组件中的单选按钮组件，再通过简单的动作脚本编程，就可以制作出判断题课件。本节通过讲解一个判断题课件范例的制作过程让读者初步掌握用 Flash 制作标准测验题课件的思路和方法。

课件简介

本课件是一个数学判断题课件。为便于讲解，在这个课件范例中只设计了一道判断题。图 8-1-1 所示的是课件运行时的初始画面效果。

图 8-1-1　课件运行的初始画面

答题时，选中单选按钮 A 或者 B，可以对答案进行选择。如果选择的答案正确，则屏幕上会出现一个对勾，并显示一段表示鼓励的卡通动画，否则就会出现一个错叉，并显示一段表示遗憾的卡通动画。图 8-1-2 所示的是答对时屏幕显示的效果。

图 8-1-2　判断正确时的画面效果

知识要点

◆　判断题课件的制作方法
◆　UI 组件中单选按钮组件的应用
◆　测验题课件中动态反馈信息影片剪辑的制作方法
◆　if 选择语句在判断题课件中的应用

制作步骤

8.1.1　制作答题反馈信息影片剪辑元件

1．创建课件界面

（1）新建一个 ActionScript 2.0 文件，影片文档属性保持默认。

（2）选择"文件"|"导入"|"导入到库"命令，在弹出的"导入到库"对话框中选择配套光盘上的背景素材文件（文件路径：配套光盘\素材\part8\判断题素材\背景.swf），如图 8-1-3 所示。单击"打开"按钮以后，所选择的素材文件就被直接导入到"库"面板中。

（3）将"图层 1"重命名为"背景"，然后把"库"面板中的"背景.swf"图形元件拖放到场景中，并在"属性"面板中设置这个图形元件的尺寸和坐标，使它和舞台的尺寸相匹配。

2．制作影片剪辑元件

（1）选择"文件"|"导入到库"命令，将配套光盘上的卡通素材图像文件（文件路径：

配套光盘\素材\part8\判断题素材\d*.swf、c*.swf）导入到"库"面板中，并且将它们放在不同的库文件夹中以便于组织和应用，如图 8-1-4 所示。

图 8-1-3　"导入到库"对话框　　　　　　图 8-1-4　导入卡通图像到库

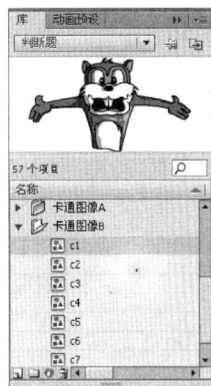

（2）新建一个影片剪辑元件，并将其命名为"对 MC"。在这个元件的编辑场景中将"图层 1"重命名为"卡通图像 A"，然后依次将"库"面板中的 d1～d6 卡通图形元件分别拖放到"卡通图像 A"图层的第 1 帧～第 6 帧上，制作成逐帧动画。

（3）在"卡通图像 A"图层上新增加一个图层，并将该图层重命名为 action，然后在这个图层的第 6 帧插入一个空白关键帧，在"动作"面板中定义这个关键帧的动作脚本如下：

```
stop();
```

"对 MC"影片剪辑元件的图层结构如图 8-1-5 所示。

（4）用同样的方法制作一个名字叫"错 MC"的影片剪辑元件。对于这个元件的具体情况，请读者参看配套光盘上的判断题课件源程序文件。这两个影片剪辑元件实际上是两个逐帧动画片段，"对 MC"是一段表示祝贺和鼓励的卡通动画片段，"错 MC"是一段表示遗憾的卡通动画片段，它们分别作为答题结束时两个不同的动态反馈信息。

（5）接着制作"对勾"和"错叉"图形元件。为了在显示反馈信息的时候效果更明显，再制作两个图形元件，一个是答题正确时显示的对勾图形，一个是答题错误时显示的错叉图形，如图 8-1-6 所示。

图 8-1-5　"对 MC"影片剪辑元件的图层结构　　　图 8-1-6　"对勾"和"错叉"图形元件

（6）新建一个影片剪辑元件，将它命名为"判断"。在这个元件的编辑场景中新增加 4 个图层，并将所有的图层重命名。然后将"库"面板中制作好的元件分别拖放到不同的图层上，图层结构如图8-1-7 所示。

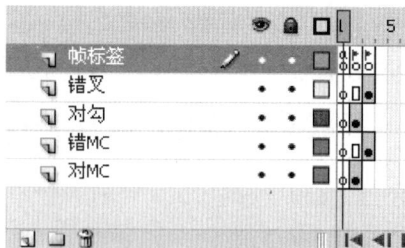

从图 8-1-7 可以看出，所有图层的第 1 帧都是一个空白关键帧；在"对 MC"图层的第 2 帧放置的是"对 MC"影片剪辑元件；在"错 MC"图层的第 3 帧放置的是"错 MC"影片剪辑元件；在"对勾"图层的第 2 帧放置的是"对勾"图形元件；在"错叉"图层的第 3 帧放置的是"错叉"图形元件。

图 8-1-7　"判断"影片剪辑元件的图层结构

选择"帧标签"图层，在"属性"面板中分别定义第 2 帧和第 3 帧的帧标签为 dui 和 cuo。在"动作"面板上定义第 1 帧的动作脚本如下：

```
stop();
```

3．布局场景

（1）返回到"场景 1"，在"背景"图层上新增加一个图层，并将这个图层重命名为"题目"，然后用"文本工具"在场景上输入相应的题目文本和标题文本，效果如图 8-1-8 所示。

图 8-1-8　输入题目和标题文本

（2）在"题目"图层上再新增加一个图层，并将这个图层重命名为"判断对错"，将"库"面板中的"判断"影片剪辑元件拖放到场景中的合适位置，如图 8-1-9 所示。

当将"判断"影片剪辑元件从"库"面板中拖放到场景中以后会发现场景中只是多了一个白色小圆点，其他并没有显示什么对象。这是由于"判断"影片剪辑元件的所有图层的第 1 帧都是一个空白关键帧。这也正是制作"判断"影片剪辑元件的巧妙所在，这样，在课件初始运行时这个影片剪辑元件并不显示在画面上（"判断"影片剪辑的第 1 帧上还有一个 stop 函数），在需要的时候它才会作为答题的反馈信息显示合适的画面，当然这需要通过编程动态控制来实现。为了以后能编程控制这个"判断"影片剪辑实例，需要在"属性"面板中定义这个对象的名称为 panduan，如图 8-1-10 所示。

图 8-1-9　布局"判断"影片剪辑元件　　　　图 8-1-10　给"判断"影片剪辑实例命名

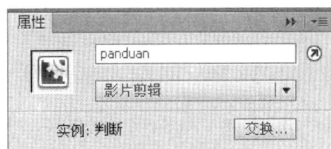

8.1.2　制作单选按钮选项

1. 创建单选按钮对象

（1）在"判断对错"图层上面新插入一个图层，将它重命名为"单选按钮"，然后选择"窗口"|"组件"命令，打开"组件"面板，如图 8-1-11 所示。

（2）选择 User Interface 下的 RadioButton（单选按钮）组件，用鼠标将它拖放到"单选按钮"图层的场景中，然后再拖入一个，调整好位置，如图 8-1-12 所示。

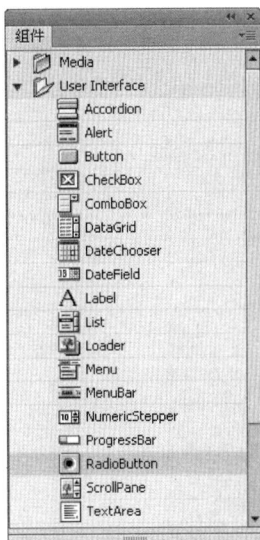

图 8-1-11　"组件"面板中的 UI 组件　　　　图 8-1-12　放置单选按钮组件

专家点拨： Flash 提供了强大的组件功能，组件除了预设的参数设置接口以外，还具有一些让程序调用的方法。利用 Flash 内置的 UI 组件可以创建功能强大、效果丰富的课件。UI 组件是用户界面组件，主要包括单选按钮、复选框、下拉列表、列表框等。其中单选按钮和复选框是制作练习与测试课件时常用的组件，单选按钮多用于"多选一"的情况下，用户在多个选项中只可以选择一个选项，常用它制作判断题和单项选择题的备选答案选项按钮。

2. 设置单选按钮对象参数

（1）选择上面的一个单选按钮，打开"属性"面板，在"组件参数"栏中设置单选按钮的 groupName 参数为 tm、label 参数为 A，如图 8-1-13 所示。

（2）选择另一个单选按钮，在"属性"面板中设置单选按钮的 groupName 参数为 tm、label 参数为 B，如图 8-1-14 所示。

图 8-1-13　设置第 1 个单选按钮的参数

图 8-1-14　设置第 2 个单选按钮的参数

（3）参数设置完以后的界面效果如图 8-1-15 所示。

图 8-1-15　参数设置完以后的界面效果

专家点拨：单选按钮的 groupName 参数和 label 参数是两个重要的参数，其中 groupName 参数是必须设置的。label（标签）参数定义单选按钮旁边的说明文字。groupName（组名）参数是一个最重要的参数，在拥有相同组名的单选按钮中一次只能有一个被选中，这样就确保了在同一组内不会出现多选的情况。现在判断题课件的两个单选按钮 A 和 B 就同属于一个名字为 tm 的组，只能选择 A 或者 B，不能同时将 A 和 B 都选中。

8.1.3　定义动作脚本判断答案对错

（1）选择单选按钮 A，在"动作"面板中输入以下动作脚本：

```
on(click) {
    //单击单选按钮
    with (_root.panduan) {
        //调用主场景上的一个名字叫 panduan 的影片剪辑实例
        gotoAndStop("cuo");
        //执行这个元件中标签为 cuo 的帧，并停止在这个帧上
    }
}
```

因为标签为 cuo 的帧上对应的元件对象有"错叉"图形元件和"错 MC"影片剪辑元件，所以这时画面上会显示并运行这两个元件，在画面上也就可以看到答题错误时的反馈信息。

（2）选择单选按钮 B，在"动作"面板中输入以下动作脚本：

```
on(click) {
    //单击单选按钮
    with (_root.panduan) {
        //调用主场景上的一个名字叫 panduan 的影片剪辑实例
        gotoAndStop("dui");
        //执行这个元件中标签为 dui 的帧，并停止在这个帧上
    }
}
```

因为标签为 dui 的帧上对应的元件对象有"对勾"图形元件和"对 MC"影片剪辑元件，所以这时画面上会显示并运行这两个元件，在画面上也就可以看到答题正确时的反馈信息。

专家点拨：click 是单选按钮组件的单击事件，可以直接用 on() 处理函数使用 click 事件，但是动作脚本代码必须定义在单选按钮上。

8.2　单选题课件

单选题是标准测验课件中最主要的题型之一，它的使用范围最广。单项选择题通常有

4 个备选答案，其中只有一个选项是正确答案。通过 8.1 节的学习我们已经知道，像这样从测验题目提供的一组答案中只能选择一个答案的测验题课件用 UI 组件中的单选按钮组件来制作最为恰当。本节进一步介绍利用单选按钮组件制作标准测验题课件的方法和技巧。

　　动态文本对象是一个功能强大且使用十分灵活的对象，利用动态文本对象实现测验题课件中的反馈信息也是一种很常用的方法，并且这种方法十分简单、容易掌握。本节的单选题课件范例就采用了动态文本对象进行信息反馈的方法。

　　为便于初学者理解，8.1 节中的判断题课件实例只设计了一个题目。而本节介绍的单选题课件范例包含了更多的单选题目，课件具有翻页导航功能，这也是本节要讨论的一个重要内容。

　　本节通过一个物理单项选择测验题课件的制作过程使读者进一步熟悉用 UI 组件中的单选按钮组件制作标准测验题课件的方法，掌握用动态文本对象实现答题反馈信息的方法，以及如何在标准测验题课件中实现翻页导航功能。

📖 课件简介

　　本范例是一个关于物理综合知识的单项选择题课件，其中共制作了 5 个单项选择题目，当课件运行时先显示第一个题目画面，通过右下角的"翻页"按钮可以翻页进入到下一个题目画面。第一个题目画面如图 8-2-1 所示。

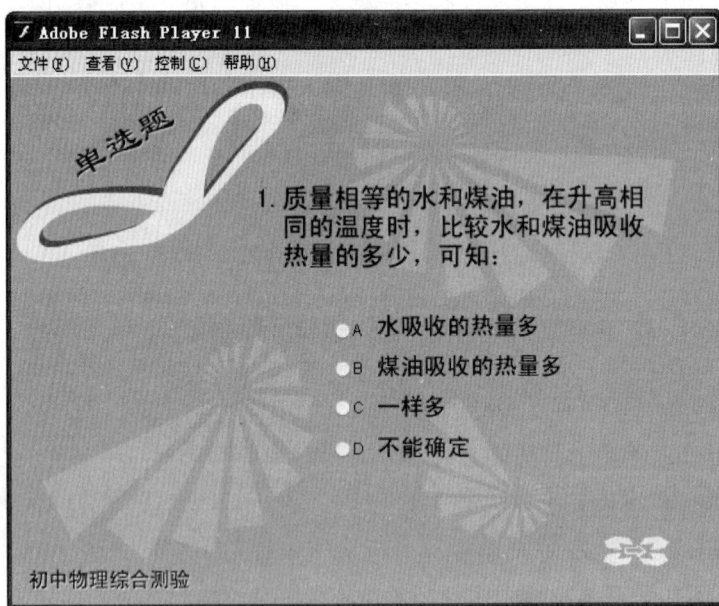

图 8-2-1　课件运行的第一个画面

　　单击单选项 A、B、C、D 中的任意一个可以做出对答案的选择，如果选择的答案正确，则屏幕上会显示"答对了！"的反馈信息，否则就显示"答错了！"。图 8-2-2 所示的是答案选择正确时的画面效果。

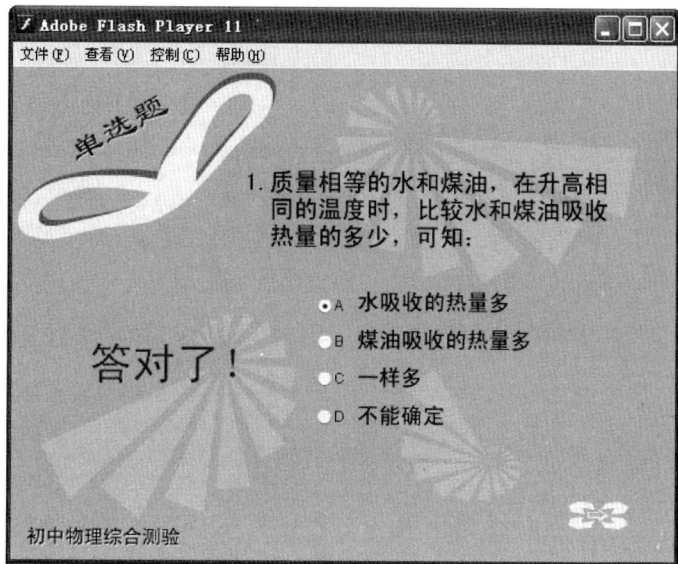

图 8-2-2 选择正确时的画面效果

📓 **知识要点**

◆ 单项选择题课件的制作方法
◆ UI 组件中单选按钮组件的应用方法
◆ 用动态文本对象实现信息反馈的方法
◆ 标准测验题课件中翻页导航功能的实现方法

✍ **制作步骤**

8.2.1 制作单选题题目

1. 创建课件界面

（1）新建 ActionScript 2.0 文件，文档属性保持默认。

（2）新增加一个图层，并将现有的两个图层分别重命名为"背景"和"标题"。在"背景"图层上创建一个背景图形元件，在"标题"图层上用"文本工具"创建相应的标题文字，图 8-2-3 所示的是创建好的效果。

专家点拨：利用 Flash 的绘图工具绘制一些简单的图形元件，然后通过变换、组合就可以设计出效果很好的背景图形，这样可以使制作的课件更加专业，感染力更强。

2. 输入单选题题目

（1）在"标题"图层上新增加一个图层，并将这个图层重命名为"题目"，然后在这个图层的第 1 帧用"文本工具"输入选择题的第 1 个题目内容，效果如图 8-2-4 所示。

图 8-2-3　课件背景和标题

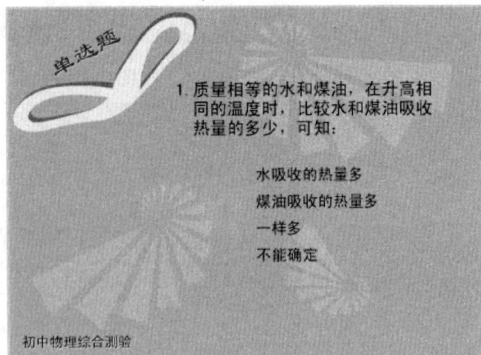

图 8-2-4　输入第 1 个题目

（2）选择"题目"图层的第 2 帧，按 F7 键插入一个空白关键帧，然后输入课件第 2 题的题目和答案文字。以此类推，把其余的题目都按照以上方法输入到相应的帧上，最后延伸"背景"图层中的帧数与"题目"图层一样。图 8-2-5 所示的是课件的 5 个题目全部创建好以后的图层结构。

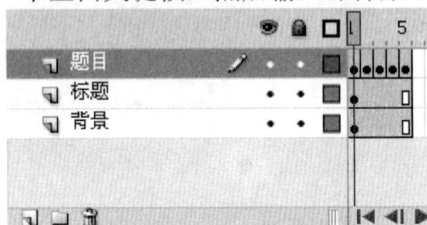

图 8-2-5　题目图层结构

8.2.2　创建单选按钮

1．放置第 1 组单选按钮对象

（1）在"题目"图层上面新插入一个图层，将它重命名为"单选按钮"，然后选择"窗口"|"组件"命令，打开"组件"面板。

（2）重复拖动 4 个 User Interface 下的 RadioButton（单选按钮）组件到"单选按钮"图层第 1 帧的场景中，调整好位置，如图 8-2-6 所示。

2．设置第 1 组单选按钮参数

（1）选择第 1 个单选按钮，打开"属性"面板，在"组件参数"栏中设置单选按钮的 data 参数值为 1、groupName 参数值为 tm1、label 参数值为 A，如图 8-2-7 所示。

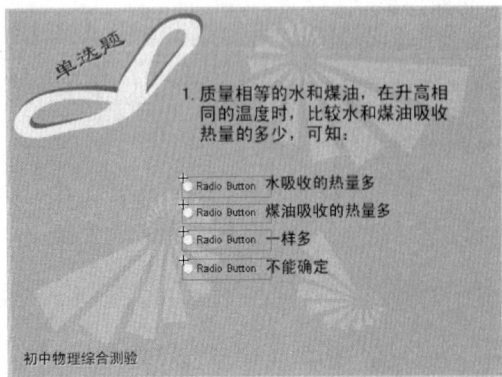

图 8-2-6　放置单选按钮对象

图 8-2-7　设置第 1 个单选按钮的属性

（2）选择第 2 个单选按钮，打开"属性"面板，设置单选按钮的 data 参数值为 0、groupName 参数值为 tm1、label 参数值为 B。

（3）选择第 3 个单选按钮，打开"属性"面板，设置单选按钮的 data 参数值为 0、groupName 参数值为 tm1、label 参数值为 C。

（4）选择第 4 个单选按钮，打开"属性"面板，设置单选按钮的 data 参数值为 0、groupName 参数值为 tm1、label 参数值为 D。

专家点拨： 第 1 题的正确答案是第 1 个备选项，因此在设置第 1 个单选按钮的参数时把 data 参数值设置为 1，把其他 3 个备选答案对应的单选按钮的 data 参数值设置为 0，这样在编写反馈信息的程序时就可以利用 data 参数值进行答题正确与否的判断了。

3．创建其他单选按钮

按照上面的方法在"单选按钮"图层上创建其他题目单选按钮对象，完成后的图层结构如图 8-2-8 所示。

"单选按钮"图层上的从第 1 帧到第 5 帧，每个帧上包含 4 个单选按钮对象，它们的 label 参数值是 A、B、C、D；groupName 参数值依次是 tm1、tm2、tm3、tm4、tm5；正确答案对应的单选按钮的 data 参数值为 1，错误答案对应的单选按钮的 data 参数值为 0。

图 8-2-8　"单选按钮"图层结构

8.2.3　创建用来显示反馈信息的动态文本

（1）在"单选按钮"图层上方新插入一个图层，并将它重命名为"动态文本"。然后选择绘图工具箱中的"文本工具"，打开"属性"面板，将"文本引擎"设置为"传统文本，在"文本类型"下拉列表框中选择"动态文本"类型，如图 8-2-9 所示。

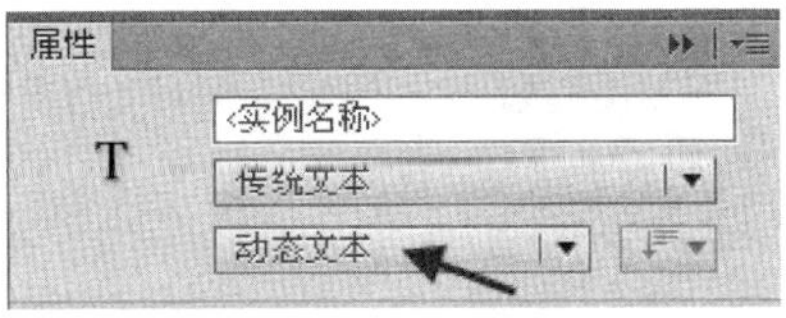

图 8-2-9　设置动态文本类型

（2）在"属性"面板的"字符"栏中设置动态文本的字体、字号、字体颜色等属性，并将"消除锯齿"设置为"使用设备字体"。

（3）在文本属性设置好以后，移动鼠标指针到舞台上的合适位置，拖动鼠标创建一个动态文本对象。

（4）选中舞台上的动态文本，在"属性"面板的"选项"栏中将"变量"参数设置为 result，这样就定义了动态文本的变量名为 result，将来在动作脚本中通过给变量赋值可控制动态文本显示的文本内容。定义了变量名后的"属性"面板如图 8-2-10 所示。

图 8-2-10　定义动态文本变量

8.2.4　用按钮实现翻页导航控制

1. 创建翻页按钮

（1）在"动态文本"图层上方新插入一个图层，并将它重命名为"翻页按钮"。在该图层上放置一个按钮实例，调整它到舞台的右下角，如图 8-2-11 所示。

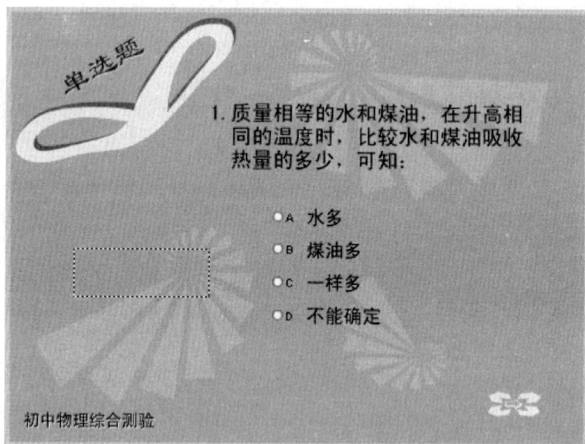

图 8-2-11　添加"翻页按钮"

（2）选中按钮，在"动作"面板中定义按钮的动作脚本如下：

```
on(press) {          //单击按钮时
    result = "";     //将动态文本清空
    nextFrame();     //跳转到下一帧
}
```

这段动作脚本的功能是当单击按钮时先使动态文本变量 result 的值变成空字符，这样课件页面上将不显示动态文本内容，然后课件跳转到下一帧开始播放，得到下一题的页面显示。

（3）在"翻页按钮"图层的第 5 帧按 F6 键插入一个关键帧，将这个关键帧上的按钮水平翻转，然后重新定义这个按钮的动作脚本如下：

```
on(press) {      //单击按钮时
    result="";  //将动态文本清空
gotoAndPlay(1); //跳转到第 1 帧
}
```

这段动作脚本的功能是当单击按钮时先使动态文本变量 result 的值变成空字符，这样课件页面上将不显示动态文本内容，然后课件跳转到第 1 帧开始播放，得到第一题的页面显示。这样就可以实现当答题到最后一题时返回重新再一次答题。

2．制作 action1 图层

（1）在"翻页按钮"图层上方新插入一个图层，并将它重命名为 action1。选择 action1 图层的第 1 帧，在"动作"面板中定义该帧的动作脚本如下：

```
stop();
```

（2）选择 action1 图层的第 1 帧，然后右击，在弹出的快捷菜单中选择"复制帧"命令，选中第 2 帧，选择"编辑"|"粘贴帧"命令，使第 2 帧得到一个和第 1 帧一样的关键帧。用同样的方法把第 1 帧复制到 action1 图层的第 3 帧到第 5 帧。图 8-2-12 所示的是完成以后的图层结构。

图 8-2-12　action1 图层结构

专家点拨：在 action1 图层完成每个帧停止动作的定义，主要是为了控制每一个判断题页面都会停止在屏幕上，等待用户答题。

8.2.5　利用侦听器对象编程实现答题信息反馈

上一节在制作判断题课件时使用了单选按钮组件的 click 事件来实现答题时的交互反馈信息控制。但是 click 事件只能直接应用在单选按钮上编写程序代码，而这节的单选题课件包括很多单选按钮，如果用 click 事件编程，那么每个单选按钮上都要定义程序代码，这样程序将很复杂。

本节使用侦听器对象编程实现答题信息反馈，这样可以简化程序代码，而且程序的执行效率更高。

（1）在 action1 图层上方新插入一个图层，并将它重命名为 action2。选择 action2 图层的第 1 帧，在"动作"面板中定义该帧的动作脚本如下：

```
flashistListener = new Object();
//定义侦听器对象
flashistListener.click = function(evt) {
    //定义侦听器对象的 click 事件函数
    mydata = evt.target.selection.data;
    //将用户单击的那个单选按钮的 data 参数值保存在变量 mydata 中
    if(mydata == 1) {                 //如果用户选择的单选按钮的 data 参数值为 1
        result = "答对了！";         //那么动态文本显示"答对了!"
    } else {
        result = "答错了！";         //否则动态文本显示"答错了!"
    }
};
tm1.addEventListener("click", flashistListener);
//将组名为 tm1 的单选按钮注册到侦听器对象
```

专家点拨：事件侦听器让一个对象（称为侦听器对象）接收由其他对象（称为广播器对象）生成的事件。广播器对象注册侦听器对象以接收由该广播器生成的事件。

事件侦听器模型的一般形式如下：

```
listenerObject = new Object();//定义一个侦听器对象，名称为 listenerObject
listenerObject.eventName = function(参数){  //定义侦听器对象事件函数
    //函数内部的程序代码
};
broadcastObject.addListener(listenerObject);
//将广播器对象 broadcastObject 注册到侦听器对象 listenerObject
```

其中 listenerObject 是指定侦听器对象的名称，broadcastObject 是广播器对象的名称，eventName 是事件名称。

指定的侦听器对象（listenerObject）可以是任何对象，例如舞台上的影片剪辑或按钮实例，或者可以是任何动作脚本类的实例。事件名称是在广播器对象（broadcastObject）上发生的事件，然后将该事件广播到侦听器对象，侦听器对象的事件函数对事件做出反应。

（2）选择 action2 图层的第 2 帧按 F7 键插入一个空白关键帧，在"动作"面板中定义该帧的动作脚本如下：

```
tm2.addEventListener("click", flashistListener);
//将组名为 tm2 的单选按钮注册到侦听器对象
```

按照同样的方法分别定义"action2"图层的第 3 帧～第 5 帧上的动作脚本。
第 3 帧上的动作脚本如下：

```
tm3.addEventListener("click", flashistListener);
//将组名为 tm3 的单选按钮注册到侦听器对象
```

第 4 帧上的动作脚本如下：

```
tm4.addEventListener("click", flashistListener);
```

//将组名为 tm4 的单选按钮注册到侦听器对象

第 5 帧上的动作脚本如下：

```
tm5.addEventListener("click", flashistListener);
//将组名为 tm5 的单选按钮注册到侦听器对象
```

至此，本课件范例制作完毕。

8.3　多项选择题课件

标准测验题中的选择题题型包括两种，即单项选择题和多项选择题。上一节讨论了单项选择题课件的制作方法，这一节介绍多项选择题课件的制作方法。

多项选择题通常包括 4 个或 4 个以上的备选答案，答题者需要从这些备选答案中选择多个正确答案，因此 UI 组件中的单选按钮组件不再适合制作多项选择题课件。而 UI 组件中的另一个组件——复选框（CheckBox）正好符合多项选择题课件的特点，本节就通过一个课件范例的制作介绍利用 UI 组件中的复选框组件制作多项选择题课件的方法。

📖 **课件简介**

本范例是一个化学多项选择题课件。为了方便讲解，这个范例只设计了一道多项选择题目。课件运行时，页面上显示一道多项选择题目，共有 5 个备选答案，每个答案的右边有一个复选框，单击这些复选框可以做出选择。课件运行的初始画面如图 8-3-1 所示。

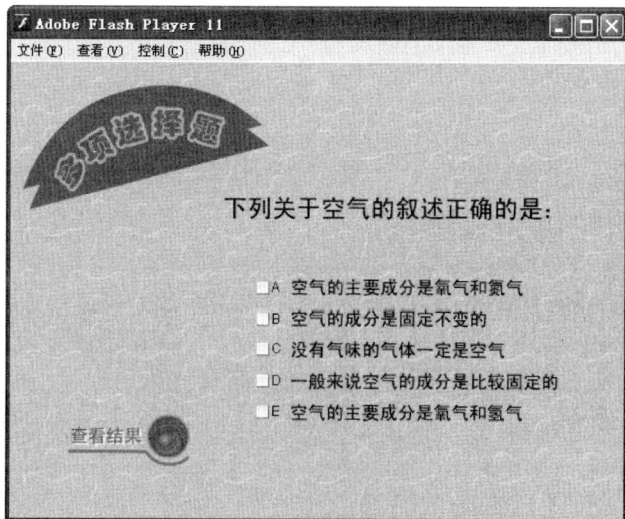

图 8-3-1　课件运行的初始画面

页面左下角有一个“查看结果”按钮，当答题完成后单击该按钮可查看答题结果是否正确。如果答题正确，则页面上显示“答对了！”文字提示信息，同时用户还可以听到表示鼓励的声音；如果答题错误，则页面上显示"答错了！"文字提示信息，同时用户还可以听到表示遗憾的声音。图 8-3-2 所示的是一个答题错误的画面效果。

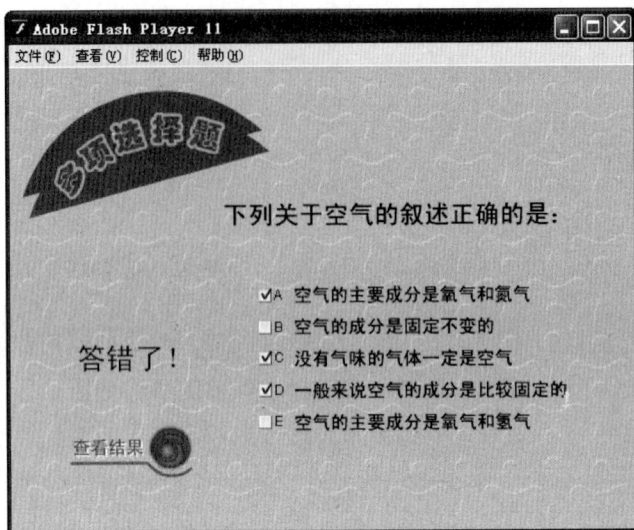

图 8-3-2　答题错误时的画面

📝 **知识要点**

◆ 多项选择题课件的制作方法
◆ 复选框（CheckBox）组件的使用方法
◆ 声音反馈信息在标准测验题课件中的实现方法
◆ 动态文本在标准测验题课件中的应用
◆ 逻辑表达式的应用

🖱 **制作步骤**

8.3.1　创建测验题目和复选框

1. 创建影片文档和课件界面

（1）新建一个 ActionScript 2.0 文件，影片文档属性保持默认。

（2）新增加一个图层，并将现有的两个图层分别命名为"背景"和"标题"。在"背景"图层上创建一个背景图形元件，在"标题"图层上用"文本工具"创建相应的标题文字。图 8-3-3 所示的是创建好的效果。

2. 创建测验题目和复选框

（1）在"标题"图层上新增加一个图层，并将这个图层重命名为"题目"。在这个图层上用"文本工具"输入多项选择题的一个题目文字，效果如图 8-3-4 所示。

图 8-3-3　背景和标题效果

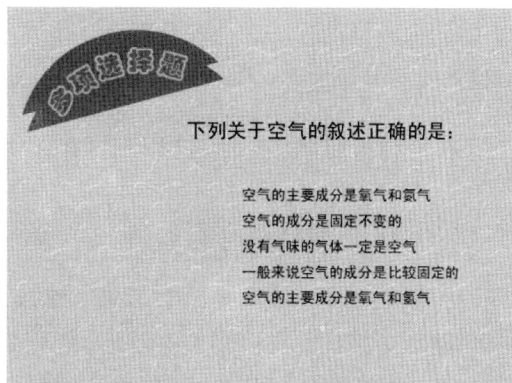

图 8-3-4　输入测验题目

（2）在"题目"图层上插入一个图层，并将它重命名为"复选框"。选择"窗口"|"组件"命令，打开"组件"面板。其中 User Interface 类别下名为 CheckBox 的组件是复选框组件。拖动复选框组件到"复选框"图层上，共拖放 5 个组件实例，调整它们到测试题目备选答案的左边，效果如图 8-3-5 所示。

（3）选择第 1 个复选框组件实例，打开"属性"面板，设置该复选框组件实例的 label（标签）参数值为 A，其他参数采用默认值。定义该复选框组件实例的名字为 cbox1，如图 8-3-6 所示。

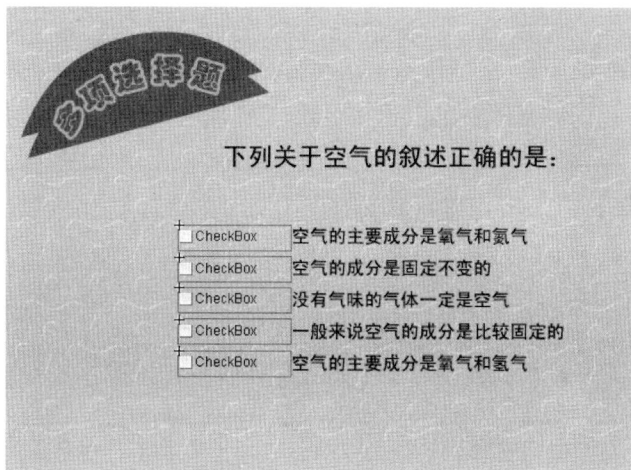

图 8-3-5　添加复选框

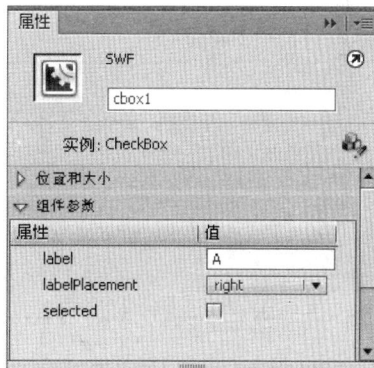

图 8-3-6　设置复选框参数

专家点拨： 对于多个复选框，用户可以选择其中的一个，也可以选择其中的几个，甚至全部选中。复选框有两种状态，即被选中和未被选中，参数 selected 的值决定复选框是否被选中（false 是没有被选中，true 是被选中）。这里设定的 label（标签）参数和单选按钮的 label（标签）参数一样，定义的是在复选框旁边显示的说明信息文字。说明文字显示在复选框左边还是右边由 labelPlacement 参数决定。

（4）用同样的方法在"参数"面板中设置其他 4 个复选框组件实例的参数，其中 label（标签）属性分别为 B、C、D、E，实例名分别为 cbox2、cbox3、cbox4、cbox5。

8.3.2　创建"查看结果"按钮和动态文本

1．创建"查看结果"按钮

（1）新建一个名字叫"查看结果"的按钮元件，在这个按钮元件的编辑场景中用绘图工具创建这个按钮元件，图 8-3-7 所示的是创建好的按钮元件在"库"面板中的效果。

（2）在"复选框"图层上新建一个图层，并将图层重命名为"查看按钮"，然后将"库"面板中的"查看结果"按钮元件放置在舞台的左下角。

（3）分别选择绘图工具箱中的"文本工具"和"线条工具"，在按钮的旁边加上"查看结果"的文字提示和一些修饰线条效果。

2．创建动态文本

（1）在"复选框"图层上新建一个图层，并将图层重命名为"动态文本"，然后用"文本工具"在舞台上创建一个动态文本对象，如图 8-3-8 所示。

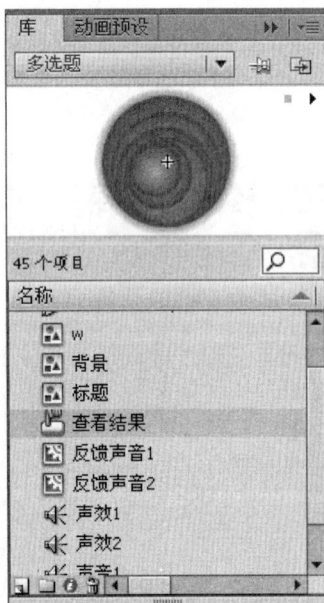

图 8-3-7　"查看结果"按钮

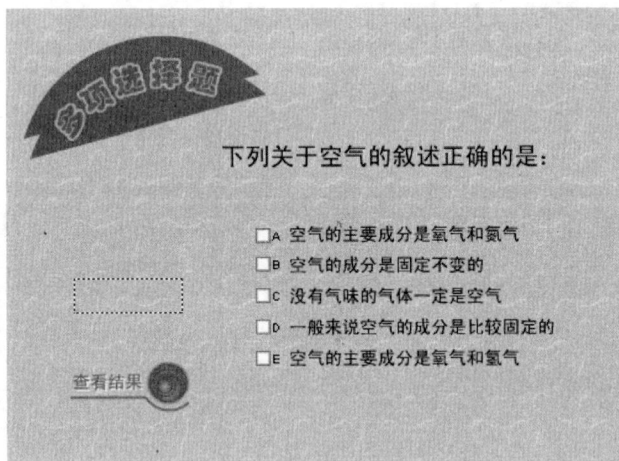

图 8-3-8　动态文本和"查看结果"按钮

（2）在"属性"面板的"选项"栏中设置动态文本的"变量"为 result，如图 8-3-9 所示，动态文本的其他参数请按照图中所示进行设置。这个动态文本用来显示答题以后的反馈信息，当单击"查看结果"按钮时，这个动态文本框中将显示相应的反馈信息。

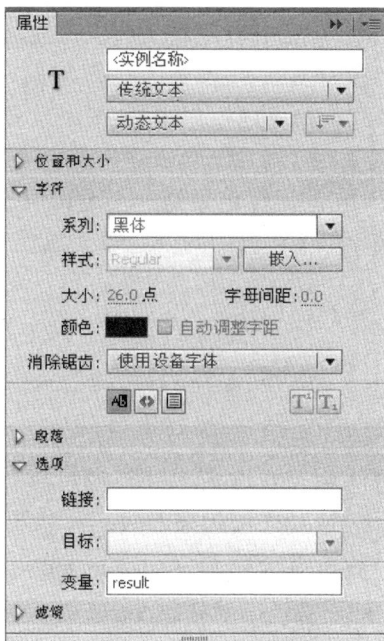

图 8-3-9　设置动态文本属性

8.3.3　定义"查看结果"按钮的动作脚本

1．定义文字反馈信息的动作脚本

选择"查看结果"按钮，在"动作"面板中定义该按钮的动作脚本如下：

```
on(release) {
    //单击并释放鼠标按钮时
    if (cbox1.selected == 1 && cbox2.selected == 0 && cbox3.selected == 0
    && cbox4.selected == 1 && cbox5.selected == 0) {
        //如果选择了第 1 个和第 4 个复选框
        result = "答对了！";
        //动态文本显示答对了！
    } else {
        //否则
        result = "答错了！";
        //动态文本显示答错了！
    }
}
```

这段动作脚本的功能是判断所选答案是否正确，如果正确就在动态文本框中显示"答对了！"，否则显示"答错了！"。

这里用 if 语句和 else 语句来实现程序选择结构，if 语句后面的条件比较复杂，其中有两个地方要特别说明一下，一是 selected 属性，二是逻辑运算符**&&**。

selected 是复选框组件的属性，它可以判断复选框是被选中还是未被选中。它的值是一个逻辑值 1（true）或者是 0（false），1 代表复选框被选中，0 代表复选框未被选中。

cbox1.selected 将获取名为 cbox1 的复选框的状态，cbox2.selected 将获取名为 cbox2 的复选框的状态，其他类似。

&&是"逻辑与"运算符，它的运算结果是一个逻辑值。当参与&&运算的两个运算式都为 true 时，结果为 true；参与&&运算的两个运算式只要有一个为 false，运算结果就为 false。

if 语句的条件如下：

```
(cbox1.selected == 1 && cbox2.selected == 0 && cbox3.selected == 0 &&
cbox4.selected == 1 && cbox5.selected == 0)
```

以上条件是一个复杂的逻辑运算表达式，是用"逻辑与"运算符&&将 cbox1.selected == 1、cbox2.selected == 0 等关系表达式连接起来形成的，功能是判断备选答案对应的各个复选框的状态。如果 cbox1 处于被选中状态（cbox1.selected == 1）、cbox2 处于未被选中状态（cbox2.selected == 0）、cbox3 处于被选中状态、cbox4 处于被选中状态、cbox5 处于未被选中状态，那么整个逻辑表达式的值为 1（true），也就是条件成立；如果 5 个复选框不是以上的状态组合，那么整个逻辑表达式的值为 0（false），也就是条件不成立。

当条件成立时，执行 if 语句后面的"result="答对了！";"这个语句，当条件不成立时，执行 else 语句后面的"result="答错了！";"这个语句。

2．定义声音反馈信息的动作脚本

完成以上的制作步骤以后就可以测试运行课件了，为了增强课件的表现效果，下面在反馈信息中加入一些声音效果。

（1）选择"文件"|"导入"|"导入到库"命令，打开"导入到库"对话框，在这个对话框中选择本书配套光盘上相应的声音素材（文件路径：配套光盘\素材\part8\多选题声音素材\sound1.mp3～sound4.mp3）。

专家点拨：为了便于应用和管理，可以将导入的声音素材在"库"面板中重新命名。在这里导入的 4 个声音素材被分别重新命名为"声音 1"、"声音 2"、"声效 1"、"声效 2"。

（2）新建一个影片剪辑元件，将它命名为"反馈声音 1"。在这个元件的编辑场景中新建两个图层，将图层重命名，然后将"声效 1"和"声音 1"放置到相应的图层上，创建好的这个元件的图层结构如图 8-3-10 所示。

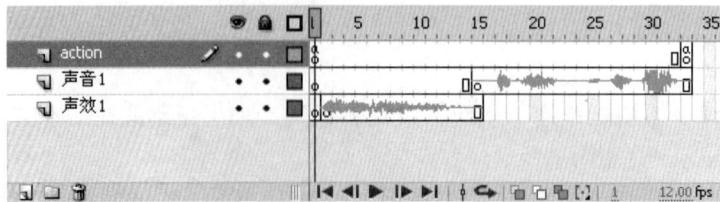

图 8-3-10 "反馈声音 1"影片剪辑元件的图层结构

　　这里需要注意的是 3 个图层的第 1 帧都是一个空白关键帧，"声效 1"这个声音对象从"声效 1"图层的第 2 帧开始放置，"声音 1"这个声音对象在"声音 1"图层上紧接着"声效 1"这个声音对象播放。

　　（3）在 action 图层上，第 1 帧和最后一帧分别是两个空白关键帧，在"动作"面板中定义它们的动作脚本都是"stop();"。

　　（4）再新建一个影片剪辑元件，将它命名为"反馈声音 2"，然后按照上面的方法创建这个元件。

　　（5）创建好的这两个反馈声音影片剪辑元件将用来实现答题后的声音反馈信息。接下来需要把它们放置到主场景中，并定义它们的实例名，以便于用动作脚本控制它们。

　　（6）返回到"场景 1"，在"查看按钮"图层上新增加一个图层，并将这个图层重命名为"反馈声音"。然后将"库"面板中的"反馈声音 1"和"反馈声音 2"元件拖放到场景中的任何一个位置，在"属性"面板中分别定义这两个对象的名称为 shengyin1 和 shengyin2。

　　（7）选择"查看结果"按钮，在"动作"面板中重新对这个按钮的动作脚本进行编辑，结果如下：

```
on(release) {
    //单击并释放鼠标按钮时
    if (cbox1.selected == 1 && cbox2.selected == 0 && cbox3.selected == 0
    && cbox4.selected == 1 && cbox5.selected == 0) {
        //如果选择了第 1 个和第 4 个复选框
        result = "答对了！";
        //动态文本显示"答对了！"
        _root.shengyin1.gotoAndPlay(2);
        //调用名字为 shengyin1 的影片剪辑元件，执行这个元件的第 2 帧
    } else {
        //否则
        result = "答错了！";
        //动态文本显示"答错了！"
        _root.shengyin2.gotoAndPlay(2);
        //调用名字为 shengyin2 的影片剪辑元件，执行这个元件的第 2 帧
    }
}
```

　　重新对动作脚本编辑的结果其实是增加了两个语句"_root.shengyin1.gotoAndPlay(2);"和"_root.shengyin2.gotoAndPlay(2);"。

　　当用户答题正确时，执行"_root.shengyin1.gotoAndPlay(2);"这个语句，也就是调用名字为 shengyin1 的影片剪辑元件，并从这个元件的第 2 帧开始执行，这样就会播放 shengyin1 这个对象中所设置的表示鼓励的声音反馈信息了。

　　当用户答题错误时，执行"_root.shengyin2.gotoAndPlay(2);"这个语句，也就是调用名字为 shengyin2 的影片剪辑元件，并从这个元件的第 2 帧开始执行，这样就会播放 shengyin2 这个对象中所设置的表示遗憾的声音反馈信息了。

　　至此，课件制作完毕，用户可以测试影片查看制作结果。

8.4 填空题课件

填空题与判断题、选择题不一样，它不属于客观题。一般情况下，填空题的答案是不固定的，因此这类题型不太适合制作成课件的形式。虽然这样，但还是有一些填空题可以制作成填空题课件的，而且教学效果不错。

在用 Flash 制作填空题课件时，最常用的是输入文本对象和动态文本对象，输入文本对象可以用来实现答题时的答案输入，动态文本可以实现动态地显示题目。

本节通过一个课件范例的制作过程介绍用 Flash 制作填空题课件的方法。

📖 课件简介

本课件是小学数学的多媒体辅助课件，融趣味性、知识性于一体，通过系列脚本程序的控制达到自动出题、自动判别对错的功能，使学生在"玩"的过程中轻松掌握整数加法的运算，具有很强的交互性，真正实现了"人机交流"的目的，极大地提高了学生的参与性、积极性。

课件运行时，单击"出题"按钮可以随机显示两个加数，用户可以在一个输入文本框中输入答案，按 Enter 键，系统自动判别对错，给出相应的反馈信息。图 8-4-1 所示的是课件运行中的一个画面。

图 8-4-1 课件运行的一个画面

✏️ 知识要点

◆ 用动态文本对象和输入文本对象制作填空题课件的方法
◆ 用 Math 类的 random()方法产生随机数的方法
◆ Math 类的 round()方法的应用

◆ 用 Number()函数将字符型数据转换为数值型数据的方法
◆ 响应键盘事件的方法
◆ 用 TextField 类的 restrict 属性限制用户输入的字符类型

制作步骤

8.4.1 创建课件界面和元件

1. 创建影片文档和课件界面

（1）新建一个 ActionScript 2.0 文件，影片文档属性保持默认。

（2）将"图层 1"重命名为"背景和标题"，然后在这个图层上用绘图工具箱中的"绘图工具"和"文本工具"创建如图 8-4-2 所示的课件背景和标题效果，并把所有对象转换为图形元件。

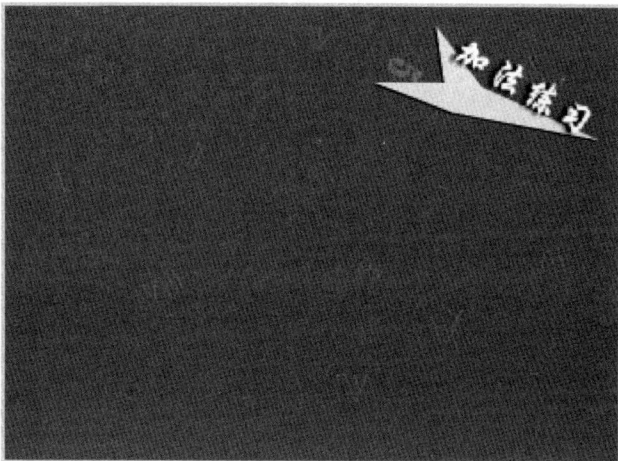

图 8-4-2 课件背景和标题

2. 制作元件

（1）为增强整体效果，提高参与性和娱乐性，本课件运用了 3 个声音文件（文件路径：配套光盘\素材\part8\8.4 声音素材*.*），这些文件均事先从相关媒体和资源网站中下载到本地，并运用 GoldWave 软件做适当处理，这里不进行详述。选择"文件"|"导入"|"导入到库"命令，将声音文件导入到"库"面板中备用。

（2）新建一个名为"正确"的影片剪辑元件，在这个元件的编辑场景中制作一个画对勾的动画效果，并且配上表扬的声音。制作完成后的"正确"影片剪辑元件及图层结构如图 8-4-3 所示。

（3）新建一个名为"错误"的影片剪辑元件，在元件的编辑场景中制作一个画错叉的动画效果，并且配上表示遗憾和鼓励的声音。制作完成后的"错误"影片剪辑元件及图层结构如图 8-4-4 所示。

图 8-4-3 "正确"影片剪辑元件及其图层结构　　图 8-4-4 "错误"影片剪辑元件及其图层结构

（4）本课件需要制作两个按钮元件，一个是"出题"按钮，另一个是"空按钮"。"出题"按钮元件的效果如图 8-4-5 所示。

"空按钮"元件是一个特殊的按钮元件，元件场景中没有任何对象。在制作时只需新建一个按钮元件，在按钮元件的编辑场景中不做任何操作，返回"场景 1"即可。这个"空按钮"元件是用来响应键盘事件的，在后面的步骤中会定义这个空按钮的动作脚本。

8.4.2　创建动态文本和输入文本

1．创建文本

（1）在"场景 1"的"背景和标题"图层上面新建 4 个图层，并分别重命名，如图 8-4-6 所示。

图 8-4-5　"出题"按钮元件

（2）在"数字 1"图层的第 1 帧创建一个动态文本实例，在"属性"面板中设置实例名为 num1Txt，并单击"在文本周围显示边框"按钮■显示动态文本的边框。"属性"面板如图 8-4-7 所示。

（3）在"数字 2"图层的第 1 帧创建一个动态文本实例，在"属性"面板中设置实例名为 num2Txt，并单击"在文本周围显示边框"按钮■显示动态文本的边框。

图 8-4-6　新建 4 个图层

（4）在"结果"图层的第 1 帧创建一个输入文本实例，在"属性"面板中设置实例名为 resultTxt，用于输入加法计算的结果，并单击"在文本周围显示边框"按钮■显示输入文本的边框。

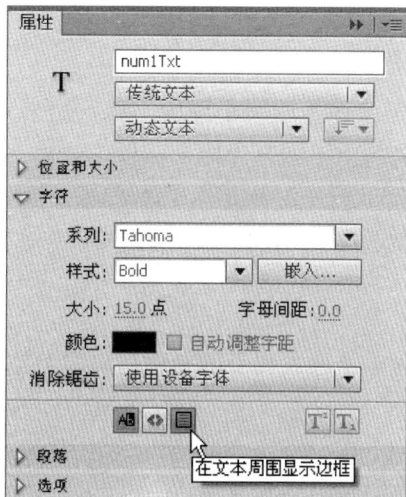

图 8-4-7　"属性"面板的设置

（5）在"提示"图层的第 1 帧创建一个动态文本实例，在"属性"面板中设置实例名为 tipTxt，用于显示操作过程中的提示信息。

（6）分别将以上创建的动态文本和输入文本的"消除锯齿"设置为"使用设备字体"。

2．布局按钮

（1）在"提示"图层上面新建两个图层，并分别命名为"按钮"和"静态文本"。

（2）在"按钮"图层的第 1 帧将"库"面板中的"出题"按钮元件拖放到舞台上，放置在结果输入文本下方。然后将"库"面板中的"空按钮"按钮元件拖放到舞台上的任意位置，因为这是一个空按钮，所以在舞台上只看到一个白色圆圈。

（3）在"静态文本"图层的第 1 帧用"文本工具"输入几个静态文本，最后效果如图 8-4-8 所示。

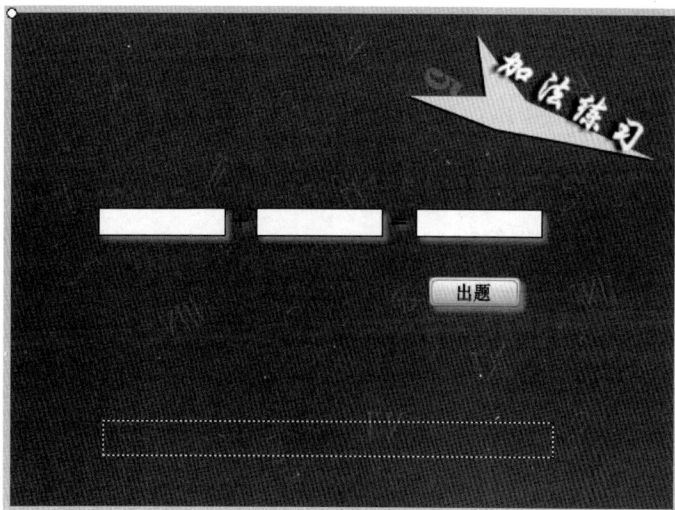

图 8-4-8　舞台效果

3．布局对错影片剪辑元件

（1）在"静态文本"图层上面新建一个图层，并重命名为"对错 MC"。

（2）在"对错 MC"图层的第 1 帧将"库"面板中的"正确"影片剪辑元件和"错误"影片剪辑元件拖放到舞台上，放置在结果输入文本右侧。

（3）在"属性"面板中设置"正确"影片剪辑的实例名为 zq，设置"错误"影片剪辑的实例名为 cw。

8.4.3　定义动作脚本

1．定义帧动作脚本

（1）在"对错 MC"图层上面新插入一个图层，重命名为 action。

（2）在"动作"面板中定义 action 图层第 1 帧的动作脚本如下：

```
//设置动态文本1的初始值为29
num1Txt.text = 29;
//设置动态文本2的初始值为38
num2Txt.text = 38;
//限制输入文本框中只能输入数字
resultTxt.restrict = "0~9";
```

专家点拨：TextField 类是 Flash 内置的文本字段类，它属于影片类型，在"动作"面板的"ActionScript 2.0 类"｜"影片"类别下可以找到 TextField 类。用"文本工具"在舞台上创建的动态文本和输入文本都属于 TextField 类的实例。text 和 restrict 都是 TextField 类的属性，text 属性用来指示文本字段中的当前文本，restrict 属性用来指示用户可输入到文本字段中的字符集。

2．定义"出题"按钮上的动作脚本

选择舞台上的"出题"按钮，在"动作"面板中定义这个按钮的动作脚本如下：

```
//当单击"出题"按钮时
on(press) {
    //利用Math类的random()方法和round()方法产生两个100以内的随机整数，并分别在
    //两个动态文本中显示出来
    num1Txt.text = Math.round(Math.random()*100);
    num2Txt.text = Math.round(Math.random()*100);
    //将输入文本清空
    resultTxt.text = "";
    //将提示动态文本清空
    tipTxt.text = "";
}
```

专家点拨：random()和 round()是 Math 类的两个方法，random()方法用于生成一个 0～1 的随机数，round()方法用于将数字舍入为最接近的整数。

3．定义空按钮上的动作脚本

选择舞台上的空按钮，在"动作"面板中定义这个按钮的动作脚本如下：

```
//当用户按 Enter 键时
on(keyPress "<Enter>") {
    //将动态文本 1 中的字符转换为数字型数据，并赋值给变量 a
    a = Number(num1Txt.text);
    //将动态文本 2 中的字符转换为数字型数据，并赋值给变量 b
    b = Number(num2Txt.text);
    //将输入文本中的字符转换为数字型数据，并赋值给变量 c
    c = Number(resultTxt.text);
    //如果用户输入的结果等于两个加数之和，也就是加法正确
    if(c == a+b) {
        //那么提示动态文本就显示"做对了，你真棒！"
        tipTxt.text = "做对了，你真棒！";
        //并且调用实例名为 zq 的影片剪辑进行播放，给出答题正确的信息反馈
        with(zq) {
            play();
        }
    } else {
        //如果用户输入的结果不正确，那么提示动态文本就显示"做错了，再想想！"
        tipTxt.text = "做错了，再想想！";
        //并且调用实例名为 cw 的影片剪辑进行播放，给出答题错误的信息反馈
        with(cw) {
            play();
        }
    }
}
```

专家点拨：在制作交互课件时经常需要让系统对键盘事件做出反应。通常情况下，可以先建立一个全空的按钮，然后将此按钮拖至主场景中，再定义该按钮的动作脚本，通过这一方法可达到预期目的。空按钮上的动作脚本的一般格式如下：

```
on(keyPress"<按键>") {
    程序代码
}
```

至此，课件制作完毕，可以测试影片查看制作结果。

8.5 用 ActionScript 3.0 组件开发测验题课件

前面几节利用 ActionScript 2.0 组件开发了几种类型的测验题课件，创建的都是 ActionScript 2.0 文件。如果通过创建 ActionScript 3.0 文件来开发这些测验题课件，就要使用 ActionScript 3.0 的组件以及相应的编程方法。

8.5.1 用 ActionScript 3.0 组件开发判断题课件

（1）新建一个 ActionScript 3.0 文件，影片文档属性保持默认。

（2）参照 8.1 节的内容创建主场景的图层结构，如图 8-5-1 所示。其中"单选按钮"图层上包括两个单选按钮实例，第一个单选按钮实例的实例名为 noRb、groupName 为 tm、label 为 A、value 为 0，如图 8-5-2 所示，第二个单选按钮实例的实例名为 yesRb、groupName 为 tm、label 为 B、value 为 1。

图 8-5-1　图层结构

图 8-5-2　第一个单选按钮的参数设置

（3）新插入一个图层，命名为 action，在这个图层的第 1 帧添加以下程序代码：

```
//分别在两个单选按钮实例上注册 MouseEvent.CLICK 事件侦听函数
noRb.addEventListener(MouseEvent.CLICK, clickHandler);
yesRb.addEventListener(MouseEvent.CLICK, clickHandler);
//下面定义 clickHandler 函数
function clickHandler(event:MouseEvent):void {
    //如果选择的单选按钮实例的 value 值为 0
    if (event.target.value==0) {
        //调用主场景上的一个名字叫 panduan 的影片剪辑实例
        //执行这个元件中标签为 cuo 的帧，并停止在这个帧上
        Panduan.gotoAndStop("cuo");
    }
```

```
else { //否则
    //调用主场景上的一个名字叫 panduan 的影片剪辑实例
    //执行这个元件中标签为 dui 的帧,并停止在这个帧上
    Panduan.gotoAndStop("dui");
    }
}
```

专家点拨:target 是 Event 类的一个基本属性,它存储对事件目标的引用。例如这里如果选择了第一个单选按钮,那么事件对象的目标就是实例名为 noRb 的单选按钮。

8.5.2 用 ActionScript 3.0 组件开发其他测验题课件

由于教材篇幅有限,用 ActionScript 3.0 组件开发单选题课件、多选题课件和填空题课件的内容这里就不再赘述,读者可以参考配套光盘中提供的课件源文件进行研究和学习。

另外,第 9 章的课件开发也提供了 ActionScript 3.0 版本的源文件,请读者参考学习。

8.6 本章习题

一、填空题

1. 练习与测验类课件是一种十分重要的多媒体课件类型,对一般任课教师来讲,Flash 是制作练习与测验类的最佳选择,这是因为一是制作简单、容易掌握,二是_____效果好,三是可以设计出灵活多样的_____信息,四是便于_____应用,五是可以一次制作重复使用。

2. Flash 中的_____是带参数的影片剪辑,使用它可以构建复杂的 Flash 应用程序,即使用户对 ActionScript 没有深入的理解,也可以将它从_____面板拖到应用程序中添加功能。

3. Flash UI 组件中的_____对象符合多项选择题的特点,它有两种状态,即被选中和未被选中,用于判断是否被选中的方法是_____。

4. _____是单选按钮组件的单击事件,可以直接用 on() 处理函数使用这个事件,但是动作脚本代码必须定义在_____上。

5. _____类是 Flash 内置的文本字段类,它属于影片类型,在"动作"面板的"ActionScript 2.0 类"|"影片"类别下可以找到,用"文本工具"在舞台上创建的_____和_____都属于这个类的实例。text 和 restrict 都是这个类的属性,text 属性用来指示文本字段中的当前文本,restrict 属性用来指示用户可输入到文本字段中的_____。

二、选择题

1. 位于 User Interface 下的 RadioButton 常用来制作( )的选项按钮。

    A. 判断题和多项选择题　　　　　　B. 单项选择题和多项选择题

    C. 判断题和单项选择题　　　　　　D. 连线题

2．在实时显示测验题课件的反馈信息时要用到（　　）对象，它是一个功能强大且使用灵活的对象。

  A．输入文本 B．静态文本   C．动态文本   D．元件实例

3．random()和 round()是 Math 类的两个方法，round()方法用于将数字舍入为最接近的整数，random()方法用于（　　）。

  A．将数字向上舍入为最接近的整数

  B．生成一个 0～1 的随机数

  C．生成一个 0～100 的随机数

  D．将数字向下舍入为最接近的整数

8.7 上机练习

练习 1 限时单选题——语文综合测试

制作一个限制答题时间的限时单选题课件，如图 8-7-1 所示。

主要制作步骤提示：

（1）创建 3 道单选题题目，在备选答案前面创建单选按钮组件。

（2）创建一个显示测验成绩的页面，用动态文本显示最终的测验成绩。

（3）定义限制答题时间的单选题课件的动作脚本，使用 setInterval()函数定义一个定时器，具体的程序代码可参考光盘源文件。

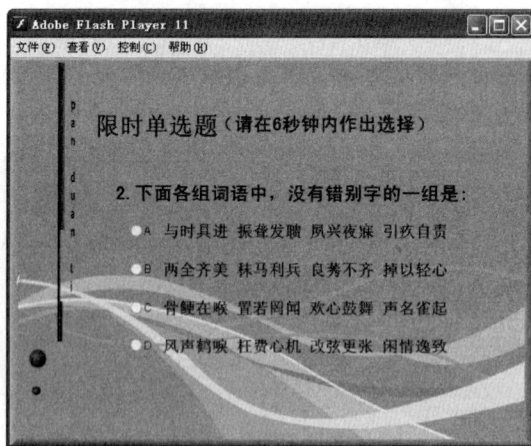

图 8-7-1 限时单选题课件

练习 2 多项选择题课件——历史测试题

制作一个历史知识多项选择题课件，如图 8-7-2 所示。

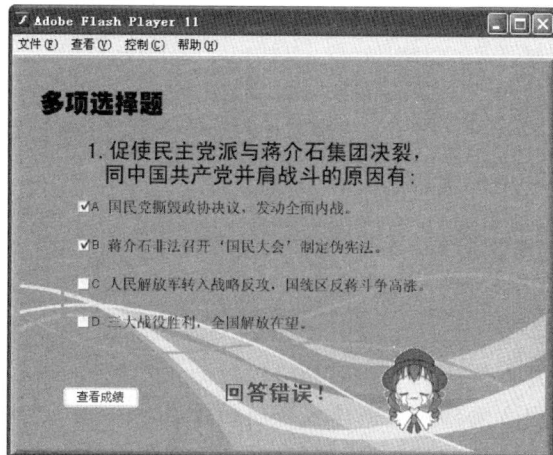

图 8-7-2　多项选择题课件

主要制作步骤提示：

（1）创建多项选择题题目，在备选答案前面创建复选框组件。

（2）创建答题反馈的影片剪辑元件，这是一个卡通动画，配书光盘中提供了制作素材。

（3）定义多项选择题动作脚本，具体程序代码可参考光盘源文件。

练习 3　统计成绩的整数加减测验

制作一个辅助小学数学教学的整数加减测验课件，如图 8-7-3 所示。课件运行时，先按照提示在文本框中输入"数的大小"和"待算题数"，以确定要进行多少数以内的加减运算和要出的题数。按 Enter 键后，开始出题，输入答案后再次按 Enter 键，系统自动判别对错，并给出相应的反馈信息，等答题全部结束后将最终测验成绩显示出来。

图 8-7-3　整数加减测验

第 9 章

智力游戏课件

本章知识

◆ 影片剪辑的拖曳交互和碰撞检测

◆ 绘图方法的应用和连线题的制作方法

◆ 自定义函数的应用

◆ Color类、Sound类在课件制作中的应用

◆ Flash调用外部文本文件的方法

在众多的课件类型中，智力游戏课件是一种重要的类型。这类课件具有较强的交互性和趣味性，能调动学生的积极性，激发学生的创造性。学生在智力游戏中能够不知不觉地巩固知识、训练思维。

本章将介绍如何制作智力游戏课件，这是一种将智力游戏与教育教学结合在一起的新型课件类型，它包括拖曳题课件、连线题课件、智能题库型课件等。

作为一款著名的动画设计软件，Flash 在游戏制作领域也具有强大的优势，用 Flash 制作的智力游戏课件效果逼真、功能强大。

本章通过几个课件范例的制作过程介绍用 Flash 制作智力游戏课件的方法和技巧。

9.1 拖曳题课件——组装化学实验装置

拖曳题课件是很典型的智力游戏类课件。在拖曳题课件中，课件内容往往设计得很巧妙，用户用鼠标拖曳课件中的对象进行智力测验。在制作多媒体课件时，拖曳题课件一般可用来制作拼图、配对题、组装实验仪器等。这种类型的课件拓展了传统教学活动中练习与测验活动的空间，充分体现了计算机辅助教学的优势。

MovieClip 类是 Flash 最重要的内置类，startDrag()、stopDrag()、hitTest()是 MovieClip 类的 3 个方法，利用这 3 个方法可以实现影片剪辑实例的拖曳和碰撞检测功能。本节通过一个组装化学实验装置课件范例介绍用 Flash 制作拖曳题课件的方法和技巧。

📖 课件简介

本范例是一个用鼠标拖曳组合化学实验装置的课件。课件运行时，页面上显示一些化学仪器，要求用户拖曳窗口右上角的 3 个化学仪器组装成一个完整的制氯实验装置，如图 9-1-1 所示。如果用户拖曳化学仪器到正确的组装位置附近，那么仪器会被自动吸附到

正确位置；如果用户拖曳化学仪器到其他位置，那么仪器会自动返回到初始位置。单击"答案"按钮，系统给出正确的仪器组装结果。单击"返回"按钮，课件返回到初始状态。

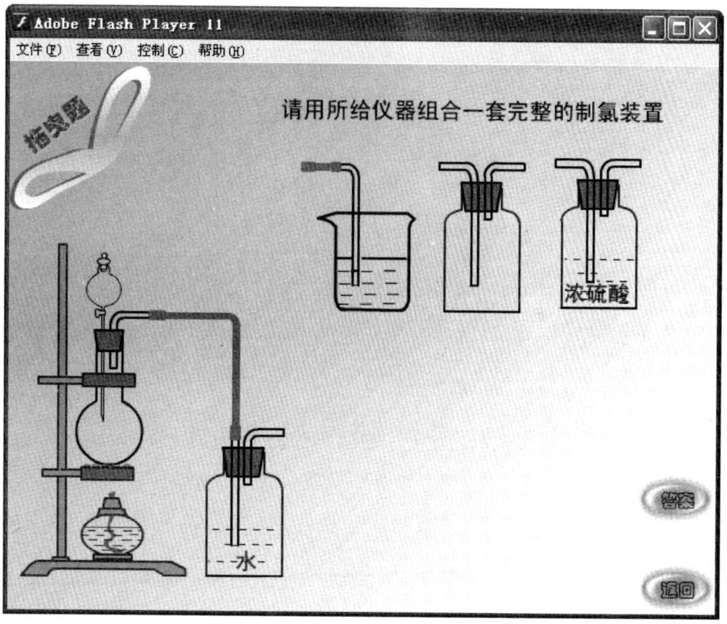

图 9-1-1　课件效果

知识要点

◆　制作拖曳题课件的方法

◆　利用 MovieClip 类的 startDrag() 和 stopDrag() 方法实现影片剪辑的拖曳功能

◆　利用 MovieClip 类 hitTest() 方法检测拖曳碰撞

◆　自定义函数的应用

◆　数组访问运算符[]的应用

制作步骤

9.1.1　创建课件界面和实验仪器

（1）新建一个 ActionScript 2.0 文件，在"文档属性"对话框中设置舞台尺寸为 630×480 像素，其他属性按照默认值设置。

（2）将"图层 1"重命名为"背景和标题"，在这个图层上创建一个背景图形元件和课件标题文字与提示文字信息，效果如图 9-1-2 所示。

（3）在"背景和标题"图层上面新建一个图层，并重命名为"组装好的仪器"。在这个图层上创建制氯实验装置的部分仪器，包括实验工作台架、酒精灯、导管、水瓶等，效果如图 9-1-3 所示。

图 9-1-2　课件背景和标题

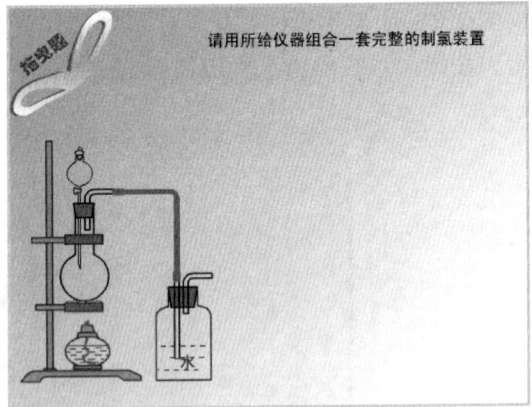

图 9-1-3　组装好的仪器

9.1.2　创建待安装的仪器元件和碰撞检测元件

1．创建碰撞检测元件

（1）新建一个名字为"检测"的影片剪辑元件，在这个元件的编辑场景中绘制一个灰色的矩形。

（2）返回到"场景 1"，在"组装好的仪器"图层上面新建一个图层，并重命名为"用于检测的 MC"。然后在这个图层上将"库"中的"检测"影片剪辑元件拖放 3 个到舞台上，并调整这 3 个实例的尺寸和位置，效果如图 9-1-4 所示。

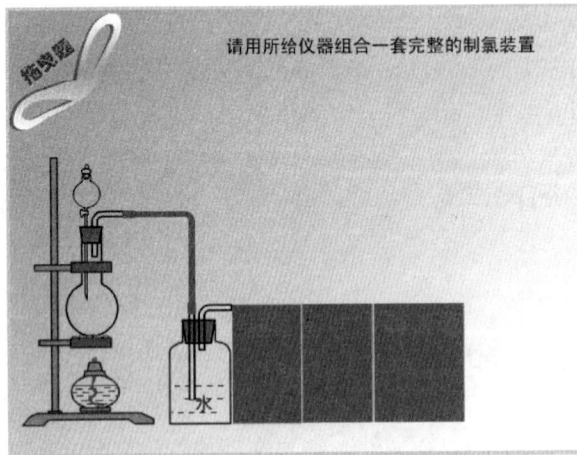

图 9-1-4　创建碰撞检测影片剪辑

专家点拨：如图 9-1-4 所示的 3 个灰色矩形是 3 个用于检测拖曳碰撞的影片剪辑实例，它们所处的位置也就是将来待组装的仪器被拖曳的正确位置。

（3）在"属性"面板中分别定义舞台上的 3 个检测实例的实例名为 jiance1、jiance2、jiance3。

2．创建待安装的仪器元件

（1）创建 3 个影片剪辑元件，名字分别为"量杯""空瓶子""硫酸瓶子"，3 个元件的效果如图 9-1-5 所示。

专家点拨：在制作"量杯""空瓶子""硫酸瓶子"这 3 个影片剪辑元件时要把绘制的图形群组，然后对齐舞台中心。

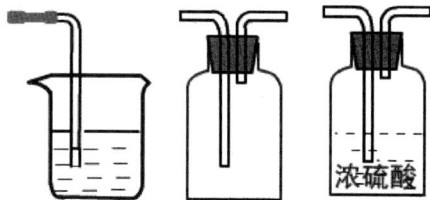

图 9-1-5　"量杯"、"空瓶子"、"硫酸瓶子"影片剪辑元件

（2）在"用于检测的 MC"图层上面新建一个图层，并重命名为"待组装的仪器"，然后在这个图层上将"库"中的"量杯""空瓶子""硫酸瓶子"影片剪辑元件分别拖放到舞台上。

（3）在"属性"面板中分别定义舞台上的"量杯""空瓶子""硫酸瓶子"的实例名称为 drag3、drag2、drag1。

9.1.3　用动作脚本实现仪器的拖曳和组装

1．获取待安装仪器实例的初始坐标

（1）在"待组装的仪器"图层上面新建一个图层，并重命名为 action，实现仪器拖曳和组装的主要程序代码都要在这个图层上定义。

（2）选择 action 图层的第 1 帧，在"动作"面板中定义动作脚本如下：

```
//获取 3 个被拖曳仪器实例的初始坐标
oldx1 = drag1._x;
oldy1 = drag1._y;
oldx2 = drag2._x;
oldy2 = drag2._y;
oldx3 = drag3._x;
oldy3 = drag3._y;
```

通过以上代码可以获取 3 个被拖曳仪器实例的初始坐标，并且把它们存储在相应的变量中。

专家点拨：_x 和_y 是影片剪辑的两个属性，分别用来获取影片剪辑实例在场景中的 x 坐标和 y 坐标。

2．定义 3 个仪器的拖曳和组装动作脚本

（1）定义第 1 个仪器的拖曳和组装动作脚本。选择 action 图层的第 1 帧，在"动作"面板中输入以下动作脚本：

```
//以下代码实现被拖曳仪器 1 的组装和检测
//当在仪器实例 1 上按下鼠标时开始拖动仪器
```

```
drag1.onPress = function() {
    this.startDrag();
};
//当在仪器实例 1 上释放鼠标时停止拖动仪器
drag1.onRelease = function() {
    this.stopDrag();
    //如果被拖曳仪器实例 1 碰撞到相应的检测实例 1，也就是拖放的位置正确
    if(this.hitTest(jiance1)) {
        //让被拖曳仪器实例 1 的坐标等于检测实例 1 的坐标，也就是组装仪器到正确的位置
        this._x = jiance1._x;
        this._y = jiance1._y;
        //使被拖曳仪器实例 1 不能再被拖动
        this.enabled = 0;
    } else {
        //如果被拖曳仪器实例 1 没有碰撞到相应的检测实例 1，也就是拖放的位置不正确
        //那么让被拖曳仪器实例 1 的坐标等于它的初始坐标，也就是返回到原来的位置
        this._x = oldx1;
        this._y = oldy1;
    }
};
```

专家点拨：hitTest()是 MovieClip 类的方法，用于检测一个影片剪辑是否和另一个影片剪辑相交。hitTest()方法的一般使用格式如下：

被拖曳影片剪辑实例名.hitTest(用于检测的影片剪辑实例名);

hitTest()方法的返回值是逻辑值，当两个影片剪辑相交时返回 true，否则返回 false。

（2）定义第 2 个仪器的拖曳和组装动作脚本。选择 action 图层的第 1 帧，在"动作"面板中接着输入以下动作脚本：

```
//以下代码实现被拖曳仪器 2 的组装和检测
drag2.onPress = function() {
    this.startDrag();
};
drag2.onRelease = function() {
    this.stopDrag();
    if(this.hitTest(jiance2)) {
        this._x = jiance2._x;
        this._y = jiance2._y;
        this.enabled = 0;
    } else {
        this._x = oldx2;
        this._y = oldy2;
    }
};
```

（3）定义第 3 个仪器的拖曳和组装动作脚本。选择 action 图层的第 1 帧，在"动作"

面板中接着输入以下动作脚本:

```
//以下代码实现被拖曳仪器 3 的组装和检测
drag3.onPress = function() {
    this.startDrag();
};
drag3.onRelease = function() {
    this.stopDrag();
    if(this.hitTest(jiance3)) {
        this._x = jiance3._x;
        this._y = jiance3._y;
        this.enabled = 0;
    } else {
        this._x = oldx3;
        this._y = oldy3;
    }
};
```

仔细研究可以发现,以上两段动作脚本与定义第 1 个仪器的拖曳和组装动作脚本基本一样,只是改变了被拖曳仪器实例名和相应的检测实例名而已。

现在测试影片,可以基本实现拖曳仪器和检测碰撞功能。但是仔细测试可以发现目前的课件效果有些瑕疵。因为在舞台上设置的 3 个检测实例尺寸比较大,它们的位置也靠得很近,所以会出现被拖曳仪器吸附到错误的组装位置的现象。下面对检测实例进行尺寸和透明度的调整,进一步完善课件效果。

3. 调整检测元件的尺寸和透明度

(1)分别选择舞台上的 3 个检测实例,在"变形"面板中调整它们的尺寸,将它们的尺寸变小。

(2)分别选择舞台上的 3 个检测实例,在"属性"面板中设置它们的 Alpha 值都为 0%,如图 9-1-6 所示。场景效果如图 9-1-7 所示。

图 9-1-6 设置检测实例的 Alpha 值为 0%

专家点拨： 在调整场景中的 3 个检测实例的尺寸和位置时要不断地测试课件效果，耐心地将它们的尺寸和位置调整到最佳状态。

经过上面的操作步骤以后，再测试影片会发现课件效果更符合要求了，不再容易出现碰撞检测失误的问题。

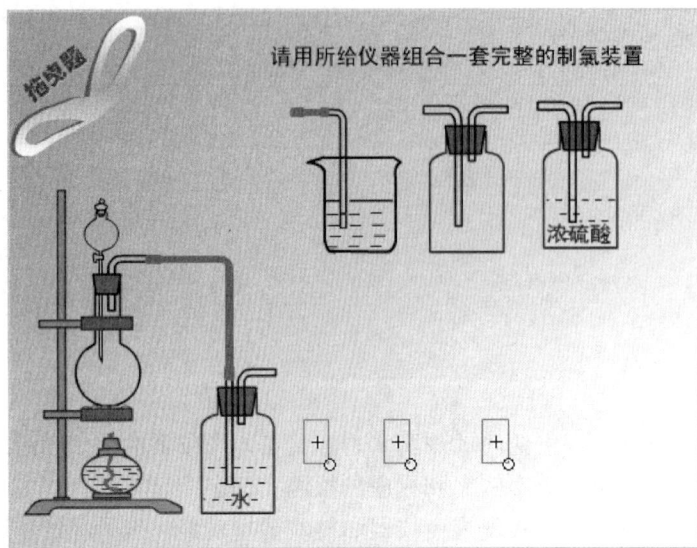

图 9-1-7　场景中 3 个检测实例的效果

4．简化程序代码

（1）认识数组访问运算符[]。使用数组访问运算符可以动态设置和检索实例名称和变量，例如要获取主场景中影片剪辑实例 mc1 的 x 坐标，可用以下代码：

```
var i = 1;
_root["mc"+i]._x; //_root 代表主场景
```

当然，上面的程序代码也可以通过点运算符实现，例如：

```
_root.mc1._x;
```

在这两段代码中后者好像更加简单，但如果主场景中有 100 个影片剪辑实例，用点运算符就要写 100 句程序代码，例如：

```
_root.mc1._x;
_root.mc2._x;
_root.mc3._x;
⋮
```

而用数组访问运算符则要简单得多，例如：

```
_root["mc"+i]._x;
```

因为 *i* 是变量，可以从 1 变化到 100，而这个变化通过一个循环结构可简单地实现：

```
for(var i = 1; i<=100; i++) {
    _root["mc"+i]._x;
}
```

仔细研究本课件的程序代码可以发现，用数组访问运算符可以将程序代码改写得更简练、更高效。下面用数组访问运算符和 for 循环语句改造程序代码。

（2）选择 action 图层的第 1 帧，在"动作"面板中输入以下动作脚本替换原来的动作脚本：

```
//通过一个 for 循环语句获取 3 个被拖曳仪器实例的初始坐标
for(var i = 1; i<=3; i++) {
    _root["oldx"+i] = _root["drag"+i]._x;
    _root["oldy"+i] = _root["drag"+i]._y;
}
//定义一个名字叫 zuzhuang 的函数，函数的参数为 j，用这个函数实现仪器的拖曳组装和碰撞检测
function zuzhuang(j) {
    //当在仪器实例上按下鼠标时开始拖动仪器
    this["drag"+j].onPress = function() {
        this.startDrag();
    };
    //当在仪器实例上释放鼠标时停止拖动仪器
    this["drag"+j].onRelease = function() {
        this.stopDrag();
        //如果被拖曳仪器实例碰撞到相应的检测实例，也就是拖放的位置正确
        if(this.hitTest(_root["jiance"+j])) {
            //让被拖曳仪器实例的坐标等于检测实例的坐标，也就是组装仪器到正确的位置
            this._x = _root["jiance"+j]._x;
            this._y = _root["jiance"+j]._y;
            //使被拖曳仪器实例不能再被拖动
            this.enabled = 0;
        } else {
            //如果被拖曳仪器实例没有碰撞到相应的检测实例，也就是拖放的位置不正确
            //那么让被拖曳仪器实例的坐标等于它的初始坐标，也就是返回到原来的位置
            this._x = _root["oldx"+j];
            this._y = _root["oldy"+j];
        }
    };
}
//执行函数 zuzhuang(1)，这样可以实现第 1 个仪器的组装和检测操作
zuzhuang(1);
//执行函数 zuzhuang(2)，这样可以实现第 2 个仪器的组装和检测操作
zuzhuang(2);
//执行函数 zuzhuang(3)，这样可以实现第 3 个仪器的组装和检测操作
zuzhuang(3);
```

9.1.4 实现答案查询功能

1. 创建按钮

（1）创建两个按钮元件，分别用来实现答案查询和返回功能。

（2）在 action 图层上面新建一个图层，并重命名为"按钮"，然后将"库"面板中的两个按钮拖放到舞台的右下角摆放好。

2. 定义"答案"按钮的动作脚本

（1）选择"答案"按钮，在"动作"面板中定义这个按钮的动作脚本如下：

```
on(release) {
    //设置 3 个被拖曳仪器实例安装到正确的位置，并且使它们不能再被拖动
    drag1._x = jiance1._x;
    drag1._y = jiance1._y;
    drag1.enabled = 0;
    drag2._x = jiance2._x;
    drag2._y = jiance2._y;
    drag2.enabled = 0;
    drag3._x = jiance3._x;
    drag3._y = jiance3._y;
    drag3.enabled = 0;
}
```

专家点拨："drag1.enabled=0;"这行程序代码的功能是使名字为 drag1 的影片剪辑实例失效，也就是使 drag1 不能再被拖曳。enabled 是 MovieClip 类的属性，通过它可以设置影片剪辑实例是否可用。enabled 属性的使用格式如下。

影片剪辑实例名．enabled=0（或者 1）；

当 enabled 属性值为 0 时，影片剪辑实例失效；当 enabled 属性值为 1 时，影片剪辑实例可用。

（2）简化"答案"按钮上的动作脚本。选择"答案"按钮，在"动作"面板中输入以下动作脚本替换原来的动作脚本：

```
on(release) {
    //通过一个 for 循环语句设置 3 个被拖曳仪器实例安装到正确的位置，并且使它们不能再被
      拖动
    for(var i = 1; i<=3; i++) {
        _root["drag"+i]._x = _root["jiance"+i]._x;
        _root["drag"+i]._y = _root["jiance"+i]._y;
        _root["drag"+i].enabled = 0;
    }
```

```
}
```

3．定义"返回"按钮的动作脚本

（1）选择"返回"按钮，在"动作"面板中定义这个按钮的动作脚本如下：

```
on(release) {
    //设置 3 个被拖曳仪器实例返回到初始位置，并且使它们可以被拖动
    drag1._x = oldx1;
    drag1._y = oldy1;
    drag1.enabled = 1;
    drag2._x = oldx2;
    drag2._y = oldy2;
    drag2.enabled = 1;
    drag3._x = oldx3;
    drag3._y = oldy3;
    drag3.enabled = 1;
}
```

（2）简化"返回"按钮上的动作脚本。选择"返回"按钮，在"动作"面板中输入以下动作脚本替换原来的动作脚本：

```
on(release) {
    //通过一个 for 循环语句设置 3 个被拖曳仪器实例返回到初始位置，并且使它们可以被拖动
    for(var i = 1; i<=3; i++) {
        _root["drag"+i]._x = _root["oldx"+i];
        _root["drag"+i]._y = _root["oldy"+i];
        _root["drag"+i].enabled = 1;
    }
}
```

9.2　连线题课件

连线题课件是常见的智力游戏课件，利用 Flash 提供的绘图函数可以制作出功能强大、效果逼真的连线题课件。本节通过一个物理连线题课件范例的制作过程介绍用 Flash 制作连线题课件的方法。

📖 **课件简介**

本课件是一个认识物理电路元件符号的连线测验题。课件运行时，课件页面上显示连线题目，上面是 5 个物理电路元件符号图形，下面是这些电路元件的名称，如图 9-2-1 所示。

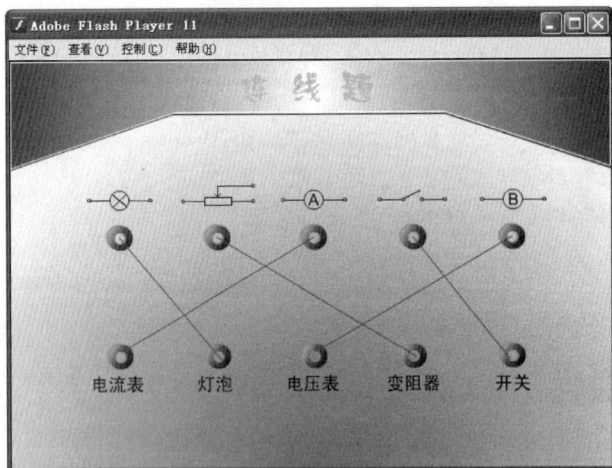

图 9-2-1　课件运行的初始画面

　　答题时，单击电路元件符号图形下的按钮，然后拖动鼠标画直线，在电路元件名称的按钮上单击，绘制出一条连线。如果选择的答案正确，则连线成功，这时在图片和相应的名称之间会产生一条红色直线，并且会出现一个表示祝贺的声音反馈信息；如果选择的答案不正确，则连线不成功，在图片和文字之间不会产生红色直线，并且会出现一个表示遗憾的声音反馈信息。图 9-2-2 所示的是答题连线成功以后的一个画面。

图 9-2-2　连线正确以后的画面效果

知识要点

◆　制作连线题课件的方法
◆　跟随鼠标绘制直线的方法
◆　用 createEmptyMovieClip 创建影片剪辑的方法
◆　按钮元件的 enabled 属性的应用
◆　Sound 类（声音类）的应用

制作步骤

9.2.1   创建连线题题目和连线按钮

1. 创建课件界面

（1）新建一个 ActionScript 2.0 文件，设置舞台尺寸为 600×400 像素，其他属性默认。

（2）新增加一个图层，并将现有的两个图层分别命名为"背景"和"标题"。在"背景"图层上创建一个背景图形元件，在"标题"图层上用"文本工具"创建相应的标题文字。图 9-2-3 所示的是创建好的效果。

2. 创建连线题题目

（1）在"标题"图层上面新增加一个图层，并将这个图层重命名为"题目"，下面要把物理电路元件符号图形和名称文本放置到这个图层上。

（2）在"题目"图层对应的场景中用绘图工具绘制 5 个物理电路元件符号，然后用"文本工具"输入 5 个电路元件符号的名称文本，并将它们分上下放置，排放整齐，如图 9-2-4 所示。

图 9-2-3   课件背景和标题

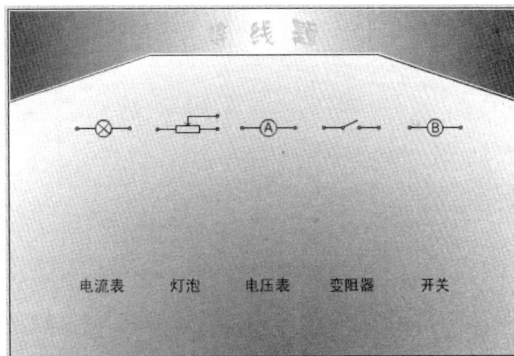

图 9-2-4   创建连线题目

3. 创建连线按钮

（1）新建一个按钮元件，将它命名为"连线按钮"，然后在这个元件的编辑场景中用绘图工具绘制一个圆形的按钮元件。图 9-2-5 所示的是这个按钮元件制作完成以后在"库"面板中的效果。

（2）本课件的连线题目中需要两组按钮，一组需要创建在电路元件符号图形下面，另一组需要创建在电路元件名称上面。这两组按钮在外观上没有区别，但实际上它们是两种不同类型的对象，下面来创建它们。

（3）在"场景 1"中新建一个"连线按钮"图层，在这个图层上将"库"面板中的"连线按钮"元件拖放 5 个到场景上，这 5 个按钮元件的位置如图 9-2-6 所示。

图 9-2-5 "连线按钮"按钮元件

图 9-2-6 放置按钮实例

（4）选择这 5 个按钮实例，使它们全部处在选中状态。按下 Ctrl 键不松手，同时用鼠标拖动这 5 个按钮实例，这样就可以复制出另外 5 个一样的按钮实例。将它们放置在电路元件符号图形下，并摆放整齐，如图 9-2-7 所示。

（5）下面要把上面一组 5 个按钮转换为影片剪辑元件。选择上面一组左边的第 1 个按钮，按 F8 键将它转换为名字为 f1 的影片剪辑元件，如图 9-2-8 所示。

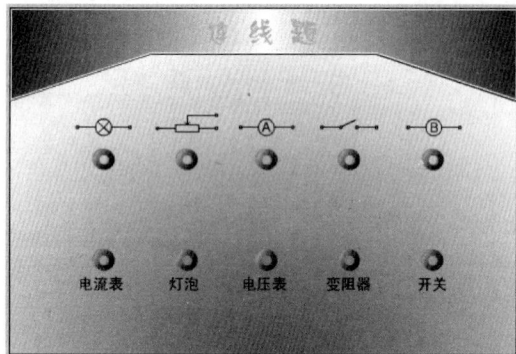

图 9-2-7 复制得到另外 5 个按钮实例

图 9-2-8 转换元件

（6）用同样的方法将上面一组另外 4 个按钮也分别转换为影片剪辑元件，它们的名称分别为 f2、f3、f4、f5。

因为下面定义动作脚本时要调用这些影片剪辑实例，所以在"属性"面板中分别定义这 5 个影片剪辑实例的名称为 f1、f2、f3、f4、f5。

经过前面的制作步骤以后，影片舞台上的对象就基本创建好了。这里需要特别提醒的是，上、下两组按钮对象的类型是完全不一样的，上面一组是影片剪辑元件，这些影片剪辑元件分别包含了一个按钮元件，而下面一组是按钮元件。

9.2.2　定义动作脚本实现连线功能

1．定义上面一组按钮影片剪辑元件的动作脚本

（1）双击上面一组的第 1 个按钮影片剪辑实例，进入到该影片剪辑元件的编辑状态，可以看到影片剪辑元件中包含一个按钮元件。

（2）双击"图层 1"，将它重命名为"按钮"，然后选择该图层的第 3 帧，按 F5 键插入一个帧。

（3）在"按钮"图层上方新插入一个图层，并将它重命名为 action，然后在该图层的第 2 帧、第 3 帧处分别插入一个空白关键帧。选择 action 图层的第 1 帧，在"动作"面板中定义该帧的动作脚本为"stop();"，表示当进入该影片剪辑时先停止在第 1 帧上。

（4）选择 action 图层的第 2 帧，在"动作"面板中定义该帧的动作脚本如下：

```
with (_root.f1) { //在名字为 f1 的影片剪辑元件中
    clear(); //清除所有的图形
    //设置将要绘制的直线的粗细为 1、颜色为红色、Alpha 值为 100
    lineStyle(1,0xff0000,100);
//跟随鼠标绘制直线。_xmouse 和 _ymouse 是按钮的两个属性，可以获取鼠标的 x 坐标和 y 坐标
    lineTo(_xmouse,_ymouse);
}
```

这段动作脚本的功能是在名称为 f1 的影片剪辑实例中绘制一条红色的直线，这条直线的起点是触动这段动作脚本执行时鼠标的位置，终点是终止这段动作脚本时鼠标的位置。

专家点拨：MovieClip 类（影片剪辑类）提供了专门的绘图方法函数，在"动作"面板的"ActionScript 2.0 类"｜"影片"｜MovieClip｜"绘图方法"中可以找到这些绘图方法函数。在上面的动作脚本中 clear()、lineStyle()、lineTo() 都是 MovieClip 类的绘图方法函数。

（5）选择 action 图层的第 3 帧，在"动作"面板中定义该帧的动作脚本如下：

```
gotoAndPlay(2);
```

表示动画转到第 2 帧并开始播放，这样能循环执行第 2 帧上的绘制直线动作脚本，一直到终止绘制直线的条件满足为止。

以上是影片剪辑 f1 中的 3 个帧动作。第 2 帧和第 3 帧上的动作脚本用来实现绘制直线。

（6）在影片剪辑 f1 的第 1 帧中设置的动作为"停止"，因此需要创造一个条件，当条件满足时运行第 2 帧和第 3 帧上的动作脚本。这个条件通过影片剪辑 f1 中的按钮来实现。选择影片剪辑 f1 中的按钮，在"动作"面板中定义它的动作脚本如下：

```
on (press) {            //当单击按钮时
    gotoAndPlay(2);     //跳转到第 2 帧开始播放
}
```

这段动作脚本的功能是当单击按钮时动画跳转到影片剪辑 f1 的第 2 帧并开始播放，也

就是执行第 2 帧上的动作脚本，开始绘制直线，然后执行第 3 帧上的动作脚本，与第 2 帧构成循环，进行直线的绘制，直到停止绘制直线的条件产生时才结束该循环操作。

图 9-2-9 所示的是影片剪辑 f1 的图层结构。

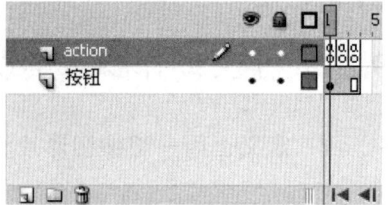

图 9-2-9　影片剪辑 f1 的图层结构

2．定义主场景中下面一组按钮的动作脚本

在上面的步骤中，通过对影片剪辑 f1 的动作脚本定义实现了这样的功能：当单击影片剪辑 f1 包含的按钮时，随着鼠标指针的移动，能拉出一条直线，直线的位置和鼠标指针移动的位置是一致的。

下面要实现的功能是当单击"灯泡"文字答案上的按钮时，可以结束直线的绘制，这时在两个按钮之间产生一条直线。下面定义"灯泡"文字答案上按钮中的动作脚本。

在"场景 1"中选择"灯泡"文字答案上面的按钮，在"动作"面板中定义它的动作脚本如下：

```
on (release) { //当单击并释放按钮时
    with (_root.f1) {        //在名字为 f1 的影片剪辑元件中
        gotoAndStop(1);      //跳转到第 1 帧并停止播放
    }
}
```

这段动作脚本的功能是当单击按钮时调用名为 f1 的影片剪辑，并停止在该影片剪辑的第 1 帧。在单击该按钮前，正在循环执行影片剪辑 f1 的第 2 帧和第 3 帧，跟随鼠标指针不断地绘制直线。当单击该按钮后停止循环，直线绘制完成，在两个按钮之间生成一条直线。

现在已经成功实现了一对按钮连线的制作。其他 4 对按钮连线的制作方法和上面的步骤类似，这里不再详述，读者可以参考配套光盘中的课件源文件。

3．完善动作脚本

经过上面的步骤，本课件的功能基本完成，但是还有一些不完善的地方。现在来测试一下影片，观察课件的运行效果。

选择"控制"|"测试影片"|"测试"命令（快捷键为 Ctrl+Enter），课件开始播放。用鼠标完成一个正确答案的连线操作，这时观察上面的影片剪辑按钮，会发现连线操作产生的红色直线上端被影片剪辑按钮覆盖住了。另外，如果单击上面一组的一个按钮以后再单击上面一组的其他按钮，会出现多条连线同时绘制的情况，这当然也不是我们想看到的结果。下面就想办法去掉这两个瑕疵。

（1）使连线显示在按钮上面。双击影片剪辑 f1，进入到该影片剪辑的编辑状态，选择影片剪辑时间轴的第 2 帧，打开"动作"面板，重新对帧上的动作脚本进行编辑，编辑后的动作脚本如下：

```
//在 f1 中创建一个名字为 f 的空影片剪辑元件，设置 f 的级别为 1
_root.f1.createEmptyMovieClip("f", 1);
```

```
//以下在名字为 f 的影片剪辑元件中进行
with (_root.f1.f) {
    //清除所有的图形
    clear();
    //设置将要绘制的直线的粗细为 1，颜色为红色，不透明
    lineStyle(1, 0xff0000, 100);
    //跟随鼠标绘制直线
    lineTo(_xmouse, _ymouse);
}
```

可以看到，经过重新编辑以后，动作脚本中增加了这样一条语句：

```
_root.f1.createEmptyMovieClip("f",1);
```

表示在 f1 影片剪辑中创建一个空白的影片剪辑，名为 f，设置它的级别为 1。这样，绘制直线的操作不再在影片剪辑 f1 中完成，而是在影片剪辑 f 中完成。由于影片剪辑 f 的级别为 1，比其他的影片剪辑级别都高，因此直线再也不会被其他的图形对象覆盖。

用同样的方法完成其他 4 个影片剪辑的动作脚本设置。

影片剪辑 f2 中第 2 帧上的动作脚本如下：

```
_root.f2.createEmptyMovieClip("f",1);
with (_root.f2.f) {
    clear();
    lineStyle(1,0xff0000,100);
    lineTo(_xmouse,_ymouse);
}
```

影片剪辑 f3 中第 2 帧上的动作脚本如下：

```
_root.f3.createEmptyMovieClip("f",1);
with (_root.f3.f) {
    clear();
    lineStyle(1,0xff0000,100);
    lineTo(_xmouse,_ymouse);
}
```

影片剪辑 f4 中第 2 帧上的动作脚本如下：

```
_root.f4.createEmptyMovieClip("f",1);
with (_root.f4.f) {
    clear();
    lineStyle(1,0xff0000,100);
    lineTo(_xmouse,_ymouse);
}
```

影片剪辑 f5 中第 2 帧上的动作脚本如下：

```
_root.f5.createEmptyMovieClip("f",1);
```

```
with (_root.f5.f) {
    clear();
    lineStyle(1,0xff0000,100);
    lineTo(_xmouse,_ymouse);
}
```

将这些动作脚本重新编辑以后，再测试一下课件，连线就出现在按钮上面了。

（2）控制连线按钮的状态。此时课件的第 2 个瑕疵是单击上面的一个按钮开始连线时，如果又单击了上面的其他按钮，那么会出现多个连线同时绘制的问题。这个瑕疵的出现，是因为当单击上面的任意一个按钮开始连线操作时，上面的其他按钮也处在可用激活状态，所以同时单击其他按钮时所单击按钮的动作脚本就要执行，因此会出现多个连线同时绘制的问题。

要想解决这个问题，只需有效地控制上面一组按钮的状态。当单击上面一组中的任意一个按钮开始连线时，需要控制另外的 4 个按钮处在无效状态。当完成一个有效的连接以后，再使上面一组中所有的按钮有效，等待下一个连接操作的出现。

按钮元件有一个 enabled 属性，这个属性可以控制按钮是否有效，当它的值为 0 时，按钮失效；当它的值为 1 时，按钮有效。下面利用按钮元件的 enabled 属性来解决问题。

为了设置上面一组按钮的 enabled 属性，需要先在"属性"面板中定义这些按钮对象的实例名称。这 5 个按钮对象的实例名从左到右依次为 an1、an2、an3、an4、an5。

专家点拨： 上面一组按钮对象其实是包含在一个影片剪辑元件中，因此在定义这些按钮对象的实例名时需要进入到相应的影片剪辑元件中进行定义。

下面以名字为 an1 的按钮对象为例介绍问题的解决方法。

在主动画场景中双击上面一组的第 1 个按钮影片剪辑，进入到这个影片剪辑元件的编辑状态。选择"按钮"图层上的按钮对象，打开"动作"面板，重新编辑这个按钮的动作脚本如下：

```
//当单击按钮时
on (press) {
    //让其他按钮失效
    _root.f2.an2.enabled = 0;
    _root.f3.an3.enabled = 0;
    _root.f4.an4.enabled = 0;
    _root.f5.an5.enabled = 0;
    //跳转到第 2 帧开始播放
    gotoAndPlay(2);
}
```

从这段脚本可以看出，通过重新编辑，添加了 4 个语句：

```
_root.f2.an2.enabled = 0;
_root.f3.an3.enabled = 0;
_root.f4.an4.enabled = 0;
_root.f5.an5.enabled = 0;
```

这 4 个语句通过设置按钮的 enabled 属性使 an2、an3、an4、an5 这 4 个按钮失效，这样，当单击名字为 an1 的按钮时，其他 4 个按钮 an2、an3、an4、an5 马上失效，在连线过程中就不会再出现多个连线同时绘制的情况了。

下面选择 action 图层的第 1 帧，在"动作"面板中重新编辑这个帧的动作脚本如下：

```
//停止
stop();
//使 5 个按钮全部有效
_root.f1.an1.enabled = 1;
_root.f2.an2.enabled = 1;
_root.f3.an3.enabled = 1;
_root.f4.an4.enabled = 1;
_root.f5.an5.enabled = 1;
```

从这段脚本可以看出添加了 5 个语句，这 5 个语句通过设置按钮的 enabled 属性使 an1、an2、an3、an4、an5 全部有效。这样重新定义动作脚本的目的是当用户单击名字为 an1 的按钮对象并完成一个有效连接时（也就是单击了下面一组的一个有效按钮，停止了绘制直线的操作）程序要跳转到 an1 所在的影片剪辑中的第 1 帧。这时需要上面一组的 5 个按钮都恢复到有效状态（在一个有效连接完成以前，有 4 个按钮对象是无效的），因此在第 1 帧的动作脚本中加入了相应的设置按钮的 enabled 属性的语句。

通过上面的步骤，解决了和 an1 相关的问题。其他 4 个按钮的问题也可以按照同样的方法进行解决。重新编辑后的动作脚本请参看配套光盘上的课件源文件。

9.2.3　实现声音反馈功能

到目前为止，这个连线题课件已经基本制作完成。接下来需要在课件中加入声音反馈信息效果，这样课件就会更具吸引力。在连线过程中如果连线正确，则出现一个表示鼓励的声音反馈，否则出现一个表示遗憾的声音反馈。

在 8.3 节的课件范例中创建两个表示答题正确和答题错误的反馈声音影片剪辑元件，再通过定义动作脚本调用这两个影片剪辑元件进行播放，从而实现了课件中答题后的声音反馈功能。本节采用另外一种更简便的方法，即利用 Sound 类（声音类）来实现声音反馈功能。

1．定义"库"中声音的链接名

（1）选择"文件"|"导入"|"导入到库"命令，将两个分别表示答题正确和答题错误的声音文件导入"库"面板中，如图 9-2-10 所示。

（2）在"库"面板中右击名字为"正确声音"的声音元件，在弹出的快捷菜单中选择"属性"命令，弹出"声音属性"对话框，单击 ActionScript 标签，在其中选中"为 ActionScript 导出"复选框，然后在"标识符"文本框中输入 sound1，如图 9-2-11 所示。单击"确定"按钮，这样就定义了一个声音链接名 sound1。

图 9-2-10　导入到"库"中的声音　　　　　图 9-2-11　"声音属性"对话框

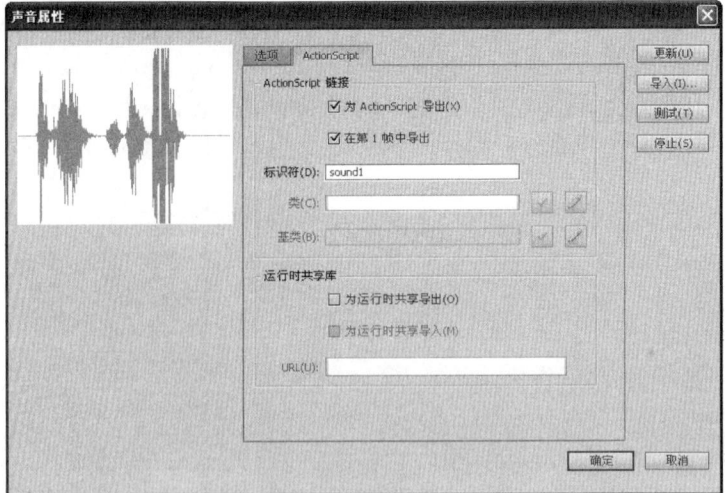

按照同样的方法定义"库"面板中名字为"错误声音"的声音元件的链接名为 sound 2。

2．定义声音对象和链接声音

（1）在"场景 1"中新建一个图层，并重命名为 action。

（2）选择 action 图层的第 1 帧，在"动作"面板中输入以下动作脚本：

```
//建立一个名字为 zhengque 的声音对象
zhengque = new Sound();
//把库中的 sound1 声音链接到 zhengque 声音对象
zhengque.attachSound("sound1");
//建立一个名字为 cuowu 的声音对象
cuowu = new Sound();
//把库中的 sound2 声音链接到 cuowu 声音对象
cuowu.attachSound("sound2");
```

3．重新编辑按钮的动作脚本

下面以一对连线按钮为例介绍实现声音反馈功能的动作脚本的设计方法。

（1）在"场景 1"中双击上面一组的第 1 个按钮，进入到这个按钮影片剪辑元件的编辑状态，然后选择 action 图层的第 2 帧，在"动作"面板中编辑这个帧的动作脚本如下：

```
//定义变量 result 的值为"灯泡"，这是用来判断用户是否连线正确的变量
result = "灯泡";
//在 f1 中创建一个名字为 f 的空影片剪辑元件，设置 f 的级别为 1
_root.f1.createEmptyMovieClip("f", 1);
//以下在名字为 f 的影片剪辑元件中进行
with (_root.f1.f) {
    //清除所有的图形
    clear();
```

```
    //设置将要绘制的直线的粗细为1，颜色为红色，不透明
    lineStyle(1, 0xff0000, 100);
    //跟随鼠标绘制直线
    lineTo(_xmouse, _ymouse);
}
```

从这段脚本可以知道，只是在原来的动作脚本前添加了一行程序代码：

```
result = "灯泡";
```

这行程序代码定义了一个变量 result，它的值是一个字符串"灯泡"，将来要用这个变量判断连线答题是否正确。

（2）返回到主场景，选择下面一组的第 2 个按钮对象（因为这个按钮对象和上面一组的第 1 个按钮对象是一对有效连线按钮），在"动作"面板中编辑这个按钮的动作脚本如下：

```
//当单击并释放鼠标左键时
on (release) {
    //在名字为 f1 的影片剪辑元件中
    with (_root.f1) {
        //跳转到第1帧并停止播放
        gotoAndStop(1);
    }
    //如果 f1 中的 result 变量的值为"灯泡"
    if (_root.f1.result == "灯泡") {
        //那么让名字为 zhengque 的声音对象开始播放
        zhengque.start();
        //重新设置变量 result 的初值为空，这样不至于重复使用变量的值
        _root.f1.result = "";
    } else {
        //如果 f1 中的 result 变量的值不是"灯泡"
        //那么让名字为 cuowu 的声音对象开始播放
        cuowu.start();
    }
}
```

通过重新编辑，在原来的动作脚本后面增加了一段选择结构的动作脚本：

```
//如果 f1 中的 result 变量的值为"灯泡"
if (_root.f1.result == "灯泡") {
    //那么让名字为 zhengque 的声音对象开始播放
    zhengque.start();
    //重新设置变量 result 的初值为空，这样不至于重复使用变量的值
    _root.f1.result = "";
} else {
    //如果 f1 中的 result 变量的值不是"灯泡"
    //那么让名字为 cuowu 的声音对象开始播放
    cuowu.start();
}
```

（3）按照同样的方法对其他几对连线按钮的动作脚本重新进行编辑，这里不再详述，请参看配套光盘上的课件源文件。

至此，本课件范例制作完毕。

9.3 智能题库课件

读者有没有想过拥有自己的智能题库管理程序？利用这个程序可以随时创建属于自己的智能题库课件，而且增删题库里的测验题目轻而易举。另外，题库还具有智能测验功能，它能判断答题对错，并能统计成绩、查看答案等。

如果拥有了这样的智能题库管理程序，今后制作一些测验题课件时就不会再耗费太多的精力了。本节介绍智能题库课件的设计思路和制作方法。

本节要制作两个智能题库课件范例，第 1 个是智能题库课件入门版，第 2 个是智能题库课件完美版。通过对第 1 个入门版课件范例的详细讲解，读者可以理解和掌握用 Flash 制作智能题库课件的方法；通过对第 2 个完美版课件范例的分析和应用，读者可以熟练掌握制作智能题库课件的方法和技巧。

📖 **课件简介**

本范例是一个关于初中化学知识测验的智能题库课件。本课件有两个版本，一个是入门版本，另一个是完美版本。在这个智能题库课件中制作了 5 个单项选择题，测验题目单独放在一个文本文件中。当课件运行时，Flash 影片先调用测验题目文本文件，将测验题目载入，Flash 影片加载测验题目文本文件时的初始画面效果如图 9-3-1 所示。

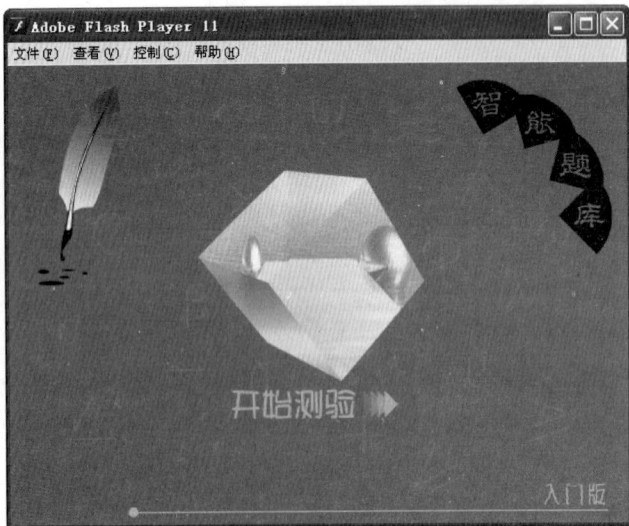

图 9-3-1　加载测验题目的初始画面

单击图 9-3-1 中的"开始测验"按钮，课件将显示测验题目页面，一个页面显示一道单选题。图 9-3-2 和图 9-3-3 分别是这个课件的入门版和完美版的测验题页面效果。

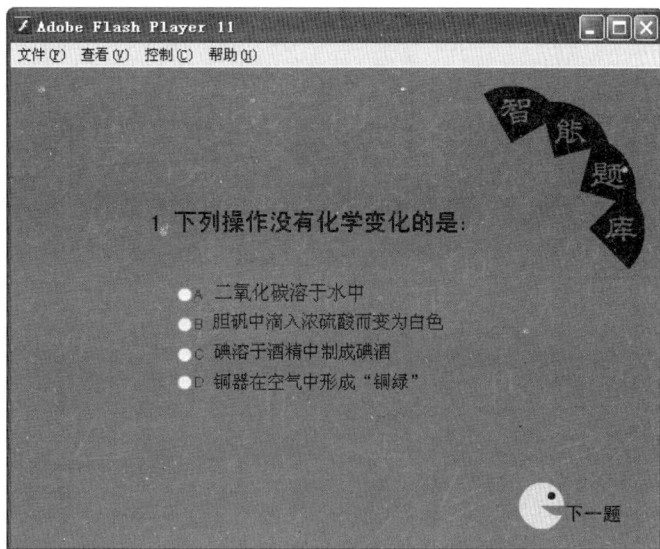

图 9-3-2　入门版的测验题页面效果

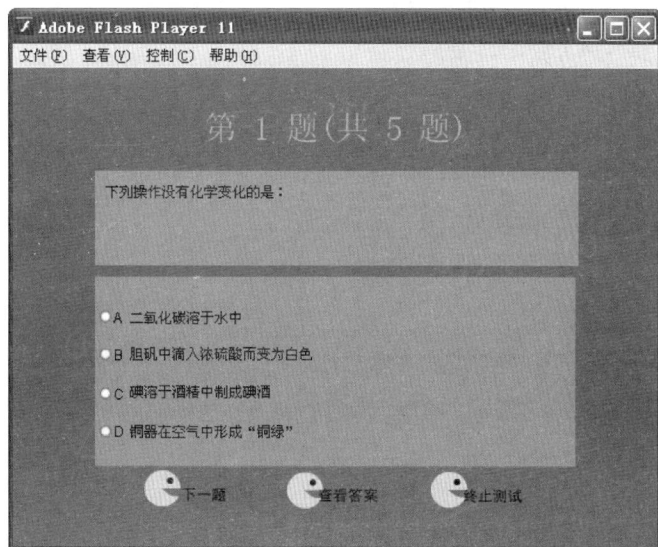

图 9-3-3　完美版的测验题页面效果

在测验题页面上可以通过单击的方式选取一个测验题目的答案。回答完毕后单击"下一题"按钮，课件显示下一道测验题目。当终止答题时，还可以得到一个测验成绩反馈页面。图 9-3-4 所示的是显示测验成绩的页面效果。

知识要点

- ◆　智能题库课件的制作方法
- ◆　Flash 加载外部文本文件的方法
- ◆　智能判断答题对错和统计测验成绩的实现方法
- ◆　单选按钮组件的应用

◆ 动态文本在测试课件中的应用

制作步骤

图 9-3-4　测验成绩页面

9.3.1　课件制作思路和创建外部文本文件

1. 课件制作思路

首先了解这种智能题库课件的设计思路。为了便于对题库中测验题目的管理和维护，把这种智能题库课件的程序结构分为两个模块。

（1）第 1 个模块是测验题目文件：测验题目专门放在一种文本文件中，今后管理和维护测验题目就在这种文本文件中进行，并且测验题目的增删就像编辑一般的文本文件一样，特别简单。

（2）第 2 个模块是题库智能管理程序：这个管理程序其实就是一个 Flash 影片文件，这个影片文件主要通过 ActionScript 编程来实现。它可以将测验题目文本文件中的测验题目数据读入，并且对它们进行智能化管理，以实现智能题库课件的功能。

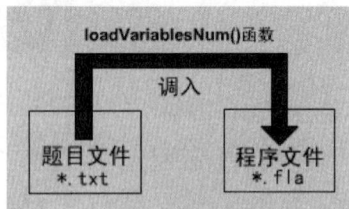

图 9-3-5　智能题库课件的程序结构

智能题库课件的程序结构如图 9-3-5 所示。题目文件和程序文件互不干涉，在需要的时候程序文件才将题目文件中的相关测验题目调入，并进行智能化管理。这样，如果智能题库课件中的题目需要增加或者删除，只需重新编辑题目文件就可以了，而不用再编辑程序文件。

Flash 提供了一个 loadVariablesNum()函数，利用这个函数可以加载外部文本文件中定义的变量。这样就可以在外部文本文件中将测验题目定义成变量的形式，在 Flash 程序中通过 loadVariablesNum()函数来加载和调用这些测验题目变量，实现智能题库课件的制作。

2．创建外部文本文件

（1）在 Windows 中打开"记事本"程序，在"记事本"窗口中按照一定的格式输入课件中需要的测试题目。图 9-3-6 显示的是其中的 3 个测试题目。

从图 9-3-6 所示的窗口中可以看出，输入的测试题目内容都有固定的格式，这里定义了一些变量。例如针对第 1 道测试题目定义了 5 个变量，分别是 question1、answer1_1、answer1_2、answer1_3、answer1_4。

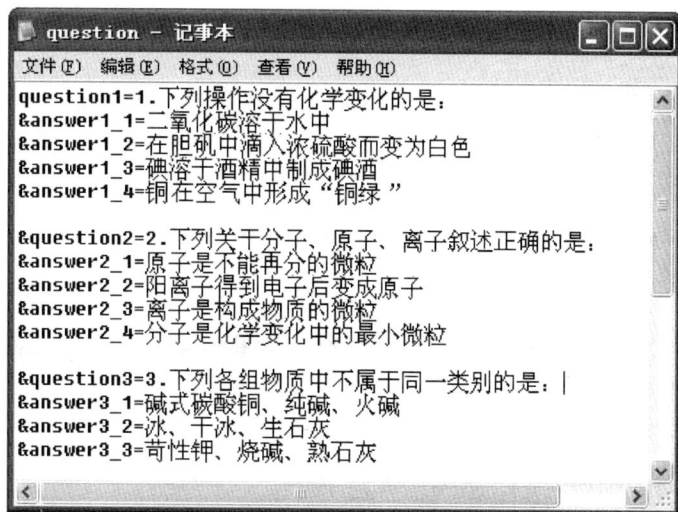

图 9-3-6　在"记事本"中编辑测试题目

question1=1.下列操作没有化学变化的是：

&answer1_1=二氧化碳溶于水中

&answer1_2=在胆矾中滴入浓硫酸而变为白色

&answer1_3=碘溶于酒精中制成碘酒

&answer1_4=铜在空气中形成"铜绿"

第 1 行定义了 question1 变量，等号前面的 question1 是变量的名称，等号后面的字符串是变量的值。同样，下面 4 行分别定义了 4 个变量，也就是这个单选题目的答案选项。特别要提示的是，每个变量之间要用&分隔。

在"记事本"中定义了这些变量后，以后在课件影片中加载该文本文件其实就是使用这个文本文件中定义的变量。

（2）按照图 9-3-6 所示的格式将课件的 5 个单选题目编辑好以后，选择"文件"|"保存"命令，打开"另存为"对话框，在其中的"编码"下拉列表框中选择 Unicode 编码类型，输入一个合适的文件名，本例用 question.txt 文件名，最后单击"保存"按钮即可，如图 9-3-7 所示。

图 9-3-7　保存文本文件

专家点拨： 因为要加载的是中文文字，所以这里的文本文件一定要设置为 Unicode 编码类型，否则加载的中文将出现乱码。

9.3.2　创建显示测验题目的动态文本

1．创建课件界面

（1）新建一个 ActionScript 2.0 文件，设置文档属性为默认。

（2）新建一个图层，将两个图层分别命名为"背景"和"标题"，然后分别在这两个图层上创建"背景"图形元件和"标题"图形元件，效果如图 9-3-8 所示。

2．用"动态文本"显示测验题目

在本课件影片中要加载外部文本文件，并应用其中的变量，具体来说也就是要将文本文件中变量的值（测试题目内容）显示到影片中。那么用什么对象来接收这些变量的值并将它们显示出来呢？很明显，动态文本对象最合适。创建 5 组动态文本对象，用来对应接收文本文件中的测试题目，每一组动态文本对象包括 5 个动态文本，其中一个用来接收和显示测试题目，另外 4 个用来接收和显示测试题目的 4 个备选答案。

（1）建立第一组动态文本对象。在"标题"图层上面新插入一个图层，将它重命名为"动态文本框"。选择图层的第 3 帧，按 F7 键插入一个空白关键帧。选择"文本工具"，在"属性"面板中设置"文本引擎"为"传统文本"，将文本类型设置为"动态文本"，将"消除锯齿"设置为"使用设备字体"。在舞台上拖动鼠标，创建 5 个动态文本对象，如图 9-3-9 所示。

图 9-3-8　课件背景和标题

图 9-3-9　创建一组动态文本对象

（2）定义第 1 组动态文本对象的"变量"参数。如图 9-3-9 所示，5 个动态文本框将要接收并显示第 1 道单选题，所以要定义这 5 个动态文本框的"变量"参数，使之和文本文件中对应的变量名相同。

最上面的动态文本框对象用来接收并显示第 1 道单选题的题目内容，因此把它的"变量"参数定义为 question1，如图 9-3-10 所示。

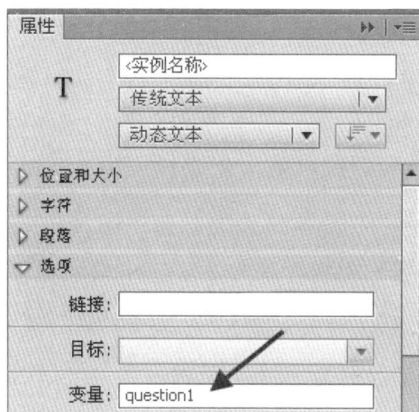

图 9-3-10　定义动态文本的"变量"参数

其他 4 个动态文本对象的"变量"参数分别定义为 answer1_1、answer1_2、answer1_3、answer1_4。

（3）创建另外 4 组动态文本对象。另外 4 组动态文本对象的创建方法和第 1 组动态文本对象的创建方法类似，完成以后的"动态文本框"图层结构如图 9-3-11 所示。为了配合后面的制作，将"背景"图层和"标题"图层的帧延续到第 7 帧。

图 9-3-11　"动态文本框"图层结构

"动态文本框"图层从第 3 帧到第 7 帧每个帧上都对应有类似图 9-3-9 所示的一组动态文本对象。这里需要注意的是，每个动态文本对象的"变量"参数一定要和文本文件中的相应变量名相同，这样才可以将测试题目内容及备选答案显示到指定的动态文本框中。

第 2 组（第 4 帧）动态文本对象从上向下的变量名分别为 question2、answer2_1、answer2_2、answer2_3、answer2_4。

第 3 组（第 5 帧）动态文本对象从上向下的变量名分别为 question3、answer3_1、answer3_2、answer3_3、answer3_4。

第 4 组（第 6 帧）动态文本对象从上向下的变量名分别为 question4、answer4_1、answer4_2、answer4_3、answer4_4。

第 5 组（第 7 帧）动态文本对象从上向下的变量名分别为 question5、answer5_1、answer5_2、answer5_3、answer5_4。

9.3.3 用 loadVariablesNum()函数加载外部文本文件

1．定义加载文本文件的帧动作

（1）在"动态文本框"图层上面新插入一个图层，将它重命名为 action。选择图层的第 1 帧，打开"动作"面板，定义第 1 帧的动作脚本如下：

```
loadVariablesNum("question.txt", 0);
//加载外部文本文件 question.txt
```

上面这行程序代码主要是应用 loadVariablesNum()函数，这个函数有两个参数，第 1 个参数是要加载的外部文本文件的名字，第 2 个参数是文本文件加载的级别（Level），由于本课件影片文件的级别为 0，所以此参数一定要设置为 0。

专家点拨：loadVariablesNum()函数在"动作"面板的"全局函数"|"浏览器/网络"类别下。loadVariablesNum()函数是将外部文本文件中的变量加载到 Flash Player（Flash 播放器）的某个级别上。如果要将变量加载到目标影片剪辑中，请使用 loadVariables()函数。

（2）选择 action 图层的第 2 帧，按 F7 键插入一个空白关键帧，在"动作"面板中定义该帧的动作脚本如下：

```
gotoAndPlay(1);
```

其功能是回到第 1 帧并播放，目的是防止外部文本文件内容太多，一次加载不完。循环执行第 1 帧上的 loadVariablesNum()函数，可以将文本文件的内容完全加载到动画中。

2．创建加载等待页面

（1）在"标题"图层上面新建一个图层，并重命名为"初始页面"。在这个图层上放置一个控制开始测验的文字按钮和其他一些等待画面，效果如图 9-3-12 所示。

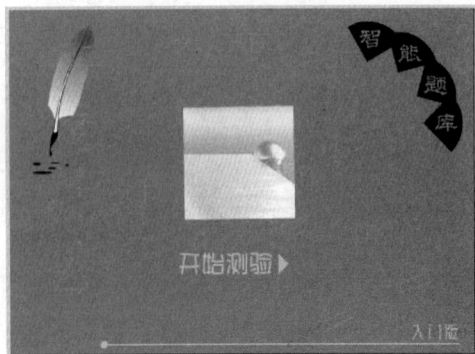

图 9-3-12　等待加载页面

（2）单击"开始测验"按钮，在"动作"面板中定义它的动作脚本如下：

```
on(press) {
    gotoAndPlay(3);
}
```

这段动作脚本的功能是当单击"开始测验"按钮时动画转到第 3 帧并开始播放，由于第 3 帧为测试题的第 1 题，所以测验开始。

9.3.4　实现单选题的测验功能

1. 添加单选按钮

现在课件中共有 5 个测试题，对应的有 5 组动态文本，因此还要创建 5 组单选按钮组件，每一组中包括 4 个单选按钮实例，它们被对应放置在每个测试题目的备选答案旁边。

（1）创建第 1 组单选按钮。新插入一个图层，将它重命名为"单选按钮"。选择该图层的第 3 帧，按 F7 键插入一个空白关键帧。打开"组件"面板，将其中的单选按钮组件（RadioButton）拖放 4 个实例到"单选按钮"图层的第 3 帧上，并把它们放置在测试题目备选答案的左边，如图 9-3-13 所示。

（2）设置第 1 组单选按钮的属性。选择其中的第 1 个单选按钮，打开"属性"面板，设置单选按钮的参数值。groupName 参数值为 an1，label 参数值为 A，如图 9-3-14 所示。其他 3 个单选按钮的 label 参数值分别设置为 B、C、D，groupName 参数值都设置为 an1。

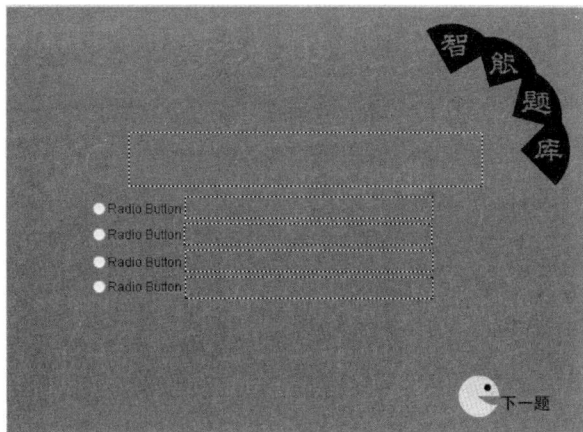

图 9-3-13　创建单选按钮

图 9-3-14　设置单选按钮的参数值

（3）创建其他 4 组单选按钮。选择"单选按钮"图层的第 4 帧，按 F6 键插入一个关键帧。打开"属性"面板，重新设置 4 个单选按钮的参数值。其他参数值不改动，只将 groupName 属性都改为 an2。在"单选按钮"图层的第 5～7 帧上做同样的操作，得到另外 3 组单选按钮，将它们的 groupName 参数值分别设置为 an3、an4、an5。

"单选按钮"图层的图层结构如图 9-3-15 所示。

2．设置翻页功能

（1）定义 action 图层上的帧动作。为了配合控制按钮的翻页功能，需要定义相应的帧的停止动作。当翻页到某一个测试题页面时，需要该页面停止，等待用户对答案的选择，当单击控制翻页的按钮后，动画才继续播放。

图 9-3-15 "单选按钮"图层结构

选择 action 图层的第 3 帧，按 F7 键插入一个空白关键帧，在"动作"面板中定义该帧的动作脚本如下：

```
stop();
```

选择第 3 帧并右击，在弹出的快捷菜单中选择"复制帧"命令，然后选择 action 图层的第 4 帧并右击，在弹出的快捷菜单中选择"粘贴帧"命令，把第 3 帧复制到第 4 帧上。用同样的方法将第 3 帧复制到第 5～8 帧上。完成后的图层结构如图 9-3-16 所示，为了配合后面的制作，将"背景"图层和"标题"图层的帧延续到第 8 帧。

（2）创建第一个"翻页"按钮。新插入一个图层，并将它重命名为"控制按钮"。选择图层的第 3 帧，按 F7 键插入一个空白关键帧，然后选中该帧，拖放一个事先制作好的按钮元件到舞台的右下角，如图 9-3-17 所示。

选中右下角的按钮，在"动作"面板中定义它的动作脚本如下：

图 9-3-16 action 图层结构

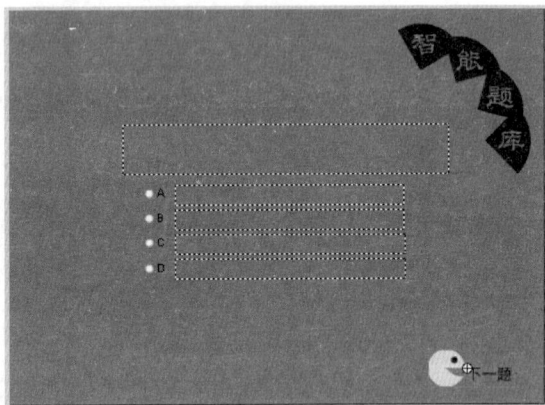

图 9-3-17 创建"翻页"按钮

```
on (press) {        //当单击按钮时
    nextFrame();    //跳转到下一帧开始播放
}
```

以上动作脚本的功能是当单击按钮时课件会跳转到当前帧的下一帧并开始播放。这样便实现了控制翻页的功能。

9.3.5　实现统计成绩功能

完成上面的步骤后测试一下影片，按 Ctrl+Enter 键，影片开始播放。单击初始页面上的"开始测验"按钮，就可以开始做题了，单击答案左边的单选按钮便能完成一道题目的选择，单击"翻页"按钮可以得到下一道题。

现在，课件的制作还差最后一个步骤，即实现课件统计成绩的功能。通过该功能实现课件和用户的智能交互，使学生通过反馈信息清楚自己所掌握知识的情况，以确定下一步的学习方向。

1．创建"测试成绩"图层

（1）新插入一个图层，并将它重命名为"测试成绩"。选择该图层的第 8 帧，按 F7 键插入一个空白关键帧。在这个帧上用"文本工具"创建 3 个动态文本对象，选择第一个动态文本对象，在"属性"面板中定义它的实例名称为 dui，如图 9-3-18 所示。

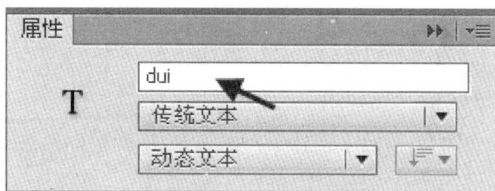

图 9-3-18　定义动态文本的实例名称

（2）按照同样的方法将另外两个动态文本对象的名称分别定义为 cuo 和 chengji。这 3 个动态文本对象用来显示"做对了几题""做错了几题"和"得分"的信息，这些信息将通过程序统计出来。

（3）除了以上 3 个动态文本对象以外，在"测试成绩"图层的第 8 帧上再添加一个"重新测试"的控制按钮，如果统计成绩不理想，想再测试一遍，可以单击此按钮，然后进行重新测试，如图 9-3-19 所示。

（4）"重新测试"按钮的动作脚本如下：

```
on (press) {
    gotoAndPlay(1);
}
```

图 9-3-19　统计成绩页面

这段动作脚本的功能是当单击按钮时动画跳转到场景的第 1 帧并开始播放，也就是重新进行测试。

2．定义统计成绩的动作脚本

图 9-3-19 中的 3 个动态文本对象要接收 3 个数据，即答对的题目数、答错的题目数、

成绩。这 3 个数据需要通过程序计算出来。

（1）在 action 图层的第 1 帧定义 4 个变量，分别是 right、wrong、score、n，它们分别用来存放答对的题目数、答错的题目数、成绩、每题得分。以下是 action 图层的第 1 帧的动作脚本：

```
right = 0;
//用变量 right 记录答对题数量
score = 0;
//用变量 score 记录最后的得分
wrong = 0;
//用变量 wrong 记录答错题数量
n = 5;
//用变量 n 设置每题得分
loadVariablesNum("question.txt", 0);
//加载外部文本文件 question.txt
```

（2）单击"控制按钮"图层第 3 帧上的按钮，在"动作"面板中编辑该按钮的动作脚本如下：

```
on (press) {
    //当单击按钮时
    //如果用户在第 1 组单选按钮中选择了标签为 C 的单选按钮
    if (_root.an1.getValue() == "C") {
        //那么让变量 right 加上 1
        right = right+1;
    } else {
        //否则
        //让变量 wrong 加上 1
        wrong = wrong+1;
    }
    nextFrame();
    //跳转到下一帧开始播放
}
```

专家点拨：第 1 道单选题对应的单选按钮组的 groupName 为 an1。第 1 道单选题的正确答案为 C。

以上这段动作脚本的功能是当单击控制按钮时执行一个选择结构的语句，选择语句的条件为"_root.an1.getValue()=="C""表达式，判断所选单选按钮的标签（label）是不是等于 C，如果等于 C，则所选答案正确，right 变量的值加 1；如果不等于 C，则所选答案错误，执行 else 后面的语句，wrong 变量的值加 1。最后动作脚本执行 nextFrame()，它的功能是跳转到下一帧并播放。

总的来说，按钮的动作脚本有两个功能，一是统计是答对了还是答错了这道单选题，答对了 right 加上 1，答错了 wrong 加上 1；二是控制动画翻页到下一道题的页面。

以上是第 1 道测试题的答题情况，下面 4 道测试题的答题情况与第 1 道测试题类似。

（3）选择"控制按钮"图层的第 4 帧，按 F6 键插入一个关键帧，然后单击该帧上的按钮，在"动作"面板中编辑它的动作脚本如下：

```
on (press) {
    if (_root.an2.getValue()=="C") {
        right=right+1;
    } else {
        wrong=wrong+1;
    }
    nextFrame();
}
```

以上动作脚本和第 3 帧上按钮的动作脚本基本一样，功能也相同，只有一点不同，就是对应的单选按钮组的 groupName 参数值为 an2，这个题目的正确答案也为 C。

按照同样的方法在"控制按钮"图层的第 5～7 帧上分别插入关键帧，并对上面的控制按钮的动作脚本重新编辑。第 5～7 帧上的按钮动作脚本和第 4 帧基本一样，功能也相同，读者可以参考配套光盘上的课件源文件。

（4）定义 action 图层第 8 帧的动作脚本，这个动作脚本实现测验成绩的统计计算功能。选择 action 图层的第 8 帧，在"动作"面板中定义它的动作脚本如下：

```
dui.text = "你做对了"+right+"题.";
//在动态文本 dui 中显示用户做对的题目数
cuo.text = "你做错了"+wrong+"题.";
//在动态文本 cuo 中显示用户做错的题目数
score = right*n;
//计算得分并保存在变量 score 中
chengji.text = "你共得"+score+"分.";
//在动态文本 chengji 中显示用户的成绩
```

这段动作脚本的主要功能是将统计结果显示到"测试成绩"页面上的动态文本中。这里使用了动态文本对象的 text 属性，该属性可以设定或读取动态文本对象的文字内容。

dui 是"测试成绩"页面上第 1 个动态文本对象的名字，dui.text 表示该动态文本对象的文字内容。上面这段脚本的第 1 行语句的功能是将等号后面的字符串赋值给等号前面的 dui.text，也就是使名字为 dui 的动态文本显示等号后面的字符串内容。等号后面的字符串是一个字符串表达式，即"你做对了"+right+"题."，它由 3 个部分组成，两个字符串常量和一个变量 right，它们之间用字符串连接运算符"+"进行连接。

图 9-3-20　课件完整的图层结构

经过上面的步骤就完成了测验成绩统计的动作脚本的定义，最后的图层结构如图 9-3-20 所示。

9.3.6 制作完美版测验题库课件

通过上面的步骤制作了一个智能测试题题库课件，但是这个课件只能算是一个入门版，并不是真正意义上的智能题库课件。

虽然这个入门版课件将测验题目内容和影片程序分别设计在不同的文件中，但它并没有真正实现测验题目和影片程序的完全独立。这和影片程序加载外部测验题目的方法有关。具体方法是这样的：先把所有的 5 道单选测试题目全部编辑在一个外部文本文件中，在课件中通过 loadVariablesNum() 函数来加载该外部文本文件。在场景中放置 5 组动态文本对象（每组 5 个动态文本），分别用这 5 组动态文本接收并显示调用的测试题目。

如果想增加测验题库中的题目，例如测试题目增加到 10 题，由于影片程序中的每组动态文本对应只接收一道测试题目，那么就必须在"动态文本框"和"单选按钮"图层中再插入 5 个关键帧，并且创建相应的动态文本和单选按钮，而且对应"控制按钮"图层中的控制按钮也要增加并定义动作脚本。虽然这些操作步骤在原来课件的基础上不难实现，但毕竟不是简单地只对外部文本文件进行编辑就可以达到目的。

本节提供一个完美版的测验题库课件，利用这个课件只需对外部文本文件进行编辑，而不必改动影片程序文件，就可以实现改变测验题目内容和增删题目数量的目的。

1．完美版测验题库课件的制作思路

前面详细讲解入门版测验题库课件的目的是使读者掌握设计测验题题库课件的基本方法，特别是用 loadVariablesNum() 函数来加载外部文本文件实现测验题目和影片程序分离的方法。有了这些基础，理解完美版测验题题库课件的制作思路就容易多了。下面介绍制作思路。

（1）测试题目不再都编辑在一个文本文件中，而是将每一个题目存放在一个独立的文本文件中，例如课件需要 5 道测试题，那么创建 5 个文本文件，分别存放 5 个测试题目。图 9-3-21 和图 9-3-22 所示的是第 1 道和第 2 道测试题文本文件的内容，其他测试题的文本文件内容与此相似。

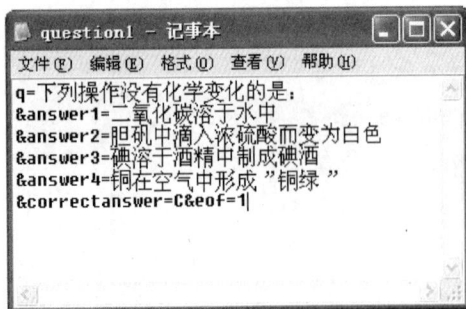

图 9-3-21　第 1 道测试题文本文件　　　　图 9-3-22　第 2 道测试题文本文件

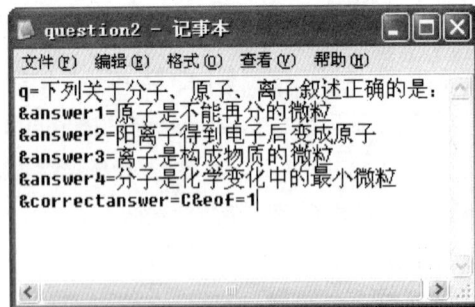

（2）本课件入门版加载测试题目的方法是有几道测试题就创建几组动态文本对象，然后分别接收并显示相应的测试题，完美版不再采用这种方法，而是只创建一组动态文本对

象，用它来重复加载不同的测试题。在加载每一道测试题目时调用该测试题目对应的外部文本文件。

（3）整体制作思路应该是这样的，先用 loadVariablesNum()函数加载第 1 道测试题对应的文本文件，等文本文件的内容加载结束后动画自动跳转到放置动态文本对象的那一帧，动态文本对象接收文本文件中的测试题目并将它们显示出来。在动态文本对象所在的帧上放置"下一题"的按钮，当单击该按钮时开始重复上面的操作，用 loadVariablesNum()函数加载第 2 道测试题对应的文本文件，等文本文件的内容加载结束后影片自动跳转到放置动态文本对象的那一帧，把第 2 道测试题目显示出来。这样反复加载文本文件，直到答题结束。

2．完美版测验题库课件的文件构成

完美版测验题库课件制作完成以后，整个课件共包括 8 个文件，把它们存储在一个独立的文件夹中，如图 9-3-23 所示。

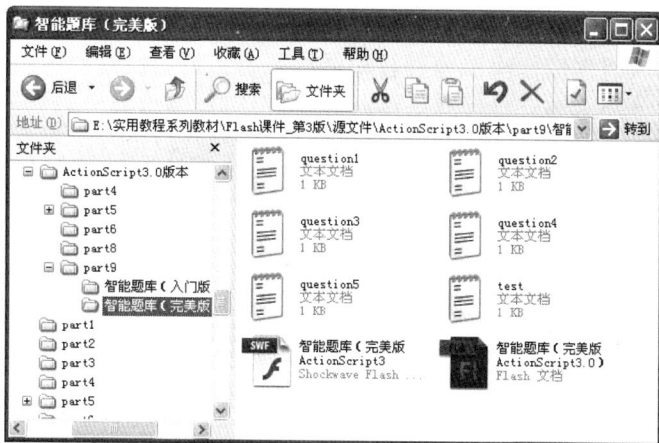

图 9-3-23　课件文件夹

其中 question1.txt～question5.txt 是 5 个测验题目对应的文本文件，test.txt 是定义课件总标题、课件总题目数等变量的文本文件。另外两个文件分别是课件影片 FLA 源文件和课件影片 SWF 播放文件。

以上是完美版测验题库课件的制作思路和制作完成后的文件结构，具体制作步骤这里不再详述，如果读者想深入研究完美版测验题库课件的制作方法，可以参看配套光盘上的完美版测验题库课件源文件。

3．完美版测验题库课件的使用方法

本节提供的完美版测验题库课件可以说是一个高效的课件模板，用户利用它可以特别轻松地创建测验题库课件，只需将测验题目编辑到文本文件中，并将影片程序文件直接复制过来使用，而不必理会影片程序文件内部的编程细节。

（1）创建测验题库课件文件夹。在硬盘的某个盘符上新建一个名字为"智能题库"的文件夹，将来要把智能题库课件包括的所有文件都放在这个独立的文件夹中。

（2）复制"智能题库（完美版）.swf"文件。在图书配套光盘上搜索到完美版智能题库课件所在的文件夹，将其中的"智能题库（完美版）.swf"文件复制到上面步骤新建的"智能题库"文件夹中。注意只需复制 SWF 文件，FLA 文件没有必要复制。

（3）创建 test.txt 文件。打开 Windows 的"记事本"程序，在其中编写定义课件总标题、课件总题目数等变量的文本文件，这个文本文件必须保存为 Unicode 编码类型的文件，文件名为 test.txt，文件内容如图 9-3-24 所示。

这个文件共定义了 3 个变量。变量 title 定义的是测验题题库课件的总标题，它的初值可以根据要创建的具体测验题题库课件的情况进行替换；变量 totalQuestions 定义的是测验题题库课件的总题目数，图 9-3-24 中定义它的初值为 5，说明将来创建好的测验题题库课件共包括 5 个测验题目；变量 eof 是一个特殊标志变量，它的初值是 1，这个值不能变动。

（4）创建测验题目文本文件。因为 totalQuestions=5，所以需要定义 5 个文本文件，分别对应 5 个测验题目。这些题目文本文件也需要在"记事本"程序中编写，它们的保存格式也必须是 Unicode 编码类型，文件名为 question?.txt，其中？表示一个 1～n 的序号。

一个题目文本文件对应一个测验题目，文件中定义了一些关于测验题目的变量，每个文本文件中都定义 7 个变量，如图 9-3-25 所示。

图 9-3-24　test.txt 文件

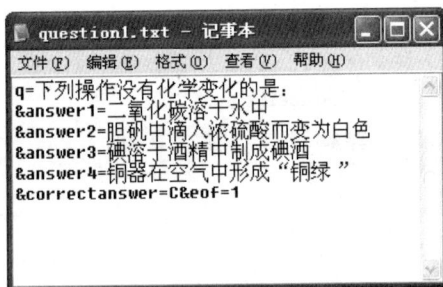

图 9-3-25　题目文本文件

变量 q 定义的是这道测验题目的问题文本，变量 answer1～answer4 定义的是这道测验题目的 4 个备选答案文本，变量 correctanswer 定义的是这道测验题目正确答案的序号，变量 eof 是一个特殊标志变量，它的初值是 1，这个值不能变动。

专家点拨：用户在编写文本文件时要注意，每个变量之间一定要用 & 符号隔开，另外，在定义完最后一个变量以后不要回车换行，而让光标停留在最后一个字符后面。

按照以上的应用步骤完成制作以后，双击文件夹中的"智能题库（完美版）.swf"文件即可运行该课件。

9.4　本章习题

一、填空题

1. MovieClip 类（影片剪辑类）是 Flash 最重要的内置类，＿＿＿＿、＿＿＿＿、＿＿＿＿

是 MovieClip 类的 3 个方法，利用这 3 个方法可以实现影片剪辑实例的拖曳和碰撞检测功能。

2．MovieClip 类提供了专门的绘图方法函数，在"动作"面板的"ActionScript 2.0 类"|"影片"|MovieClip|"绘图方法"中可以找到这些绘图方法函数。本章用到的_____、_____、_____等都是 MovieClip 类的绘图方法函数。

3．按钮元件有一个_____属性，这个属性可以控制按钮是否有效，当它的值为 0 时，_____，当它的值为 1 时，_____。

4．智能题库课件的程序结构分为两个层次，第 1 个层次是_____，第 2 个层次是_____。

5．Flash 提供了一个_____函数，利用这个函数程序可以调用在外部文本文件中定义的变量，这样就可以在外部文本文件中将测验题定义成变量的形式，然后通过调用这些测验题变量来实现智能题库课件的制作。

二、选择题

1．startDrag("MC",true,100,200,100,400)表示能在（　　）拖曳影片剪辑元件 MC。

    A．任意位置　　B．舞台内外　　　　　C．X 轴方向上　　　D．Y 轴方向上

2．下列用于跟随鼠标指针绘制直线的语句是（　　）。

    A．lineto(_xmouse,_ymouse)　　　　B．moveto(_x,_y)

    C．clear()　　　　　　　　　　　　D．createEmptyMovieClip

3．在编写题库文本文件时，每个变量之间一定要用符号（　　）隔开，而且在定义最后一个变量以后不要回车换行，让光标停留在最后一个字符后面。

    A．@　　　　　　B．#　　　　　　　　C．$　　　　　　　　D．&

9.5　上机练习

练习 1　拖曳游戏课件——七巧板

制作一个拖曳游戏课件——七巧板，如图 9-5-1 所示。这个课件模拟再现了七巧板的益智功能，课件运行时，首先出现由 7 种不同颜色的图案组成的矩形，用鼠标拖动其中的任一图案可将其拖全场景中的任意位置；每按下一次数字键（1～7），可将相应的图案旋转 90°。通过以上控制可以将这 7 个图案重新组合成形状各异、变化万千的其他图形。

主要制作步骤提示：

（1）制作可被拖动的 7 个影片剪辑元件，这 7 个元件里面嵌套了 7 个按钮。

（2）将 7 个影片剪辑元件布局在主场景中，并定义它们的实例名。

（3）分别进入到 7 个影片剪辑元件的编辑场景中，在其中嵌套的按钮上定义动作脚本。拖曳功能使用 startDrag()函数和 stopDrag()函数完成；元件的旋转功能用控制影片剪辑元件的_rotation 属性完成。

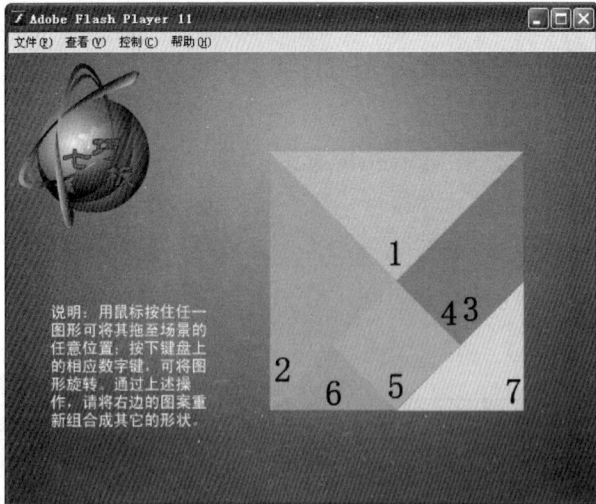

图 9-5-1　七巧板

练习 2　智力移火柴

　　制作一个智力移火柴游戏课件，如图 9-5-2 所示。课件运行时，首先出现由 15 根火柴组成的图案，要求用鼠标单击移去其中的 3 根，使剩下的火柴摆成 3 个正方形。若游戏回答正确，符合课件的设计要求，系统给出正确性提示；若回答错误，不符合课件的设计要求，系统给出错误性提示。单击其中的"答案"按钮，系统给出了正确答案。

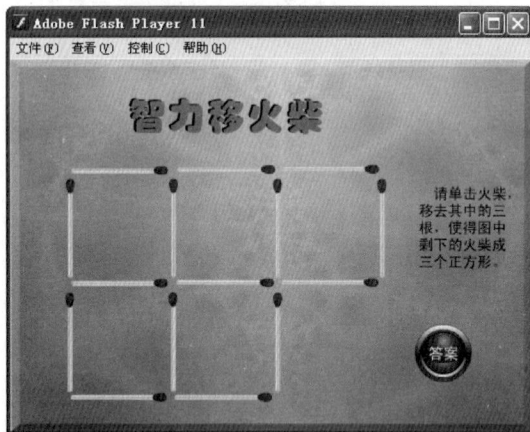

图 9-5-2　智力移火柴

　　主要制作步骤提示：
　　（1）制作火柴按钮元件和课件中需要的其他元件。
　　（2）在主场景中布局 15 个火柴实例，并定义它们的实例名称。
　　（3）定义动作脚本实现课件的功能，具体程序代码可参看配套光盘上的课件源文件。

练习 3 英语单词记忆课件——打气球

制作一个英语单词记忆课件——打气球，界面如图 9-5-3 所示。本实例是一个英语课件，要求在游戏中学习巩固 9 个颜色单词，即 yellow、blue、red、white、pink、 black、purple、orange 和 green。

运行课件后，会有不同颜色的气球从屏幕下部的不同位置飞出，游戏者必须在气球没有飞走之前单击屏幕下部的游戏单词，如果单击的颜色单词正好与气球的颜色相同，气球会爆炸，然后给游戏者加分。课件右上角展示游戏者的当前得分和剩余的气球个数。游戏中气球的个数和气球飞行的速度都可以任意调节。游戏完成后，课件会自动展示游戏者的得分。

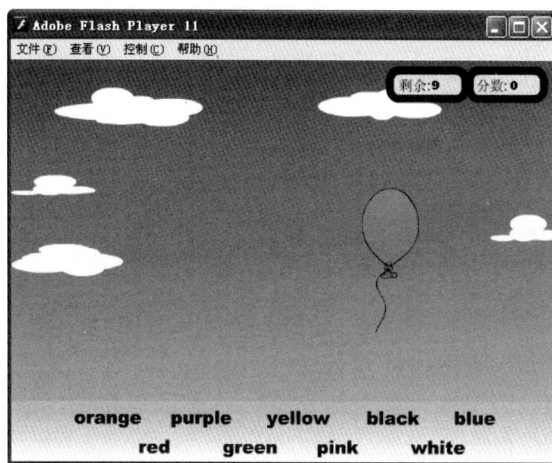

图 9-5-3 打气球

主要制作步骤提示：

（1）气球飞出的部分是循环出现的，使用一个影片剪辑制作，气球从不同位置飞出只是应用随机数改变了影片剪辑的位置。

（2）气球的变色也是利用随机数取出不同的颜色为这个影片剪辑“染色”。这里使用了 Color 类和数组。

（3）单击下方的按钮时使用一个函数判断用户单击的颜色是否与气球的颜色相同，如果相同就加分，让气球爆炸，并马上飞出下一个气球。

第10章　Flash 课件制作技巧

◆ 控制Flash课件的播放
◆ fscommand()函数的应用
◆ Flash课件的编译、保护和发布
◆ 组建Flash积件库
◆ 将Flash课件插入到Authorware中
◆ 将Flash课件插入到PowerPoint中

10.1　控制 Flash 课件的播放

制作完成的 Flash 课件通常都是在 Flash 播放器（Flash Player）中播放。控制 Flash 播放器的播放环境及播放效果是课件制作者经常要遇到的问题。例如，怎样使课件全屏幕播放，怎样用按钮控制播放器的关闭等。本节通过一个课件范例的制作过程介绍控制 Flash 播放器的方法。

📖 **课件简介**

本范例是中学数学的"相遇问题"课件。在这个课件播放时，播放器自动变成以全屏幕方式运行课件，单击画面右下角的按钮可以关闭播放器退出课件。

图 10-1-1 所示的是这个课件运行的一个画面效果。

例1　小琳和小云同时从家里走向学校，小琳每分钟走65米，小云每分钟走70米，经过4分钟相遇，他们两家相距多少米？

图 10-1-1　课件运行的一个画面

知识要点

◆　fscommand() 函数的用法
◆　控制课件全屏幕播放的方法
◆　关闭播放器退出课件的方法
◆　按钮动作和帧动作的应用

制作步骤

10.1.1　fscommand()函数详解

1．fscommand()函数的语法格式

在 ActionScript 2.0 中，使用 fscommand()函数可以实现对影片播放器（即 Flash Player）的控制。另外，配合 JavaScript 脚本语言，fscommand()函数成为 Flash 和外界沟通的"桥梁"。

fscommand()函数的语法格式如下：

```
fscommand(命令,参数);
```

fscommand()函数中包含两个参数项，一个是可以执行的命令，另一个是执行命令的参数。表 10-1-1 所示的是 fscommand()函数可以执行的命令和参数。

表 10-1-1　fscommand()函数可以执行的命令和参数

命令	参数	功能说明
quit	没有参数	关闭影片播放器
fullscreen	true 或者 false	用于控制是否让影片播放器成为全屏播放模式： true 为是，false 为不是
allowscale	true 或者 false	false 让影片画面始终以 100%的方式呈现，不会随着播放器窗口的缩放而跟着缩放；true 则正好相反
showmenu	true 或者 false	true 代表当用户在影片画面上右击时可以弹出全部命令的快捷菜单，false 则表示命令菜单里只显示"关于 Flash Player"和"设置"信息
exec	应用程序的路径	从 Flash 播放器执行其他应用软件
trapallkeys	true 或者 false	用于控制是否让播放器锁定键盘的输入，true 为是，false 为不是。这个命令通常用在 Flash 以全屏幕播放的时候，避免用户按下 Esc 键，解除全屏幕播放

专家点拨：在表 10-1-1 所示的参数中，只有 allowscale 和 exec 在测试影片窗口中有效，其他参数在 Flash Player 播放器中运行课件时才有效。

2．定义和设置 fscommand()函数

在 ActionScript 2.0 的"动作"面板中，fscommand()函数在"全局函数"|"浏览器/网络"类别下。在"脚本助手"模式下，编辑 fscommand()函数特别容易，当把函数添加到

程序中后，在参数栏中就可以很方便地将参数设置好，如图 10-1-2 所示。

在"动作" | "浏览器/网络"类别下双击 fscommand()函数以后，fscommand()函数会自动出现在"脚本"窗口中，在上面的"脚本参数"窗口中可以设置 fscommand()函数的参数。如果想用 fscommand()函数控制播放器的播放，一般情况下需要先打开"脚本参数"窗口中的"独立播放器命令"下拉列表框，在其中选择一个具体的控制命令，如图 10-1-3 所示。然后再根据选择的命令对应地设置相关的参数。

图 10-1-2 在"脚本助手"模式下编辑 fscommand()函数

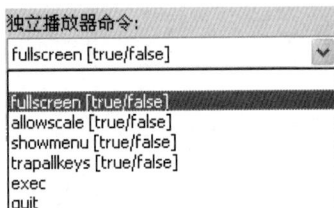

图 10-1-3 独立播放器命令

专家点拨：在 Flash CS6 这个软件版本中，如果想正常使用 **fscommand()**函数，必须创建 ActionScript 2.0 文件，并且在文档的"属性"面板的"发布"栏中将"目标"设置为 Flash Player 8。

10.1.2 以全屏幕方式播放课件

1. 设置课件全屏播放

如果控制了课件的全屏幕播放，那么在播放课件时就能不显示播放器的窗口，使课件有更大的展示空间。

（1）关于"相遇问题"的课件，在配套光盘上已经制作完成，在这个课件内容的基础上完成用 fscommand()函数控制课件播放的制作。先在配套光盘上搜索到名字为"相遇问题（初始）.fla"的课件文件（文件路径：配套光盘\素材\part10\相遇问题（初始）.fla），将其在 Flash 中打开。

（2）新建一个图层，将它重命名为 action。选择 action 图层的第 1 帧，在"动作"面板中定义该帧的动作脚本如下：

```
fscommand("fullscreen", "true");
```

当课件开始播放时，运行时间轴第 1 帧上的这个动作脚本，动作脚本的功能是设定播放器以全屏幕方式进行播放。

专家点拨：fullscreen 有 true 和 false 两个可选参数，当参数为 true 时，表示将播放器设定为以全屏幕方式进行播放。

2. 控制课件画面不跟随播放器的缩放而缩放

因为这个课件中使用了位图图像，当课件以全屏幕方式进行播放时，图像放大时位图图像有可能变形，例如出现马赛克现象。下面控制课件中的画面始终以 100% 的方式显示，以避免这种情况发生。

选择 action 图层的第 1 帧，在"动作"面板中编辑该帧的动作脚本如下：

```
fscommand("fullscreen", "true");
fscommand("allowscale", "false");
```

3. 取消按键的作用

在全屏幕播放的情况下，按 Esc 键即可将全画面播放的课件缩回正常大小，如果要取消按键的作用，可以在 action 图层的第 1 帧的动作脚本中再添加一个 fscommand() 函数：

```
fscommand("trapallkeys", "true"); //取消按键
```

10.1.3　用按钮控制播放器的关闭

将课件控制为全屏幕播放方式以后会找不到退出课件的方式，所以在课件中添加一个按钮进行控制。

（1）新建一个图层，并将它重命名为"按钮"，然后在这个图层上将一个事先制作好的按钮元件放置到舞台右下角。

（2）选择这个按钮，在"动作"面板中定义这个按钮的动作脚本如下：

```
on (press) {
    fscommand("quit");
}
```

这段动作脚本的功能是当单击这个按钮时可以关闭播放器并退出课件。

专家点拨：如果用 ActionScript 3.0 实现 Flash 课件的全屏播放，就不能使用 fscommand 函数了，而要用 stage 类的 displayState 属性，代码如下。

```
stage.displayState=StageDisplayState.FULL_SCREEN;
```

配书光盘上提供了 ActionScript 3.0 的源文件，大家可以参考查看。

10.2　Flash 课件的编译、保护和输出

Flash 课件制作完成以后，通常以 SWF 播放文件格式进行存储。在一般情况下，创建好 SWF 文件以后，Flash 课件的制作就算完成了。但是，如果从整个教学系统设计的角度来设计 Flash 课件，课件制作任务可能还没有结束。例如，根据具体的教学环境、教学方法、教学过程，SWF 格式的课件也许不能满足教学设计的要求，需要对 Flash 课件做进一步的完善和处理。

本节将从整个教学系统设计的角度研究制作 Flash 课件过程中要处理的问题，这些问题包括以下几个。

（1）将 SWF 课件编译为 EXE 可执行文件。

也许读者要问，SWF 影片本身就可以直接播放，为什么还要把它编译成 EXE 可执行文件呢？主要原因是播放 SWF 影片需要 Flash 播放器（Flash Player）的支持，SWF 影片本身并不能独立播放，如果播放 Flash 课件的计算机上恰好没有安装 Flash 播放器，或者计算机上安装的 Flash 播放器的版本较低，那么制作的 SWF 课件就没有办法在这台计算机上正常运行。

放映文件是 Flash 的一种可执行文件（.exe），它包含所有播放影片文件所需的资源，即使计算机上没有 Flash 播放器也能自行播放课件影片。因此，如果想把 Flash 课件作品提交给用户，或者想在其他的计算机上播放 Flash 课件，那么将 SWF 影片编译成 EXE 执行文件是个不错的选择。

（2）保护自己的课件作品。

在输出 Flash 动画的时候可以设置一个"防止导入"的选项，此选项可以防止其他用户将制作的影片文件导入 Flash 里面修改。

（3）将课件输出到网页。

虽然读者可以使用 Dreamweaver 之类的网页编辑工具将 SWF 课件嵌入到网页中，不过使用 Flash 的发布功能也可以单键完成从输出动画到发布 HTML 以及 JavaScript 程序代码的所有步骤。

（4）制作能在其他设备上播放的 Flash 课件视频。

在教学活动中，利用计算机和液晶投影仪的模式进行 Flash 课件的播放能取得很好的教学效果，但是一些学校的硬件设施比较落后，很多教室没有配备计算机和投影仪，这时可以将 Flash 课件输出为视频文件格式，利用手机、iPad 或者 DVD 等设备进行播放。

下面就通过一个具体的课件范例介绍以上问题的实现方法。

📖 **课件简介**

本范例是一个关于中学物理"单摆振动周期"问题的课件。本节并不讨论具体课件内

容的制作过程，而是在这个课件制作完成的基础上研究如何对它进一步处理，以满足教学设计的其他要求。图 10-2-1 所示的是这个课件运行的一个画面。

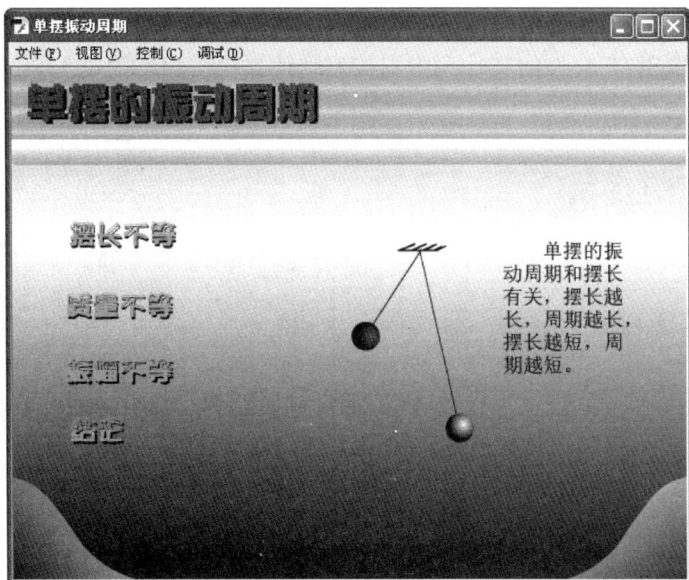

图 10-2-1　课件运行的一个画面

知识要点

◆ 将 SWF 课件创建为 EXE 可执行文件的方法
◆ 保护自己的课件作品
◆ 将课件发布到网页
◆ 将 Flash 课件发布为视频文件格式

制作步骤

10.2.1　将课件创建成 EXE 文件

1. 将 Flash 课件发布为放映文件

"单摆振动周期"课件已经制作完成，在配套光盘上提供了此课件的 FLA 源文件，在此基础上对课件做进一步处理。

（1）在 Flash 中选择"文件"|"打开"命令，在图书配套光盘上搜索名字为"单摆振动周期.fla"的课件文件（文件路径：配套光盘\素材\part10\单摆振动周期.fla），将其打开。

（2）选择"文件"|"发布设置"命令，弹出"发布设置"对话框，在左侧的列表中选中"Win 放映文件"复选框，如图 10-2-2 所示。

（3）单击"发布"按钮，放映文件（exe 文件）便存入和 Flash 课件源文件相同的文件夹中，最后单击"确定"按钮关闭"发布设置"对话框即可。

2．将 SWF 课件编译成 EXE 文件

（1）将在 Flash 中打开的课件源文件导出为 SWF 格式的播放文件。

（2）在保存此 SWF 文件的文件夹中双击它，计算机会自动启动 Flash 影片播放器并播放课件。

（3）在 Flash 影片播放器窗口中选择"文件"|"创建播放器"命令，弹出"另存为"对话框，如图 10-2-3 所示。

图 10-2-2　"发布设置"对话框　　　　　　图 10-2-3　"另存为"对话框

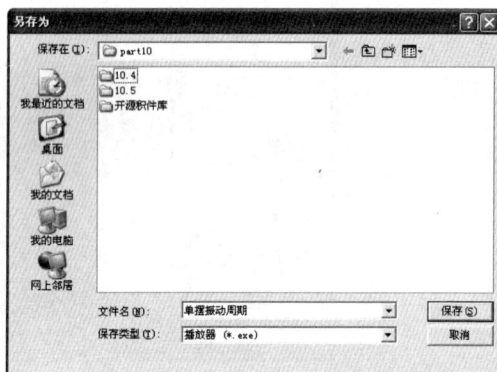

（4）在该对话框中输入放映文件的名称后单击"保存"按钮即可。将课件制作成 EXE 文件以后，这个课件就可以在任何一台计算机上独立播放了。

3．将 EXE 文件反编译为 SWF 文件

有时候，可能需要将 EXE 格式的放映文件反编译为 SWF 格式的影片文件。例如，在 Internet 上下载了一些 Flash 参考课件，却发现是 EXE 格式的放映文件，用户也许想解析课件中的素材，或者想将课件直接导入 Flash 中使用，那么就需要先将 EXE 格式的放映文件反编译为 SWF 格式的影片文件。

ExeToSwf 是一个专门将 EXE 放映文件转换为 SWF 影片文件的软件工具，利用它只需要轻点几下鼠标就可以完成转换工作。

10.2.2　保护课件作品

在发布 Flash 课件影片的时候可以设置"防止导入"复选框，此选项能防止其他用户将课件直接导入 Flash 里面进行应用。

选择"文件"|"发布设置"命令，在"发布设置"对话框中展开"高级"选项，在其中选中"防止导入"复选框，并且在"密码"文本框中输入密码，如图 10-2-4 所示。

这样设置保护以后的课件就不会被其他人轻而易举地直接导入 Flash 中使用了，如果其他人试图选择"文件"|"导入"命令直接导入被保护的课件影片，屏幕上会弹出"导入

所需密码"对话框，如图 10-2-5 所示。只有当密码输入正确时才能将课件影片导入 Flash
中。

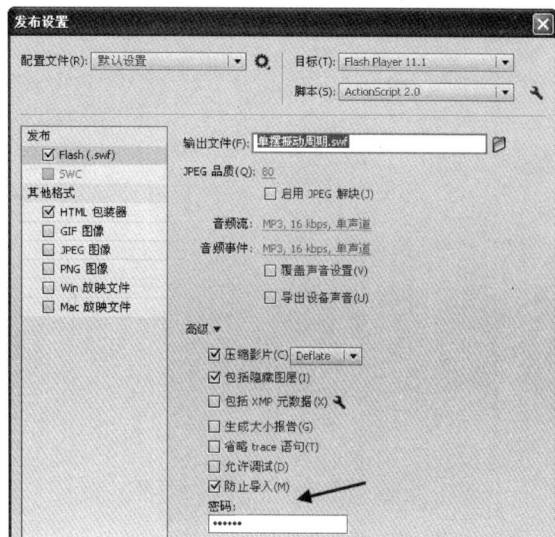

图 10-2-4　保护影片

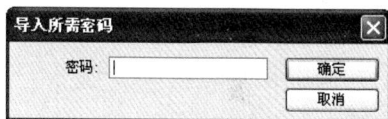

图 10-2-5　"导入所需密码"对话框

专家点拨：在发布影片时设置"防止导入"复选框，虽然对课件作品起到一定的保
护作用，但是这种保护力不是很强，现在有很多软件工具可以解除这样的保护。

10.2.3　将课件发布到网页

1．发布文件设置

（1）保持课件源文件在 Flash 中打开，选择"文件"|"发布设置"命令，弹出"发布
设置"对话框，如图 10-2-6 所示。

专家点拨：在一般情况下都把课件发布为 SWF 格式，当然，在一些特殊情况下可
以将课件发布为其他格式，例如 GIF 格式等。但是当将课件发布为其他格式时，课件本身
的一些功能有可能丧失，例如交互功能等。

（2）在"发布设置"对话框的左侧列表中可以选择要发布的项目，在一般情况下，只
选择"Flash（.swf）"和"HTML 包装器"两项即可。

（3）在"发布设置"对话框的"输出文件"文本框中会自动显示默认的文件名，如果
用户想自定义发布的文件名，可以在"输出文件"文本框中输入文件名。

2．HTML 设置

（1）选择"发布设置"对话框中的"HTML 包装器"选项，在右侧可以设置网页上预留
给 Flash 影片的显示空间大小、动画品质、对齐方式等参数，如图 10-2-7 所示。

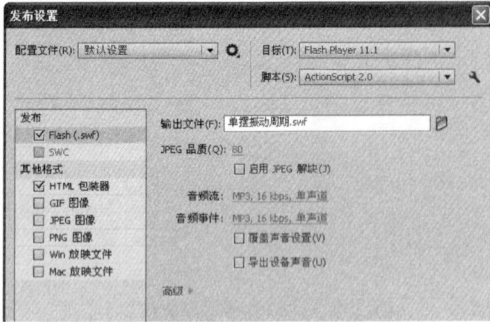

图 10-2-6　发布网页文件　　　　　　　　　　图 10-2-7　设置 HTML

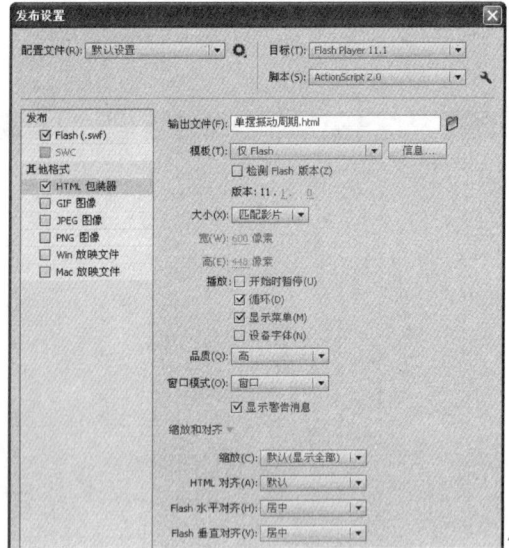

（2）单击"发布"按钮发布网页，Flash 会自动将课件影片发布为 SWF 文件，并产生一个网页文件，这些文件都将保存在和 Flash 课件源文件相同的文件夹里面。图 10-2-8 所示的是发布得到的 Flash 网页效果。

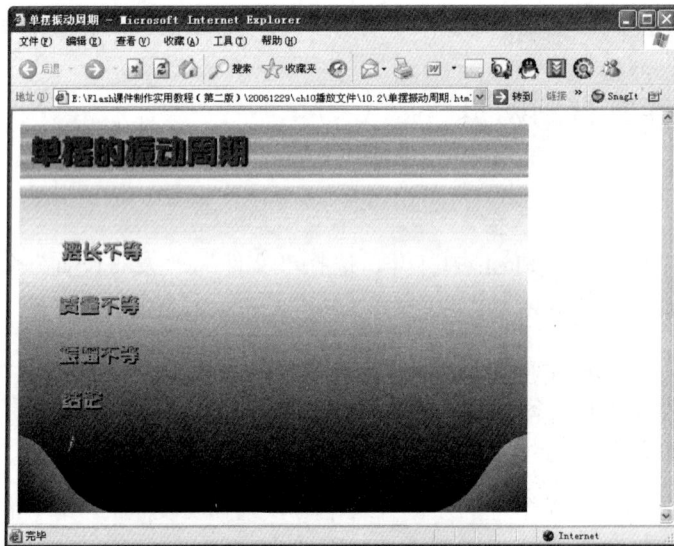

图 10-2-8　发布得到的网页

10.2.4　将 Flash 课件发布为视频文件格式

如果要让 Flash 课件脱离计算机环境，在其他设备（例如手机、iPad 和 DVD 等）上播放，首先考虑将 Flash 动画发布成其他格式，例如 AVI 视频格式，然后使用专门的视频格式软件将 AVI 文件转换成其他的视频格式（例如 MP4）就可以了。

（1）保持课件源文件在 Flash 中打开，选择"文件"|"导出影片"命令，弹出"导出影片"对话框，如图 10-2-9 所示。

图 10-2-9　"导出影片"对话框

（2）在"保存类型"下拉列表框中选择 Windows AVI（*.avi）类型，输入文件名后单击"保存"按钮，弹出"导出 Windows AVI"对话框，在该对话框中设置场景的尺寸、图像和声音的效果等参数，如图 10-2-10 所示。

（3）设置完成后单击"确定"按钮即可输出 AVI 文件。

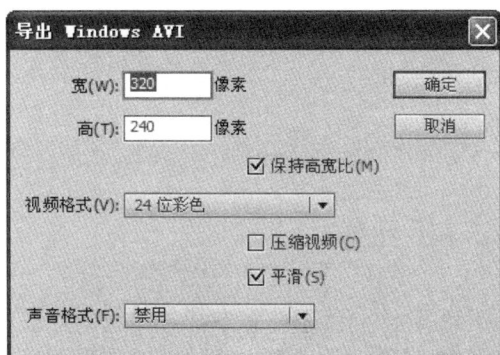

图 10-2-10　"导出 Windows AVI"对话框

10.3　组建 Flash 积件库

随着信息技术在教育领域的普及，课件在实际教学活动中越来越体现出积极的作用，但是课件在应用过程中暴露的一些问题也越来越引起教育工作者的关注。其中，课件制作过程烦琐、素材难找、课件封闭、资源再用率低等问题突出。针对这些问题，教育工作者一直在试图探索一条有效的解决途径。

积件思想是目前比较活跃的一种探索。积件不同于一般的课件，它具有拆解及组合的灵活性，能让教师自由地根据教学情况来组合课件。积件思想主要是用庞大的积件库解决素材难找的问题，用可任意拆解组合的开放课件取代传统的封闭课件。

积件库是积件技术的一个重要组成部分，用户可以任意拆解和组合积件库中的积件，利用它们可以像搭积木一样制作课件。在用 Flash 制作课件时，如果有强大的积件库的支持，那么课件的制作效率将得到很大的提高。因此，用户很有必要组建自己的积件库。

在 Flash 中，元件是指可以重复利用的图形、动画或者按钮，它们被保存在库中。在制作课件的过程中将需要的元件从库中拖放到场景上，场景中的对象称为该元件的一个实例。如果库中的元件发生改变（例如对元件重新编辑），则元件的实例也会随之变化。同时，实例可以具备自己的个性，它的更改不会影响库中的元件本身。存储元件的方式有两种，一种是在课件影片本身的"库"面板中，另一种是在"公用库"面板中。Flash 的这些技术为组建积件库创造了积极的条件，这些技术和积件技术的思想十分接近，特别是在资源的重用性、共享性以及利用数据库对资源进行管理等方面。

📖 **课件简介**

本节不讨论具体课件内容的制作过程，主要讨论搜集素材，并在 Flash 中组建积件库的方法。

✎ **知识要点**

◆ 用闪客精灵解析元件的方法
◆ "库"面板的管理方法
◆ 扩充"公用库"的方法

🖱 **制作步骤**

10.3.1 用闪客精灵解析元件

在制作课件时，想要什么素材，在积件库中都可以找到，这是组建积件库的目的。因此，在组建积件库时需要积累大量的素材，这样才可以使积件库的资源更加丰富。除了可以利用 Flash 的绘图工具直接绘制一些元件以外，用户还可以通过一些 Flash 影片解析软件解析其他 Flash 课件中的元件。

在 Flash 的"库"面板中可以存储位图图像、声音、视频以及 3 种元件（图形元件、影片剪辑元件和按钮元件），用户需要针对这些类型的资源进行搜集、制作和整理。位图图像、声音、视频是从外部导入的对象类型，这些素材可以通过多媒体素材光盘、网络下载、截取图像、捕捉视频等方法进行搜集和制作，这里不再详细介绍。

下面介绍优秀的软件工具——硕思闪客精灵，它是一款用来捕捉、浏览、查看和分析 Flash 动画的工具，不仅能够从 IE 浏览器中或临时文件缓存中直接捕捉 Flash 动画，还能够通过分析和反编译将 Flash 动画中的声音、图像、动画片段等元素提取出来，其专业版本还能分析出该动画中包含的动作脚本（ActionScript），并显示为清晰可读的代码。

1．保存网页上的 SWF 影片

（1）在安装了硕思闪客精灵以后，其工具图标 🔍 会自动出现在 IE 浏览器的工具栏上，如图 10-3-1 所示。

图 10-3-1　IE 浏览器中的闪客精灵

（2）当浏览含有 Flash 影片的网页时，如果想捕捉该页面中的 Flash 影片，可单击 IE 浏览器的工具栏中的"闪客精灵"按钮 🔍，此时弹出"保存"对话框，页面中的 Flash 影片都会显示在该对话框中，如图 10-3-2 所示。

（3）将需要保存的影片选中，然后单击"保存到"文本框右侧的按钮，选择保存路径，单击"确定"按钮，Flash 影片成功地保存在本地磁盘中，同时系统会自动打开闪客精灵程序并显示保存的 Flash 影片。

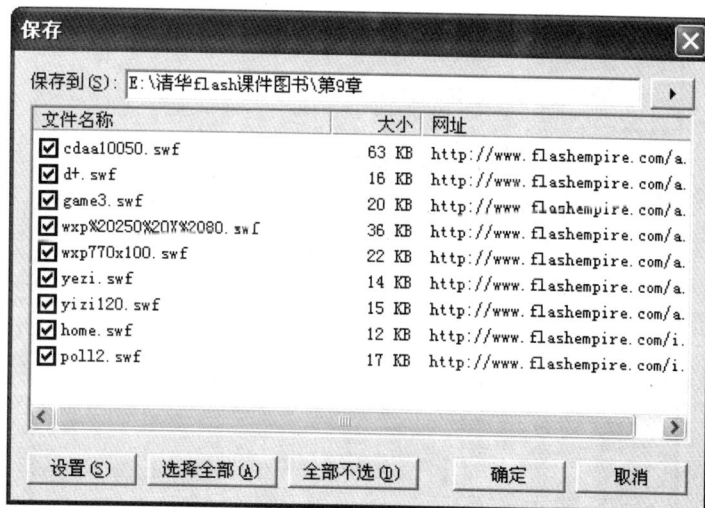

图 10-3-2　"保存"对话框

2．解析 SWF 影片

（1）运行闪客精灵程序后，其工作窗口如图 10-3-3 所示。

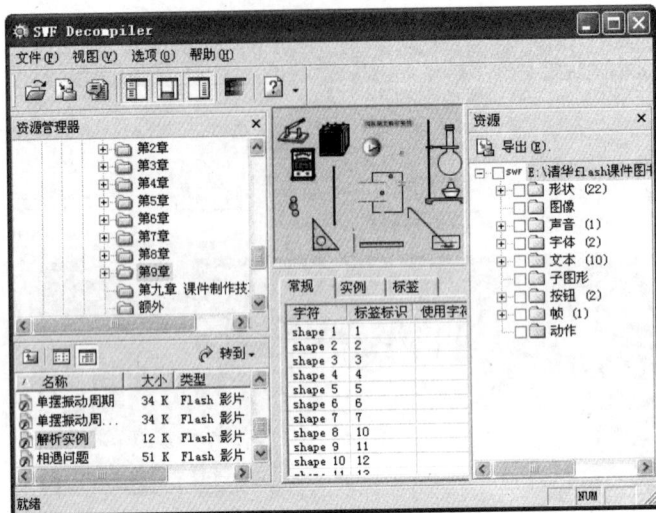

图 10-3-3　闪客精灵工作窗口

（2）左上角是"资源管理器"窗格，用户可以在其中选择将要解析的 Flash 影片所在的文件夹，"资源管理器"下的窗格中会显示该文件夹中包含的 Flash 影片，在其中单击要解析的影片文件，开始自动解析所选的文件，并播放影片的动画效果。

3．导出素材

（1）如图 10-3-3 所示，软件窗口的右边是"资源"窗格，在其中显示解析出的各类元素，用户可以在其中选择要导出的元素，如图 10-3-4 所示。

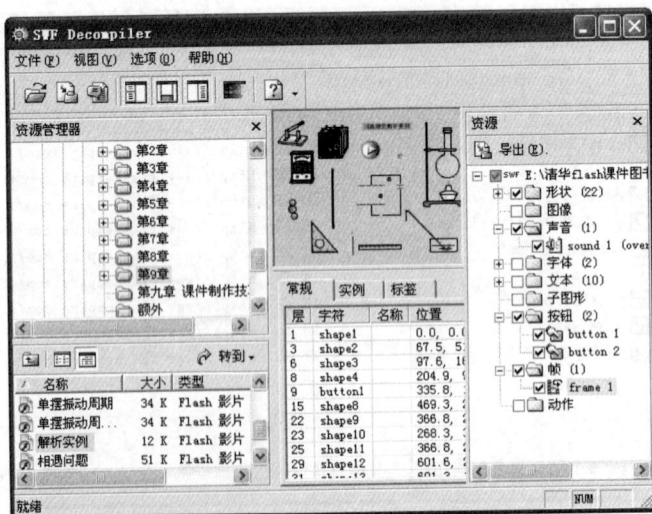

图 10-3-4　选择要导出的元素

（2）"资源"窗格中的每一类元素都是一个可展开和折叠的文件夹。单击元素类型名称左边的"+"按钮可以将文件夹展开，单击"–"按钮可以将文件夹折叠。展开时，文件夹下的元素将全部显示出来，选中要导出元素左边的复选框，表示该元素将要导出。单击"资源"窗格中的"导出"按钮弹出"导出"对话框，如图 10-3-5 所示。

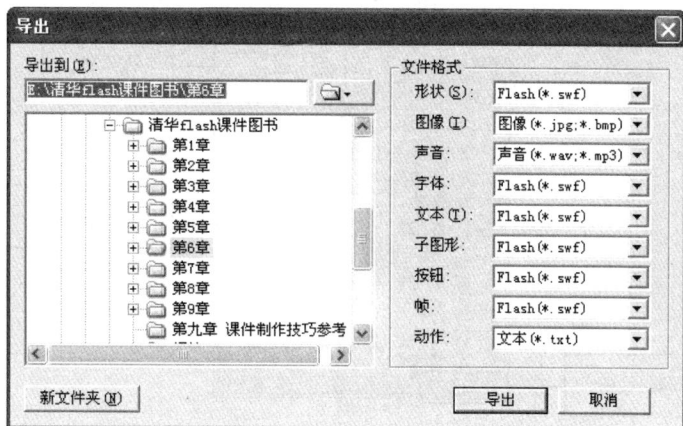

图 10-3-5　"导出"对话框

（3）在"导出到"下的文本框中设置要导出的目标路径，在"文件格式"中设置要导出的文件格式，设置完后单击"导出"按钮把想要导出的元素保存起来。

专家点拨：导出的元素大多都是 SWF 格式，这种格式的文件可以直接导入 Flash 中。这里需要说明的是，"形状"类型的元素默认的导出格式是 GLS，这是一种特殊的矢量图形格式，它不能直接导入 Flash 中，因此需要把格式更改为 SWF 格式。

10.3.2　管理"库"面板

在 Flash 中，库就是一个储存元件的仓库，所有的元件（例如图形、按钮、影片剪辑、位图、声音等）都在这里存储备用，等待在场景中调用它们。

每一个 Flash 影片文档对应包含一个"库"面板。在新建这个 Flash 影片文档时，"库"面板是空白的，随着元件的创建以及外部媒体文件的导入，"库"面板中的对象会越来越多。选择"窗口"|"库"命令即可打开"库"面板，在其中可以对元件进行各种管理操作。"库"面板如图 10-3-6 所示。

1. 分类存放库中的元件

当"库"面板中的元件众多时，将元件按照一定的方式分类管理无疑是一个好习惯，这可以让"库"面板清晰、有层次，从而提高创作速度和工作效率。将"库"面板中的元件分类存放的具体操作步骤如下：

（1）单击"库"面板上的"新建文件夹"按钮 📁 创建一个新文件夹。

（2）在默认情况下新文件夹的名称为"未命名文件夹 1"，用户可以根据元件分类的需要重新命名文件夹。

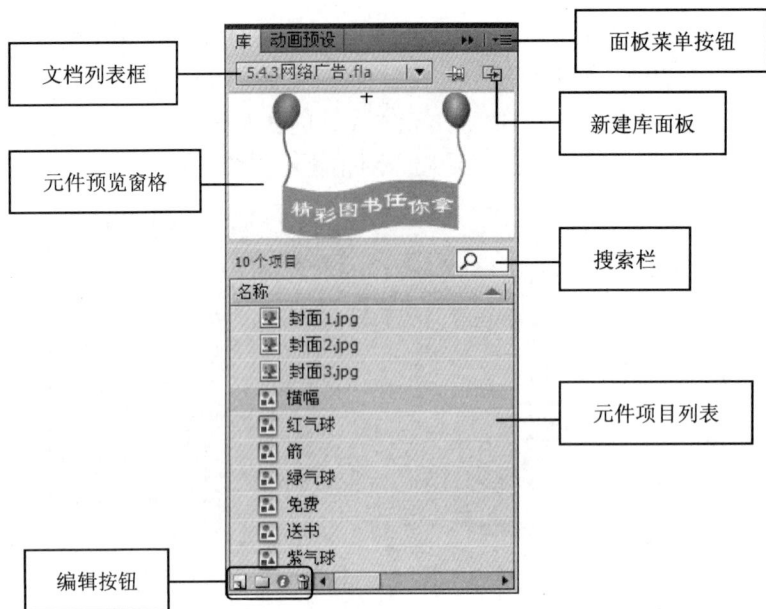

图 10-3-6 "库"面板

（3）将要保存在这个文件夹下的元件拖放到这个文件夹图标上松开即可，此时文件夹的图标变成 ![icon]，表明这个文件夹中已有元件。

2．清理库中的元件

大家在制作 Flash 课件时经常会遇到创建了元件又不用的情况，这些废弃的元件会增大文件的体积。因此在课件制作完毕时应该清理库中的文件，具体操作步骤如下：

（1）单击"库"面板上的"面板菜单"按钮 ![icon]，在弹出的菜单中选择"选择未用选项"命令，Flash 会自动检查"库"面板中没有应用的元件，并对查到的元件加蓝高亮显示。

（2）如果确认这些元件是无用的，可按键盘上的 Delete 键删除或单击"库"面板上的"删除"按钮 ![icon] 删除。

3．元件的重新命名

如果一个元件的名称含义清楚，用户可以更容易地搜寻到它，并能读懂元件中的内容。在"库"面板中可以对元件进行重命名，最简单的方法是双击元件名称，然后输入一个新的名称，按下 Enter 键确认。

专家点拨：在要重命名的元件上右击，从弹出的快捷菜单中选择"重命名"命令，也可以给元件重命名。

4．直接复制元件

直接复制元件是一个很重要的功能。如果新创建的元件和"库"面板中的某一元件类似，那么就没有必要再重新制作这个元件了，用直接复制元件的方法可以极大地提高工作效率。

在"库"面板中右击要直接复制的元件，在弹出的快捷菜单中选择"直接复制"命令，弹出"直接复制元件"对话框，如图 10-3-7 所示。在其中的"名称"文本框中可以重新输入元件的名称，根据需要也可以重新选择元件的类型，最后单击"确定"按钮即可得到一个元件副本。

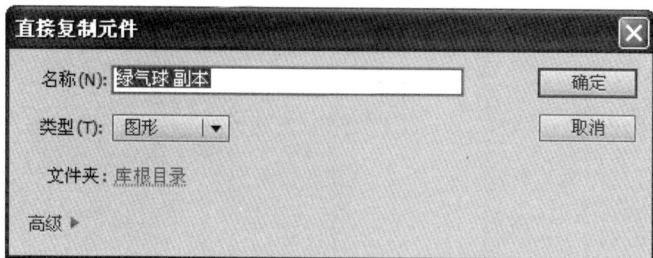

图 10-3-7　"直接复制元件"对话框

5．对"库"面板中的项目进行排序

在"库"面板的"元件项目"列表框中列出了元件的名称、AS 链接（如果该项目与共享库相关联或者被导出用于 ActionScript 会显示链接标识符）、使用次数、修改日期和类型，用户可以通过用鼠标拖动"库"面板下边的滚动条来查看这些内容。

如果要对"库"面板中的所有元件进行排序，可以分别按照名称、AS 链接、使用次数、修改日期和类型进行排序。例如，按照修改日期对所有元件进行排序，可以单击"元件项目列表"最上边的"修改日期"。这时"修改日期"的右侧会出现一个小三角按钮，代表目前是按照"修改日期"进行排序，小三角箭头向上代表是升序，小三角箭头向下代表是降序。

10.3.3　公用库

在 Flash 中，库实际上分为专用库和共用库。专用库就是当前文档使用的库。共用库是 Flash 的内置库，对其不能进行修改和做相应的管理操作。在"窗口"菜单的"共用库"子菜单中有 3 个选项，它们是"声音""按钮"和"类"，分别对应 Flash 中的 3 种共用库。

1．声音库

选择"窗口"|"公用库"|"声音"命令打开声音库，在"库"面板中将列出所有可用的声音。选择某个声音后，在"预览"窗格中单击"播放"按钮可以试听声音的效果，如图 10-3-8 所示。

2．按钮库

选择"窗口"|"公用库"|"按钮"命令打开按钮库，在库中列出了大量的文件夹，展开文件夹后可以看到其中包含的按钮，如图 10-3-9 所示。

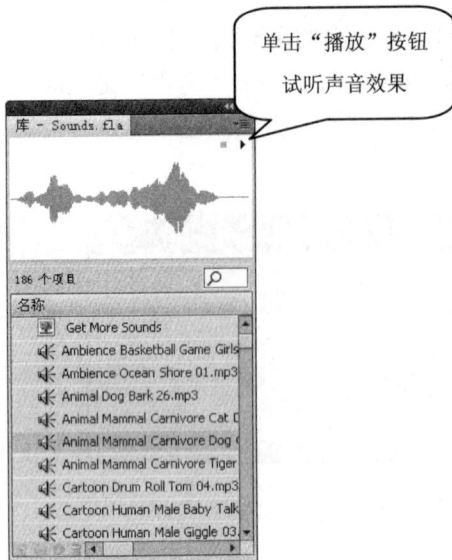

图 10-3-8　声音库

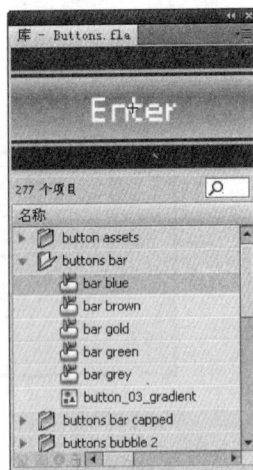

图 10-3-9　按钮库

3．类库

选择"窗口"|"公用库"|"类"命令打开类库，如图 10-3-10 所示。该库中包含 3 个选项，它们分别是 DataBingdingClasses（即数据绑定类）、UtilsClasses（即组件类）和 WebServiceClasses（即网络服务）类。

图 10-3-10　类库

在任何一个 Flash 影片文档中都可以使用"公用库"中的元件，被调用的元件将会加入到当前影片文件的"库"面板中。

4. 扩充公共库

"公用库"的强大功能是不言而喻的，用户可以在任何 Flash 文档中使用"公共库"中的元件。但是内置的"公用库"元件类型和数量毕竟有限，要想得到更多的公用元件，可以扩充"公用库"，具体操作步骤如下：

（1）创建各种类型的元件库。例如，可以按照学科分类，将制作或收集的物理元件存储在一个名字叫"课件库_物理.fla"的影片文件中，将制作或收集的化学元件存储在另一个名字叫"课件库_化学.fla"的影片文件中，等等。

（2）将该 Flash 影片文档存储在硬盘上的 Flash 应用程序文件夹中的 Libraries 文件夹下。这个文件夹的路径一般是"\Program Files\Adobe\Adobe Flash CS6\zh_CN\Configuration\Libraries"，如图 10-3-11 所示。

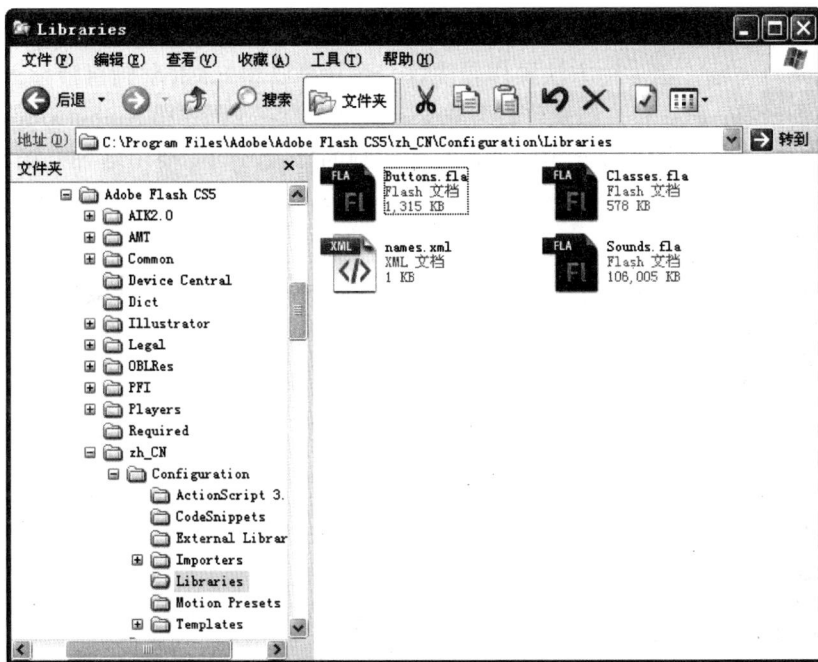

图 10-3-11　Libraries 文件夹

（3）将 Flash 源文件放在 Libraries 文件夹下之后，当再次启动 Flash 软件时将会发现"公用库"得到了扩充。

专家点拨：本书配套光盘上提供了一个强大的开源积件库和基于这个积件库的应用范例（文件路径：配套光盘\源文件\part10\开源积件库\）。在这套开源积件库的设计上除了用模板减少老师们的制作时间以外，还有一点就是把素材组件化，运用 OOP（面向对象的程序设计）思想为积件封装了方法和属性。属性可以用"参数"面板进行设置，方法可以在程序运行时调用。这样，积件的完善就不再仅仅局限于素材的整理，而是主要变成了属性与方法的扩充。

10.4 将 Flash 课件插入到 Authorware 中

Authorware 是一款功能强大的多媒体演示程序的制作软件，它的突出特点就是通过流程线以模块的形式合成程序，并且程序具有强大的交互性。在制作课件的时候将 Flash 强大的动画功能和 Authorware 有机地结合起来一定能制作出功能更强大、内容更完美的多媒体课件。

Flash 和 Authorware 是同属于一个公司的软件产品，它们具有较强的兼容性。将 Flash 动画插入到 Authorware 中的方法有两种，一种是在 Authorware 程序中直接插入 Flash 动画，另一种是利用控制 Flash 播放的控件插入 Flash 动画。

在 Authorware 5.0 以前的版本只能利用插件才能插入 Flash 动画，从 Authorware 5.0 开始可以直接插入 Flash 动画。

对比这两种方法，第 1 种方法操作较简单，而且可以将 Flash 动画直接导入到文件中，脱离了外部的链接；第 2 种方法操作较复杂，但如果需要在 Flash 和 Authorware 中进行"参数值"传递，或者在 Authorware 中控制 Flash 动画的播放，则需要用这种方法实现。

📖 课件简介

本节不讨论具体课件内容的制作过程，重点以 Authorware 7 汉化版为例介绍将 Flash 课件插入到 Authorware 中的方法，使 Flash 强大的动画功能和 Authorware 强大的多媒体演示功能紧密地结合起来，制作出更加实用的课件。

📂 知识要点

◆ 在 Authorware 程序中直接插入 Flash 动画
◆ 利用控制 Flash 播放的控件插入 Flash 动画
◆ 程序打包时 Xtras（插件）的问题

📇 制作步骤

10.4.1 在 Authorware 程序中直接插入 Flash 动画

（1）在 Authorware 中选择"文件"|"新建"|"文件"命令（快捷键为 Ctrl+N），建立一个新文件，然后选择"文件"|"保存"命令，将其保存为"直接插入 Flash.a7p"。

（2）选择"修改"|"文件"|"属性"命令（快捷键为 Ctrl+Shift+D），在"属性：文件"面板中设置"背景色"为"灰色"，如图 10-4-1 所示。

（3）将手形标志移到流程线上需要插入 Flash 动画的位置，然后选择"插入"|"媒体"|Flash Movie 命令，打开 Flash Asset Properties 对话框。单击 Browser 按钮打开 Open Shockwave Flash Movie 对话框，在该对话框中找到需要插入的 Flash 文件，如图 10-4-2 所示。

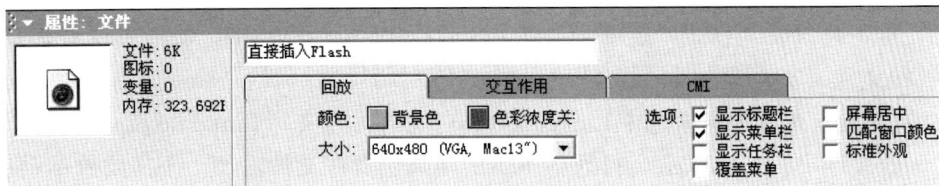

图 10-4-1 设置背景色

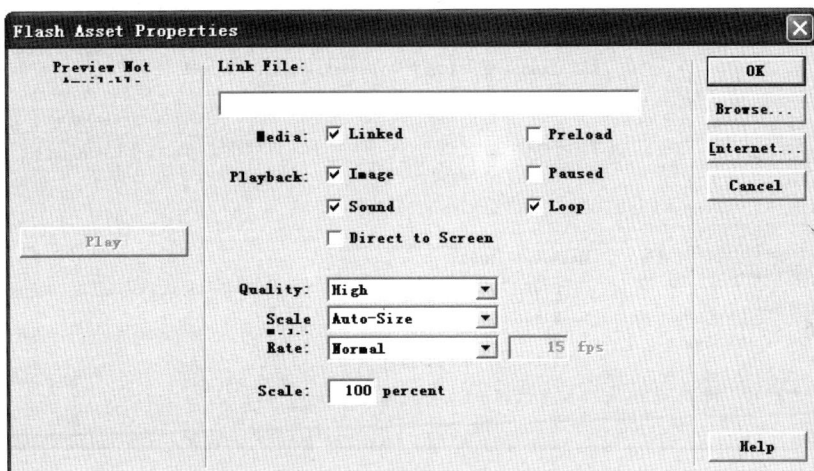

图 10-4-2 Flash Asset Properties 对话框

（4）单击 Flash Asset Properties 对话框中的 Browse（浏览）按钮，在弹出的 Open Shockwave Flash Movie 对话框中选择要插入的 Flash 动画文件（文件路径：配套光盘\源文件 \part10\10.4\Flash 课件片头.swf），如图 10-4-3 所示。

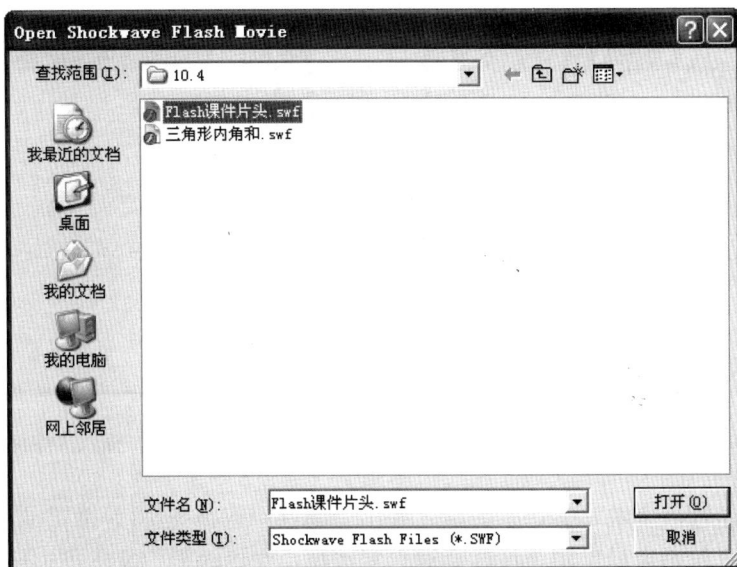

图 10-4-3 插入 Flash 文件

（5）单击"打开"按钮，返回 Flash Asset Properties 对话框，这时可以看到在 Link File（链接文件）文本框中显示了 Flash 动画的绝对路径。

（6）在 Media 选项中取消选中 Linked 复选框，这时标题文字 Link File 自动更改为 Import（导入），这表明文件打包以后会自动将 Flash 动画包含在文件内部，不需要外部链接，如图 10-4-4 所示。其他设置取默认值，最后单击 OK 按钮。

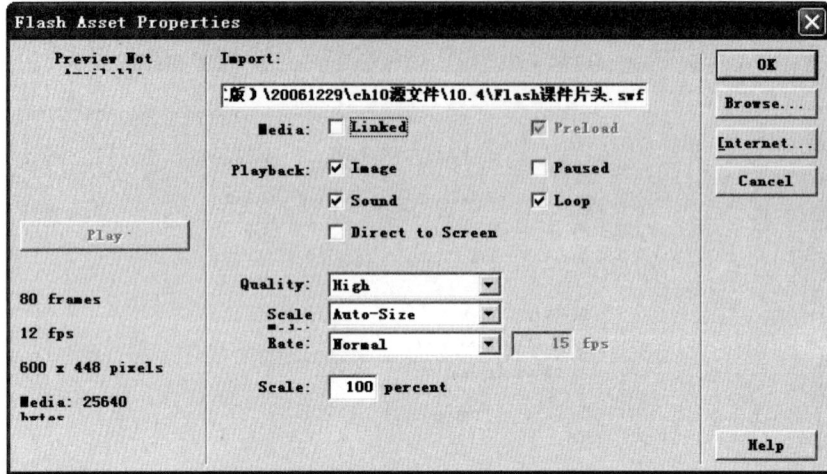

图 10-4-4　设置 Media 选项参数

（7）通过以上步骤在程序的流程线上添加了一个动画图标，单击图标右边的名称，输入"直接插入 Flash"，更改图标的名称，如图 10-4-5 所示。

（8）在图标栏中将"等待"图标 拖放到流程线上，将其重命名为"等待"，流程线上图标的分布如图 10-4-6 所示。

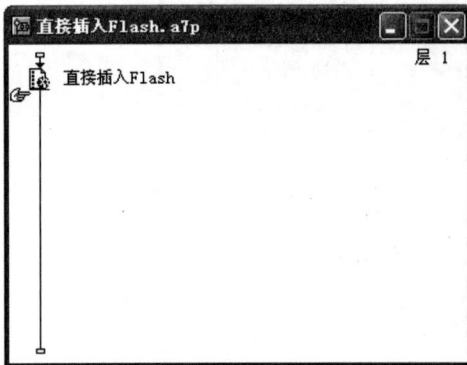

图 10-4-5　插入 Flash 动画以后的流程线

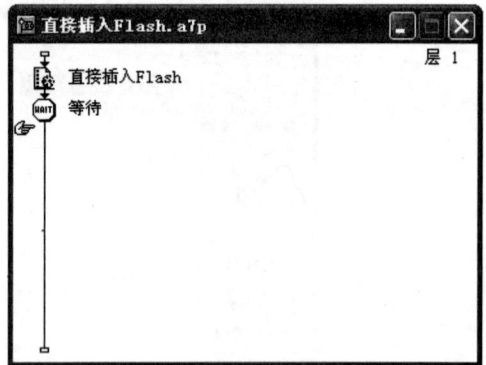

图 10-4-6　插入"等待"图标

（9）双击流程线上的"等待"图标，弹出"属性：等待图标[等待]"面板，在"事件"选项组中选中"单击鼠标"和"按任意键"复选框，在"时限"文本框中输入 40，取消选中"显示按钮"复选框，如图 10-4-7 所示。

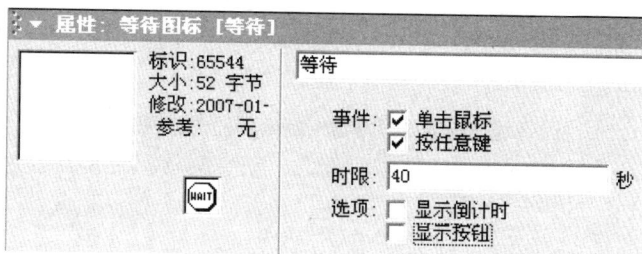

图 10-4-7　设置"等待"图标的属性

10.4.2　利用控件插入 Flash 动画

下面接着上面的操作继续进行，利用控件插入另外一个 Flash 动画。

1. 插入 Flash 控件

（1）将手形光标定位在"等待"图标下边，选择"插入"|"控件"|ActiveX 命令，弹出 Select ActiveX Control（选择 ActiveX 控件）对话框，选择 Shockwave Flash Object 选项，如图 10-4-8 所示。

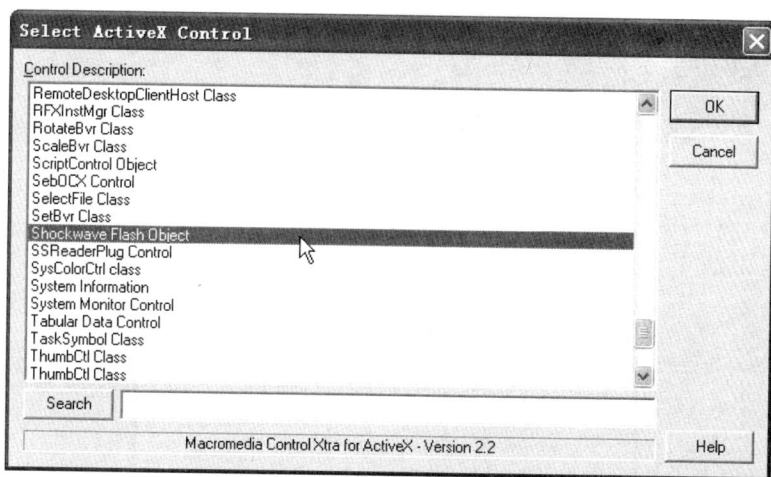

图 10-4-8　选择 ActiveX 控件

（2）单击 OK 按钮，弹出如图 10-4-9 所示的对话框，直接单击其中的 OK 按钮即可。

专家点拨：在图 10-4-9 所示的属性设置对话框中列出了控件 Shockwave Flash Object 的属性、方法、事件、变量和常量，可以设置属性，也可以查看控件的方法、事件等。

在每个属性参数的右侧可更改其值，例如 WMode 属性，它用来设置动画的显示模式，当值为 Window 时表示"窗口模式"。

用户也可以单击 Custom（自定义）按钮，通过弹出的 Authorware Properties 对话框自定义属性。

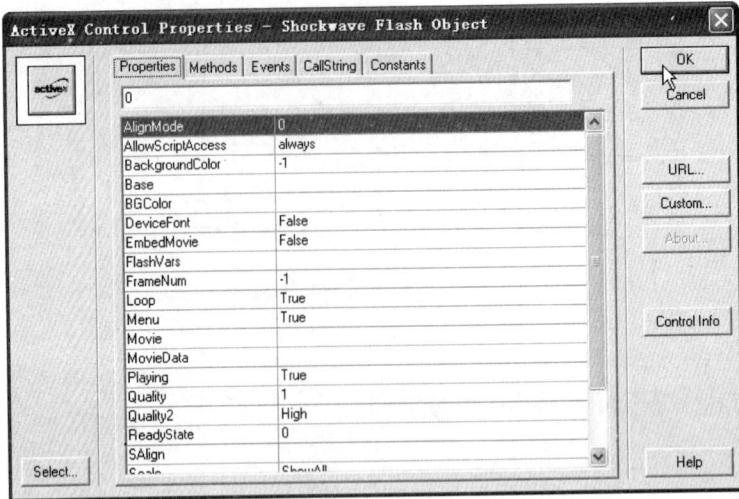

图 10-4-9   设置控件属性的对话框

（3）经过以上步骤以后，程序流程线上就出现了一个新的 Flash 控件图标，将它的名字改为"Flash 控件"。

2. 编写播放 Flash 动画的程序

（1）在图标栏中将"计算"图标 ▣ 拖放到流程线上，将图标重命名为"播放 Flash"，流程线如图 10-4-10 所示。

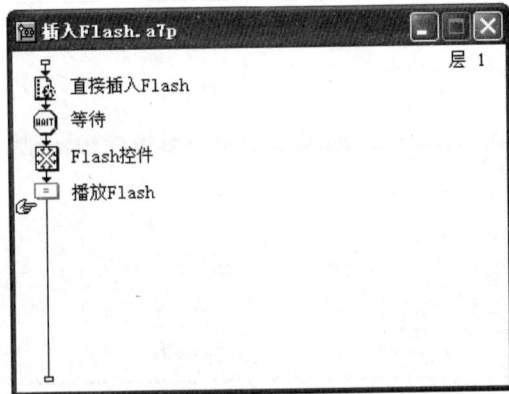

图 10-4-10   流程线

（2）双击"播放 Flash"计算图标，弹出"播放 Flash"程序编辑窗口，在其中输入以下程序代码：

```
SetSpriteProperty(@"Flash 控件", #Movie, FileLocation^"三角形内角和.SWF")
CallSprite(@"Flash 控件", #Play)
```

以上两行程序代码能实现控制"三角形内角和.swf"这个 Flash 动画播放的功能。这两个语句分别调用了 SetSpriteProperty()函数和 CallSprite()函数。

SetSpriteProperty()函数的一般形式如下：

```
SetSpriteProperty(@"SpriteIconTitle", #property, value)
```

它用来设置当前由子画面图标显示的子画面属性值。其中参数@"SpriteIconTitle"用来设置图标名称，本范例中这个参数的值是"Flash 控件"。参数#property 用来设置属性名。参数 value 用来设置属性的具体值。

CallSprite()函数的一般形式如下：

```
CallSprite(@"SpriteIconTitle", #method [, argument…])
```

它用来调用一个子画面进程。参数@"SpriteIconTitle"用来设置图标名称，本范例中这个参数的值是"Flash 控件"。参数#method 用来指定该图标要执行的方法。

专家点拨：在利用这两个函数编写程序代码时需要注意两个函数中的@"SpriteIconTitle"参数值必须和流程线上插入的 Flash 控件的图标名称一样，否则插入将不成功。

3．调整 Flash 动画的尺寸

（1）按 Ctrl+P 键播放 Authorware 程序，当播放到第 2 个利用控件插入的 Flash 动画时发现 Flash 动画的尺寸不太符合要求，下面调整 Flash 动画的尺寸。

（2）按 Ctrl+P 键暂停 Authorware 程序的播放。

（3）在演示窗口中拖动 Flash 控件四周的手柄来调整 Flash 动画的尺寸，如图 10-4-11所示。

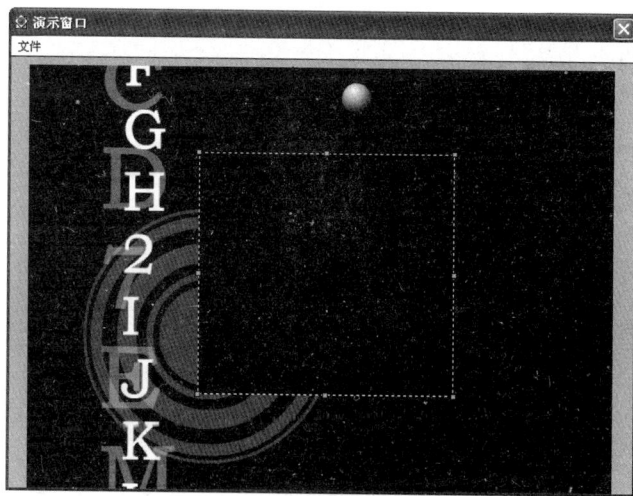

图 10-4-11　调整 Flash 动画的尺寸

10.4.3　关于程序打包时 Xtras（插件）的问题

（1）选择"文件"|"发布"|"打包"命令，弹出"打包文件"对话框，按照图 10-4-12所示进行设置，然后单击"保存文件并打包"按钮即可。

（2）如果在课件中使用了外部的媒体，例如插入了 Flash 控件，打包成可执行文件后播放时会弹出如图 10-4-13 所示的对话框，提示"Xtra 没有找到"。

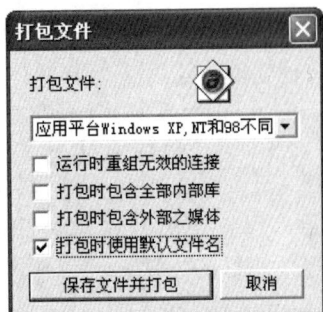

图 10-4-12　打包课件　　　　　　　　　　图 10-4-13　错误提示对话框

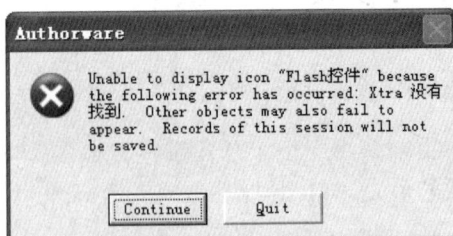

这是因为 Authorware 提供了一种称为 Xtras（插件）的技术来扩展它的功能。当文件执行过程中遇到外部媒体和显示特效时必须有相应的插件文件支持。这些插件在 Authorware 安装目录的 Xtras 文件夹中。将 Xtras 文件夹、打包得到的可执行文件以及外部媒体放到同一个文件夹下，如图 10-4-14 所示，这样课件就可以正确播放了。

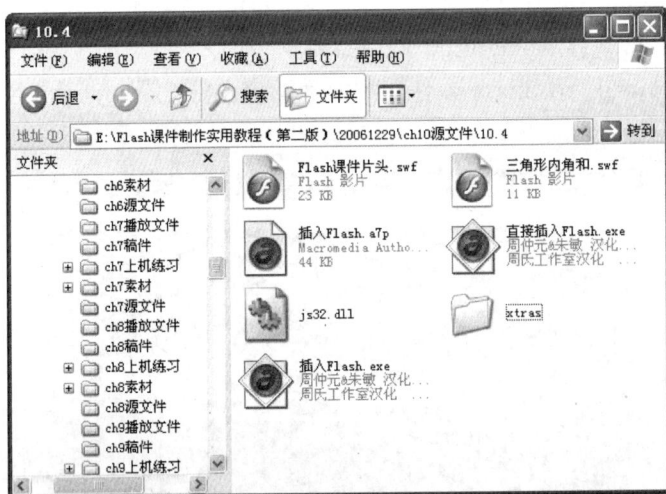

图 10-4-14　课件打包后的文件夹结构

专家点拨：在 Authorware 课件制作完成以后，选择"命令"|"查找 Xtras"命令可以快速地将 Authorware 课件中使用的 Xtras 文件查找到，并且可以将查找到的 Xtras 文件复制到指定的目标位置。

10.5　将 Flash 课件插入到 PowerPoint 中

PowerPoint 是功能强大的幻灯片制作软件，它支持视频、声音、图像、动画等多种媒体，并且不需要编程也可以实现简单的交互功能和动画效果。许多教师在使用 PowerPoint

制作幻灯片课件时一方面感到这个软件的简单、实用，另一方面经常感到它在某些功能上的局限性。

将 PowerPoint 与 Flash 结合在一起制作多媒体课件是弥补 PowerPoint 功能不足的一种有效的方法。用户可以先用 Flash 制作一些复杂的动画演示效果，然后将它们插入到 PowerPoint 中进行应用。将 Flash 动画插入到 PowerPoint 中的方法有两种，一种是通过控件管理器将 Flash 动画插入到 PowerPoint 中，另一种是通过插入对象的方法将 Flash 动画插入到 PowerPoint 中。

这两种方法各有特点，用第 1 种方法插入的 Flash 动画直接放置在幻灯片工作区中，用户可以调整它的大小，并且可以利用按钮或者其他控件控制它的播放；用第 2 种方法插入的 Flash 动画是调用 Flash 播放器在幻灯片外部进行播放，动画不占用幻灯片页面，但不能调节动画的尺寸及位置，动画常常将幻灯片内容遮挡住。使用这两种方法都可以将 Flash 动画嵌入在幻灯片课件内部。

📖 课件简介

本节不讨论具体课件内容的制作过程，而是通过两种方法介绍将 Flash 课件插入到 PowerPoint 中的方法，使 Flash 强大的动画功能和 PowerPoint 简单实用的制作方法紧密结合起来，取长补短，相得益彰。

📎 知识要点

◆ 通过控件管理器将 Flash 动画插入到 PowerPoint 中
◆ 通过插入对象的方法将 Flash 动画插入到 PowerPoint 中

🔧 制作步骤

10.5.1　通过控件管理器插入 Flash 动画

（1）在 PowerPoint 幻灯片设计页面上选择"视图"|"工具栏"|"控件工具箱"命令，打开"控件工具箱"，如图 10-5-1 所示。

图 10-5-1　控件工具箱

（2）在"控件工具箱"中单击"其他控件"按钮 🔧，则弹出一个"选择控件"对话框列表，在其中选择 Shockwave Flash Object，如图 10-5-2 所示。

专家点拨：这里是按照使用 PowerPoint 2003 及其以下软件版本来讲解的。如果使用

PowerPoint 2007 及以上版本，那么必须将"开发工具"选项卡显示出来。具体操作步骤是右击功能区选项卡的空白处，在弹出的快捷菜单中选择"自定义快速访问工具栏"命令，打开"PowerPoint 选项"对话框。在左侧的列表中单击"常用"项，在右侧的窗格中选中"在功能区显示开发工具选项卡"复选框，单击"确定"按钮，"开发工具"选项卡就会出现在功能区中。切换到"开发工具"功能区，单击"其他控件"按钮 ⚙️，弹出一个"其他控件"对话框，在其中选择 Shockwave Flash Object。

（3）选择控件后，鼠标指针变成"十"字形状，在幻灯片设计区中自左上向右下拖动鼠标画出一个矩形，如图 10-5-3 所示。

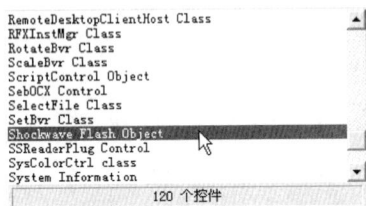

图 10-5-2　选择 Shockwave Flash Object

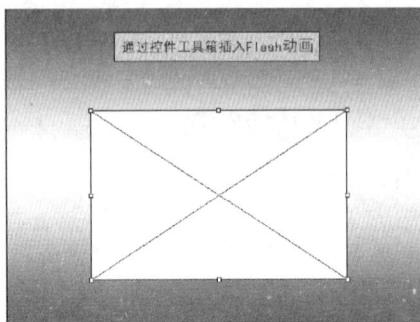

图 10-5-3　绘制矩形

（4）在"控件工具箱"中单击左上角的"属性"按钮，如图 10-5-4 所示。

（5）在弹出的"属性"面板中设置 Height 为 350、Width 为 500、Movie 为"三角形内角和.swf"，如图 10-5-5 所示。

专家点拨： 当制作的幻灯片文件与插入的 Flash 动画文件在一个文件夹下时，设置 Movie 参数可以省略路径，直接输入文件名。如果不在同一文件夹下，要以绝对路径的方式写出，例如"E:\素材\ch10 素材\量三角形内角和.swf"。

（6）设置完成后关闭"属性"面板，这时幻灯片设计页面上就会显示 Flash 动画效果，如图 10-5-6 所示。

图 10-5-4　单击"属性"按钮

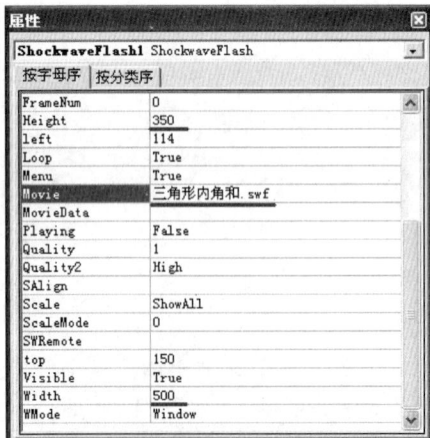

图 10-5-5　设置 Flash 控件属性

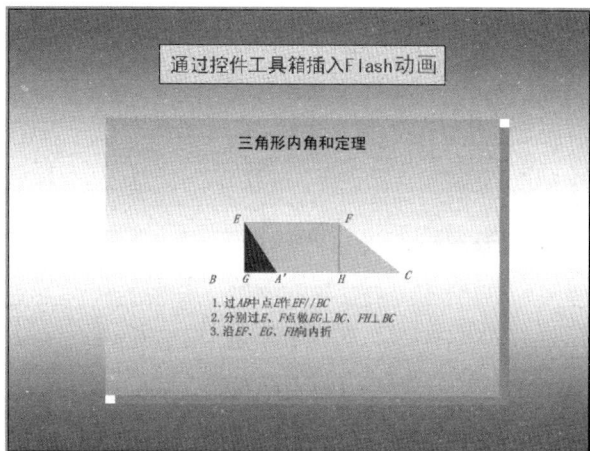

图 10-5-6　设置属性后的 Flash 控件

10.5.2　通过插入对象的方法插入 Flash 动画

（1）选择"插入"|"对象"命令，弹出"插入对象"对话框，如图 10-5-7 所示。

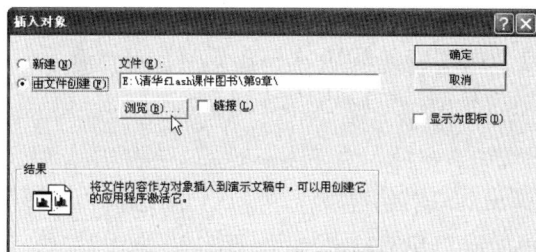

图 10-5-7　"插入对象"对话框

（2）选中"由文件创建"单选按钮，然后单击"浏览"按钮，在弹出的"浏览"对话框中选择要插入的 Flash 动画文件"三角形内角和.swf"，单击"确定"按钮，在幻灯片设计页面中插入一个 Flash 对象，如图 10-5-8 所示。

图 10-5-8　插入 Flash 对象

（3）选择"幻灯片放映"|"自定义动画"命令，在弹出的"自定义动画"对话框中选择"多媒体设置"选项卡的"对象动作"下拉列表框中的"激活内容"选项，如图 10-5-9 所示。

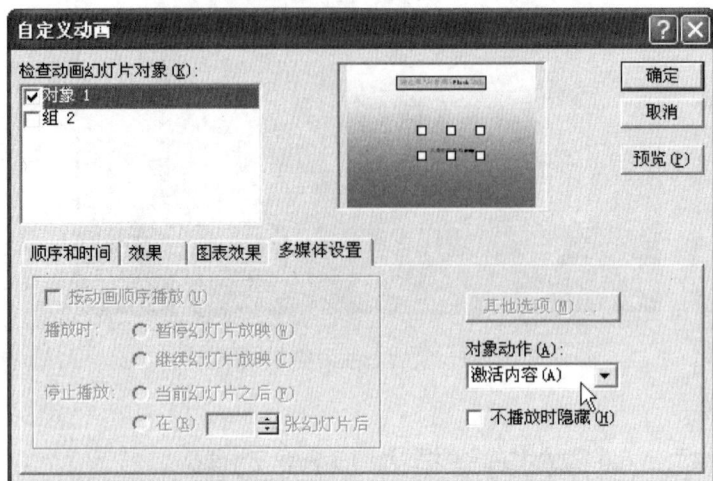

图 10-5-9　选择"激活内容"选项

专家点拨：选择"激活内容"选项很重要，如果不定义动画效果，插入的 Flash 动画将不能被播放。如果使用 PowerPoint 2010 及以上版本，应该在"动画"功能区中选择"添加动画"|"OLE 操作动作"|"激活内容"命令。

（4）在幻灯片设计页面中右击插入的 Flash 对象，在弹出的快捷菜单中选择"包对象"|"编辑包"命令，然后在弹出的"对象包装程序"窗口中选择"编辑"|"标签"命令，输入文字"点击此处观看三角形内角和动画演示"，如图 10-5-10 所示。

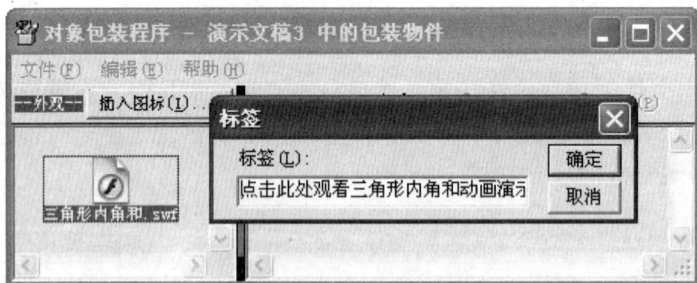

图 10-5-10　更改对象标签

（5）单击"确定"按钮，返回"对象包装程序"窗口，单击"插入图标"按钮，会弹出一个提示对话框，继续单击其中的"确定"按钮，会弹出一个"更改图标"对话框，如图 10-5-11 所示。在其中选择一个合适的图标，单击"确定"按钮，关闭"对象包装程序"窗口。

（6）在幻灯片设计区中选择对象，拖动它的控制点，调整其大小及位置，效果如图 10-5-12 所示。

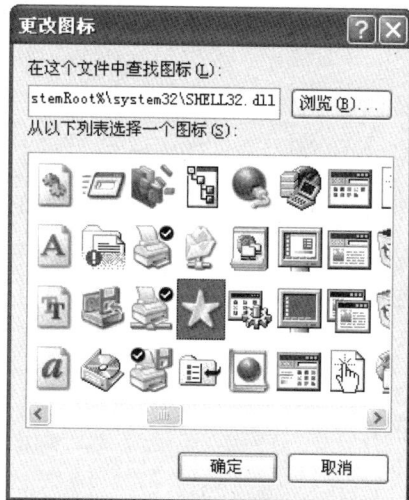

图 10-5-11　"更改图标"对话框

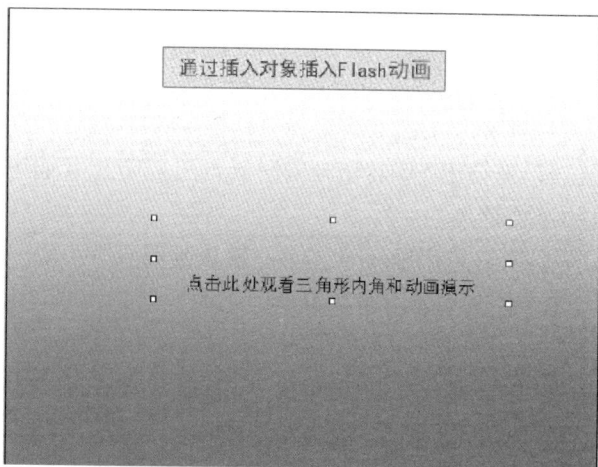

图 10-5-12　对象包装以后的幻灯片效果

（7）这时在幻灯片设计页面上看不到插入的 Flash 动画效果。单击"播放幻灯片"按钮，在幻灯片播放页面上单击插入对象的标签，则弹出 Flash 播放器窗口，并且开始播放 Flash 动画。

专家点拨：利用插入对象法插入的 Flash 动画在幻灯片播放时调用系统的 Flash 播放器，这使制作的幻灯片在应用上有了局限性，为避免这种情况，可以先把 Flash 制作成 EXE 可执行文件，然后再用插入对象的方法将 EXE 文件插入。

10.6　本章习题

一、填空题

1．fscommand()函数可以实现对影片播放器的控制，它包含两个参数项，一个是可以执行的命令，另一个是执行命令的参数。_____控制课件以全屏幕方式播放，_____可以控制课件画面不跟随播放器的缩放而缩放。

2．当前一些学校的硬件设施比较落后，很多教室没有配备计算机和投影仪，还是原来的电视机和 CD 机的模式。那么在普通教室利用 CD 播放 Flash 课件的方法是将 Flash 课件导出为_____文件，再将其刻录为 VCD。

3．积件不同于一般的课件，它具有_____的灵活性，能让教师自由地根据教学情况来组合课件。积件思想主要是用庞大的_____解决素材难找的问题，用可任意拆解组合的开放课件取代传统的封闭课件。

4．将 Flash 动画插入到 Authorware 中一般有两种方法，一是在 Authorware 程序中直接插入 Flash 动画，二是利用控制 Flash 播放的_____插入 Flash 动画。

5．将 Flash 动画插入到 PowerPoint 中一般有两种方法，一是通过控件管理器将 Flash

动画插入到 PowerPoint 中，二是通过＿＿＿＿＿＿＿＿的方法将 Flash 动画插入到 PowerPoint中。

二、选择题

1．在输出 Flash 动画的时候，可以防止其他用户将制作的影片文档导入 Flash 里面修改的选项是（　　）。

    A．防止导入　　　　B．输出到网页　　　C．压缩影片　　　　D．保存为 FLA 文档

2．扩充"公用库"不能运用的方法是（　　）。

    A．创建各种类型的元件库

    B．将分类制作的影片文档存放在 Flash 的安装路径下

    C．要分门别类按学科来组织

    D．删除原公用库的内容，增加新的元件

3．在制作完 Flash 课件后，不能将文件发布为（　　）类型。

    A．EXE　　　　　　B．MOV　　　　　　C．SWF　　　　　　D．PHP

10.7　上机练习

练习 1　用闪客精灵解析 SWF 影片

用闪客精灵对配套光盘中的"解析实例.swf"影片文件（文件路径：配套光盘\上机练习\part10\解析实例.swf）进行解析，并将其中的化学仪器、物理电器元件以及数学工具等素材导出。

练习 2　组建化学仪器、物理电器、数学工具等积件库

通过扩充 Flash 公用库组建自己的化学仪器、物理电器、数学工具等积件库。

主要制作步骤提示：

（1）将练习 1 解析出来的素材分类导入到 Flash 库中，重新命名并按需要进行整理。

（2）扩充公用库。

练习 3　Flash 和 Authorware 整合课件——信息技术课件

利用 Flash 和 Authorware 制作一个信息技术课件，如图 10-7-1 所示。本课件主要讲解PPT 模板、母版和版式应用，共包括 7 个知识点，分别为启动 PowerPoint 并新建一个文件、复制文本、插入图片、选择和更换版式、应用模板、母版设计、模板设计。课件中相对应地做了 7 个 SWF 格式的 Flash 课件，然后在 Authorware 中利用按钮交互对它们进行整合。

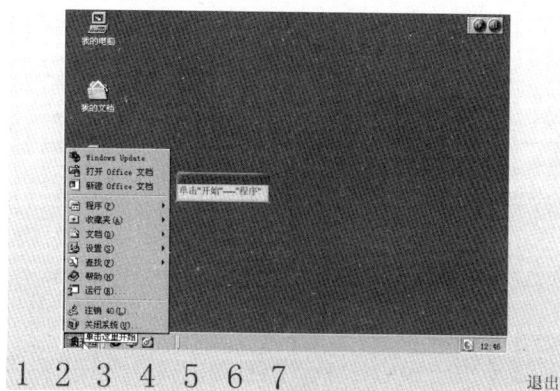

图 10-7-1　信息技术课件

主要制作步骤提示：

（1）在 Authorware 中创建一个按钮交互结构。

（2）在按钮交互分支中将 Flash 课件分别插入到 Authorware 中。

（3）通过按钮交互实现 Flash 课件的播放。

练习 4　Flash 和 PowerPoint 整合课件——角的画法

用 Flash 和 PowerPoint 制作一个数学课件——角的画法，如图 10-7-2 所示。本课件共包括 5 张幻灯片，其中 3 张幻灯片中插入了 Flash 课件。

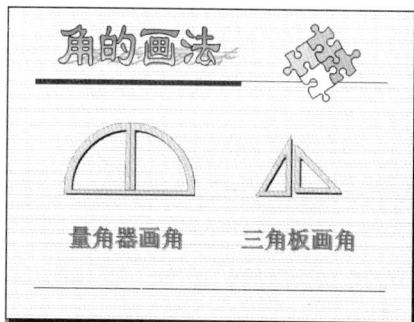

图 10-7-2　角的画法

主要制作步骤提示：

（1）在 PowerPoint 中创建 5 张幻灯片。

（2）根据课件内容在幻灯片中添加必要的文字和图形。

（3）在需要通过动画演示课件内容的幻灯片中插入 Flash 课件。

（4）定义超链接实现幻灯片之间的跳转和导航。

参 考 答 案

第1章习题答案

一、填空题

1. 开始页（欢迎页）
2. "钢笔工具" "添加锚点工具" "删除锚点工具" "转换锚点工具"
3. 标尺　网格　辅助线
4. 对象绘制
5. "变形"　任意变形
6. 纯色　线性渐变　径向渐变　位图填充
7. FLA　SWF
8. 形状　锁定（加锁）

二、选择题

1. C　2. A　3. D　4. B　5. D　6. D

第2章习题答案

一、填空题

1. 逐帧动画　传统补间动画　形状补间动画　对象补间动画　路径动画　遮罩动画
2. 补足区间的动画　关键帧
3. 动作脚本
4. 图形元件　影片剪辑元件　按钮元件
5. 属性关键帧　菱形
6. 绘图纸
7. 引导线上　"贴紧至对象"
8. 自定义缓入/缓出

二、选择题

1. B　2. A　3. D　4. D　5. B　6. A

第 3 章习题答案

一、填空题

1. 动画
2. 平面图像处理
3. 库
4. 大　16

二、选择题

1. A　2. D　3. D　4. D

第 4 章习题答案

一、填空题

1. 类型丰富　重复使用　制作简单
2. 按钮元件　按钮的动作脚本
3. "弹起"帧　"指针经过"帧　"按下"帧　"点击"帧
4. Swift 3D　SWFT

二、选择题

1. B　2. C　3. A

第 5 章习题答案

一、填空题

1. 结构化　模块化　主控模块　功能模块
2. 动画预载画面　Loading
3. 影片文件当前已经加载的帧数　影片文件包含的总帧数
4. 动态文本　输入文本

二、选择题

1. A　2. B　3. B

第 6 章习题答案

一、填空题

1. ActionScript　对象

2．_x　_y　水平缩放比例　垂直缩放比例

3．duplicateMovieClip　1

4．拖曳影片剪辑　stopDrag

5．_rotation　_alpha　可见状态

二、选择题

1．D　2．A　3．A

第 7 章习题答案

一、填空题

1．预先设置好

2．幻灯片影片剪辑

3．menu1　menu2　menu3

4．拖曳题　填空题　热对象题　热区题　多项选择题　判断题

5．"另存为模板"　"描述"

二、选择题

1．D　2．B　3．C

第 8 章习题答案

一、填空题

1．用户界面　智能反馈信息　网络化

2．组件　"组件"

3．CheckBox　selected

4．click　单选按钮

5．TextField　动态文本　输入文本　字符集

二、选择题

1．C　2．C　3．B

第 9 章习题答案

一、填空题

1．startDrag()　stopDrag()　hitTest()

2．clear()　lineStyle()　lineTo()

3．enabled　按钮失效　按钮有效

4. 测验题目文件 题库智能管理程序

5. loadVariablesNum()

二、选择题

1. D 2. A 3. D

第 10 章习题答案

一、填空题

1. fscommand("fullscreen", "true") fscommand("allowscale", "false")

2. AVI 视频

3. 拆解及组合 积件库

4. 控件

5. 插入对象

二、选择题

1. A 2. D 3. D

注：每章上机练习中的课件范例源文件和素材都存放在配书光盘上的"上机练习"文件夹中，读者可以参考使用。